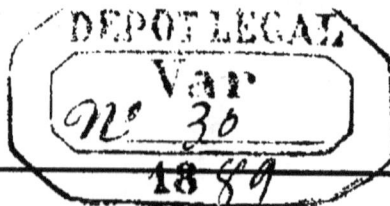

F. MIREUR

Conserve la Couverture

ÉTATS GÉNÉRAUX DE 1789

5891

CAHIERS DES DOLÉANCES *3-24*

7831

DES

COMMUNAUTÉS DE LA SÉNÉCHAUSSÉE

DE

DRAGUIGNAN

VŒUX DU CLERGÉ ET DE LA NOBLESSE

— DRAGUIGNAN —

IMPRIMERIE OLIVIER ET ROUVIER, PLACE CLAUDE GAY, 4

1889

F. MIREUR

ÉTATS GÉNÉRAUX DE 1789

CAHIERS DES DOLÉANCES

DES

COMMUNAUTÉS DE LA SÉNÉCHAUSSÉE

DE

DRAGUIGNAN

VŒUX DU CLERGÉ ET DE LA NOBLESSE

— DRAGUIGNAN —

IMPRIMERIE OLIVIER ET ROUVIER, PLACE CLAUDE GAY, 4

1889

Au Conseil général du Var

HOMMAGE RESPECTUEUX

F. MIREUR,
Archiviste du Département.

INTRODUCTION

Les historiens de la Révolution française ont signalé l'importance des Cahiers des États généraux de 1789, que l'un d'eux a justement appelés « le testament de l'ancienne société française,... monument unique dans l'histoire (1) ». Rédigés séparément par chacun des trois Ordres dans une assemblée générale qui, selon les cas, précéda ou fit l'élection, imprimés quelques-uns à ce moment, ils ont été vulgarisés de nos jours par la publication des *Archives parlementaires de la France* et figurent dans la plupart des bibliothèques.

Beaucoup moins connus sont les Cahiers particuliers des communautés, source première de ceux du Tiers-État. Une fois réduits en un seul par Sénéchaussée (2), ils furent relégués, comme matériaux inutiles, dans l'oubli des archives, où notre époque seulement eut la curiosité de soulever leur poussière. On constata alors, non sans surprise, que l'analyse sommaire qui en avait été donnée, encore que très fidèle, était loin d'en avoir rendu la physionomie et épuisé l'intérêt.

A Draguignan, les commissaires chargés de les dépouiller avaient jeté dans leur creuset indistinctement toutes les

---

(1) Tocqueville, *L'ancien Régime et la Révolution*.

(2) On désignait par ce mot le ressort d'une juridiction connaissant des cas royaux. La Sénéchaussée était distincte de la Viguerie, ou circonscription administrative, et en comprenait d'ordinaire plusieurs dans ses limites.

demandes, afin d'en dégager l'esprit général. Ils avaient résumé l'opinion commune sur les points principaux, et, de leur consciencieux travail, était sortie une œuvre d'ensemble, où la diversité des cahiers locaux s'était condensée et fondue dans une synthèse impersonnelle (1).

A la suite, on avait bien rédigé une nomenclature des vœux particuliers, mais incomplète, et ceux qu'on avait négligés ou omis n'étaient pas les moins caractéristiques. Il n'avait rien été dit notamment du Catéchisme de morale rêvé par Callas ; de la liberté communale en matière de création d'écoles revendiquée par Aups ; de la motion de Châteaudouble en faveur du divorce ; de la proposition de Carcès et de Sainte-Maxime de revenir à l'élection des évêques ou des curés par le suffrage populaire ; de l'ingénieux système conçu par Fayence pour niveler les fortunes et supprimer presque la misère, etc. Le vœu non moins utopique de Callian d'anoblir tous les Français avait été isolé de la demande, plus judicieuse, d'une distinction pour le mérite, premier germe peut-être de la future institution de la Légion d'honneur.

Surtout ce qu'on aurait été impuissant à traduire — l'eût-on voulu, — c'était le cachet propre de chaque Cahier, résultant du fond des idées, autant que des variétés de la forme : ici des considérations historiques, morales ou philosophiques ; là des préoccupations très positives au milieu de hautes visées ; plus loin une peinture poignante des misères locales ; puis un éclatant hommage rendu aux qualités personnelles d'un seigneur de race [le prince de Condé] « qui n'a jamais fait que du bien à ses vassaux »,

---

(1) *Cahier général des doléances du Tiers-État de la Sénéchaussée de Draguignan*, 1789, in-8°, 75 p. Aix, Gibelin, David et Emeric David, avocats, imprimeurs du Roi et de la ville de Draguignan.

tandis que la noblesse de fraîche date s'est généralement
rendue impopulaire par ses exigences. C'était enfin la
vive animation de ces assemblées populaires renouvelées
des bruyants « parlements » de nos villes libres du moyen
âge ; l'exaltation communicative de leurs orateurs, les
« transports d'allégresse, » le débordement d'enthousiasme
d'une nation ivre de la joie de renaître (1) et qui la mani-
festait par des effusions touchantes ou naïves. Un de
ces tribuns improvisés, descendu vraisemblablement de la
chaire, s'écriait dans son lyrisme biblique : « Nous sortons du fond de la mer, comme Jonas du sein de la
baleine (2). »

I

A ne le prendre même que comme résumé d'opinions, le
Cahier général de la Sénéchaussée n'indique ni leur source, ni
leur valeur numérique. Sans aucun doute, les populations
furent unanimes à réclamer la suppression des abus dont
elles soufffraient particulièrement : « Toutes les communes
de la Sénéchaussée, écrivait-on, se réunissent et n'élèvent
qu'un cri pour demander l'abolition [des droits seigneuriaux (3).] Mais au-dessus de ces questions de corvée, de
dîme, de privilèges, à la portée de tous, parce qu'elles se tra-
duisaient par une atteinte directe aux intérêts ou à la dignité
de chacun, on avait agité dans les comices des théories
politiques autrement élevées, des projets de réformes dont
l'importance, sinon la notion elle-même échappait certai-

---

(1) «Toute la France est dans l'ivresse depuis la certitude du rétablissement des États généraux » (Cahier des notaires de Fréjus).
(2) Cahier de Sainte-Maxime.
(3) *Cahier général*, p. 43.

nement au plus grand nombre. Et quels avaient été les audacieux promoteurs de ces nouveautés ? D'où était venue et dans combien de cahiers trouvait-on la conception de la liberté de la presse comme liberté primordiale, celles de la responsabilité ministérielle et de la responsabilité personnelle des magistrats, de l'abolition du secret de l'instruction, de l'assistance de l'accusé par un défenseur, d'un dédommagement en faveur de l'innocence reconnue, de l'élection de la magistrature, de l'institution du jury criminel, etc. ?

Il ne serait pas sans intérêt, semble-t-il, de remonter jusqu'à son origine le courant d'aspirations aussi hardies pour l'époque et le milieu, et de déterminer par une décomposition de la synthèse, la part de collaboration de chaque commune à l'œuvre collective et anonyme. On pourrait ainsi apprécier de quelle façon des opinions, connues seulement dans leur ensemble, se répartissaient par localités, se nuançaient entre elles, jusqu'à quel point les plus avancées étaient répandues, par conséquent quels furent les causes les plus générales et le véritable caractère du mouvement initial de la Révolution dans notre région.

Ce que la France des publicistes et des hommes politiques pensait en 1789 des institutions de l'ancien régime, nul ne l'ignore. Ce que l'on en pensait au fond des campagnes, ce que l'on en disait au village dans les longues veillées ou à l'ombre de l'ormeau de la place publique, à quels points de vue les abus de ce régime étaient envisagés, quels remèdes on proposait d'y apporter ; comment toutes les questions de réorganisation politique, religieuse et sociale à l'ordre du jour étaient traitées dans des milieux en apparence si peu préparés à les résoudre, sinon même à les comprendre : il serait piquant de le connaître, et les cahiers seuls des communautés peuvent nous l'apprendre. Les idées que la Sénéchaussée disséqua et souvent résuma d'un mot plus ou moins incolore, se retrouvent là avec leur expression originale, dans le cadre de leurs commentaires, encore chaudes et vibrantes de la discussion d'où elles jaillirent. L'émanation de la pensée populaire est directe et le tableau pris sur le vif de la curieuse et féconde agitation où le réveil de l'esprit de liberté jeta nos paisibles communes. Cette fois, chose remarquable et qui fit la toute-puissance de la Révolution, l'initiative des réformes appartient à la Nation ; ce long cri de doléance et de résurrection, de douleur et de joie, qui s'élève de tous les points de la France et nous remue encore si profondément à travers un siècle, sort des entrailles du peuple, appelé plus librement et plus universellement que jamais à dire tout haut ce qu'il souffre et ce qu'il désire. Fait unique dans l'histoire, faut-il répéter avec Tocqueville, unique en lui-même et par la grandeur imprévue et incomparable de ses conséquences.

II.

« Sa Majesté a désiré, disait le Réglement du 24 janvier 1789, que des extrémités de son royaume et des habitations les moins connues chacun fût assuré de faire parvenir jusqu'à Elle ses vœux et ses réclamations (1) » De fait, les prescriptions les plus minutieuses avaient été édictées pour entourer de toutes les garanties et obtenir pleine et entière cette libre consultation du pays qui s'effectua avec une parfaite régularité, dans une indépendance souveraine.

(1) Préambule du règlement.

Les membres des deux premiers Ordres furent assignés à comparaître personnellement ou par procureur à l'assemblée générale des trois Ordres de la Sénéchaussée, convoquée à la fois pour dresser les Cahiers définitifs des doléances et désigner les électeurs des députés aux États. La délégation n'avait été admise que pour les collectivités appartenant au premier Ordre, chapitres, communautés religieuses ou clergé de paroisse. Ce dernier mode de représentation était au contraire seul praticable et fut seul adopté pour le Tiers-État, « dans la proportion de deux députés par cent individus et au-dessous, présents à l'assemblée, quatre au-dessus de cent, six au-dessus de deux cents », etc. (1). En conséquence, préalablement à la tenue de cette assemblée de la Sénéchaussée, les communautés d'habitants furent appelées à dresser leurs cahiers particuliers, selon une forme de procédure un peu différente dans les villes et dans les communes rurales. Là où les corps de métiers étaient organisés en corporations (notamment à Draguignan), celles-ci furent convoquées d'abord séparément, pour désigner chacune un nombre déterminé de leurs membres (2). Ces électeurs au second degré, constitués en assemblée du Tiers-État, à l'hôtel de ville, sous la présidence du maire, rédigèrent leurs doléances et les firent porter ensuite à la réunion des trois Ordres de la Sénéchaussée, chargée des les résumer. Les délégués auxquels on les confia, électeurs au troisième degré, reçurent en même temps pour mission de nommer les électeurs définitifs des

---

(1) Préambule du règlement.

(2) Les habitants ne faisant partie d'aucune corporation, les cultivateurs par exemple, furent assimilés aux industriels et obtinrent le même droit de représentation.

députés. La représentation du Tiers fut ainsi le résultat de quatre sélections successives.

Dans les petites communes, rédaction des cahiers et choix de la délégation émanèrent directement du corps entier des habitants, âgés de 25 ans, « domiciliés et compris au rôle des impositions (1) », lesquels se réunirent dans les mêmes formes. Ici l'élection compta un degré de moins.

Le Tiers-État arriva donc à la Sénéchaussé , compact et résolu, avec un programme discuté d'avance et homogène sur les points principaux, malgré la diversité des o.igines et des demandes particulières. Au contraire, la plus grande partie des membres des deux premiers Ordres, mandés de tous les points du ressort, inconnus peut-être les uns aux autres, durent improviser leur plan de campagne pendant la tenue de l'assemblée. A Draguignan, entraînés par un courant déjà irrésistible, ils n'hésitèrent pas à signer leur généreuse abdication, en quelque sorte sous la dictée du Tiers-État. La Noblesse adopta même les termes propres de la déclaration proposée par les délégués du troisième Ordre et qui, détail curieux, était sortie, selon toutes les apparences, de la plume du futur conventionnel Isnard (2).

III

Le moment semble venu d'exhumer de l'oubli tous ces Cahiers primitifs, à la veille de l'anniversaire qui ramène

---

(1) Règlement du 24 janvier 1789, art. 27.

(2) Voir aux Annexes.

Nous avons découvert au dernier moment le texte suivant d'un discours d'Isnard, qui paraît avoir été prononcé dans cette circonstance. Il peint bien, par l'exagération même du lyrisme, l'état des esprits à l'aurore de la Révolution, les généreuses dispositions de la Noblesse, les effusions de reconnaissance du Tiers-État, ce magnifique l'attention de tous vers la Révolution, rapprochée en quelque sorte de nous, par le mirage de la coïncidence des dates. Chaque département est jaloux d'apporter son tribut à la grande manifestation nationale du Centenaire. Par quel hommage mieux approprié, plus fécond en enseignements historiques, plus éloquent dans sa simplicité, le nôtre pourrait-il s'y associer? Aussi le Conseil général a-t-il bien voulu honorer de ses encouragements ce projet de publication, que de regrettables pertes ont malheureu-

---

élan de tous les cœurs dans un même sentiment de fraternité sincère.

Quelque inquiétude pour l'avenir semble percer toutefois dans certaines réticences de l'orateur dont la chaleureuse péroraison annonce déjà le futur et éloquent tribun.

« Messieurs,

« Ce n'est pas par un arrangement de paroles que nous venons vous peindre l'agitation de nos cœurs ; vous les avez attendris par l'éloquence des sentiments, c'est avec elle que nous voulons conquérir les vôtres. Les explosions de l'âme ne se manifestent que par des élans : oui, Messieurs, c'est dans le trouble qui m'agite, dans le désordre de ma pensée, dans mes yeux, sur mon visage, que vous devez lire la sensibilité qui nous pénètre ; elle est telle, qu'elle éteint en nous tout germe de division : c'est ainsi que le Tiers sait oublier, dans un seul instant, des siècles d'afflictions. Vous voyez, Messieurs, que votre héroïsme excite le nôtre. Pardonnez-nous de vouloir vous égaler en grandeur d'âme ; nous ne sommes pas nobles par les titres, mais nous le sommes comme vous par les sentiments : il suffit pour cela d'être français.

« Vous nous avez promis, Messieurs, de nous traiter toujours fraternellement, et pourquoi ne le feriez-vous pas? créatures du même Dieu, sujets du même Roi, nous sommes, comme disait Henri IV, tous enfants d'une même famille. Vous avez sur nous le droit d'aînesse, mais nous n'en sommes pas moins vos frères. Ce titre nous est trop précieux pour ne pas le réclamer, et nous nous persuadons que vous ne cesserez jamais de l'accorder à chacun de nous. »

(Arch. communales de Callian, série AA.).

sement réduit au ressort d'une seule de nos quatre anciennes Sénéchaussées (1).

Après la publicité du *Cahier général,* on n'attend pas ici un nouveau résumé de documents, identiques au regard des *doléances* générales, mais différents et quelquefois contradictoires dans l'expression des *vœux.* Les communes s'accordent à demander la réforme fondamentale des institutions politiques, financières, judiciaires, religieuses et sociales : monarchie constitutionnelle, liberté individuelle pour tous, égalité des charges et des droits, refonte des codes et réorganisation de la magistrature, suppression ou tout au moins abonnement de la dîme, abolition des castes, des privilèges, des derniers débris de la féodalité, tous les échos redisent comme une sorte de refrain l'invariable formule. Mais il s'en faut que partout on s'en tienne aux réponses d'une sorte de questionnaire banal, ni que l'on prétende arriver au même but par les mêmes moyens. De là une certaine variété de demandes et de solutions qui jette de temps en temps, au milieu du monotone concert des plaintes, une note imprévue, un peu discordante parfois, mais bien personnelle. Ici des électeurs quelque peu clercs rêveront de ressusciter les *Missi Dominici* de Charlemagne ; là des réformateurs zélés, se préoccupant de relever du même coup et les mœurs et les finances, proposeront une taxe sur les laquais, les chevaux de luxe et les célibataires, celle-ci progressive et d'autant plus forte qu'ils persisteront davantage dans l'endurcissement. Les uns ne voudront pas qu'on commente les lois ; les autres en appelleront à un concile pour autoriser le « concours libre aux sept

---

(1) D'autres, avant nous, avaient vainement cherché les Cahiers des communautés des Sénéchaussées de Brignoles, Hyères et Toulon. Ceux que nous publions sont tirés des Archives départementales du Var, (série B., fonds de la Sénéchaussée de Draguignan).

sacrements, particulierement aux deux derniers, ou soit le mariage des prêtres. » On parle trés sérieusement en plus d'un endroit d'exhumer la loi *Sacrata* de l'an 261 de la fondation de Rome (1). Parmi ces Lycurgues au petit pied, c'est à qui propose sa panacée. sa chère utopie, fruit de ses lectures ou de ses rêves. Dans notre pays agricole, déjà favorisé par la division de la propriété, nul ne songe à réclamer l'extension du droit de suffrage, qui vient d'être garanti à tout contribuable par un acte du Souverain (2).

Mais à côté de la bizarrerie, de la chimère, dont on est tenté de sourire, ces publicistes de village nous étonnent vráiment par leur compétence en matière politique, économique, sociale et religieuse, par leurs aperçus en toutes choses, pleins de justesse, de bon sens pratique et parfois de profondeur. Rien ne leur est étranger, pas même l'art de bien dire et de relever l'énergie des revendications par l'habile modération de la forme. Tel Cahier — celui des Arcs par exemple — a des pages solidement pensées et écrites de main d'ouvrier sur l'institution de la Noblesse, « nécessaire dans une monarchie », à la condition d'être la récompense des services et ouverte à tous ; sur les inconvénients de l'inamovibilité des magistrats royaux et le servilisme des magistrats seigneuriaux, sur le morcellement des juridictions, etc. Celui de la Garde-Freinet est la peinture fidèle et instructive d'un village de l'ancienne France enlacé dans les mille liens du régime féodal. La même plume nerveuse — celle de l'avocat et futur premier président Muraire (?) — paraît avoir rédigé les doléances de Dra-

---

(1) Cette loi vouait à la mort quiconque attenterait à la personne de l'un des tribuns. On sait que les plébéiens, retirés sur le mont sacré, en firent une condition de leur rentrée dans Rome.

(2) Cf. les lettres du Roi du 24 janvier 1789, art. 25.

guignan et du Muy, animées du même souffle de libéralisme
et remarquables de concision. N'est-ce pas une main exercée
qui a buriné avec cette précision magistrale la définition
suivante de la liberté de la presse : « L'imprimerie, écho
de la pensée, sera libre comme elle, sans cependant que
l'on puisse s'en servir pour corrompre les mœurs, renverser
la religion et noircir l'honneur des citoyens (1) » ?

On trouve dans le Cahier du Luc, l'un des plus complets,
un pressentiment frappant de l'opinion de la postérité.
« L'avenir, y est-il dit, aura peine à croire qu'une partie de
la nation française [le Clergé et la Noblesse], dont tant de
productions merveilleuses lui annoncèrent les lumières, ait
pu, à la fin du XVIIIᵉ siècle, élever des doutes sur l'évidence d'une pareille assertion [que les impôts doivent être
proportionnels] ».

Il faudrait citer encore le Cahier de Lorgues, pour le
chaleureux discours de son premier consul, un disciple de
Jean-Jacques ; ceux du Cannet, de Moissac et de Régusse
pour le petit tableau d'intérieur des juridictions seigneuriales et de leur singulier fonctionnement ; la disgression
historique de Tourtour sur l'origine des fiefs, l'accapare-
ment successif de la dîme au détriment du bas clergé et la
scandaleuse multiplication des nobles au moyen de procédés
de fiscalité bien connus par leur pittoresque et classique
définition de « savonnettes à vilain ».

Sans doute l'ivraie se mêle souvent au bon grain, le
rêve à la réalité pratique, dans ces écrits faits à la fois
d'inexpérience naïve et de ferme bon sens, où des publicistes improvisés se donnent libre carrière. Il en est peu
cependant qui ne frappent par un grand fonds de vérité,
ou ne touchent par un accent d'une sincérité pénétrante,

---

(1) Cahier de Draguignan, § 14.

et quelques-uns restent des œuvres de pensée et de style marquées au bon coin.

A ce point de vue, cette publication réserve plus d'une surprise à qui serait tenté de juger le village d'avant la Révolution par ses ruines actuelles. Dans ces centres ruraux, de plus en plus appauvris de nos jours par les saignées incessantes de l'émigration et décapités de toutes leurs petites sommités intellectuelles ou sociales, vivait encore au siècle dernier une bourgeoisie relativement nombreuse, instruite, rompue aux affaires et qui avait senti passer sur elle le vent du siècle. Ce fut, à n'en pas douter, cette aristocratie du Tiers-État qui inspira et formula les doléances des communautés, avec l'aide parfois du clergé séculier dont certaines habitudes de rédaction trahissent le concours (1). La pratique d'institutions représentatives dans la Province et la commune, qui favorisaient l'essor de l'initiative sous le frein de la responsabilité individuelle, n'avait pas peu contribué à former ses mœurs, à fortifier son caractère. Elle avait familiarisé avec les questions de gouvernement ces petits propriétaires, ces notaires, médecins, avocats, pépinière des administrations locales et de la représentation de nos villes au sein des assemblées annuelles de la Province. Dans leurs luttes fréquentes contre l'arbitraire du pouvoir central, l'avidité du fisc, les prérogatives des hautes classes, ils avaient puisé dès longtemps, avec l'énergie de l'action, le désir et l'idée plus ou moins vagues d'importantes améliorations à réaliser dans l'état politique et social Le plan en avait été d'abord ébauché

---

(1) Nous avons dû renoncer, faute de renseignements, à retrouver et à indiquer les noms des rédacteurs des Cahiers, comme nous l'avons fait pour les premiers.

un peu confusément, puis mûri et perfectionné dans les loisirs méditatifs de la vie de village, à la lumière des discussions contemporaines qui, s'infiltrant partout, avait ouvert à leur esprit de nouveaux horizons. Aussi bien, quand le pays, à l'heure de la crise, fit appel à leur concours, du jour au lendemain, ils lui apportèrent un véritable trésor d'expérience et de salutaires conseils. Au souffle d'esprit public qui circule dans la plupart des Cahiers, on sent que leurs auteurs ne furent étrangers à aucune des généreuses aspirations de leur époque, à aucun des problèmes posés par les premiers écrivains du siècle. Du fond de leur province, ils avaient suivi avec une curiosité attentive, anxieuse, le grand mouvement réformateur; ils s'y étaient mêlés de loin, agités par toutes les inquiétudes comme par toutes les espérances de l'opinion. On peut dire que jamais plus vaillante génération ne fut mieux préparée à plus gigantesque combat

Saluons dans ces obscurs défenseurs de la cause du Tiers les ouvriers de la première heure qui jetèrent les bases indestructibles de la Révolution. Saluons avec respect dans la commune où ils se formèrent à la vie publique, où ils se trempèrent pour la grande lutte, le berceau de notre émancipation et la vieille terre nourricière de nos libertés.

CAHIERS DES DOLÉANCES

DES

COMMUNAUTÉS

AMPUS

Cahier des observations et doléances de la communauté d'Ampus, dressé d'après le vœu général de tous les chefs de famille convoqués et présents à l'assemblée du 22 mars 1789.

———————

A été délibéré que, la dette nationale ayant été une fois reconnue par l'assemblée des États Généraux, pour avoir moyen de subvenir au remboursement d'icelle et à l'acquittement de toutes les charges royales et locales que les besoins pourront exiger à l'avenir dans toutes les villes et lieux du royaume, il y avait lieu de demander :

1° La suppression de tous les impôts actuellement existants, pour n'en établir qu'un seul qui puisse suppléer à toutes les impositions que doivent supporter les terres, qui affecte tous les biens du royaume, ainsi que tous les droits réels, sans exceptions quelconques ni distinctions pour la quotité ou pour la forme du payement ;

2° La convocation périodique des États Généraux, dans lesquels on pourra délibérer sur la diminution ou sur l'augmentation de l'impôt, selon les besoins et les circonstances, en conservant toujours l'égalité dans la répartition d'icelui et l'uniformité dans la forme de l'exaction ;

3° La suppression des fermiers généraux pour leur substituer les provinces, qu'on chargerait de verser dans la caisse de l'État chacune la cote-part de la contribution à laquelle elles auraient été fixées proportionnellement à leur population et à leurs ressources ;

4° La suppression d'un grand nombre des membres inutiles de l'ordre du clergé et la confusion, dans chaque diocèse, du revenu des dîmes et des autres biens possédés par les gens d'église dans une seule caisse, pour, après avoir pourvu honnêtement à la dotation des membres qu'on jugerait nécessaires, employer le superflu au payement des dettes et des charges de l'État, ce qui ne serait à son égard qu'une juste indemnité qu'on lui accorderait, puisqu'il fournit actuellement à la dépense nécessaire qu'exigerai[ent] le soin et le soulagement des pauvres, à laquelle ces biens d'église avaient été uniquement destinés, et qu'il fût permis aux communautés, pour ce qui concerne les cures à charge d'âme, de présenter trois sujets à Mgr l'évêque pour en élire un ;

5° La suppression des pensions qui n'ont pas eu pour objet la récompense d'un service réel, et que le mérite soit, à l'avenir, la seule voie pour les obtenir ;

6° La réunion au domaine du roi de tous les biens et

droits qui peuvent y avoir été usurpés, ou que les anciens souverains pourraient avoir concédés à vie, ou qu'ils pourraient avoir aliénés mal à propos, attendu que ces biens sont inaliénables de leur nature et imprescriptibles ;

7° La réforme du code civil et criminel ;

8° La suppression des tribunaux inutiles et onéreux ;

9° Une attribution à ceux des arrondissements de souveraineté, jusqu'au concurrent d'une somme déterminée ;

10° La réunion de la justice au droit de souveraineté auquel elle est expressément attachée, en vertu du contrat social ;

11° Que le droit d'autoriser les délibérations des communautés soit attribué à leur maire, à l'exclusion des officiers des seigneurs, de même que le droit de préséance sur ses derniers, conformément aux arrêts du Conseil, auxquels il n'a été dérogé que par des arrêtés de règlement du Parlement de cette province ;

12° En cas de rejet de l'article précédent, la suppression de tous les droits attribués par lesdits arrêts de règlement en faveur des seigneurs des fiefs ou de leurs officiers, qui peuvent avilir les charges de maire, tels que celui qui oblige lesdits maires et consuls d'aller prendre le lieutenant de juge, lors du conseil du nouvel état, et de l'accompagner à son retour jusque chez lui, celui qui les soumet à aller visiter les seigneurs le jour de leur élection, etc., etc. ;

13° La faculté aux communautés de racheter les banalités des fours, moulins et pressoirs banaux, tous les cens et autres servitudes onéreuses, de quelque manière qu'elles aient été établies ;

14° La permission du droit de chasse en faveur de ceux qui ne sont pas compris dans la prohibition du port des armes ;

15° L'abrogation de toutes lettres attentatoires à la liberté des citoyens ;

16° L'admission de tous lesdits citoyens à toutes les charges, honneurs et emplois indistinctement, comme le seul moyen d'allumer le feu du patriotisme dans leur âme ;

17° L'exclusion de la vénalité des charges ;

18° La permission de la liberté de la presse ;

19° L'égalité des voix pour l'ordre du tiers contre celles des deux premiers ordres réunis dans les assemblées des États Provinciaux ;

20° L'exclusion de la perpétuité de la présidence auxdits États et de la permanence de tout membre non amovible y ayant entrée ;

21° L'exclusion desdits États des magistrats et des officiers attachés au fisc ;

22° La désunion de la procure du pays du consulat de la ville d'Aix (1) ;

23° L'admission auxdits États des gentil [s] hommes non possédant fiefs et du clergé du second ordre ;

24° L'impression annuelle des comptes de la province et l'envoi à chaque communauté ;

---

(1) Les consuls d'Aix étaient procureurs-nés du pays, en vertu de l'art. suivant de l'édit de réformation de 1535 : « Item... avons ordonné... que doresnavant n'y aura aultres procureurs et syndics pour ledit pays [de Provence] que ceulx qui ont accoustumé estre d'ancienneté en nostre dicte ville d'Aix. »

25º Permis aux communautés de réclamer le droit du cours des eaux, quand elles ne sont plus utiles aux seigneurs.

(Signé) : Arnaud, maire ; Arnaud ; Arnaud ; Comte; Aicardy, ancien maire ; Bertrand; B. Roubier; Giraud; Rouvier ; Martin ; E. Caussemille ; Thomé-Laplane ; S. Taxil ; Lambert ; Trotabas ; Jean Charrié ; Revel ; Joseph Taxil; H. Lions; Antoine Aicardy; P. Arnaud; Meissonnier ; Fouque ; André ; Chaix ; Caussemille ; Reynaud ; Jean-André Aicardy; Le Chevalier de Bovis, ancien capitaine des Dragons ; Rouvier ; Louis Dol ; Jean Arnaud ; J. Lions ; Aicardy ; Taxil ; Bonnet ; Joseph–Jean Giraud ; Jacques Taxil ; J. Girard, fermier ; Taxil ; Valier ; Meissonnier ; Joseph Beloun ; Meissonnier, l'aîné ; Rebouillon ; Latil ; Trotabas ; Roubiès ; Barbier ; Barbier ; Aicardy, cadet ; H. Aicardy ; Raynaud (?), Aicardy, greffier.

Parafé *ne varietur*

(Signé) : Marsan, lieutenant de juge.

(Note annexée)

Messieurs les commissaires sont priés de la part de Messieurs les députés de la communauté d'Ampus de vouloir bien insérer dans les doléances les abus suivants dans les articles qui y seront analogues.

1º En parlant du droit de lods, on pourra demander de réformer l'abus qui règne dans cette communauté de le payer en entier dans les échanges, au lieu qu'on ne paye que la plus value dans le reste de la province et peut-être du royaume, abus qui a été d'abord introduit par la cupidité d'un fermier et perpétué par celle des seigneurs et parce que les parties intéressées n'ont pas pu, ou voulu plaider avec eux ;

2º Comme il sera question dans quelque article du droit de propriété qui doit être sacré, on pourra demander que tout propriétaire pouvant disposer de ses fruits puisse tirer parti du bois inutile qu'il a dans son fonds, duquel il paye la taille et qui ne lui produirait rien s'il ne peut pas en faire part à la ville de Draguignan qui manque de bois. La permission que les seigneurs s'approprient, moyennant une rétribution arbitraire, n'est fondée sur aucun titre authentique, comme la communauté l'a prouvé dans un mémoire.

3º La communauté ayant un terroir sec et aride, où l'auteur de la nature a fait naître différentes sources, elle demande : 1º de pouvoir arroser les fonds qui sont le long des rivières ou ruisseaux, sans être inquiétée par les seigneurs, lorsque les eaux ne sont pas nécessaires aux moulins ; 2º de pouvoir se servir en hiver de ces eaux pour un moulin à huile nécessaire à ladite communauté (1).

———

(1) Attribué au maire Arnaud.

II

LES ARCS

Cahier des remontrances, plaintes et doléances des habitants de la communauté des Arcs, rédigé dans l'assemblée par eux tenue cejourd'hui vingt-trois mars 1789, en suite de la lettre du roi du deux de ce mois, pour la convocation des États Généraux du royaume, à Versailles le 27 avril 1789 et règlement y annexé et de l'ordonnance de M. le lieutenant général en la Sénéchaussée de la ville de Draguignan, du quatorze du mois, suivant le procès-verbal de ladite assemblée qui a été dressé cejourd'hui par devant M. le lieutenant de juge de ce lieu.

———

La convocation des États Généraux du royaume est une époque heureuse qui, venue dans un siècle de lumière et de philosophie, amènera le bonheur et la prospérité de la nation française, si les vertus et les vues bienfaisantes du roi sont secondées, et [si] l'intérêt général n'est pas étouffé dans l'esprit de corps et l'ascendant des intérêts privés.

Nous avons le bonheur de vivre sous un roi vertueux

dont le vœu le plus cher à son cœur est le bonheur de ses sujets; il a fait, depuis qu'il est monté sur le trône, des *(sic)* grands biens à la nation, il veut lui en faire des plus grands encore : il veut la régénérer, réparer les désordres des finances, corriger les vides de la constitution de l'État, soulager surtout la classe nombreuse et indigente de sa nation que cette constitution opprime et régner enfin par les lois sur un peuple libre et dans le cœur de ses sujets.

Pour satisfaire des sentiments si magnanimes, il veut que ses bienfaits soient l'effet moins de son autorité que de l'assentiment libre de son peuple. Il appelle la nation auprès de lui, il veut s'envelopper de ses lumières, recevoir ses plaintes et doléances, et lui donner les lois qu'elle désirera elle-même, et qui, en faisant son bonheur, opèrent la prospérité de l'État.

Offrons-lui le tribut de nos hommages et de la plus respectueuse reconnaissance pour le plus grand bienfait que sa vertu royale pût accorder à la nation. Puisse-t-il trouver dans l'âme de tous ses sujets le même zèle et le même dévouement qui nous animent, pour sacrifier à ses intentions généreuses nos biens et nos vies !

Sa Majesté veut que la nation, ne pouvant être toute rassemblée aux États Généraux, y soit légalement représentée par les députés qu'elle aura librement choisis ; et, afin que cette représentation soit légale, il veut que tous ses sujets sans exception concourent au choix des représentants, et accueillir leurs remontrances, plaintes et doléances, moyens et avis qu'ils auront à proposer en l'assemblée générale des États du royaume.

Ce dernier objet est si vaste, d'une si grande importance et si fort au-dessus de nos faibles lumières, que nous devrions peut-être nous reposer entièrement sur les lumières plus étendues de l'assemblée de la Sénéchaussée, encore plus sur celles de la nation assemblée en États Généraux, et infiniment plus encore sur les vues protectrices et sur le cœur paternel de Sa Majesté qui nous fait tout espérer depuis qu'Elle a eu la force de rappeler auprès de sa personne et à l'administration de ses finances épuisées, ce ministre habile et bienfaisant à qui son génie rare fournit toujours des ressources nouvelles pour la gestion des affaires; — cet esprit transcendant, dont la mâle éloquence ferait seule un grand homme, si chez lui la vertu la plus pure, la raison la plus éclairée, l'âme la plus honnête et la plus sensible, ne faisaifen]t presque oublier ses talents; enfin ce véritable ami de la nation dont l'idée ne se présentera jamais à un bon français sans une tendre émotion, accompagnée d'une vénération religieuse et dont l'histoire joindra le nom à celui de Louis XVI, comme elle a joint le nom de Sully à celui du grand Henry.

Mais pourrions-nous demeurer dans le silence, lorsqu'il s'agit de nos plus grands intérêts, de notre liberté, de nos biens et de nos vies, du salut de la patrie, lorsque notre roi daigne venir jusqu'à nous pour nous interroger sur nos maux et pour les guérir? Exposons-les lui donc, au contraire, avec la liberté et la confiance que ses bontés nous inspirent, certains que nos justes vœux seront exaucés, s'ils parviennent aux pieds de son trône.

La tâche que nous aurions à remplir est immense: comment retracer tous les maux que plusieurs siècles d'erreur, d'oppression, et de superstition ont accumulés sur la nation et sur nous ?

Si nous n'étions rassurés par les sentiments de justice et de bienfaisance de Sa Majesté et par son amour pour son peuple, comment pourrions-nous nous flatter que nos doléances, n'ayant pour soutien que la raison et l'intérêt général, ne soient pas étouffées par l'ascendant prédominant de l'intérêt avéré du pouvoir ?

Sa Majesté veut le bien général, elle veut interroger pour cela la volonté générale qui en est l'organe ; mais la difficulté est de faire triompher cette volonté au milieu du conflit des volontés particulières qui se croiseront sans doute dans l'Assemblée Nationale.

Si tous les membres de l'Assemblée avaient les mêmes droits et les mêmes intérêts, il n'y aurait qu'une volonté, le bien général s'opérerait sans peine. Mais le malheur est que les deux premiers ordres ont des droits et des intérêts opposés à ceux du troisième et, ce qui est encore plus inconciliable, des droits oppresseurs de leurs droits. La difficulté est moins de faire une bonne constitution que de réformer une constitution vicieuse.

Cela provient surtout de ce qu'on reconnaît en France trois ordres de personnes dans l'État, le clergé, la noblesse et le tiers état et que les deux premiers ordres ont des droits et des privilèges sur le troisième. Ces privilèges exemptent eux et leurs biens de la contribution aux charges publiques et en rejettent le fardeau sur le tiers état, et ces droits s'exercent plus

directement sur les personnes et sur les biens du tiers
état.

Ce n'est pas peut-être à nous de discuter et de con-
cevoir si, dans un état monarchique bien constitué, il
peut y avoir d'ordre de corps distinct et indépendant de
la nation et du souverain, d'association particulière
indépendante de la société générale, s'il peut y avoir
d'autre rapport et d'autres relations que le roi et
la nation.

Ce régime existe et nous en connaissons l'origine : il
est la suite de l'aristocratie féodale, établie dans les
temps d'anarchie, d'ignorance et de superstition, où
l'autorité royale était contestée ou méconnue, où chaque seigneur, soit laïque, soit ecclésiastique, s'était
rendu souverain et indépendant dans sa terre et où
la nation était sous leur esclavage ; les droits et les
privilèges des deux premiers ordres sur le troisième
sont les débris et les restes des chaînes sous lesquelles
ils l'avaient assuré.

Lors du régime féodal, les intérêts et les principes
souvent opposés des seigneurs laïques et ecclésiastiques
les divisèrent apparemment dans les assemblées nationales, en deux ordres distincts du clergé et de la noblesse qui, conjointement avec le roi, traitaient les
affaires publiques sans le concours de la nation, qui
n'était comptée pour rien.

Les rois appelèrent dans la suite le tiers état aux
assemblées nationales, mais il n'y fut admis qu'en sous-
ordre, subordonné aux deux autres et subjugué par le
régime féodal ; ce régime plus ou moins modifié ou tem-

péré, suivant les temps et les révolutions, a toujours
subsisté et subsiste encore.

Quoique le despotisme féodal ait été beaucoup émondé
par la sagesse, la politique et l'autorité de nos rois,
n'ayant jamais porté la cognée à la racine de l'arbre,
les profondes racines qu'il avait jetées existent toujours,
poussant sans cesse des (*sic*) nouveaux rameaux qui
ombragent et jettent leur maligne influence sur les personnes et les biens de la nation.

C'est le despotisme de ce gouvernement qui a créé,
c'est son esprit toujours dominant qui a maintenu jusqu'à nos jours ces droits et ces privilèges des deux
premiers ordres qui oppriment encore les droits sacrés
de la liberté et de la propriété des autres citoyens ;
droits que les lois de la nature et de la société déclarent
égaux entre tous les membres d'un même corps et les
sujets du même souverain.

Tant que ce gouvernement subsiste, il est conséquent
qu'il ait et qu'il soutienne des droits ou des privilèges
fondés, il est vrai, sur des titres nuls et désavoués par
toutes les lois de la nature et de la société, sur l'usurpation et sur le droit du plus fort, mais qui sont une suite
nécessaire du régime établi et qui semblent consacrés
par une possession de plusieurs siècles ; de sorte que
nous sommes régis par des principes barbares, quoique
désavoués par le droit naturel et par les lumières de
notre siècle, et la difficulté est de concilier des droits
qui se contrarient, des droits consacrés par la plus
ancienne possession avec ceux réclamés par les lois
de la nature et de la raison.

Nous devons sans doute respecter, autant qu'il est possible, les droits des deux premiers ordres, mais en leur accordant toute la faveur qu'ils peuvent exiger, nous ne pouvons nous dispenser, sans trahir notre cause et celle de la patrie, de réclamer, avec toute la force dont nous sommes capables, nos droits de citoyen, la liberté et la sûreté de nos personnes, et de nos biens et la suppression ou réformation de tous droits, de tous privilèges et de tout régime qui les opprime[nt].

Les droits des deux premiers ordres doivent être conservés, en ce qu'ils peuvent se concilier avec le droit sacré et imprescriptible de la nature et de la justice, qui ne peut jamais nous être légitimement enlevé. Tant que cette réforme nécessaire n'aura pas lieu, tant que le régime féodal ne sera pas supprimé ou réduit à des (sic) justes bornes, il paraît impossible qu'on puisse établir une bonne constitution.

Nous avons cru nécessaire de faire ces détails préliminaires, parce que c'est le régime féodal qui paraît aujourd'hui le grand obstacle qui contrarie la régénération du royaume, et qui peut empêcher les États Généraux de procurer à la nation le plus haut degré de gloire et de prospérité, parce qu'enfin c'est le régime féodal qui a créé et maintient presque tous les abus qui doivent faire le sujet de nos doléances.

Nous aurions plusieurs grands objets à considérer dans nos doléances; les principaux sont :

1º Les États Généraux ;

2º Les États Provinciaux;

3º Les finances ;

4° Le clergé, ses biens et ses immunités ;
5° La noblesse et la féodalité ;
6° La justice ;

SUR LES ÉTATS GÉNÉRAUX :

Nous devons nous reposer sur la sagesse de notre souverain, pour la meilleure organisation des États et pour le meilleur régime à observer dans sa formation (sic) et ses délibérations (sic), afin de donner à tous les ordres et à tous les membres l'égalité, la liberté et l'influence convenable.

Sa Majesté a déjà accordé au tiers état un suffrage égal en nombre à celui des deux premiers ordres réunis ; mais égalité de voix pour le tiers état ne lui donne pas égalité d'influence, vu l'autorité et l'ascendant des deux premiers ordres sur les hommes du tiers état et le respect même qu'ils lui inspirent.

C'est un grand malheur pour la nation et un grand obstacle au bien général que cette division d'ordres dans l'État, ayant chacun des droits, des vues et des intérêts opposés et amenant par conséquent dans les états un esprit de corps et d'intérêts privés et opposés à l'intérêt général. Si tous les droits des citoyens étaient égaux, tous auraient la même volonté et il en résulterait le bien de tous.

La plus grande partie du clergé et de la noblesse du royaume a fait un grand pas vers cet accord général en consentant la contribution proportionnelle de toutes les charges publiques.

Il reste encore un grand objet de scission et de désunion entre les ordres, ce sont les droits féodaux qui pèsent sur les personnes et les biens du tiers état.

S'il était possible de concilier encore les intérêts sur ces deux objets, la question de l'égalité des suffrages et même la délibération par ordre ou par tête deviendrait à peu près indifférente.

Mais cet objet est de la plus haute importance, s'agissant des droits de propriété ou présumés tels, scellés par la possession de plusieurs siècles. Ces droits pèsent surtout sur le peuple des campagnes, sur la partie nombreuse et indigente de la nation. C'est contre ces droits oppresseurs de nos personnes, de notre liberté, de nos biens, de l'agriculture et du commerce, que nous devons diriger surtout nos doléances.

S'il était possible de prendre un tempérament sur ce dernier objet; s'il était possible de rendre à la liberté, et à la propriété de tous les citoyens, à l'agriculture et au commerce les droits que les lois de la justice et de la société réclament en leur faveur; s'il était possible de supprimer ou de racheter tous les droits oppressifs de la liberté, de la propriété, de l'agriculture et du commerce, en indemnisant pleinement les possesseurs de tout ce qu'ils peuvent légitimement prétendre, on couperait peut-être le nœud de tous combats d'intérêts dans les États Généraux, et le bien qui en résulterait pour le royaume en général, et pour tous les individus en particulier, serait immense et incalculable.

Nous ne pouvons sur ces projets que faire des vœux et exposer nos droits et nos besoins; mais nous devons les exposer et les réclamer avec force, d'autant plus que, dans notre abaissement et notre éloignement, nous et notre oppression sont à peine aperçus par le souve- rain, par les villes et surtout par les écrivains qui dirigent l'instruction et influent sur l'opinion publique.

Outre l'égalité des suffrages aux États Généraux, que la justice du roi nous a accordée, nous devons remon- trer encore que les députés aux États Généraux ne doivent voter qu'autant que les États seront légalement constitués et formés suivant le vœu le plus général, déclaré tel par le roi et sanctionné par son consente- ment et son autorité ;

Que lesdits États, ainsi que tous communautés, bureaux et toutes commissions qui seront établies, soit relativement aux opérations desdits États, soit relative- ment aux lois qui y sont faites, soit relativement à l'exécution desdites lois, opérations et délibérations des États, seront composés de manière que les membres du tiers état égalent au moins en nombre ceux des deux autres ordres réunis ;

Que dans lesdits États et commissions, le tiers état ait des syndics ou présidents égaux en nombre à celui des deux autres ordres, ayant les mêmes droits et préroga- tives ;

Qu'il ne pourra être attenté à la liberté personnelle des citoyens par des lettres de cachet ou tout autre ordre arbitraire, sous quelque forme et quelque pré- texte que ce soit, mais seulement pour les cas et par les voies légales et judiciaires fixés par la loi ;

Qu'à cet effet, les troupes de l'État ne pourront être

employées que pour la défense de l'État et qu'elles ne pourront jamais attenter sur la vie et la personne des citoyens que dans les cas fixés par la loi ;

Que les États Généraux sanctionneront la loi fondamentale du royaume de France, qui est : *que la nation française est un état monarchique gouverné par un roi régnant sur un peuple libre, par les lois sanctionnées par le roi et les États Généraux* ;

Nous devons reconnaître cette loi fondamentale du royaume que la couronne est héréditaire dans la famille régnante, suivant le principe de la loi salique ;

Que le roi et la nation assemblés en États Généraux ont seuls le pouvoir législatif et le droit de faire des lois ; que nul autre ordre, corps et tribunal, quel qu'il soit, ne peut faire annuler, changer, corriger, modifier, et interpréter les lois ;

Que tous les citoyens sans exception ni distinction sont obligés de les observer et de leur obéir ;

Que le roi est seul souverain, qu'il a, lui seul, le pouvoir exécutif, la manutention et l'exécution des lois et le gouvernement de l'État sans dépendance et sans partage ;

Que le roi ayant seul la puissance exécutive des lois a seul le droit de donner des juges à ses sujets dans l'ordre et la forme établis par les lois et que nul citoyen, de quelque état et condition qu'il soit, ne peut exercer cette prérogative royale ;

Que la liberté de penser et d'écrire sera établie en loi ;

Que les États Généraux sanctionneront la dette nationale et qu'ils établiront tous les impôts nécessaires pour

les besoins de l'État, lesquels impôts n'auront lieu que
pendant le terme qui sera fixé pour la tenue des États
Généraux subséquents ;

Que le retour périodique desdits États Généraux sera
fixé et établi d'une manière irrévocable.

SUR LES ÉTATS PROVINCIAUX :

Suivant le rapport du Ministre des finances, sa
Majesté se propose d'établir des États Provinciaux dans
toutes les provinces de son royaume. Cet établissement
serait un des plus grands bienfaits qu'elle pût accorder
à la nation. Son intention sans doute est de les organiser sur le modèle des États Généraux et de leur déférer l'administration particulière des provinces.

Nous avons le plus grand intérêt de réformer nos
États de provinces, dont la formation est vicieuse et illégale et dans lesquels le tiers état est subjugué par le
régime féodal des deux premiers ordres.

Nous devons insister auprès de sa Majesté pour la
supplier de nous accorder la permission de nous assembler en corps de nation provençale, pour constituer
nos États d'une manière sociale et légale où tous les
citoyens soient légalement et proportionnellement
représentés et les droits de tous invariablement conservés.

SUR LES FINANCES :

Nous devons réclamer :

La suppression de toute immunité, exemptions et
privilèges pécuniaires et personnels en faveur du clergé

et de la noblesse de la robe et de la finance, ainsi qu'en faveur de tout état et de toute charge et de tout office ;

La suppression de toute distinction entre les biens ecclésiastiques, nobles et roturiers, tous les biens devant être soumis également à tous les impôts et charges de l'état, du pays, des vigueries, et des communautés.

La suppression de tous impôts compliqués, arbitraires et oppressifs [tant] de la liberté, que [de] la propriété, de l'agriculture et du commerce et qui pèsent surtout sur la classe indigente et sur les pauvres, tels que celui de la capitation ;

La suppression de tous offices de justice, de finance et d'administration qui n'ont été établis que dans des vues fiscales.

Nous demandons encore que la recette du contrôle ne puisse être perçue par un notaire.

Nous devons demander que tous les impôts sans exception étant communs à tous les sujets, sans distinction des personnes ni des biens, soit du clergé, de la noblesse et de la robe, soient établis et levés uniformément par le même régime, par la même administration, les mêmes voies, les mêmes rôles et les mêmes receveurs ;

Que les États Provinciaux, les Vigueries et les communautés soient libres d'établir la partie d'imposition proportionnelle qui leur sera répartie, suivant le meilleur régime qu'ils trouveront bon et que les privilèges de la province seront conservés irrévocablement.

Ces demandes sont de toute justice et fondées sur

les véritables principes de la constitution monarchique
sous laquelle nous avons le bonheur de vivre.

L'impôt est libre et doit être librement consenti par
la nation, et (1)
Ce principe n'est pas contesté ; si la nation a le
droit de consentir librement l'impôt, elle a le droit de
le refuser, à moins de *n*'admettre (*sic*) les contradictions.
Il est vrai que le refus serait absurde et funeste, quand
l'impôt est nécessaire à la conservation de l'Etat. Qui
veut le bien, veut les moyens, mais le droit n'existe
pas moins. Si la nation a donc le droit de consentir et
de refuser l'impôt, par la même raison des conséquences elle a le droit d'abroger les impôts établis. Par cette
abrogation, la nation et tous les membres qui la composent sont également affranchis d'impôts et de tributs, et rentrés dans la libre possession de leur biens.
Dans cet instant les voilà tous égaux, il s'agit de voter
de nouveau l'impôt ; qui aura le droit de dire, qui osera
dire, « je consens, je veux que les autres payent, mais
moi je ne veux pas payer » ? sera-ce celui qui a le plus
grand intérêt à la conservation de la chose publique ?
mais alors, pourquoi les autres n'auraient-ils pas le
même droit et la même audace ? ces principes sont
incontestables ; le droit seul de la force peut les avoir
enfreints et continuer à les enfreindre.

(1) La fin de la phrase est restée en blanc dans le manuscrit.

SUR LE CLERGÉ, SES BIENS ET SES IMMUNITÉS :

En reconnaissant le pape pour le chef de la hiérarchie ecclésiastique pour le dogme, nous devons désirer
de ne reconnaître pour le culte extérieur de la discipline et la juridiction temporelle de l'Église, d'autres
lois que celles de l'église gallicane.

Que la nomination à toutes dignités ecclésiastiques
soit faite par le roi ou par élection, sans le concours, la
confirmation, ni la présentation du pape ni d'aucun
autre ;

Que la hiérarchie de l'église pour le culte extérieur
et pour la discipline ecclésiastique soit composée du
roi, chef temporel de l'église gallicane, des évêques, et
de leurs chapitres, des curés et vicaires, destinés au
service de l'église ;

Que tous autres chapitres, collégiales, abbayes, commanderies, corps et communauté religieuse, réguliers
et séculiers des deux sexes, et tous bénéfices soient
supprimés au décès des titulaires actuels ;

Que la dîme soit supprimée ;

Que les biens de l'église généralement quelconques
soient rendus à l'État après le décès des titulaires, vendus à son profit, et le prix destiné à l'amortissement
de ses dettes ;

Que tous lesd. biens resteront à l'État, et qu'il sera
assigné aux évêques, chapitres, curés et vicaires une
dotation convenable à la charge des communautés ;

Que, dans ce cas, toutes les communautés d'un dio-

cèse contribueront proportionnellement à la dotation
de leur évêque et son chapitre ;

Que chaque communauté dotera le curé et les vicai- ↩
res de sa paroisse ;

Que les communautés seront chargées chacune de
toute la dépense de l'église, soit des églises, presbytères, sacristie, ornements et autres ;

Qu'elles seront chargées du soin de leurs pauvres ;

Qu'il sera expressément prohibé à tous évêques ,
curés, et vicaires d'exiger ni recevoir aucunes rétributions ni oblations pour l'administration des sacrements
et toutes les autres fonctions de leur ministère ;

Que les officialités seront supprimées et leur compétence attribuée aux juges ordinaires ;

Que toutes les fêtes chômées seront transférées au
dimanche, avec la réserve des fêtes de la Noël, la Fête-
Dieu, l'Assomption et celle du patron pour le grand
intérêt de l'agriculture et du commerce.

SUR LA NOBLESSE ET LA FÉODALITÉ :

Sur la Noblesse :

Nous devons nous abstenir de rien proposer sur l'ordre de la noblesse qui puisse porter atteinte à la défé-
rence et aux égards qui lui sont dus et à la hiérarchie
établie.

La noblesse est une institution nécessaire dans une
monarchie, il est juste que ceux qui ont bien mérité de
la patrie soient distingués.

La noblesse doit jouir des rangs, des prééminences, des distinctions honorifiques et de toutes les faveurs que méritent les services rendus ou censés rendus à la patrie ; mais il paraît injuste qu'il y ait une séparation si marquée et si humiliante, une barrière si insurmontable entre un citoyen et un autre citoyen, un noble et un roturier.

L'hérédité de la noblesse est née de l'aristocratie féodale; dans le principe, le fief faisait le noble.

Cette noblesse, ainsi que celle acquise ensuite par les offices et les finances, ne méritent ni les honneurs, ni les hommages de la véritable noblesse, et, bien loin que son ancienneté en augmente le lustre, elle devrait l'éclipser au contraire.

La véritable noblesse, dans le sens qu'on attache à ce mot aujourd'hui, est celle qui est accordée aux services rendus à l'État, surtout pour la défense de la patrie.

Cette noblesse est sacrée, elle mérite tous nos respects et tous nos hommages ; mais les nobles qui ne doivent leur noblesse qu'aux fiefs ou aux offices acquis moyennant finance, ne méritent pas plus d'égard et de distinction que les autres possesseurs des fiefs et de la finance.

La noblesse étant et ne devant être qu'un état et un rang distingué, accordé aux services rendus à l'État, il est juste que tout citoyen qui doit et a le droit de rendre les mêmes services, puisse obtenir les mêmes distinctions.

Enfin il est encore juste que tous les citoyens, sans exception ni exclusion, ayant le même droit à la chose publique, soient également appelés et capables d'exercer toutes les charges publiques de l'État, de l'épée, de la robe, de la finance et de l'administration.

Sur la Féodalité :

Nous devons conserver de tout notre pouvoir aux possédants fiefs, ainsi qu'à tous les citoyens, tous les biens et droits vraiment utiles, qui ne sont pas contraires au droit public, à la liberté, à la propriété, à l'agriculture et au commerce.

Nous devons solliciter le rachat de tous les droits vraiment utiles, qui sont présumés avoir été établis pour l'intérêt commun du seigneur et des habitants, mais qui sont oppressifs et destructifs de la liberté, de la production, de l'agriculture et du commerce, tels que de banalité et autres de cette nature, en indemnisant les possesseurs de tout ce qu'ils peuvent avoir d'utile pour eux.

Nous devons solliciter :

La suppression et l'abolition de tous les autres droits seigneuriaux qui ne sont que le droit du plus fort sur le faible, et les restes de l'oppression féodale, tels que le droit d'hommage qui n'est dû qu'au souverain, de servitude personnelle, de corvée, de prélation, de chasse, de pêche, de régale, des rivières, sources et ruisseaux ; — de pâturages sur les propriétés des particuliers, de justice et toutes autres chaines féodales, sauf le droit utile du lods ;

La suppression surtout de ce (sic) droit de justice

dans la main des seigneurs, étant contre tout principe
qu'un citoyen, qu'un seigneur, qu'un agent, qu'un
ennemi donne arbitrairement des juges aux autres
citoyens, aux sujets du roi, qu'il soit le maître despoti-
que du juge, et, par conséquent de son jugement.

C'est sans doute là un des plus grands vices du régime
féodal et l'arme la plus terrible du despotisme, la principale source de la corruption et de la dépravation des
mœurs.

Par là le juge et le justiciable sont également les
esclaves du seigneur : l'un n'est plus le maître de son
jugement, et l'autre ne pouvant se rassurer sur le bon
droit de sa cause, a recours à la bassesse, à la faveur, à
la vénalité et à la corruption ; et c'est ainsi que l'un et
l'autre se corrompent naturellement et que les jugements sont iniques.

Il en est de même des autres officiers de justice : le
procureur juridictionnel, les procureurs des parties, tous
sont dans la main du seigneur.

On se récrie avec raison contre la vénalité, l'inamovibilité, l'hérédité des offices de judicature. Toute la
France se plaint de l'injustice des jugements qui en
résultent. Il y a pourtant encore une grande différence
entre les juges royaux et les juges seigneuriaux ; les
jugements arbitraires des uns viennent de leur trop
grande indépendance et les jugements serviles des
autres de leur entière dépendance.

Il est absurde et contre toute idée de justice qu'un
citoyen ait le droit de rendre la justice, ou de donner
des juges aux autres citoyens, de se donner des juges

à lui-même, puisque les juges des seigneurs sont les juges de leurs procès, que la puissance de juger et de donner des juges, qui, suivant la raison et les publicistes, est un droit de souveraineté, soit un droit de propriété appartenant à des sujets individuellement.

Quand le gouvernement féodal était en règne, quand les seigneurs étaient souverains despotiques et absolus dans leurs terres, que les justiciables étaient leurs esclaves ; il est conséquent que les seigneurs fussent leurs juges, ou leur donnassent des juges. Mais, à moins de n'admettre (sic) encore ce régime barbare, il ne faut pas donner à l'autorité féodale encore plus de droit qu'à l'autorité royale.

De la conversion de ce droit de justice en droit de propriété, de cet autre principe aussi absurde établi par les arrêts de la cour, que nulle terre noble [n'est] sans juridiction, ont résulté les plus monstrueuses conséquences.

Les seigneurs justiciers dépècent la justice comme leurs fiefs : ils la divisent et morcellent à leur fantaisie, et ils font dans un fief autant de seigneurs justiciers et de juges, qu'il y a de mois, de jours et d'heures dans l'an, qu'il y a de propriété particulière dans un terroir, de maisons et de recoins dans une même maison, et la connaissance des différents juges et de leur compétence dans un village est une science aussi abstraite et aussi compliquée que le code de nos lois civiles.

L'inconséquence vient surtout de ce qu'on veut concilier des choses inconciliables, détruire le régime féodal et le conserver, et régir par le même principe des choses de différente nature, par les principes du droit civil ce qui doit l'être par ceux du droit public,

Quelque oppressifs du droit de la nature et de la société que puissent être les droits féodaux, nous ne devons pourtant en réclamer la suppression qu'avec la plus grande circonspection. Leur origine est vicieuse, mais leur long usage les a transformés en une espèce de propriété, nous devons espérer du temps qui éclaire tout, des lumières de notre siècle et de la vérité éternelle à laquelle à la fin rien ne peut résister, que nos droits sacrés et imprescriptibles triompheront enfin des préjugés désavoués par la raison et par la justice.

Sur la Justice :

Nous devons demander la réformation de nos lois civiles et criminelles et qu'il soit établi par les États une commission qui sera chargée de travailler au code civil et criminel.

Mais nous devons demander surtout un meilleur régime dans l'administration de la justice, que les charges de judicature ne soient ni vénales, ni héréditaires, ni inamovibles; qu'elles n'exigent ni [ne] donnent la noblesse, ni d'autres privilèges ; que les charges de magistrature soient déférées à tout citoyen ayant le mérite et les qualités requises, sans distinction de rang, ni d'ordres ; qu'elles ne soient exercées que pour un temps fixé par la loi; que les juges soient de la condition et de l'état des justiciables; que, dans les procès entre les membres du clergé ou de la noblesse et ceux du tiers état, les juges soient mi-partis de chaque ordre ; que, dans les accusations criminelles, les juges soient pris parmis les pairs de l'accusé et que l'accusé puisse en récuser un certain nombre fixé par la loi ;

Qu'il n'y ait que deux espèces de tribunaux, l'un de première instance et l'autre de dernier ressort et qu'il n'y ait qu'une appellation du premier juge au juge souverain ;

Que tous les autres tribunaux, cours et juridictions soient supprimés ; que toutes matières, de quelque nature quelles soient, leur soient attribuées, et que toutes personnes, tous corps et communauté, de quelque état et condition qu'ils soient, n'en reconnaissent point d'autre ; qu'il soit attribué au tribunal de première instance la compétence des juges, jusques à une somme déterminée lorsqu'elles sont fondées sur un titre-authentique, nonobstant appel et sans y préjudicier, en donnant bonne et suffisante caution;

Qu'indépendamment de ces deux tribunaux ordinaires de première instance et de dernier ressort, il soit établi dans chaque ville et communauté un tribunal municipal composé de magistrats municipaux choisis et élus annuellement dans les assemblées municipales, auquel tribunal seront attribuées certaines matières, telles que les matières consulaires, les matières de police, les redditions des comptes des tutelles, séquestres et autres, les assemblées de parents, la nomination de tuteurs et de curateurs aux pupilles, mineurs, prodigues et insensés, les enchères de l'arrentement et de la vente de leurs biens ainsi que de ceux des corps et communautés, la présidence et autorisation des assemblées des villes et communautés et autres matières semblables qui seraient fixées par la loi.

Que toute évocation hors des tribunaux de la province et tous *committimus*, pour quelque sujet et en faveur de quelque personne que ce soit, soient révoqués ;

Que les épices soient supprimées et les frais de justice réduits à des (*sic*) justes bornes et réglés par la loi ; que la condition malheureuse des accusés innocents, sera prise en considération et que les prisonniers seront traités avec tout le ménagement que l'humanité exige, et qu'à cet effet les prisons seront sûres, saines, commodes et convenables et que les prisonniers ne seront pas réduits à la paille, au pain et à l'eau ;

Que les accusés absous seront indemnisés et les accusateurs injustes, punis ;

Que les lois civiles et criminelles établies ou à établir seront rigoureusement observées, sans qu'il soit permis aux juges de s'écarter du texte précis de la loi dans leurs jugements, sous prétexte de les interpréter ;

Que le roi et les États Généraux seuls, légalement assemblés, pourront faire des lois et établir des impôts ; qu'aucun autre tribunal ne pourra faire des lois ni des règlements ;

Qu'il sera prohibé expressément à tous juges et tribunaux de faire des arrêts et règlements [arrêts de règlements (?)] ; que les arrêts et jugements particuliers n'auront aucune autorité et qu'il sera défendu aux juges, avocats, procureurs et parties de s'en aider, les citer et opposer à l'appui de leurs moyens et défenses.

C'est l'insuffisance et l'imperfection de nos lois, c'est le code informe et indigeste de notre droit public, civil et criminel, composé d'une infinité de pièces rapportées,

presque toutes empreintes de l'esprit du despotisme ministériel ou du régime féodal, qui a amené la jurisprudence
mouvante et arbitraire qui nous gouverne et qui nous
opprime.

Les lois sont méconnues et tombent en désuétude,
parce que les arrêts de règlement et même les jugements
particuliers ont usurpé toute leur autorité, et cela est
venu à un point que la loi n'est plus que le dernier
arrêt, et que la jurisprudence du jour n'est pas même
celle de la veille.

Les arrêts des parlements sont nos seules lois ; elles
ont établi la jurisprudence qui nous gouverne; cette
jurisprudence, inspirée par l'esprit féodal, a aggravé
son régime sur nous, au lieu de l'adoucir, et multiplié
sans cesse les droits et les servitudes féodales.

Ce sont les arrêts du parlement qui ont établi dans
notre communauté des droits féodaux inconnus même
à nos pères et démentis par nos titres, tels que la chasse,
la pêche, la banalité, le droit de lods des bois de nos
forêts et autres.

Ce sont les arrêts des Parlements qui, abusent de ce
principe absurde, tiré du despotisme féodal et opposé au
droit public, que les juridictions sont patrimoniales et
un droit de propriété; ont consacré tous les abus que
les seigneurs ont fait de ce prétendu droit et ont conservé aux juges seigneuriaux des droits de présidence
et de prééminence que nos rois avaient accordés à la
municipalité et que nous avions rachetés.

Nous devons demander encore :

Que les juges seront tenus d'insérer les motifs de leurs décisions dans les jugements ;

Qu'ils seront responsables des vices de leur procédures et punis de leurs prévarications.

Nous observons qu'il serait avantageux à l'Etat pour la population de mettre une taxe sur les célibataires jouissant d'un patrimoine, après l'âge de trente ans. Sans entrer dans aucun détail sur les motifs d'un tel établissement de loi, nous nous rapportons à ce qui en est dit dans les *Questions Encyclopédiques* au mot *Mariage*.

Telles sont les remontrances, plaintes et doléances, tels sont les vœux que nous avons cru devoir former. Nous devons réclamer les droits légitimes qui nous sont dus avec modération, mais avec force, avec liberté, avec confiance envers le meilleur et le plus vertueux des rois. Nous devons nous flatter que, si nos plaintes et nos doléances pouvaient présenter quelque chose d'hasardé (*sic*) et de trop exalté, nous serions justifiés par la pureté de nos vues, dégagées de tout esprit de révolte et d'indépendance.

En donnant à nos députés les instructions ci-dessus, nous leur donnons encore, pour concourir aux vues bienfaisantes de sa Majesté, tous pouvoirs généraux et suffisants pour proposer, remontrer, aviser et consentir tout ce qui peut concerner les besoins de l'Etat, la réforme des abus, l'établissement d'un ordre fixe et durable dans toutes les parties de l'administration,

la prospérité générale du royaume et le bien de tous et
de chacun des sujets de sa Majesté (1).

(Signé): Villeneuve, maire; J. Lombard, consul; Truc;
Pascalis ; L. Fedon ; Hermelin ; P. Truc ; Maynard ;
Maynard; Pautrier, n^re; J. Pautrier; P. Ollivier, Pascal;
H. Lombard; Clapier ; Lombard, avocat; Fabre ; Ray-
baud ; Latour ; P. Allègre ; Lombard ; Paul Corti ;
P. Savornin ; Lombard; Gastinel; L. Guigonnet; Milou;
Lions ; Meissonnier ; Lombard ; Pierre Maunier ;
J. Clapier ; J.-J. Peire ; Fery ; Courret ; Jean Ray-
baud ; E. Pascal ; S.-G. Roux ; Louis Gastinel ;
Trucy; P. Rigordi ; Tamburin ; J. Boyer ; Louis Tes-
toris ; P.-A. Granet , fils aîné ; Antoine Tardieu ;
L. Parris; J.-J. Martel; Joseph Lombard; Joseph Roux;
Savornin ; J.-Joseph Raynaud ; Autriq ; Fedon.

Coté et parafé *ne varietur*

(Signé) CARLE, L. de j.

_____

(1). De l'écriture et probablement de la rédaction de N. Villeneuve,
maire, premier consul, qui avait été, à diverses reprises, alternativement maire et greffier de la communauté.

III

AUPS

Doléances du peuple d'Aups dans l'assemblée des chefs de famille tenue à l'église le dimanche 22 mars 1789.

ÉVÊQUES.

Les évêques, trop occupés des affaires temporelles en l'administration de la province, ne résident presque plus dans leur diocèse ; qu'à l'avenir ils ne soient reçus dans les états provinciaux de Provence que dans la proportion qui a été établie pour le Dauphiné, c'est-à-dire qu'ils n'y soient admis que deux à trois tout au plus, dans l'ordre du clergé, et que tous résident exactement dans leur diocèse, afin que leurs peuples ne soient plus privés des biens que font nécessairement les premiers pasteurs au milieu de leur troupeau.

PRÉVÔT.

Que le prévôt de cette église collégiale d'Aups, dont les revenus levés sur le peuple par la dime montent à

3

plus de trois mille livres, qui n'y a pas même maison de louage, y réside comme chef de cette église unie à son corps, afin qu'il y veille sur ses membres, qu'il y répande l'excédent de ses revenus sur les pauvres de la ville qui, en étant privés, sont d'autant plus à charge à la communauté et aux habitants.

CHANOINES ET BÉNÉFICIERS.

Que nul ecclésiastique ne puisse posséder aucun bénéfice dans ce chapitre qu'il ne soit prêtre, de préférence enfant du lieu, ayant au moins dix ans de service en paroisse, afin que les gens du pays et, à défaut, les étrangers de mérite et de service étant placés, les habitants de cette ville soient assurés d'en recevoir les secours et l'édification qu'ils ont droit d'en attendre, pour le temporel qu'ils leur donnent ; par ce moyen, les pères de famille pourront espérer de voir leurs enfants placés dans cette église, et on ne verra plus tant de prêtres vieillards ou infirmes être un surcroît de charge à leurs parents.

PRÉDICATEURS.

Que les émoluments du prédicateur de l'avent et du carême, aujourd'hui trop minces, ne peuvent l'entretenir. Du défaut d'instruction, naissent l'ignorance du peuple, la dépravation des mœurs et même l'irréligion.

La congrue des curés et des vicaires ayant augmenté au delà du double, le salaire des prédicateurs doit être augmenté proportionnellement par les contribuables en cette partie, lesquels n'auront pas lieu de se plaindre,

parce que les revenus de leur dîme et de leur bénéfice
ont augmenté dans la même proportion.

Du défaut de ces prédicateurs naît un autre grand
mal dont le peuple est encore la victime.

Les ministres ordinaires des paroisses ne prêchent
pas durant l'avent et le carême, sous prétexte qu'ils ne
doivent pas suppléer les prédicateurs ; et les peuples,
privés de la parole de Dieu dans ces temps plus spécialement destinés à l'entendre, en sont totalement privés ; les vérités et les maximes de la religion ne peuvent qu'améliorer leurs mœurs, et la dépravation étend
ses ravages comme la gangrène, à la faveur de leur
ignorance.

RELIGIEUSES.

Que les religieuses de Sainte Ursule de ce couvent
d'Aups qui, par leur établissement et leur règles, sont
tenues d'instruire gratuitement les jeune filles de cette
ville, reprennent cette fonction qu'elles avaient abandonnée, et ne privent plus les filles des habitants d'un
secours si nécessaire à l'édification publique et aux
bonnes mœurs, et que les filles du lieu seront reçues
religieuses pour la somme de deux mille quatre cent
livres, suivant leur obligation.

HOPITAL.

La classe utile et intéressante du bas peuple et des
paysans, ici représentés par leur chefs de famille, se
plaint amèrement du défaut de soins, de charité et de
consolation que les pauvres malades ne reçoivent plus

dans cet hôpital général Saint-Jacques, que par manière d'acquit. On ne peut plus dissuader les pauvres malades de la persuasion générale où ils sont que l'hôpital deviendra leur tombeau, s'il font tant que d'y entrer ; qu'on ne les veille plus durant la nuit ; qu'ils n'y trouvent plus de petits soins durant le jour, si leurs parents ne vont les secourir ; qu'on ne veut plus les laisser chauffer, comme il était d'usage, à la cuisine ; qu'on leur refuse le feu nécessaire dans les salles, et qu'il y en aurait qui seraient morts de froid, si leurs parents ne leur avaient porté du bois. Aussi aiment-ils mieux mourir de faim et de misère chez eux plutôt que de s'y rendre ; et le peu de ceux qu'on y transporte, ayant déjà épuisé toutes les facultés temporelles et épuisés par leur maux, se trouvent souvent hors d'état d'en relever. Pour remédier à ces grands maux, on demande qu'il soit établi, pour le service de cette maison charitable, des sœurs hospitalières dépendantes d'un corps, à l'exemple des hôpitaux de Fréjus, de Draguignan, de Roquebrune, de Lorgues qui, ayant été dressées par des supérieures dans un noviciat, sont sans comparaison plus capables de conduire, soigner, et consoler les malades que des hospitalières prises aux hasard, non formées d'avance dans ce genre d'humanité, de condescendance et de consolation que demande un emploi si important, pour la santé et souvent le salut de frères souffrants.

Qu'en attendant, la demoiselle hospitalière de cet hôpital soit incessamment envoyée à un des susdits hôpitaux pour s'y former pendant un ou deux ans dans cés œuvres de miséricorde et y prendre l'esprit du grand art d'aimer les pauvres.

L'hôpital a un revenu de quatre à cinq mille livres de rente, *des (sic)* vastes logements, et plusieurs personnes riches n'attendent que ce moment de réforme pour y faire des legs de considération, sans quoi elles ne lui laisseront rien.

MOISSAC

La communauté de cette ville d'Aups ayant de toute ancienneté droit de compascuité avec les communautés de Moustiers, Aiguines, Moissac, Fabrègues, se plaint que la communauté de Moissac, protégée par son seigneur, a surpris des cours supérieures une défense aux habitants d'Aups d'aller aux bois compascuables dudit Moissac, jouir de leur droit de lignerage, glandage et compascuité; le seigneur dudit lieu avec ladite communauté ayant vendu par cartons annuels ledit bois de chênes verts et s'en faisant un revenu pécuniaire dont ledit seigneur s'approprie les deux septièmes, sans que la communauté d'Aups n'y ait aucune part ; auquel arrangement les habitants d'Aups, chefs de famille, ici présents, n'ont en rien concouru, et ont toujours en vain réclamé contre la petite majorité du conseil ordinaire de la communauté qui, dans un cas de cette importance, ne saurait suffisamment les représenter, étant inouï et contre le droit public que dix voix du conseil de la communauté, contredites par huit ou environ, aient pu disposer des droits et facultés de cette grande assemblée ici présente et de trois mille têtes qu'ils représentent,

contre lesquelles délibérations et transactions illégales
s'élève[nt] de tout côté, même en ce moment, les réclamations les plus fortes.

AIGUINES

La communauté d'Aiguines, faible contre son seigneur,
a été dernièrement attaquée en la chambre des eaux et
forêts de cette province dont les membres sont tous
nobles ou possédants fiefs, et par là même intéressés à
donner gain de cause audit seigneur, [aux fins] que ladite
communauté d'Aiguines, qui possède en son terroir les
défens et bois soit condamnée à désemparer le tiers
de ses domaines audit seigneur par là même qu'il est
seigneur; la communauté d'Aups est intervenue comme
partie intéressée, et elle ne peut obtenir que ledit seigneur d'Aiguines se désiste de son injuste prétention
devant un tribunal souverain où les communautés,
plaidant avec leur seigneur, sont si souvent condamnées.

FABRÈGUES.

Le seigneur de Fabrègues, dont le fief n'est par lui
possédé qu'à titre d'engagement de la part de sa
majesté, par lettres du........................,
gêne continuellement les habitants d'Aups par ses gens
d'affaires ou ses fermiers, au point que les pauvres habitants, dénoncés en justice dans l'usage qu'ils font ou
qu'ils veulent faire de la compascuité et droits qu'ils y
ont, aiment mieux renoncer à leurs droits que de s'y
voir vexés.

TAURENNE.

Le possesseur de Taurenne, quartier de la Paroisse d'Aups, refuse jusques aujourd'hui le payement des tailles et charges publiques, sous prétexte de juridiction sans titres qui constent. Il a agrandi la plupart de ses terres cultivées par des défrichements considérables des terres gastes communes aux habitants d'Aups. La communauté d'Aups réclame contre tous ces seigneurs la jouissance de ses droits et l'observation du droit public de cette province, antérieur à tous les privilèges [et] imprescriptible de sa nature.

JUSTICE.

Il est déplorable presque toutes les semaines d'entendre parler *des* (*sic*) vols faits sur les grands chemins qui aboutissent à cette ville et de ceux qui bien souvent se commettent dans les campagnes et dans la ville même, par infraction (*sic*) de portes et de boutiques, ou même en temps de foire.

CAUSE DES VOLS.

Ces maux ont deux sources : la première vient des bois qui couvrent les grands chemins passant par les fiefs de Moissac, Fabrègues, et Baudinard, dont les seigneurs, puissants en cette province, se sont mis au-dessus des arrêts de cours, qui ordonnent de couper et détruire lesdits bois à la distance desdits chemins de quarante toises environ, et ils ont le crédit de ne pas les faire détruire pour continuer à en tirer du profit ;

la seconde source vient de l'obligation où sont les officiers de justice à (*sic*) garantir les formes de la procédure du peu d'émolument que les officiers en retirent, soit qu'elle se fasse au nom du roi ou des seigneurs; des intérêts particuliers, divers égards, etc., les mettent aussi en considération.

LES PAUVRES NE PEUVENT OBTENIR JUSTICE SUR LES DÉNONCES.

Il est encore douloureux de voir les pauvres habitants, dont les champs ou les vignes ont été ravagés par le troupeau d'un berger malfaiteur ou par un ravageur de campagne, contre lesquels ils ont exposé dénonce, ne pouvoir obtenir justice des torts à eux causés, parce que les coupables s'opposant à la dénonce, les pauvres propriétaires n'ont pas les moyens de les poursuivre dans les trois tribunaux gradués de juridiction, pour les faire condamner et se faire payer ; d'où naît l'impunité d'une infinité de méchants et la perte des fruits et denrées des pauvres propriétaires qui cependant sont toujours obligés de payer les impôts. Les registres du greffe de la juridiction d'Aups sont remplis de pareilles dénonces, infructueuses quoique fondées.

Il serait donc nécessaire que le premier jugement pour fait de dénonce fût exécutoire et définitif, nonobstant appel, pour la sûreté des chemins ; il faudrait que tout propriétaire, surtout les seigneurs des fiefs, fussent astreints, sous grieve peine, de tenir détruits absolument tous les bois qui les bordent.

Et, pour l'exactitude de la justice, il faudrait encore

que les juges ne pussent condamner impunément l'innocent, sous le prétexte inhumain qu'on vante comme
une maxime, *qu'ils ne sont pas tenus de bien juger*.

ENREGISTREMENT DES DOLÉANCES.

Les chefs de famille ici présents requièrent que
ces doléances soient enregistrées dans les livres des
délibérations de la communauté, à la suite de la délibération qui va être prise.

CHARGE AUX DÉPUTÉS DE LES FAIRE RECEVOIR.

Et qu'elles [lesdites doléances], soient remises aux
députés qui seront nommés, pour les faire insérer dans
le cahier des doléances qui sera dressé en la Sénéchaussée de Draguignan, avec charge expresse, en cas de
refus ou de rejet, d'en protester et d'en rapporter acte
en bonne et due forme dudit refus, rejet et protestation.

(Signé) : Bertrand ; Vachier ; Boyer méd., député ;
Mourard; Etienne Dossolin; Chabert; Allezard ; Joseph
Guien; Gueydan; Daquet; B. Fabron; Denans; L. Roux;
A. Giraud; J. Bourjac P. Caze ; J. Cartier; Cougour-
dan ; A. Maillet ; F. Mossy ; Gérard ; Giraud; Joseph
Bagarry ; Fenouil; J. Autran; Augustin Petit; Giraud;
J. Roux ; J. Boyer ; Boyer ; Ranque ; Hugues ; Eys-
sautier ; Caze, père ; Bertrand ; Trouin ; Berrin ; Bour-
ges ; Allezard ; Isoard ; Autran ; Blanc ; H. Lantéry;
Serre ; Girard ; Arnaud ; H. Cartier ; A.-L. Castellan;
Jean-Baptiste Girard ; Antoine Fabre ; Bagarri ; Bour

gerol ; Roulland ; Bertrand ; Reboul; A. Gastin; J.-B.
Hutré ; J. Philip ; P. Girard ; Tournel ; Varachon ;
Boyer ; H. Castellan ; Astorq ; Rigaud ; L. Girard ;
Tourrel ; J. Gombert ; L. Jauffret, aîné ; J. Jassaud ;
Tournel; J. Chaix; Fauchier; J. Mossy; Etienne Allezard;
Mingaud; Roux; Aubert; Matty; A. Girard; Escolle; Peys;
S. Jean; Guichard; Queirety; J.-F. Bourge; A. Fabron;
Lavigne ; Tardieu ; Fauchier ; Long ; J. Greillon ;
J. Guichard ; J. Pey ; J. Rossolin ; J. Durand; P. Gi-
rard ; P. Cougourdan ; Lecler ; Fabron; Aillaud; Cha-
bert ; Ranque, Joseph ; A. Bourges ; Abeille ; Michel ;
J. Dossollen ; Layet; Gueydan ; J. Dauphin ; A. Cas-
tellan ; Jauffret ; J. Bouret ; Fauchier, fils ; Berlus ;
Siméon ; Chastueil ; M. Roubaud ; Roubaud; Clappier;
Blacas-St-André ; P. Ranque ; Jauffret ; Gastin ;
Brunéty ; Rolland ; Fabre, p. d. R. ; De Bresc, cadet;
Broulhoni ; Joseph Bernard ; Bousquet ; Dauphin ;
Roubaud, en absence de M. de Taurenne comme son
procureur : Aynaud ; E. Boyer; Guis; Tric; P. Jean;
Thadey et Bousquet.

Parafé *ne varietur*, à Aups, le 22 mars 1789.

(Signé) : Gérard, juge.

(Annexe)

Art. 1er.— Tous privilèges qui exemptent aucunes
villes et communautés de la province de contribuer en
tout ou en partie, suivant la juste et commune réparti-

tion, à l'affouagement de la province, cesseront et seront révoqués.

Art. 2.— Délibération aux États Généraux par tête et non par ordre.

Art. 3.— Retour périodique des États Généraux à une époque fixe.

Art. 4.— Que les impôts ne puissent être établis qu'aux États Généraux et ne durent que d'une assemblée à l'autre.

Art. 5.— Que les diverses impositions de la province soient versées directement dans le Trésor royal, sur lequel il sera assigné à chaque département les sommes nécessaires dont les ministres rendront un compte public et seront responsables.

Art. 6.— Répartition proportionnelle de tout impôt sur les trois ordres de l'État, sans exception pécuniaire quelconque.

Art. 7.— Que la noblesse et le clergé contribueront à toutes les charges des villes et lieux de leur habitation, soit qu'ils soient seigneurs, ou non, telles que tailles négociales et autres.

Art. 8.— Que les seigneurs ne pourront user du retrait féodal que pour eux personnellement et que ce droit n'ait pas une plus longue durée que le retrait lignager, sans qu'ils puissent le céder à autrui.

Art. 9.— Favoriser l'agriculture et le commerce par tous les moyens qui paraîtront convenables et s'occuper surtout de la suppression de l'impôt sur les cuirs, de sa conversion en une autre forme d'impôt, ou du moins en solliciter l'abonnement.

Art. 10. — Adhésion aux vœux de tout le royaume pour la réformation de la justice, tant civile que criminelle, et surtout que l'audition des témoins se fasse devant le juge et deux assesseurs.

Art. 11. — Suppression de la vénalité des charges et admission de tous les ordres de l'État dans leur exercice.

Art. 12. — Réduction dans le nombre des officiers des cours supérieures.

Art. 13. — Arbitrage forcé entre tous les citoyens, ainsi qu'il est établi à la réquisition de l'une des parties entre parents, par le statut de cette province.

Art. 14. — Qu'on s'en rapporte à l'édit du 8 mai pour les juridictions seigneuriales.

Art. 15. — Qu'on doit travailler efficacement à modérer la cupidité des gens de palais et arrêter les effets de la chicane et que la plaidoirie et les écrits des avocats seront taxés par le tribunal.

Art. 16. — Qu'il ne subsiste que deux degrés de juridiction, les juges locaux et, par appel, les juges souverains ; que les juges locaux jugent sans appel jusqu'à une certaine somme, sauf de se faire assister par un ou deux assesseurs.

Art. 17. — Abolition des lettres de *Committimus*.

Art. 18. — Que tous les évêques, riches bénéficiers et gros décimateurs soient obligés de résider dans les pays qui les enrichissent ou le chef-lieu le plus prochain de leur bénéfice, vrai moyen de faire retourner à leur source une partie des biens qu'ils en reçoivent ; qu'ils ne puissent s'en absenter que trois mois chaque année pour vaquer à leurs affaires particulières; que, venant à s'en absenter un plus longtemps, ils soient privés de leurs revenus pendant le temps qu'ils ne résideront pas, applicables au soulagement des pauvres, à la diligence et poursuite des maires et consuls des chefs-lieux et des recteurs des hôpitaux royaux les plus prochains.

Art. 19.— Que la portion congrue des curés soit au moins de mille livres et celle de leurs vicaires de cinq cents livres, étant juste et décent que ces ministres de l'église, dont les soins sont si multipliés et si utiles, aient au moins le nécessaire, l'un pour vivre et l'autre pour secourir quelquefois l'indigent. Le casuel aboli.

Art. 20.— Qu'il soit permis aux communautés de faire deux fois l'année des battues avec des armes pour détruire les bêtes fauves et diminuer la quantité de gibier qui désole les campagnes.

Art. 21.— Que le tiers état puisse avoir l'honneur de fournir des sujets au roi et entrer dans le service militaire, tant sur mer que sur terre, ainsi que la classe des nobles.

Art. 22.— Que les droits du contrôle et autres droits domaniaux étant presque soumis à l'arbitraire, on doit demander qu'il en soit fait un nouveau tarif à la portée de tout le monde et que les contestations relatives aux perceptions des susdits droits soient jugées définitivement dans les tribunaux de la province.

Art. 23. — On demandera un abolissement pour toujours des lettres de cachet, comme destructives de la liberté si naturelle et si essentielle à l'homme.

Art. 24.— Que les impositions sur les huiles et sur

le savon de Provence soient supprimées comme frappant principalement sur le cultivateur qu'on doit encourager.

Art. 25.— Que dans les états de la province le Tiers ait toujours une égalité de voix avec les deux premiers ordres ; qu'il puisse concourir à en choisir le président dans les susdits premiers ordres à chaque tenue desdits État et que le Tiers puisse avoir un syndic avec entrée auxdits États.

Art. 26.— Qu'il ne soit permis à aucune sage-femme d'exercer la fonction délicate d'accoucheuse sans avoir fait un cour d'accouchement sous un maître reconnu capable de l'instruire; la société et l'état trouveraient alors la conservation d'un bon nombre de famille et d'enfants qui tous les ans, sont les malheureuses victimes de l'impéritie et de l'ignorance la plus crasse.

Art. 27.— Que les biens fonds des gens de mainmorte puissent être vendus et remis dans le commerce.

Art. 28.— Qu'on rembourse les engagistes et qu'on aliène les biens domaniaux, afin qu'ils deviennent plus productifs et que le prix en soit employé à l'acquittement des dettes de l'État.

Art. 29.— De mettre un taux uniforme dans tout le royaume sur la perception de la dîme et de donner le droit au cultivateur de prélever les semences, qu'on pourrait taxer sur le pied d'un sixième du produit.

Art. 30.— Même poids et même mesure dans tout le royaume.

Art. 31.— Modération dans le prix du sel, rendu

uniforme dans tout le royaume, comme aussi abolition de tous droits de circulation dans son intérieur et notamment les bureaux des traites sur les frontières.

Art. 32. — Que toutes les villes, bourgs et villages, qui voudront créer un établissement pour l'éducation des deux sexes, soient autorisés à ce sujet, sans que les intendants puissent s'y opposer.

Art. 33.— Que tous les enfants uniques, qu'on doit regarder comme le soutien et l'espoir des familles, jouissent à l'avenir de l'exemption de la milice.

(Signé): Roubaud ; Roubaud ; Vachier ; Gérard ; Bertrand ; Étienne Dossolin ; Chabert ; Bourjac ; Allezard ; Gueydan ; Joseph Guien ; Boyer, méd., député ; Louis Féraud ; Bérenguier ; Guien ; Duquet ; B. Fabron ; Roux ; A. Giraud ; M. Mossy ; J. Bourjac ; J. Caze ; J. Cartier ; Cougourdan ; A. Maillet ; F. Mossy ; Girard ; Joseph Bagarry ; Giraud ; Fenouil ; P. Autran ; Augustin Petit ; Giraud ; Roubaud ; J. Roux ; Ranque ; J. Boyer ; Boyer ; Hugues ; Eyssautier ; Caze, père ; Joseph Bernard ; Bertrand ; Bourjac ; Trouin ; J. Bourges ; Isoard ; Alexandre Blanc ; Autran ; Girard ; H. Cartier ; Girard ; F. Magne ; M. Arnaud ; A.-L. Castellan ; H. Cartier ; Serre ; Broulhony ; J.-Bte Girard ; Astoin J.-Ch. ; de Bresc, cadet ; Bagarri ; Bourgerol ; Roulland ; Bertrand ; A. Gastin ; J.-B. Hutre ; J. Philip ; Reboul ; P. Heiraud ; Tournel ; Varachan ; Boyer ; H Casteli ; Astorcq ; H. Castellan ; Rigaud ; L. Girard ; Tournel ; J. Jassaud ; Jauffret aîné ; J. Gombert ; J. Chaix ; Fauchier ; J. Mossy ; Denans ; Roux ; Aubert Joseph ;

A. Girard ; Etienne Allard ; P. Ranque ; Matty ; Mingaud ; Peys ; Guichard ; Rolland ; Escolle ; Brunet ; Queirety ; Jauffret ; Clappier ; A. Fabron ; J.-F. Bourges ; Long , Fabre, p. d. R. ; Ranque ; Tardieu ; Fauchier ; J. Guichard ; J. Pey ; J. Greillon ; Blacas–St-André ; M. Roubaud ; Gastin ; P. Rossolin ; Joseph Durand ; P. Girard ; L. Leclerc ; P. Cougourdan ; Fabron ; Aillaud ; Chabert ; Ranque ; A. Bourges ; Abeille ; Layet ; Michel ; G. Dossolin ; Guigou ; J. Dauphin ; P. Castellan ; Jauffret cadet ; J. Brunet ; Fauchier, fils ; Siméon ; Chastueil ; Brunet ; Bousquet ; Dauphin ; Roubaud, en absence de M. de Taurenne comme son procureur ; J.-J. Boyer ; Aynaud ; Guis ; Tric ; P. Jean ; Thadey , Bousquet. (1)

Parafé *ne varietur*, à Aups, le 22 mars 1789.

(Signé :) Gérard, juge.

---

(1) Attribué à Thadey et peut-être aussi à Pierre Jean, bénéficier de la collégiale.

IV

BAGNOLS

Ladite communauté composée au-delà de deux cents
feux (1), prévenue de l'heureux évènement de la convocation des États-Généraux, comme concerté par la
sagesse de Sa Majesté, les sollicitudes de ses dignes
ministres et de son gouvernement, aimant à ses fins
à profiter des effets salutaires qui doivent résulter de
cette auguste convocation, après avoir reçu avec respect et reconnaissance un exemplaire de la lettre de
Sa Majesté du 24 janvier dernier et règlements y
annexés, d'autre lettre de Sa dite Majesté, et règlements aussi y annexés, concernant le comté de Provence
du 2 du courant, et de l'ordonnance de M. le lieutenant
général en sa Sénéchaussée de Draguignan du 14 de
ce même mois, portant enregistration des susdites
lettres et règlements, et qui ordonne en outre la convocation des Trois États de ladite Sénéchaussée à vendredi

(1) Familles.

4

prochain 27, à l'heure y assignée ; le tout relaté dans
l'exploit d'assignation, signifié au greffier de cette
communauté, le 25 du courant, par Long, huissier
royal en ladite Sénéchaussée;

Ladite communauté de Bagnols, pour remplir le
vœu que présente l'article 4 de l'ordonnance de mon
dit sieur lieutenant général en ladite Sénéchaussée,
se serait assemblée au son de la cloche, publication
préalablement faite desdites lettres, règlements et ordonnance, aux temps et forme prescrites par icelle, ce
jourd'hui 22 mars mil sept cent quatre-vingt-neuf,
dans l'hôtel de ville de cedit lieu, à la diligence des
sieurs officiers municipaux, au nombre de 110 habitants,
âgés de 25 ans, domiciliés et compris aux rôles des
impositions, à l'effet par eux de procéder préliminairement à la rédaction du cahier des plaintes, doléances
et remontrances la concernant ; pour, ledit cahier, fait
et parfait, être remis à la destination prescrite dans le
procès-verbal d'assemblée qui sera immédiatement
tenue.

A l'effet de quoi, lesdits habitants soussignés et ceux
qui ont su, cédant à l'impulsion de leur cœur, excités
par la tendresse de leur auguste souverain, qui vient
aujourd'hui leur tendre la main, donnant leur vœu de
doléance sur tous les objets qui intéressent la généralité
du royaume, élevant leurs acclamations, désirent la
réformation du code civil et criminel, la suppression
de tous les tribunaux inutiles et onéreux, une attribu-

tion à ceux d'arrondissement de souveraineté, jusqu'à
concurrence d'une somme déterminée; l'abrogation de
toutes lettres attentatoires à la liberté des citoyens, la
faculté à ceux-ci, de quelque ordre qu'ils soient, de
concourir pour tous emplois militaires, bénéfices et
charges attributives de noblesse ; que la vénalité des
offices soit supprimée, que le prix du sel soit modéré
et rendu uniforme pour tout le royaume, comme aussi
que le droit de circulation dans son intérieur soit aboli,
et notamment que les bureaux des traites soient reculés dans les frontières.

Et, pour ce qui est des affaires relatives et particulières de cette province, que Sa Majesté, par une suite
de ses sollicitudes paternelles, daigne ordonner la convocation générale des Trois Ordres de la province pour
former ou réformer la constitution du pays ; que sa
justice veuille bien s'étendre sur ce qu'il soit permis
aux communes de se nommer un syndic, avec entrée
aux États ; qu'il soit apporté un changement ou modification à la perpétuité de la présidence auxdits États,
de même que la permanence de tout membre non
amovible, ayant en l'état des choses entrée auxdits
États ; que tous magistrats et officiers attachés au
fisc soient exclus des mêmes États ; que la procure du
pays soit désunie, ainsi que le consulat de la ville
d'Aix ; que les gentilshommes non possédant fiefs et
le clergé du second ordre soient admis auxdits États;
que l'égalité des voix pour l'ordre des Tiers contre

celles des deux premiers ordres, tant dans les États que
dans la Commission intermédiaire y soit régulièrement
observée et consolidée, et surtout l'égalité des contributions pour toutes charges royales et locales, sans
exemption aucune, et nonobstant toute possession ou
privilèges quelconques ; qu'il soit pourvu sur l'impression annuelle des comptes de la province, dont
envoi sera fait dans chaque communauté, comme aussi
sur la répartition des secours que le Roi accorde au
pays, ensemble sur l'imposition de quinze livres par
feu affectée à la Haute-Provence, pour être faite dans
le sein des États et par eux arrêtée.

Les doléances pourraient encore porter à demander
que les États Généraux s'occupassent de la suppression des payements de l'administration de tous sacrements, accompagnements funèbres, messes, corps
présent, publications de mariages, dispenses de bans,
droits de légalisations, frais des luminaires, ainsi que
abolition des diverses fabriques que [dont] les décimateurs n'ont vraisemblablement favorisé les établissements que pour dispenser les dîmes des frais luminaires
des autels et autres dépenses publiques de cette nature,
et établir qu'une imposition seule, pour la rendre plus
simple, tiendrait lieu de tout et que la perception en
fût faite sur tous fruits et grains *in universis* ; et, à
l'égard de tous les autres objets, soit généraux pour
le royaume, soit particuliers à la province, lesdits
habitants soussignés et réunis déclarent se rapporter

absolument au cahier général qui sera dressé dans le chef-lieu, d'après le vœu d'une assemblée ultérieure, soit encore à celui que l'ordre du Tiers déterminera dans sa réunion pour l'élection de ses députés aux États généraux, approuvant dès à présent tout ce qui sera fait et arrêté soit dans l'assemblée du chef-lieu, soit dans celles des communautés et vigueries.

D'après le résumé de tous les objets de doléances ci-dessus retracés, lesdits habitants agissant soit pour eux-mêmes, soit au nom de leurs concitoyens non assemblés, ni réunis, une considération qui ne peut échapper à leurs doléances est celle que leur présente la calamité dont leur terroir vient d'être frappé : c'est la mortalité des oliviers dont le produit faisait ci-devant leur unique ressource, pour subvenir au payement de leurs charges et impositions royales et locales, et à leur absolu nécessaire ; car comment parviendront-ils à faire face au payement de ces deux objets qu'il faut remplir de nécessité absolue, puisque lesdits habitants sont voués à la volonté du Roi, leur maître, pour l'aider à combler le vide de la dette nationale, si l'impôt à mettre n'est pas réparti avec égalité et justice ? Cette égalité a excité les cris de la nation, et comment les habitants de Bagnols n'y donneront[-ils] pas leur adhésion, eux qui, des plus maltraités par les circonstances du temps le plus malheureux, seront par là-même, les plus réduits dans l'impuissance de s'acquitter de leur devoir envers leur Souverain ! mais c'est un faire le

faut ; fidèles sujets, ils sacrifieront tout, et leur obéissance égalera leur reconnaissance au bien qu'ils espèrent voir s'opérer par la sollicitude de tant de gens de
bien, dignes protecteurs de la classe des citoyens les plus
malheureux, en s'occupant, d'une manière conforme à
leur confiance de la nouvelle constitution qui sera fixée
par les États généraux. Et, dans ces sentiments de
confiance dignes de leur état infortuné, ils ne cessent
d'avance de lever leur cœur et leurs mains au ciel pour
la conservation des jours précieux de leur auguste et
souverain monarque et de tous les dignes personnages
ses coadjuteurs.

Fait à Bagnols, le susdit jour 23 mars 1789.

Et, avant signer, lesdits habitants ont ajouté, par
forme de doléance et de réclamation, que toute féodalité
et droits en dépendant soient à l'avenir abolis et entièrement supprimés ; après quoi, ils se sont soussignés .

(Signé :) Gandolphe, juge ; Autran, fils ; Cavalier,
maire ; Chautard ; Gandolphe ; Gandolphe, premier
auditeur ; Gandolphe ; Jacques Rey ; Bourniol ; J.
Tardieu : Porre ; Christine ; Guichard ; Gandolphe ;
Borniol, fils ; Cavalié ; J. Charabot ; Gandolphe ; Talon;
Marenc ; Ardoin ; Méro ; J. Autran ; Sauteron ; Rey ;
Gandolphe ; Cavallier ; D'Escrivan ; Gastaud ; Abbe ;
Rey ; Pierre Gras ; Autran ; Gandolphe.

V

BARGÊME

Cahier des doléances pour la communauté de Bargême

Elle demande :

1º La réformation des lois civiles et criminelles ;

2º La suppression de tous droits et privilèges qui gênaient la liberté des citoyens, le commerce et l'agriculture, comme les droits de tasque, de cens, péage, d'albergue, cavalcade et autres ;

3º L'établissement de l'impôt territorial, qui sera perçu d'une manière uniforme sur tous les biens du royaume, sans exception, et que l'impôt territorial soit porté directement au trésor royal.

4º Demande que les dîmes soient abolies, les communautés chargées de payer les ministres et que les biens d'église rentrent dans le commerce [et] soient vendus au profit des communautés de la manière la plus avantageuse ;

5º Que, s'il plaît à Sa Majesté de laisser subsister la dîme, il lui plaise d'en exempter la semence qu'elle paye deux fois ;

6º Que le prix du sel soit rabaissé dans tout le royaume, car cette denrée est la plus nécessaire au ménage et pour l'entretien des bestiaux ; que, si le sel est diminué, les ménagers nourriront plus de capitaux ;

7º L'admission aux États de [la] noblesse possédant fiefs et des pasteurs du second ordre ;

8º Que tous les ordres contribuent également aux charges locales sans distinction ni exemption ;

9º Que les secours que le Roi accorde à la Haute-Provence soient de préférence employés pour les communautés qui en ont le plus de besoin ;

10º Que les communautés jouissent des privilèges attachés aux charges municipales et notamment de faire autoriser leur conseil par leurs officiers ;

11º Qu'il soit permis aux communautés de se nommer un syndic avec entrée aux États ;

12º L'égalité des voix pour l'ordre du Tiers contre celles des deux premiers ordres, tant dans les États, que dans [les commissions (?)] intermédiaire[s] et surtout de contribution pour toutes charges royales et locales, sans exemption d'aucune, nonobstant toute possession et privilège quelconque ;

13º L'imposition annuelle de la Province dont envoi sera fait à chaque communauté ;

14º La convocation générale des trois ordres pour former et réformer la constitution du Pays.

15º Déclarant au surplus que, quant à tous autres objets, soit généraux pour le Royaume, soit particuliers pour cette province, elle s'en réfère absolument aux cahier général qui sera dressé dans le chef-lieu, d'après le vœu de la prochaine assemblée, soit encore à celui que l'ordre du Tiers déterminera lors de sa réunion pour l'élection de ses députés aux États-Généraux ; se référant encore à celui qui sera dressé par les chefs de viguerie de la ville de Draguignan, approuvent dès à présent tout ce qui sera fait [et] arrêté, soit dans l'assemblée des chefs-lieux, soit dans celle des communautés et vigueries.

(Signé :) Pélissier ; Pélissier, maire ; Baron ; Pélissier, consul ; Paul (?); Pélissier, Perraimond ; H. Lions ; G. Lions ; J. Giraud ; Lions ; Fouque ; Magnaud ; Giraud, procureur juridictionnel, en absence du lieutenant de juge, n'y en ayant aucun en exercice.

VI

BARGEMON

Cahier des Doléances.

Le Conseil a unanimement arrêté que, quant aux objets qui intéressent la généralité du royaume, les sieurs députés qu'aura élus l'ordre du Tiers pour assister et voter aux États Généraux de France seront expressément chargés :

1º D'y solliciter la réformation du Code Civil et Criminel ; la suppression de tous les tribunaux inutiles et onéreux, et une attribution à ceux d'arrondissement de souveraineté jusqu'à une somme déterminée;

2º Qu'il soit fait un règlement général de police uniforme pour toutes les villes et lieux du pays de Provence ;

3º Que Sa Majesté sera suppliée de faire exécuter son arrêt du Conseil d'État du 14 janvier 1781 au sujet des fiefs qui ont été engagés et démembrés de la couronne de France et de la comté de Provence. Elle doit en conséquence les réunir tous à son domaine, comme étant d'une nature inaliénable et con-

traire au bien et à l'avantage du peuple qui doit re-
couvrer la même liberté qu'il avait lorsqu'il était sous
la domination du Roi et des anciens comtes de Provence ;

4º Que la dîme soit supprimée, avec attribution aux
communautés de l'entière disposition des biens qui
pourraient dépendre du prieuré, comme aussi du droit
de rentrer dans les biens qui pourraient en avoir été
démembrés, conformément à l'article 2 de la déclaration du Roi, du 15 janvier 1731 ; à la charge par les
communautés de fournir au payement des prêtres et
de tout ce qui serait nécessaire pour le service de la
paroisse ; que tous les bénéfices simples soient aussi
supprimés, et les biens en dépendant vendus et restitués au commerce, pour en employer le produit à acquitter les dettes de l'État ;

5º De réduire les évêques et archevêques à une portion congrue, et employer l'excédent de leurs revenus
à combler le déficit des finances ; que les évêques ne
puissent refuser que provisoirement les ordres à leurs
diocésains ; qu'ils soient obligés d'en déférer les motifs
au synode diocésain et tenus de passer outre, si le synode ne les juge pas valables, sinon obligés de fournir
sur leur temporel à l'ecclésiastique postulant une pension alimentaire, telle qu'elle sera réglée par le synode;

6º Que la portion congrue des curés et vicaires des
paroisses soit augmentée, afin qu'étant, par l'exercice journalier des pénibles et précieuses fonctions de
leur ministère, à portée de connaître les besoins des

pauvres de leur paroisse, ils aient les moyens de leur donner du secours;

7º Qu'on ne puisse être élevé à l'épiscopat qu'après avoir travaillé au moins vingt ans dans le diocèse, en qualité de curé ou vicaire, et que les évêques et archevêques soient exclus des assemblées des États Généraux et provinciaux, afin que leur présence ne gêne pas les suffrages;

8º Qu'on accorde à l'université d'Aix les droits des universités célèbres, afin que les ecclésiastiques qui y auront étudié pendant cinq ans obtiennent, en vertu du *quinquennium*, le droit de réclamer des bénéfices pendant les mois des gradués.

9º Demander la réduction de toutes les impositions royales, telles que le don gratuit, les vingtièmes, la capitation, etc..., en un seul impôt territorial qui soit perçu en nature sur tous les biens fonds indistinctement, qu'ils soient de l'ancien domaine de l'église, nobles ou roturiers; qu'il soit également perçu en nature une pareille imposition pour les charges provinciales, pour celles de la viguerie et celles de chaque lieu; que, dans les villes, il soit perçu en argent une imposition au même taux, sur les ventes des maisons, afin que tout ce qui produit des revenus contribue dans la même proportion à supporter les charges de l'État; d'imposer particulièrement sur tous les objets de luxe, et de charger chaque communauté de verser directement dans les coffres du Roi le montant des impositions royales.

10º Comme les capitalistes échapperaient aux impositions, qui doivent cependant être supportées par tous les sujets du Roi, en proportion de leurs revenus, les débiteurs doivent être autorisés à retenir sur les intérêts une portion relative aux impositions et sur le taux d'icelles.

11º Que toutes les communautés soient reçues au rachat de tous les droits seigneuriaux, que ces droits aient été constitués à prix d'argent, qu'ils dérivent de l'acte d'inféodation, ou que par des actes postérieurs ils aient été subrogés à d'autres droits seigneuriaux;

12º Que le Roi soit supplié de rentrer dans ses domaines engagés ou aliénés.

13º Demander l'abolition du droit d'albergue appartenant à la communauté de Callas, comme un droit vexatoire et aggravant par les amendes et faux frais que les redevables encourent, en cas d'oubli ou de retard du payement de ce droit, minime en lui-même.

14º Demander l'abrogation de toutes lettres attentatoires à la liberté des citoyens;

15º La faculté à tous les citoyens, de quelque ordre qu'ils soient, de concourir pour tous emplois militaires, bénéfices ecclésiastiques et charges attributives de noblesse, de réclamer surtout contre la vénalité des offices, et que toute cour de juridiction souveraine soit composée d'un nombre égal de sujets de chaque ordre ; que le nombre de ceux pris dans le clergé soit composé d'autant de sujets pris dans le clergé du premier ordre, que du second ordre.

16º Demander que l'habitation de la campagne soit favorisée, ainsi que l'engrais et la multiplication des

bestiaux ; surtout une modération dans le prix du sel
rendu uniforme pour tout le royaume, comme aussi
l'abolition de tous droits de circulation dans l'intérieur,
et notamment le roulement des bureaux des traites
dans les frontières du royaume ;

17° Que, s'agissant de la formation d'une bonne constitution qui assure le bonheur de tous les sujets du
Roi, Sa Majesté soit suppliée d'accorder un pardon
général à tous ses sujets absents du royaume pour
désertion, ou autres crimes graciables, afin que tous
ses sujets, sans exception, participent à la félicité publique.

18° Quant aux affaires relatives et particulières à la
Province, le conseil charge par exprès les sieurs députés d'insister à ce que nos représentants à l'Assemblée
nationale demandent au meilleur des Rois la convocation générale des Trois Ordres de la Province, pour
former, ou réformer la constitution du pays, de réclamer de sa justice qu'il soit permis aux communes de
se nommer un syndic avec entrée aux États ; de s'élever
contre la perpétuité de la présidence, et contre la permanence de tout membre non amovible ayant, en l'état
des choses, entrée auxdits États ; comme aussi de requérir l'exclusion des mêmes États des magistrats et
de tous officiers attachés au fisc ; la désunion de la
procure du pays, du consulat de la ville d'Aix ; l'admission des gentilshommes non possesseurs de fiefs
et du clergé du second ordre ; l'égalité des voix pour
l'ordre du Tiers contre celle des deux premiers ordres
tant dans les États que dans la commission intermé-

diaire, et surtout l'égalité des contributions pour toutes charges royales et locales sans aucune exemption
et nonobstant toute possession ou privilèges quelconques, même la restitution des arrérages depuis vingtneuf ans ; la révision des comptes de la Province
depuis trente ans ; l'impression annuelle des comptes
de la Province dont envoi sera fait dans chaque communauté, et que la répartition des secours que le Roi
accorde au pays, ensemble de l'imposition de quinze
livres par feu affectée à la Haute-Provence, sera faite
dans le sein des États et par eux arrêté ; comme aussi
qu'en cas que les besoins de l'État ne permettent pas
encore que la capitation soit supprimée, qu'il en soit
fait la répartition dans chaque viguerie par des députés choisis dans l'assemblée du district, avec permission
de recourir de la répartition pour être vidée sur les
pièces de comparaison que fournira la communauté
qui prétendra avoir été lésée ; déclarant, au surplus le
conseil que, quant à tous autres objets, soit généraux
pour le royaume, soit particuliers à cette province, il
s'en réfère absolument au cahier général qui sera
dressé dans le chef-lieu, d'après le vœu de la prochaine
assemblée, soit encore à celui que l'ordre du Tiers déterminera lors de sa réunion pour l'élection de ses
députés aux États Généraux ; approuvant dès à présent tout ce qui sera fait et arrêté dans ces deux assemblées.

Ainsi que dessus il a été délibéré et se sont, tous les
chefs de famille sachant écrire, soussignés.

A Bargemon, dans la paroisse, le vingt-deux mars mil sept cent quatre-vingt-neuf.

(Signé :) Cabasse, maire ; J. Tournel, consul ; Caille-Favas ; Christine, estimateur ; Caille-Favas ; Durandy ; Mytre ; Jordani, notaire ; Sigalloux, avocat ; P. Baron ; Castagne, notaire ; Audibert-Caille, avocat ; Étienne Layet ; H. Reverdit, d^r méd. ; E. Violier ; François Christine ; Honoré Estèque ; G. Roux ; Paul Venture ; Charrier ; Pierre Sigalloux ; François Gamel ; J.-J. Caille ; Tardivy ; Raybaud-Favas ; H. Anglezy ; Maïsse ; Antoine Mourier ; J. Baron ; Fabre ; H. Augier ; Jean-Joseph Venture ; Pierre-Ant^e Gebelin ; Augustin Rebuffel : Pierre-Ant^o Gebelin ; David ; J. Valentin ; H. Granet ; J.-H. Seignoret ; Trouche ; J.-H. Villeneuve ; Isnard ; Bernard ; P.-Joseph Cabasse ; J. Trouche ; J.-A. Baron ; Gamel, cadet ; Gamel, teinturier ; Louis Fabre ; Jacques Caille ; le sieur (*sic*) Joseph Baron ; Augier ; Isnard ; François Viollier ; J. Blanc ; A. Garrus ; Cabasse, avocat ; Baron ; P. Blanc ; François Félix ; C. Funel ; J. Vallantin ; Jordani ; Honoré Pierrugues ; Audibert ; Sigalloux, greffier.

Parafé *ne varietur*

(Signé :) Bérard-Favas, lieutenant de juge.

VII

BAUDRON

Lieu inhabité

(COMMUNE DE CLAVIERS)

Procès-verbal de l'assemblée du lieu inhabité de Baudron au sujet des États Généraux du royaume en l'année 1789.

―――――

Aujourd'hui vingt-cinq du courant mois de mars mil sept cent quatre-vingt neuf, en l'assemblée convoquée au son de la cloche en la manière accoutumée, sont comparus, en l'hôtel-de-ville de ce lieu de Claviers, par devant nous, Jean Pierrugues, syndic, Pons Foucou et Pierre Blanc, ménagers, estimateurs ; sieur François Courtès, bourgeois ; sieur Honoré-Claude Arnaud, bourgeois ; Jacques Roquemaure, négociant ; sieur Honoré Garrus, bourgeois ; maître Joseph Blanc, ménager ; Pons Cavalier, travailleur ; Jacques Blanc-Primon, ménager ; maître Elzéar Blanc, travailleur ; Jean-Joseph Blanc, ménager ; Pons Castagne, ménager ; Auxile Fabre, travailleur ; Joachim Trigance,

5

travailleur ; Honoré Pierrugues, ménager ; sieur Jacques Garrus, bourgeois ; Laugier Abram, ménager ; Joseph Blanc, négociant ; Joseph Bérard, travailleur ; Honoré Giboin, travailleur ; les forains ayant été dûment avertis à son de trompe, cri public, chacun à l'endroit de son domicile.

Tous nos français ou naturalisés, âgés de vingt-cinq ans, compris dans les rôles des impositions, habitants de cette communauté, composée de douze habitants et septante-quatre forains possédant biens, lesquels, pour obéir aux ordres de Sa Majesté, portés par ses lettres données à Versailles, les vingt-quatre janvier et second mars 1789, pour la convocation et tenue des États-Généraux de ce royaume, et satisfaire aux dispositions des règlements y annexés, ainsi qu'à l'ordonnance de M. le lieutenant général en la Sénéchaussée de Draguignan, du 14 mars, dont il nous ont déclaré avoir une parfaite connaissance, tant par la lecture qui vient de leur en être faite, que par la lecture et publication cidevant faites au prône de la messe de paroisse par M. le curé, le vingt-deux du mois de mars, et par la lecture et publication et affiches pareillement faites le même jour, à l'issue de ladite messe et paroisse, au devant de la porte principale de l'église, nous ont déclaré qu'ils allaient d'abord s'occuper de la rédaction de leur cahier de doléances, plaintes et remontrances ; et, en effet y ayant vaqué, il nous ont représenté ledit cahier qui a été signé par ceux desdits habitants qui savent signer et par nous, après avoir coté par première et dernière page et parafé *ne varietur* au bas d'icelle.

Et de suite lesdits habitants, après avoir mûrement délibéré sur le choix du député qu'ils sont tenus de nommer, en conformité desdites lettres du Roi annexées et les voix ayant été par nous recueillies en la manière accoutumée, la pluralité des suffrages s'est réunie en faveur des sieurs Claude Arnaud, bourgeois et Sr Joseph, négociants, qui ont accepté ladite commission et promis de s'en acquitter fidèlement. Ladite nomination des députés ainsi faite, lesdits habitants ont, en notre présence, remis aux S^{rs} députés le cahier, afin de le porter à l'assemblée qui se tiendra, le 27 du courant, devant M. le lieutenant général de la Sénéchaussée et leur ont donné tout pouvoir requis et nécessaire à l'effet de le représenter en ladite assemblée, pour toutes les opérations prescrites par l'ordonnance susdite de mondit sieur lieutenant, comme aussi de donner pouvoirs généraux et suffisants de proposer, remontrer, aviser et consentir tout ce qui peut concerner les besoins de l'État, la réforme des abus, l'établissement d'un ordre fixe et durable dans toutes les parties de l'administration, la prospérité générale du royaume et le bien de tous et chacun des sujets de Sa Majesté; et, de leur part, lesdits députés se sont présentement chargés du cahier des doléances de cette communauté et ont promis de le porter à ladite assemblée et de se conformer à tout ce qui est prescrit et ordonné par lesdites lettres du Roi, règlement y annexé et ordonnances susdatée; de laquelle nomination des députés, remise du cahier, pouvoir et déclaration nous avons à tous les susdits comparants donné acte, et avons signé avec ceux desdits habitants qui savent signer avec ledit député, notre présent procès-verbal, ainsi que le duplicata que nous avons présentement remis audit député pour constater ledit pouvoir; et le présent sera déposé aux archives ou secrétariat de cette communauté, lesdits jour et an.

(Signé :) J. Pierrugues, syndic ; J. Blanc ; P. Blanc ; Fr. Courtès ; Pons Cavalier ; P. Foucou et Blanc, greffier.

(Manque le Cahier des doléances).

VIII

BROVÈS

Cahier des doléances de la commune de Brovès.

———

Les S^{rs} députés qu'aura élus l'ordre du Tiers pour assister et voter aux États Généraux de France seront expressément chargés d'y solliciter :

La réformation du code civil et criminel ;

La suppression de tous les tribunaux inutiles et onéreux ; une attribution de souveraineté aux tribunaux d'arrondissement jusques au concurrent d'une somme déterminée ;

Les jugements par pairs ;

La suppression des justices seigneuriales, la justice ne devant être rendue partout qu'au nom du Roi, comme étant un attribut particulier de souveraineté ;

L'abrogation de toutes lettres attentatoires à la liberté des citoyens ;

La faculté à tous les citoyens, de quelque ordre qu'ils soient, de concourir pour tous emplois militaires, bénéfices et dignités ecclésiastiques et charges attributives de noblesse ;

D'y réclamer contre la vénalité des charges ;

La suppression de la dîme à la mort des prieurs décimateurs actuels, à la charge par les communautés de payer les prêtres nécessaires, pour le service des paroisses et les dépenses pour le service divin sur la fixation qui en sera faite ;

La suppression de tous bénéfices simples à la mort des titulaires, pour, les biens y attachés, être vendus et restitués au commerce et les fonds en provenant, servir à acquitter les dettes de l'État ;

La suppression de l'ordre de Malte dans le royaume, comme inutile aujourd'hui pour la défense de la religion, pour, les biens y attachés, être comme dessus ;

L'augmentation des portions congrues des curés et vicaires pour donner à cet état toute la considération qu'il mérite, afin que tous les membres de l'ordre de la noblesse ne dédaignent pas d'en remplir les pénibles, mais précieuses fonctions.

La suppression, délibérée dans le concile de Latran, de tout casuel ecclésiastique pour l'administration des sacrements qui occasionne le mépris des ministres et du ministère ;

Qu'il ne soit élevé à l'épiscopat que des sujets qui aient travaillé dans les diocèses comme curés ou vicaires, depuis au moins vingt ans ;

Que toutes les cures soient données à celui des vicaires travaillant dans le diocèse depuis au moins dix ans, qui sera choisi par le synode diocésain, ou accordées au mérite par le moyen du concours, avec attributions des fonctions curiales, pendant la vacance, au plus ancien vicaire de la paroisse ;

Que le refus des ordres que pourront faire les évêques ne soit que provisoire, et qu'ils soient obligés d'en référer les motifs au synode diocésain pour les juger, et, s'il les rejette, que l'évêque soit tenu de donner les ordres au postulant, sinon obligé de lui fournir sur son temporel une pension suffisante pour sa nourriture et entretien, laquelle sera réglée par le synode et durera jusqu'à ce que l'évêque ait déféré à l'avis ;

Fixer et déterminer le revenu des évêques et archevêques à telle somme, et appliquer l'excédent des revenus des évêchés et archevêchés tant à acquitter les dettes du clergé que celles de l'État ;

Requérir l'obligation à tous bénéficiers de résider dans le lieu de leur bénéfice, à peine de saisie de leur temporel, applicable aux pauvres de la paroisse, après quinze jours d'absence, à moins qu'ils ne soient députés par leurs corps ou pour affaires de l'État, ou qu'ils aient obtenu des lettres patentes du Roi portant permission de s'absenter pour des motifs préalablement communiqués aux consuls des lieux et aux supérieurs ecclésiastiques pour donner leur avis, afin que la religion du Roi ne puisse en aucun cas être surprise ;

Demander que l'habitation de la campagne soit favorisée et que la multiplication de l'engrais des bestiaux soit encouragée tant par des exemptions que par des gratifications ;

Réclamer que le Roi rentre dans ses domaines engagés ou aliénés ;

Que toutes les communautés soient reçues à se racheter de tous droits de tasque, banalité et autres indé-

finiment et sans distinguer que ces droits aient été
constitués à prix d'argent, qu'ils dérivent de l'acte
d'inféodation ou de tout autre acte par lequel ils aient
été subrogés à des droits seigneuriaux ;

Demander la modération du prix du sel et l'abolition
de tous droits de circulation dans l'intérieur du royaume et notamment le reculement des bureaux de traites
aux frontières ;

La suppression de toute imposition dont la répartition se fait arbitrairement, telle que la capitation ; ou,
si les besoins de l'État exigent qu'elle soit encore conservée, qu'il soit pris des moyens efficaces pour que la
répartition soit surveillée par les députés des redevables de chaque district, afin qu'elle se fasse avec justice
et équité.

Demander, pour tenir lieu des impôts à supprimer et
combler le déficit des finances, une imposition territo-
riale sur le produit de tous les biens du royaume, sans
distinction des nobles et des roturiers, et contre-balancer
cette imposition qui frappera sur les propriétaires des
fonds par une imposition proportionnée sur les villes,
soit sur les objets de luxe, soit sur les consommations
ou par d'autres moyens ; mais de façon que chacun
contribue à toutes les impositions à proportion de ses
revenus.

OBJETS SUR L'ADMINISTRATION PROVINCIALE.

Qu'il soit permis aux communes de se nommer un
syndic avec entrée aux États ;

Que la présidence soit amovible ;

Réclamer contre la permanence de tout membre non amovible ayant, en l'état des choses, entrée auxdits États, des magistrats et de tous officiers attachés au fisc;

La désunion de la procure du pays, du consulat de la ville d'Aix ;

L'admission du clergé du second ordre aux États ;

L'égalité des voix pour l'ordre du Tiers contre celles des deux premiers ordres, tant dans les États Généraux que dans la commission intermédiaire ;

Égalité de contributions pour toutes les charges locales, sans exemption et nonobstant toutes possessions ou privivilèges ;

L'impression annuelle des comptes de la Province, dont envoi sera fait dans chaque communauté et que la répartition des secours que le Roi accorde au pays sera faite dans le sein des États et particulièrement en faveur de la Haute-Provence, pour en favoriser l'habitation et la culture ;

Un règlement de police pour tous les lieux de la Province.

DEMANDES PARTICULIÈRES DE LA COMMUNAUTÉ.

La dépopulation de la montagne et surtout de Brovès est sensible : on y comptait, il y a 100 ans, près de 1000 personnes ; aujourd'hui, il n'y en a pas 200. Les raisons de cette extraordinaire dépopulation sont en parties locales. Les torrents et les orages ont em-

porté une grande partie des terres, aussi ne reste-t-il
aujourd'hui que des (sic) arides rochers.

La dîme est un impôt bien accablant et celui qui
contribue le plus à la dépopulation de la Montagne, puisqu'il n'y a d'autre ressource que dans le blé, qui produit à peine du 3 au 4 sur un. La dîme y est prise sur
le pied de 25 deux et même on la perçoit en gerbes ;
et ce qui rend cet impôt encore plus pesant, c'est que
le décimateur n'ayant ni assez des bras, ni assez des
bêtes (sic) pour faire enlever ses droits en même temps
des différentes propriétés, des pluies qui surviennent,
trouvant les gerbes éparses, en gâtent et même en
emportent une partie.

Sa Majesté est humblement suppliée de supprimer la
dîme et de donner une plus forte congrue aux
curés qui desservent la communauté et qui sera payée
par les communautés.

Demander au Roi la suppression des impôts ou du
moins le rachat des droits seigneuriaux. Ceux de
Brovès portent sur une tasque de 22 un, qui est double
lorsqu'il marie une fille et dans les cinq cas impériaux. On ne peut [en]fermer les grains que ce
droit ne soit perçu; aussi les orages gâtent-ils bien souvent des blés épurés à l'aire.

La communauté de Brovès demande la suppression
ou rachat de l'affournage que chaque habitant paye
pour avoir le droit de faire feu dans sa maison. Ce
droit consiste en 4 panaux blé par habitant, qu'il est
obligé de payer double lorsqu'il tient une rente et
même quoiqu'il ne soit pas habitant. S'il n'a pas pour
payer, il est obligé de payer, ou de déguerpir.

Il serait de la justice que les seigneurs contribuassent aux charges communes comme habitants et jouissant plus que tous autres de la chose publique, et surtout pour leurs biens roturiers. Cette distraction est une cause du développement (?) d'impôts qui porte tout sur le peuple.

L'habitation de Brovès demande la suppression de toute banalité et de pouvoir se construire un moulin à farine dans son terroir, l'habitant étant obligé d'aller moudre à Bargème, dont le moulin est distant de trois lieues de ce pays, et même par un très mauvais chemin.

L'habitant de la Montagne et surtout de Brovès demande la suppression de la capitation, parce que cet impôt ne devrait porter que sur les villes et pays d'industrie et non sur les pays où il n'y a que des cultivateurs.

La communauté de Brovès demande au Roi la permission, à chaque particulier, de pouvoir détruire, au moins dans son fond, soit avec des las, embûches ou avec le fusil, tous les animaux qui détruisent leurs (sic) récoltes ; qu'il soit encore permis à l'habitation de tenir des chiens pour la garde des troupeaux sans billots au col, nonobstant l'arrêt du Parlement de Provence.

L'habitant de Brovès réclame encore le droit naturel de vendre les productions de son fond, tels que les buis, pailles et fumiers, ce qui leur (sic) serait d'une grande ressource dans leur (sic) misère, nonobstant la sentence de la Sénéchaussée de Draguignan contre le droit de propriété particulière.

La communauté de Brovès demande encore de se racheter du demi-lods qu'elle paye de dix en dix ans tant pour la maison de ville, maison curiale, fours, etc.

La communauté de Brovès réclame contre ceux qui ont des pigeonniers, de les fermer dans le temps de la grainaison des blés et dans le temps des semailles.

Le vingt cinq mars 1789.

(Signé :) J. Abeille, maire ; Raybaud, premier député ; Lautier, député ; Reverdit, d^r méd. ; Perraimond, greffier ; J. Mengeau ; J.-J. Rebufel ; Bonard ; Gueimard ; Félix Collomp et J.-Étienne Viollier.

IX

CALLAS

Cahier des plaintes et doléances des habitants de la ville de Callas.

Les sieurs députés qu'aura élus l'ordre du Tiers État pour assister et voter aux États Généraux de France seront expressément et spécialement chargés de supplier Sa Majesté :

D'ordonner la réformation du code civil et criminel ;

D'accorder à chaque ordre le privilège d'être jugé par ses pairs ;

De supprimer la vénalité des offices, afin qu'on ne puisse y nommer que des personnes en état de les exercer et jugées comme telles d'après un examen sévère ;

De supprimer tous les tribunaux inutiles et onéreux au peuple ;

D'attribuer aux tribunaux ordinaires le droit de juger souverainement jusqu'à une somme déterminée, pour éviter au peuple les frais de l'appel dans les causes minimes ;

D'abroger les lettres de cachet, les mander-venir des

cours supérieures et autres actes de pouvoir arbitraire, comme attentatoires à la liberté des peuples ;

D'accorder à tous français, de quelque ordre qu'il soit et dont le mérite sera reconnu, le droit de concourir pour tous les emplois militaires, civils, bénéfices et charges attributives de la noblesse ;

De solliciter un catéchisme de morale pour tout le royaume, à l'effet d'opérer la réformation des mœurs, desquelles dépend le bon ordre que Sa Majesté se propose d'établir; et, à cet effet, les Srs députés supplieront Sa Majesté d'ordonner, conformément aux Saints-Canons de l'église, la résidence des évêques et des bénéficiers, afin qu'ils édifient les fidèles de leur paroisse par leurs bons exemples et secourent les pauvres de leur superflu, et afin que les ecclésiastiques pauvres ne soient plus exposés à des voyages ruineux pour se faire conférer les ordres de prêtrise dans des diocèses étrangers ;

D'ordonner en outre que les bénéfices et charges ecclésiastiques soient accordés de préférence aux prêtres et ecclésiastiques du diocèse qui ont bien mérité ; et que ce ne soit qu'à défaut de ceux-ci, que les extra-diocésains y soient nommés ;

Qu'il ne pourra être permis à aucun ecclésiastique de réunir plusieurs bénéfices, quand ils excèderont le taux fixé pour la portion congrue d'un curé ;

De supplier Sa Majesté de jeter un regard paternel sur l'éducation trop négligée que ses sujets reçoivent dans les collèges et d'ordonner qu'elle soit réformée pour être suivie dorénavant sur des règlements propres à rendre les sujets de Sa Majesté plus instruits sur les droits nationaux, sur les lois de l'État, sur le progrès des sciences et des arts et principalement sur l'agriculture ;

D'accorder l'uniformité des poids et mesures dans tout le royaume ;

D'abolir à perpétuité le droit de prélation ou de retrait féodal, comme préjudiciable à l'État, parce qu'il met dans les mains d'un seul propriétaire des biens-fonds qui fructifieraient davantage, s'ils étaient divisés;

D'accorder une modération sur le prix du sel, qui sera rendu uniforme dans tout le royaume ;

D'abolir les droits de circulation dans l'intérieur du royaume et de reculer les bureaux de traites sur les frontières ;

De simplifier les moyens de perception des impôts et de rendre cette perception moins dure pour le peuple et moins coûteuse ;

De faire rentrer dans les domaines de la couronne ceux qui ont été aliénés ou engagés ;

D'établir une commission pour la recherche des faux nobles ;

D'établir une autre commission pour la vérification des pensions dont l'État est grevé, de supprimer entièrement celles dont les motifs ne seront point connus ou jugés insuffisants et de réduire les autres, attendu les besoins de l'État ;

D'exclure de l'assemblée des États Généraux tous ceux dont la députation n'aura pas été faite dans la forme prescrite par les règlements de Sa Majesté des

24 janvier et 2 mars, pour ne pas compromettre la légalité desd. États Généraux par leur admission ;

De fixer un droit à prélever en faveur des propriétaires sur les grains sujets à la dîme, afin que la semence ne paye pas deux fois le même droit et que cette douceur serve d'encouragement au propriétaire des terres peu fertiles ;

D'accorder l'abolition du casuel, parce que la dîme est le seul salaire qui doive être accordé aux prêtres.

Les habitants de la ville de Callas, intimement convaincus par les actes de justice que Sa Majesté a déjà exercés envers ses peuples, et par les dispositions que son amour paternel leur annonce pour l'avenir, que le cœur de Sa Majesté embrasse non seulement le bonheur général de tout son royaume, mais qu'il s'étend encore à tout ce qui peut concourir à celui de chaque province ou district particulier, ont encore arrêté que Sa Majesté sera très humblement suppliée de prendre en considération l'illégalité des États particuliers de cette Province, dans lesquels aucun des trois ordres n'est légitimement représenté ; de permettre, en conséquence, la convocation des trois ordres de la Province pour réformer sa constitution ;

D'accorder au Tiers État la permission de se nommer un ou deux syndics avec entrée aux États ;

D'ordonner que le président des États de la Province sera éligible pour un temps déterminé parmi les membres des deux premiers ordres, et par les trois ordres réunis et formés dans la même proportion entre eux que celle que Sa Majesté a ordonnée pour la formation des États Généraux ;

D'ordonner que tous les membres desd. États seront amovibles et ne pourront être prorogés au-delà de deux ans ;

Qu'aucun magistrat de cour supérieure ou subalterne, aucun receveur du fisc ne puisse y entrer personnellement, sauf de s'y faire représenter par procureur, afin de ne pas gêner les suffrages ;

Que la procuration du pays sera désunie du consulat de la ville d'Aix ;

Que les gentilshommes non possédant fiefs et le clergé du second ordre soient admis à la représentation de leur ordre ;

Que le Tiers État soit admis en nombre égal aux deux autres ordres, tant dans les États que dans l'Assemblée intermédiaire ;

Que tous les ordres contribuent également et à proportion de leurs biens à toutes les impositions royales et municipales, sans exception quelconque, nonobstant tout titre, privilège ou possession contraires ;

Que le compte de la Province soit annuellement imprimé et envoyé à toutes les communautés ;

Que la répartition des secours que le Roi accorde au pays et de l'imposition de quinze livres par feu affectée à la Haute-Provence sera faite et arrêtée dans l'assemblée desd. États ;

Que la répartition des états de capitation soit fixée et arrêtée dans les États de la Province ;

Qu'il ne soit plus débité du tabac en barrique comme nuisible, et que le débitant ne vende que celui qui se fabrique en carotte, attendu les fraudes sur le tabac en barrique envoyé aux entrepôts de la Province ;

Les S^rs députés du Tiers, qui représentent la Sénéchaussée principale de Draguignan, seront spécialement chargés et priés de vouloir bien supplier Sa
Majesté d'accorder aux officiers de justice de la ville
de Callas une prorogation de temps pour l'exercice de
leur charge, et pendant le terme de six années, nonobstant toute loi contraire ;

Ils supplieront Sa Majesté d'observer que la ville de
Callas, étant propriétaire de la justice, lui en fit don,
sous la réserve de se nommer annuellement cesd. officiers ;

Que lesd. officiers agréés et pourvus par le Roi, en
vertu des lettres de provision qui ne sont qu'annuelles,
constituent la communauté de Callas en des dépenses
considérables, qui seraient moindres si lesd. officiers
étaient pourvus pour six années ;

Et finalement que ces officiers, n'exerçant que pendant une année, attribuent peu d'importance à leurs
fonctions et qu'il naît de leur négligence et de leur
changement annuel, l'impunité des crimes et la difficulté de trouver des officiers propres auxd. charges.

Les habitants de la ville de Callas, justement pénétrés de reconnaissance pour les témoignages de bonté
et d'affection dont Sa Majesté ne cesse de les combler
dans ce moment, espèrent de sa justice qu'Elle voudra
bien accueillir favorablement les présentes doléances et
déclarent au surplus s'en rapporter au contenu de celles
qui seront rédigées par les députés de toutes les villes
et communautés de l'arrondissement de la Sénéchaussée, dans le cahier qui sera dressé dans l'assemblée

générale, qui doit se tenir dans la ville de Draguignan, en présence du Sénéchal de lad. ville ou de son lieutenant, et les habitants qui ont su signer ont mis leur seing ci-après.

(Signé :) J. Guès ; Pairimond ; F. Giboin ; F. Olivier ; Guès ; E. Blond ; J.-J. Bouisson ; A. Fougeiret ; J. Brieu ; Jean Guès ; P. Guès ; J. Marsang ; J. Fauchier ; J. Gardon ; J. Giboin ; Cabasse ; D. Pierrugues-Garrus ; Just ; Gède ; Louis Pierrugues ; Jh. Cat ; Fr. Astier ; Auxile Pierrugues ; J.-F. Perrimond ; A. Olivier ; J. Garrus ; Guigues ; P. Pierrugues ; Garrus ; Blond, maire vieux ; J. Brieu ; Pierrugues ; Guigues ; David ; Feris ; Gilly ; Cat ; J. Don ; Olivier ; P.-S. Magnaud ; Guigues ; Guigues ; J. Fabre ; A. Fabre ; Blond ; Fabre ; Brieu ; Guigues ; Gandy ; Guigues ; Guigue (?) ; A. Fabre ; Laurent Mège ; Garrus ; Blond, père ; Guesde ; J. Guès ; Nouvel, dr méd ; Turrel, juge et Olivier, greffier.

CALLIAN

Cahier des doléances, plaintes et remontrances de la communauté de Callian en la viguerie de Draguignan.

Les habitants dud. Callian déposent respectueuse-ment aux piéds de Sa Majesté leur vœu unanime :

Pour la réformation du code civil et criminel ;

Pour la suppression de tous les tribunaux inutiles et onéreux ;

Pour une attribution aux tribunaux des arrondisse-ments de souveraineté, jusques au concurrent d'une somme déterminée ;

Pour l'abrogation de toutes lettres attentatoires à la liberté des citoyens ;

Pour la faculté aux citoyens, de quelque ordre qu'ils soient, de concourir pour tous emplois militaires, béné-fices et charges attributives de noblesse ;

Pour que les offices et charges ne soient plus vénales et qu'elles soient attributives au mérite personnel ;

Pour la plus grande modération pour le prix du sel, rendu uniforme dans tout le royaume, et du tabac ;

Pour l'abolition de tous droits de circulation dans son intérieur ;

Pour le reculement des bureaux des traites dans les frontières ;

Pour la suppression de la capitation et sols pour livre ;

Pour la suppression du dixième, vingtième royaux et sols pour livre, ainsi que pour le taillon, fouage et subside et autres ;

Pour une modération sur le contrôle et insinuation ;

Pour l'abolition de l'impôt sur la marque des cuirs, et de toutes les peaux qui sortent des manufactures et tanneries ;

Pour l'abolition du centième denier et tous autres droits, bureaux et impôts pécuniaires quelconques qui gênent le commerce et l'agriculture, remplacés par une imposition, en fruits, générale sur tous les biens-fonds du royaume quelconques, de quelque nature qu'ils soient, et de quelque condition que puissent être leurs propriétaires tenanciers, et sur tel taux qu'il sera avisé par le concours des sieurs députés aux États Généraux, proportionnellement aux besoins de l'État et à la subsistance du peuple, et par une taxe particulière sur l'industrie et le commerce, afin que toutes les classes concourent à payer avec la plus juste égalité les charges royales et locales sans aucune exemption ;

Pour la réunion des villes de Marseille, Arles, Forcalquier et terres adjacentes avec le corps municipal de la Province, nonobstant leurs prétendus privilèges ;

Pour la suppression entière de la dîme, remplacée

par une somme pécuniaire que chaque communauté payerait au curé et aux vicaires nécessaires à la desserte de la paroisse ;

Pour l'exclusion des États Généraux pour tous les membres qui ne seront pas députés légalement, et en conformité du règlement de Sa Majesté du 24 janvier dernier, pour assister aux États Généraux ;

Pour la faculté aux communes de se nommer des syndics et orateurs avec entrée aux États au moins en nombre égal aux deux autres ordres ;

Pour l'amovibilité de la présidence aux États de la Provence et la faculté aux communes de concourir annuellement avec les deux premiers ordres au choix du président, par la voie du scrutin, avant toute autre opération ;

Pour la régénération des États inconstitutionnels de Provence et leur meilleure organisation ;

Pour l'exclusion des mêmes États des magistrats et de tous officiers attachés au fisc ;

Pour la désunion de la procure du pays, du consulat de la ville d'Aix ;

Pour l'impression annuelle des comptes de la Provence dont envoi sera fait à chaque communauté ;

Pour l'admission des gentilshommes, non possesseurs de fiefs, et du clergé du second ordre ;

Les habitants de cette communauté déclarant au surplus que, quant à tous autres objets soit généraux pour le royaume, soit particuliers à cette Province, ils s'en réfèrent absolument au cahier que l'ordre du Tiers déterminera, approuvant dès à présent tout ce qui sera fait et arrêté dans l'assemblée des communautés et vigueries.

Suite du cahier des doléances, plaintes et remontrances que présentent au meilleur des Rois tous les habitants de la communauté du lieu de Callian.

1º Lesdits habitants demandent la suppression des abbayes et bénéfices simples à la charge de l'État. Pour y avoir droit, il faudra être prêtre et utile à l'église, et les produits des bénéfices qui seront en vacance seront en masse pour le soulagement du peuple.

2º Les casuels, agents (*sic*) [argent (?)] d'église, arrogés par abus et, regardés comme simoniaques, réformés.

3º Les honoraires ecclésiastiques, applicables seulement par chaque paroisse à ses prêtres la desservant et non à des incompétents; par ce moyen, la dîme supprimée et encore à eux tout privilège d'entrée de villes, réformé.

4º Tous les biens d'église doivent être en circulation parce que, ayant les meilleurs biens, ils sont susceptibles de toutes sortes de productions, tandis que, tant qu'ils seront entre leurs mains, leur production sera toujours la même, ce qui contribue beaucoup à faire manquer le pâturage pour les bestiaux.

5º Le Roi seul notre justicier; par conséquent tout justicier subalterne et seigneurial, supprimé.

6° La police attribuée aux communautés, ainsi qu'en jouissent les villes.

7° Extirpation des banalités, usages regardés comme usurpés, et les conventionnels sans l'autorisation du prince, rachetables.

8° La pêche et la chasse permises dans l'ordre de nature et par conséquent permises à toutes personnes, sans distinction, ni privilège.

9° La possession des rivières, commune sans restriction, parce que l'appropriation que les seigneurs veulent s'en faire retarde la faculté que les communautés et particuliers ont de faire des établissements et ouvrages pour l'utilité publique, et plus celle des régales qui mènent aussi à bien d'inconvénients.

10° L'anéantissement de la directe et retrait féodal dont les lods, perçus par des fermiers, des procureurs, des usufruitiers, dans les vues de tenir les habitants en échec, ne rassurent jamais l'acquéreur sur la possession et la crainte de s'en voir dépouiller, l'arrêtent et l'intimident pour les défenses à produire par des procès.

11° Tous les biens des seigneurs, soit séculiers, soit réguliers, de quelle nature qu'ils puissent être, taillables ; plus de droit de forain ; soumis aux charges négociales ; plus de droit de cas impériaux de cavalcade ; toute cense féodale, soit en fruit, soit en argent, quérable ou portable, constitutive en corps de communauté, rachetable ; de là, plus de reconnaissances.

12° Que les habitants ne soient point inquiétés par les seigneurs pour tous les bois et défens en commun, sous la réserve des bois de construction et, sans déroger au droit commun de la perpétuité des choses, à faire des fours à chaux pour l'usage de l'habitation, tant seulement ; demandant encore la faculté de les ensemencer en tant qu'utiles et avantageux à l'habitation.

13° L'établissement d'honoraires honnêtes pour un maître d'école dans les habitations, payés en corps de communauté pour l'exemption du suffrage des intendants.

14° La suppression des gabelles, du sel et du tabac.

15° Toutes les marchandises du royaume circulées sans payer aucune sorte de droit.

16° Les péages supprimés.

17° Les privilèges maritimes aux seigneurs, supprimés.

18° Quatre juges de paix pour connaitre de tous les différends des particuliers qui plaideront leurs causes devant eux, sans participation de procureurs ni d'avocats, et qui jugeront définitivement jusqu'à la concurrence de trente livres, sans aucun frais de justice ; et être changés toutes les années.

19° Il sera réservé à chaque communauté de s'imposer comme elle jugera à propos.

20° La suppression des gros droits de contrôle, réduits à vingt sols par mille pour servir d'alimentaire à tous les receveurs supprimés.

21° La suppression de tous les chevaux de luxe (?) dans tout l'intérieur du royaume.

22° La suppression des employés, pour ne laisser

subsister que ceux nécessaires aux bureaux sur les
pays limitrophes et le long de la mer, parce qu'il ne
doit exister que des droits sur les marchandises seulement étrangères. Les employés qui resteront et qui ne
pourront être congédiés, employés au service des communautés, comme gardes de villes, etc.

23 Que chaque communauté ait la faculté de donner de l'encouragement à tous ceux qui se distinguent
dans la culture et dans la propagation du menu bétail.

24º Que, pendant trois ans, on cessera de tuer des
veaux, des agneaux et des chevreaux pour l'augmentation de l'espèce, qui devient très rare ; laissant à la
prudence des consuls la permission et le refus d'en
tuer, la nécessité l'exigeant.

25º Chaque viguerie sera séparée de la Province ;
elle seule administrera les deniers pour la réparation
des ponts, chemins, rivières, chaussées, etc.

26º Plus de procureurs du Pays.

27º Les impositions seront portées au receveur que
la viguerie établira et soumis de les faire passer où le
service de l'État exigera.

28º La suppression des droits sur les cuirs et peaux
pour les objets qui intéressent la généralité du royaume.

Lesdits habitants demandent que les États Généraux
soient, à l'avenir, constitutifs et périodiques de cinq
en cinq ans.

Que les subsides royaux et autres impositions ne
soient votés que pour ledit terme de cinq ans.

Que le code civil et criminel soit réformé ; que les

tribunaux, tels que présidiaux et bailliages, aient une attribution de souveraineté jusqu'à la concurrence d'une somme déterminée.

Que toutes lettres attentatoires à la liberté du citoyen soient abrogées.

Que celui-ci ait la faculté, de quelque ordre qu'il soit, de concourir pour tout emploi militaire, bénéfice, charges attributives de noblesse, etc., surtout de réclamer contre la vénalité des offices.

Quant aux affaires relatives et particulières à la Province, lesdits habitants demandent qu'il soit permis aux communes de se nommer un syndic avec entrée aux États ;

Que la perpétuité de la présidence soit supprimée;

Que toutes les charges royales et locales soient payées par égalité, nonobstant toute possession ou privilège quelconques à ce contraires;

Que la répartition des sommes que le Roi accorde au Pays, ensemble l'imposition des quinze livres par feu affectée à la Haute-Provence, soit faite dans le sein des États et par eux arrêtée; déclarant au surplus lesdits habitants que, quant à tous autres objets, soit généraux pour le royaume, soit particuliers à cette province ou à cette communauté, ils s'en réfèrent absolument au cahier général qui sera dressé, en exécution des ordres du Roi, chargeant lesdits habitants, très expressément les sieurs députés qu'en a élus l'ordre du Tiers, pour assister et voter aux États Généraux de France, de supplier Sa Majesté de vouloir bien accueillir favorablement leurs plaintes, et, dans cette heureuse attente, que lesdits habitants ne cesseront d'adresser leurs vœux les plus sincères au Tout Puissant pour la conservation de Sa Majesté et de toute la famille royale.

L'anoblissement de tous les français ne composant tous qu'une seule et même famille, dont le Roi est le père commun et doit rendre ses sujets, qui sont tous ses enfants, égaux sur cet article, sauf d'accorder des marques de distinction, des récompenses et des grades à ceux qui se distingueront par leur mérite et par leurs talents.

(Signé :) Fr. (?) Espitallier, lieutenant de juge ; Maure, maire, député ; Mireur, consul ; Gaitte, auditeur; Segond, auditeur; Espitallier; Espitallier, greffier et député ; Chautard ; Mazar (?); Baudrier ; Guès (?) ; Chiris ; Ferrier ; N. (?); Mireur ; Troin ; Segond ; Paul ; Segond ; Carlavan ; Bellissen ; Castelle ; Chautar ; Henri Tallent ; Dalmas ; Honoré Blanc ; Dalmas ; Castelle; Mourgues; Bellissen; Honoré Dalmas; Gaytte; Bouge; Bouge; Guignon ; Garcin ; J. Bermond ; André Sigallon ; Fr. Ricard ; Talent ; Hugues ; Chautard ; Vial; Félix (?); Chautard ; Segond ; Gaytte, fils; Mazar; Bellissen, dr m. et député ; Rebuffel.

XI

LE CANNET

Très humbles et très respectueuses doléances que met aux pieds de Sa Majesté la communauté du lieu du Cannet du Luc en Provence.

1º. — PROPRIÉTÉ DU SEIGNEUR.

Le seigneur du Cannet possède presque la vaste étendue du terroir en nobilité, et le tiers de la partie restante en qualité de cote roturière. Les habitants n'ont que les mauvais fonds, dont la culture ne saurait les dédommager : ce mauvais régime vient du retrait féodal. L'intérêt des habitants et celui même du seigneur, bien entendu, demande que le retrait féodal soit aboli. Le retrait féodal tend à faire une grande et unique propriété de la meilleure partie du terroir ; il nuit donc à l'agriculture, et par contre-coup, à toute la monarchie.

2º. — FONTAINE SALÉE.

La communauté a dans son terroir une fontaine salée qui ferait la fécondité ainsi que la santé des trou-

peaux, qui permettrait d'en entretenir davantage, si
les employés de la Régie, par une dureté qui ne peut
émaner de l'autorité Royale, ne comblaient annuellement cette fontaine et ne dénonçaient comme un crime
l'acte par lequel l'habitant y conduit ses troupeaux
pour y profiter des bienfaits de la nature. Cette extension de la gabelle est si odieuse, si destructive de la
culture des terres, si contraire au droit commun, que
la communauté est également étonnée, ou de l'ignorance profonde des fermiers généraux sur le mal que
fait leur prohibition, ou de l'attentat réfléchi par lequel
ils privent le cultivateur du premier besoin de son
troupeau. D'ailleurs le produit de l'État ne gagne rien
à cette prohibition, parce que le propriétaire du troupeau ne remplace pas le marais salant par le sel de
gabelle, mais s'en prive tout à fait ; il diminue le nombre de ses troupeaux, et le contre-coup de cette opération
fausse est encore pour l'État.

3º. — BANALITÉ.

La banalité est une gêne qui rend l'habitant serf de
l'engin de son seigneur ; elle nuit à l'industrie, qui
établirait au concours des moulins, des pressoirs et des
fours, et encore à la bonne préparation de la denrée,
qui, obligée d'attendre au moins vingt-quatre heures,
quelquefois des mois entiers, donne au propriétaire,
un déchet considérable. Les communautés devraient
être autorisées à racheter toutes les banalités féodales,
exceptées jusqu'aujourd'hui de cette faculté.

4°. — LE LODS.

Le lods, cet impôt sur les ventes qui rend les mutations plus rares et nuit ainsi directement aux revenus
du Roi, devrait être aussi rachetable ; il est d'ailleurs
la source d'une oppression qui n'a point de nom et
bien propre à faire rougir le caractère généreux de la
noblesse. Les seigneurs de Provence vendent le lods à
leurs fermiers qui en concèdent quittance ; l'acheteur,
plante, répare, améliore, sous la bonne foi que sa propriété lui est irrévocablement acquise ; mais le seigneur n'avait point communiqué à son fermier le droit
de donner l'investiture. Au moyen de cette réticence
odieuse, il exerce le retrait vingt-neuf ans après; mais,
la bonne foi de l'acheteur est impunément, mais indi-
gnement trompée. Le droit de lods devrait être aussi
rachetable ou payé au Roi.

5°. — PRIVILÈGE DU SEIGNEUR.

Les seigneurs ont, en Provence, le privilège d'échapper
à l'imposition en fruits pour leurs terres roturières, à
la charge de payer la taille sur le pied du dernier cadastre. Mais, dans le dernier cadastre, leur propriété
est souvent allivrée en état de friche, de bois ou de
bruyères ; et, par ce privilège, ils ne payent l'impôt,
ni de leur plantation, ni de leur défrichement, ni de
la plus-value de leur terre, produite par le bénéfice du
temps, tandis que le reste des habitants contribuent
à proportion de toutes ces choses ; et cette inégalité

doit donc être retranchée, comme une injustice, et les seigneurs obligés à l'avenir de payer en la même forme que leurs habitants.

6°. — JUSTICE.

La distribution de la justice est la principale dette du Souverain envers le sujet ; mais avec combien de désavantage n'est-elle pas acquittée dans les terres seigneuriales, surtout ici au Cannet où un seul de ces officiers s'y trouve domicilié, et M. le lieutenant de juge, son greffier et le sergent sont domiciliés au lieu du Luc ! Sans doute le juge en chef, pris dans l'ordre des avocats, réunit les lumières à la probité ; mais, ses vertus sont presque inutiles à ses justiciables, parce qu'il n'habite point avec eux et qu'à l'exception de quelques causes, dont le jugement ne peut être rendu que par des gradués, le reste de ses fonctions est abandonné à un lieutenant de juge d'une profession toujours étrangère à son office, toujours subordonné à la puissance qui l'a choisi et qui peut le démettre. Tandis que la fonction de juger les hommes ne doit régulièrement appartenir qu'à des hommes éclairés, indépendants et au-dessus du besoin, la plupart des officiers subalternes des seigneurs réunissent à la fois le triple danger d'une situation contraire. Il devrait donc être permis encore à la communauté d'extinguer la justice seigneuriale pour être dévolue en premier ressort au lieutenant du distric, *avec la réserve aux consuls des causes de police et des causes personnelles non excédant douze livres.*

7°. — CLERGÉ.

Les ministres de l'Église de tous les rangs et de toutes les dignités ont sans doute pour première loi l'obligation de la résidence. Nourris de la substance du troupeau, vêtus de sa plus belle toison, ils doivent sans cesse être au milieu de lui, pour y remplir le ministère dont la divinité les a expressément chargés. Sa Majesté serait très humblement suppliée d'ordonner que tous les ministres de l'Église, de quelque rang et condition qu'ils puissent être, ayant charge d'âmes à temps ou à vie, résidassent dans leurs bénéfices, à peine de la privation de leur temporel, à moins d'une permission expresse de Sa Majesté, qui ne serait accordée qu'après un soit-montré aux six principales communautés du diocèse, s'il s'agissait d'un seigneur évêque, et, s'il était question d'un curé, à la communauté de sa paroisse. Et quant aux vicaires généraux, officiaux, promoteurs, vicaires des paroisses et autres ministres amovibles, qu'ils seront privés de leurs fonctions et ministères *ipso facto* par le seul fait de leur absence, sauf de reprendre à leur retour leurs fonctions, s'il est ainsi décidé par ceux qui ont droit d'y nommer. Il est dans l'Église un ordre de bénéficier qui, soulagé du fardeau des âmes, n'a d'autres soin que de consommer dans la mollesse d'immenses revenus prélevés sur la sueur du pauvre peuple et la substance même du cultivateur, par une dîme générale presque établie sur toutes leurs denrées. L'opulence de ces prêtres heureux est au préjudice des curés et de leurs

vicaires, qui, réduits à une congrue modique, portent
eux seuls tout le fardeau du jour. Les vicaires surtout,
à qui l'occasion de faire l'aumône se présente si souvent, loin de pouvoir satisfaire à ce premier de leur
devoir, sont plutôt dans le cas de la recevoir que de
la donner. Le frelon doit être chassé de la ruche, et le
miel partagé aux abeilles agissantes. Sa Majesté serait
donc suppliée de supprimer et éteindre tous les bénéfices simples, tous les chapitres collégiaux, en supprimant aussi ce droit appelé casuel, ou salaire, pour
marier, enterrer, baptiser, etc... Ces petits impôts,
qui vont toujours en augmentant, ne laissent pas que
d'oppresser le cultivateur, qui souvent n'a pas le
moyen d'y satisfaire. Et quant aux églises cathédrales,
les places doivent en être exclusivement données aux
plus ancien curé de chaque diocèse, comme un lieu de
repos après le travail, afin qu'on ne voit plus le conseil
des évêques, composé de simples tonsurés presque im-
pubères, qui n'ont d'autres capacités que de posséder
un riche bénéfice. Et surtout dans une religion dont
l'égalité et l'humilité sont la base, [qu'] on n'exige plus
des preuves de noblesse pour servir Dieu dans telle
et telle église.

8º. — DROITS PRIMITIFS DE LA COMMUNAUTÉ

Sa Majesté serait donc suppliée d'ordonner que la
communauté du Cannet rentrerait incessamment dans
ses droits primitifs quelconques, dans ses usages, propriétés, avantages et possessions, à elle surpris dans des
temps de faiblesse et d'ignorance, et d'être jugée, au

moins en cette cause, par ses juges naturels, ou du moins avec leur adhérence.

9°. — PRÉSIDENCE DES ÉTATS.

Sa Majesté serait donc suppliée de rendre amovible la présidence des États, afin que cette place importante soit désormais le prix du zèle, de l'attachement et de la protection que les premiers citoyens de la Province accorderont au peuple.

10°. — ÉGALITÉ DE L'IMPÔT.

Toutes les terres du royaume sont essentiellement franches et saliques; l'impôt en France n'est pas une marque de servitude, mais une contribution du sujet aux besoins de l'État ; toutes les terres doivent sans doute être insérées dans le livre terrier, ou soit dit cadastre et être soumises à cette contribution, ainsi que l'industrie et la consommation de tous les citoyens. Ce vœu de l'égalité des impôts serait sans doute inutile dans le reste du royaume où les deux premiers Ordres en ont reconnu la justice. Mais la Bretagne et la Provence offrent un exemple contraire et bien affligeant. L'espérance du Tiers État est que l'autorité royale nous rendra la justice, que nous aurions mieux aimé recevoir [cette réforme?] des mains même d'une noblesse originairement issue du même sang que nous, et à laquelle nous tenons encore par les liens d'une parenté assez prochaine, à l'exception du petit nombre de ces familles, dont la filiation toujours distincte se perd dans la nuit des temps, et que le Tiers État respecte, malgré ses torts, et qu'il adorerait, si elle voulait être plus juste.

11ᵉ. — ERREUR DE LA PERCEPTION DE LA DIME.

Les habitants du Cannet payent la dime au treize, et, par un abus ou une erreur injuste et des plus intolérables, l'habitant ensemence-t-il son fonds de quatorze charges blé, a-t-il le malheur de faire mauvaise récolte, ne perçoit-il que sa seule semence? Il faut qu'il paye la dime de cette semence qui a déjà payé successivement et qui payera toujours ! Si cet impôt ne peut s'abréger, ne devrait-on pas au moins prélever les grains ensemensés et ne donner que la dime du produit?

12° L'honnête citoyen se verra-t-il réduit, surtout ici au Cannet, pays de bois et de forêts, à se voir livré à la rage, à la fureur des loups, des sangliers et autres bêtes carnassières ; et ce laboureur, dont la grange est située près de ce bois, ne pourra donc défendre ni sa personne, ni encore moins ses propriétés, qu'il voit dévaster par la multitude des bêtes fauves? Sa Majesté serait donc suppliée d'ordonner que la loi faite en Provence contre le port des armes n'aurait lieu désormais que pour l'errant et le vagabond.

13° Que l'ancien droit d'albergue et cavalcade, que la communauté paye annuellement au chapitre Saint-Victor de Marseille, soit aboli.

14° Que la compascuité des terres gastes et autres

non défensables, soit permise sans restriction à tous les habitants et forains.

15° Que les droits du contrôle soient modifiés et éclaircis.

16° Que les codes civil et criminel soient réformés.

17° Rapprocher la justice des justiciables.

18° La diminution du prix du sel et uniforme dans tout le royaume, comme aussi l'abolition de tous droits de circulation dans son intérieur et notamment le recrutement des bureaux des traites dans les frontières.

19° Qu'il soit permis à tous les habitants et forains de cette communauté de construire des colombiers dans le terroir.

20° Que le Tiers État aurait autant de représentants aux États Généraux que les deux ordres du Clergé et de la Noblesse réunis.

21° Qu'il sera expressément défendu de consentir à aucun abonnement quelconque proposé aux États Généraux.

(Signé :) Truc ; Joseph Gastaud ; Martin, trésorier; Escarrat ; Gamot ; Bosc ; Demore ; Rostagny, lieutenant de juge ; Toucas, greffier.

XII

CARCÈS

Cahier des doléances, remontrances et pétitions arrêtées dans l'assemblée des habitants de la commune de Carcès, tenue le 22 du présent mois de mars dans l'ancienne paroisse de ladite ville, à cause de l'insuffisance de l'hôtel-de-ville et convoquée par devant M. Joseph Ambard, lieutenant de juge, ensuite des lettres de convocation générales et particulières des 24 janvier dernier et 2 mars courant, par ordonnance et exploit d'assignation de M. le Sénéchal de Draguignan du 14 de ce même mois.

Les députés de la commune de Carcès sont expressément chargés de requérir, motiver et appuyer les articles subséquents unanimement convenus et arrêtés, savoir :

1º La formation, préalable à tous autres objets de délibération, d'une constitution générale, fixe et à jamais invariable pour le gouvernement du Royaume, et d'une constitution particulière, fixe, uniforme et invariable pour l'administration particulière de chaque province, nonobstant tous droits et privilèges, lesquels

demeureront suspendus et ne pourront revivre que dans
le cas d'une atteinte portée à la constitution générale
ou particulière et à laquelle il ne serait pas remédié le
plus tôt possible ;

2º La votation libre et la concession à temps limité,
de tous impôts, dans les États Généraux du Royaume,
pour n'être levés que jusques au terme fixé ; passé
lequel, ils seront abolis de droit et tous sujets contribuables dispensés de les payer, nonobstant tous édits,
déclarations et autres, à moins qu'il ne fût autrement
arrêté dans les États Généraux subséquents ;

3º La tenue périodique desdits États Généraux à des
époques convenues, et non trop distantes les unes des
autres, et spécialement au commencement de chaque
nouveau règne ;

4º Le recensement des suffrages recueilli par tête
et non par Ordre, tant dans les États Généraux que
dans les États particuliers ;

5º La guerre et la paix librement votées et arrêtées
dans les États Généraux ; sans préjudice des dispositions préliminaires pour l'une et pour l'autre, suivant
l'urgence des cas, en attendant que les États puissent
être assemblés dans trois mois pour le plus tard ;

6º En cas que le Ministère néglige de tenir les États
Généraux aux époques fixées et trois mois après ces
époques, entière liberté aux provinces de se convoquer
l'une avec l'autre aux formes arrêtées ;

7º L'abolition de toute différence d'Ordres ; la
nation étant suffisamment et naturellement représentée
par les corps municipaux et les assemblées provincia-

les, ou leurs députés, attendu que les clercs et les nobles, sont, comme les autres citoyens, habitants et possédant biens des villes et des provinces, dans les assemblées desquelles ils doivent être admis et convoqués comme tous les enfants de la patrie ; tout ordre particulier et distingué devant être regardé comme suspect à la généralité de la nation à laquelle il peut porter de si grands préjudices, ainsi que les conjonctures présentes le démontrent ;

Et subsidiairement, en cas de refus de l'article, une dénomination plus décente pour signifier la partie des français non clercs et non nobles, laquelle forme plus spécialement le corps de la nation, que ce nom de Tiers, qui n'a qu'une signification relative, impropre et presque méprisante, auquel il convient de substituer le nom de l'ordre des Citoyens, tant pour rendre justice à ceux qui en ont les qualités, que pour piquer l'amour propre et l'émulation de ceux qui seraient tentés de s'en dépouiller ;

8° L'abrogation de toutes lettres attentatoires à la liberté des citoyens ;

9° La suppression des fermiers généraux, et la régie des fermes confiée aux provinces, pour les exploiter à leurs frais, et en verser le produit entier directement dans le trésor royal ;

10° Une modération dans le prix du sel rendu uniforme dans tout le royaume ;

11° L'abolition de tous droits de circulation dans l'intérieur du royaume, le reculement des bureaux des traites dans les frontières et le rachat des péages ;

12° La liberté de la presse ;

13° L'abolition gracieuse et sans tirer à conséquence de tous excès commis par quelques membres des trois États que ce soit, à l'occasion des affaires du temps ;

14° L'impression annuelle des comptes de l'État avec l'envoi d'un nombre déterminé d'exemplaires à chaque province ;

15° La réformation du code civil et criminel ;

16° La suppression des tribunaux inutiles et onéreux ;

17° L'abrogation des degrés de juridiction, de sorte que nulle cause ne subisse deux jugements ;

18° Une attribution de souveraineté à chaque tribunal jusques à une somme déterminée ;

19° La formation des tribunaux de manière à inspirer la confiance aux justiciables tant par les qualités que par le nombre et l'âge des juges relativement aux matières attribuées ;

20° Les provisions des juges et des curés données sur les présentations des villes et des Paroisses ;

21° Le changement des justices seigneuriales en justices royales ;

22° L'exécution parée et semblable à celles des arrêts, de tous actes notariés et de toutes écrites privées, juridiquement ou volontairement avérées ;

23° La réformation de la jurisprudence féodale en tous les points qui choquent l'équité naturelle, le droit naturel et la liberté du commerce, tels que l'inextinguibilité des cens, le retrait féodal cessible et prorogé jusques à trente ans, nonobstant l'acquit du lods, les

prescriptions qui ne sont pas réciproques entre le seigneur et les vassaux, le lods, la chasse et autres ;

24º. La suppression des dîmes ecclésiastiques et inféo-
dées, ou leur changement en dîmes royales, à la charge
par chaque paroisse de suppléer à l'insuffisance des
biens patrimoniaux de l'Église pour fournir à l'entretien des prêtres, modéré et fixé à un taux également
distant de l'opulence révoltante et de la modicité indé-
cente ;

25º La suppression de tous les bénéfices inutiles en
pourvoyant à la subsistance des pauvres ;

26º La faculté à tous citoyens de quelque ordre qu'ils
soient de concourir pour tous emplois militaires,
bénéfices et charges attributives et non attributives de
noblesse ;

26º (bis) La renonciation expresse de la part du Tiers
à toute noblesse héréditaire, comme à un vice trop respecté des préjugés d'où ont procédé l'oppression de la
majeure partie des citoyens, la plupart des abus qu'il
s'agit de réformer et cette présomption fatale et igno-
ble qui éteint l'émulation des citoyens, qui s'imaginent
n'avoir rien à faire pour bien mériter de la patrie, et
regardent les bienfaits qu'ils en reçoivent comme de
véritables dettes actives dont ils ont hérité ;

27º La formation d'une constitution particulière à la
Provence et à toutes autres provinces, conforme à celle
du Dauphiné ;

28º La liberté aux communes de se nommer un syndic, qui ait entrée aux États ;

29º L'exclusion des États tant particuliers que

généraux, à tous magistrats, officiers attachés au fisc
et membres non élus ;

30º La désunion de la procure du Pays, du consulat
de la ville d'Aix ;

31º Sur toutes choses, la répartition égale de toutes
impositions royales et locales entre tous les citoyens, de
quelque ordre qu'ils soient, relative aux facultés des
personnes, nonobstant exemptions, privilèges et possessions contraires ;

32º L'impression annuelle des comptes de la Province,
pour en être fait envoi à chaque communauté ;

33º La répartition des secours que le Roi accorde au
Pays, ensemble l'imposition de quinze livres par feu,
affectée à la Haute-Provence, sera faite dans le sein des
États, et par eux arrêtée.

Au surplus, l'Assemblée de cette ville de Carcès a
déclaré qu'elle s'en réfère au cahier général qui sera
dressé et rédigé dans les assemblées préliminaires à la
tenue des États Généraux, en la ville de Draguignan.

Fait et arrêté, etc.

(Signé :) Ambard, lieutenant de juge ; Ferrandin,
maire ; Foussenq, consul ; Ambard ; Gassier ; Gazan ;
J. Sieye ; J. Jassaud ; F. Rimbaud ; Joseph Foussenq ;
Joseph Julien ; Jean Ambard ; J. Jassaud ; Jassaud ;
J.-F. Roumey ; Roumey : L. Révertégat ; Ambard ;
Farrandin ; J.-F. Bonove ; Révertégat ; J. Amic ;
H. Foussenq ; J. Jaubert ; Martin ; J. Ambard ; J.

Foussenq; F. Foussenq; Pons; Meiffret; Ferrandin, Joseph; Paul Amic; Jacques Rimbaud; Liebot; J. Marcel; G. Paul; J. Ambard; L. Lieutard; Bouisson; Marcel; J. Marsan; P. Ambard; Joseph Florens; Jassaud; Casimir Révertégat; Jacques Pons; J. Julien; F. Siry; L. Martin; Joseph Pons; J.-D. Jaubert; André Martin; Lavagne.

Paraphé *ne varietur*, à Carcès, le 22 mars 1789.

(Signé :) Ambard, lieutenant de juge.

XIII

CHATEAUDOUBLE

Cahier des Doléances.

Tous les chefs de famille du présent lieu de Château-double, y compris ceux du hameau de Rebouillon en dépendant, se sont occupés d'abord de la rédaction du présent cahier des remontrances, plaintes et doléances dans cette assemblée générale, comme il conste par le procès-verbal de ce même jour, vingt-cinq mars de l'année mil sept cent quatre vingt-neuf. Ils désireraient ardemment que les députés qui seront élus et chargés de porter et présenter ledit cahier à l'assemblée préliminaire des trois Ordres, convoquée à Draguignan, fussent assez heureux de faire insérer dans le seul cahier du Tiers État de la viguerie, qui sera présenté aux États Généraux du royaume par les députés qui seront élus le sept avril prochain :

I

Les mêmes instructions, déjà assez connues, que M. le duc d'Orléans a données à ses procureurs qui sont représentés aux assemblées des Baillages où il a

des possessions ; lesquelles ne sauraient être trop nom-
breuses, ni trop suivies ; nous les transcrivons comme
suit.

« Art. 1er. — La liberté individuelle sera garantie à
tous les Français. Cette liberté comprend :

« 1o La liberté de vivre où l'on veut : celle d'aller, de
venir, de demeurer où il plaît, sans aucun empêchement, soit dans ou hors du royaume et sans qu'il soit
besoin de permission, passeport, certificat, ou aucune
autre formalité tendant à gêner la liberté des citoyens;

« 2o Que nul ne puisse être arrêté ou constitué prisonnier qu'en vertu d'un décret décerné par les juges
ordinaires ;

« 3o Que, dans le cas où les États Généraux jugeraient que l'emprisonnement provisoire peut être quelquefois nécessaire, il soit ordonné que toute personne
ainsi arrêtée soit remise dans les vingt-quatre heures
entre les mains de ses juges naturels et que ceux-ci
soient tenus de statuer sur ledit emprisonnement dans
le plus court délai; que de plus, l'élargissement provisoire soit toujours accordé en fournissant caution,
excepté dans le cas où le détenu serait prévenu d'un
délit qui entraînerait une peine corporelle;

« 4o Qu'il sera défendu à toutes autres personnes que
celles qui prêtent main forte à la justice, soit officiers,
soldats, exempts ou autres, d'attenter à la liberté
d'aucun citoyen, en vertu de quelque ordre que se
puisse être, sous peine de mort ou au moins de puni-
tion corporelle ; le tout ainsi qu'il sera décidé aux
États Généraux;

« 5° Que toute personne qui aura sollicité ou signé tout ordre semblable ou favorisé son exécution pourra être prise à partie par devant les juges ordinaires, non seulement, pour y être condamnée en des dommages intérêts, mais encore pour être punie corporellement et ainsi qu'il sera décidé.

« Art. 2. — La liberté de publier ses opinions, faisant partie de la liberté individullee, puisque l'homme ne peut être libre, quand sa pensée est esclave ; la liberté de la presse sera accordée indéfiniment, sauf les réserves qui pourront être faites par les États Généraux.

« Art. 3. — Le respect le plus absolu pour toute lettre confiée à la poste sera pareillement ordonné. On prendra les moyens les plus sûrs d'empêcher qu'il n'y soit porté atteinte.

« Art. 4. — Tout droit de propriété sera inviolable et nul ne pourra en être privé, même à raison de l'intérêt public, qu'il n'en soit dédommagé au plus haut prix et sans délai.

« Art. 5. — Nul impôt ne sera légal et ne pourra être perçu qu'autant qu'il aura été consenti par la Nation dans l'assemblée des États Généraux, et lesdits États ne pourront le consentir que pour un temps limité et jusqu'à la prochaine tenue des États Généraux, en sorte que, cette prochaine tenue venant à ne pas avoir lieu, tout impôt cesserait.

« Art. 6. — Le retour périodique des États Généraux sera fixé à un terme court, et, dans le cas d'un changement de règne, ou celui d'une régence, ils seront assemblés extraordinairement dans un délai de six semaines ou deux mois. On ne négligera aucuns moyens propres à assurer l'exécution de ce qui sera réglé à cet égard.

« Art. 7. — Les Ministres seront comptables aux États Généraux de l'emploi des fonds qui leur seront confiés et responsables auxdits États de leur conduite en tout ce qui sera relatif aux lois du Royaume et, leurs comptes seront annuellement rendus publics par la voie de l'impression.

« Art. 8. — La dette de l'État sera consolidée.

« Art. 9. — L'impôt ne sera consenti qu'après avoir reconnu l'étendue de la dette Nationale, et après avoir vérifié et réglé les dépenses de l'État.

« Art. 10. — L'impôt consenti sera généralement et également réparti.

« Art. 11. — On s'occupera de la réforme de la législation civile et criminelle.

« Art. 12. — On demandera l'établissement du divorce, comme le seul moyen d'éviter le malheur et le scandale des unions mal assorties et des séparations.

« Art. 13. — On cherchera les moyens d'assurer l'exécution des lois du Royaume, en sorte qu'aucune ne puisse être enfreinte sans que quelqu'un en soit responsable.

« Art. 14 et dernier. — On invitera les députés aux États Généraux à ne prendre aucune délibération sur les affaires du Royaume qu'après que la liberté individuelle aura été établie, et à ne consentir l'impôt qu'après que les lois constitutives du Royaume auront été fixées. »

II

Art. 1er. — Demander aux États Généraux l'entérinement de l'édit du 8 mai 1788, concernant les tribunaux et Bailliages, et d'insister qu'à Draguignan il y ait un Bailliage ;

Art. 2. — L'abolition à jamais de la cour plénière;

Art. 3. — La faculté à tous citoyens, de quelque ordre qu'ils soient, de concourir pour tous emplois militaires, bénéfices et charges, attribution de noblesse et d'y réclamer surtout contre la vénalité des offices ;

Art. 4. — Une modération dans le prix du sel rendu uniforme pour tout le Royaume, comme aussi l'abolition de tous droits de circulation dans son intérieur et notamment le reculement des bureaux des traites dans les frontières;

Art. 5. — Demander au meilleur des Rois la sollicitation auprès du Chef de l'Église de la tenue d'un concile pour qu'on y arrêtât le concours libre à tout homme aux sept sacrements, particulièrement aux deux derniers, qu'ils ne fussent plus incompatibles sous simple dispense de l'évêque diocésain.

POUR LA PROVINCE.

Art. 6. — Demander encore à Sa Majesté la convocation générale des trois Ordres de la Province, pour former ou réformer la constitution du pays, de réclamer de sa justice qu'il soit permis aux communes de se nommer un syndic avec entrée aux États ; de s'élever contre la perpétuité de la présidence et contre la permanence de tout membre non amovible, et que tous magistrats et tous officiers attachés au fisc soient exclus des mêmes États ; la désunion de la procure du Pays du consulat de la ville d'Aix ; l'admission des gentilshommes non possesseurs de fief, et du clergé du second ordre ; l'égalité des voix pour l'ordre du Tiers contre celles des deux premiers Ordres, tant dans les États que dans la commission intermédiaire, et surtout l'égalité de contributions, pour toutes charges royales et locales, sans exception aucune, et nonobstant toute possession ou privilège quelconque ; l'impression annuelle du compte de la Province dont envoi sera fait dans chaque communauté, et que la répartition des secours que le Roi accorde au pays, ensemble de l'imposition de quinze livres par feu affectée à la Haute-Provence, sera faite dans le sein des États et par eux arrêté ;

Art. 7. — Que tout chef de famille compris au rôle de capitation venant à décéder, sa veuve et ses enfants vivant en communion ne puissent être compris que pour un seul, tout comme si le chef vivait ; et que, dans le même rôle, on ne puisse comprendre aucun enfant pupille, ni aucun septuagénaire ;

Art. 8. — Qu'il soit permis à tout bourg, village et communauté éloignés des grandes routes de se faire entre eux et chacun dans son terroir respectif des chemins routiers pour l'avantage du commerce, et que le premier qui sera interpellé par l'autre, son voisin, ne pourra se refuser, sous aucun prétexte, de faire à ses frais le chemin qui lui touchera ; au moyen de quoi, la viguerie sera déchargée du soin des chemins qu'elle avait pris jusques aujourd'hui, spécialement celle de Draguignan en remboursant ce que les communautés lui payent annuellement pour la construction et entretien des chemins appelés de viguerie, sous la déduction de ce qu'elle aura avancée ;

Art. 9. — Abonnement de tous les droits seigneuriaux ; abolition de tous les lods, banalités et retraits féodaux ;

Art. 10. — Que toutes les terres tant des seigneurs que du clergé payent l'impôt, abolition du droit des seigneurs de payer la taille de leurs terres roturières lorsque les communautés payent l'imposition en fruits, et que la chasse soit permise à tous et à chacun ; que les seigneurs ne puissent plus la vendre ni en priver aucun habitant ;

Art. 11. — Vente de tous les biens ecclésiastiques au profit de l'État ; abolition de la dîme. Archevêques, évêques, curés et vicaires payés par le peuple, au taux que Sa Majesté voudra bien fixer ; cependant laisser jouir les titulaires actuels. Et les droits d'annates abolis, ainsi que ceux des dispenses matrimoniales accordées par le Pape ;

Art. 12. — Résidence des évêques qui ne pourront sortir sans une permission du Roi, accordée sur un soit-montré aux six principales communautés du diocèse ;

Art. 13. — Nomination des curés par les évêques,

sur la présentation de trois sujets nommés par le conseil municipal de la paroisse vacante;

Art. 14. — Abolition du casuel et de la résignation
des cures. Extinction de tous les bénéfices simples de
toutes les collégiales, réserver seulement les chapitres
des églises cathédrales qu'on ne pourra remplir que
d'anciens curés du diocèse;

Art. 15. — Etablissement d'une juridiction consulaire dans chaque ville de Sénéchaussée, également en
tout bourg et village ;

Art. 16. — Que les communautés rentrent en possession de leurs terres gastes;

Art. 17. — Que tout colombier ou pigeonnier soit
fermé pendant les récoltes de tous grains, autrement
permis de tirer dessus ;

Que Sa Majesté jette enfin un regard paternel sur
un peuple fidèle qui le respecte autant qu'il le chérit et
auquel rien ne coûtera quand, rassuré par une bonne
administration et réintégré dans les droits d'une égalité naturelle, ses efforts seront secondés par ceux des
deux autres Ordres et ne seront pas détournés du but,
si cher à tout Français, de concourir au rétablissement
des finances, au bien de l'État et à la gloire du Roi.

La communauté s'en rapportant au surplus aux
plus amples instructions qui seront données à Messieurs les députés aux États Généraux; et tous les chefs
de famille ceux qui ont su se sont soussignés.

(Signé :) Ferru, viguier et lieutenant de juge ;
Ferru, maire ; Vily ; Ferru ; Pascal ; François Ferru ;

Allègre ; B. Veyan ; J. Ferran ; A. Ferran ; Gautier ;
Henry, chirurgien ; Bravet ; J. Ferran ; Bravet ; Gi-
boin ; J.-J. Richaud ; Dastier ; Barthélemy , Lombard ;
Bravet ; Ravel ; Bravet ; B. Giboin ; Giboin ; Cauvin ;
Rouvier ; Jean-Jacques Giboin ; A. Ferru ; Antoine
Bravet ; Giraud ; Gautier ; François Rouvier ; Joseph-
Antoine Allègre ; Ferran ; François Giboin ; Giraud ;
Félix ; Giboin ; H. Barthélemy ; Jean-Baptiste Fau-
chier ; Giraud ; Henry ; Jean-Baptiste Lombard ; Pierre
Lombard ; Pascal ; et nous J. Giboin, greffier su-
brogé.

Le tout par nous coté et paraphé *ne varietur*.

Ferru, viguier et lieutenant de juge.

Demander au surplus à Sa Majesté et aux États
Généraux les droits de rachat et compascuité que la
communauté a et avait sur la terre de la Garde, auxquelles elle n'a jamais renoncé. Ce qui en empêche
l'exécution, c'est que l'habitation a été effrayée par
divers procès que les seigneurs dudit terroir de la
Garde leur ont intentés, lesquels existent encore.

(Signé :) Ferru, maire ; Pascal, député ; Ferru, député.

Paraphé ledit article,

(Signé :) Ferru, viguier et lieutenant de juge.

XIV

CLAVIERS

L'an mil sept cent quatre-vingt-neuf, et le vingt-deux du mois de mars après-midi, le Conseil général de tous chefs de famille du présent lieu de Claviers a été assemblé, au son de la cloche et de la manière accoutumée, dans l'église paroissiale du susdit lieu, la salle d'assemblée ordinaire se trouvant trop petite; la convocation a été faite en vertu des ordres de Sa Majesté, portés par ses lettres, données à Versailles, le vingt-quatre janvier et second mars mil sept cent quatre-vingt-neuf, pour la convocation et tenue des États Généraux de ce royaume; elle a été faite aussi pour satisfaire aux dispositions des règlements y annexés, ainsi qu'à l'ordonnance de M. le lieutenant général en la Sénéchaussée de Draguignan, du quatorze du courant : de toutes lesquelles pièces, publication a été faite au prône de la paroisse, tout comme elles ont été lues et affichées à la porte de l'église.

Auquel conseil général, autorisé par sieur Joseph-François Cauvin du Bourguet, lieutenant de juge de cedit lieu, ont été présents : Mᵉ Jean-Joseph Baron, docteur en médecine, maire et premier consul; sieur Jacques Abeille, second consul ; Jean-Baptiste Blanc, ménager, Antoine Abeille-Baron, Louis Pierrugues, ménager, conseillers ; Jean Pierrugues, maréchal-ferrant, Étienne Pierrugues, Jean-Joseph Pierrugues, Jean-Victor Lambert, tous estimateurs ; sieur Jacques Abeille, négociant, Pierre Saisson, ménager, Pierre Blanc, ménager, Jacques Blanc, ménager, Honoré Cauvière, Joseph Pierrugues, ménager, Honoré Blanc, ménager, Joseph Castagne, muletier, Joseph Guigou, muletier, Louis Abeille, ménager, Jean-Joseph Roquemaure, charpentier, Jean Pierrugues, chapelier, Honoré Castagne, négociant, Me Castagne, notaire royal, Joseph Bonnaud, Guigou, travailleur, Roubion, travailleur, Fabre, travailleur, Jean-Esprit Meynard, maréchal-ferrant, Pierrugues, bourrelier, Blanc, boulanger, Saisson, charcutier, Fabre, travailleur, Me Honoré Pierrugues, docteur en médecine, Roux, savetier, Saisson, charcutier, sieur Honoré Roux, bourgeois, sieur Jacques Guigou, bourgeois, sieur Jean Roux, bourgeois, Cabasse, maçon, Honoré Abeille, négociant, Saisson, travailleur, Gaimar, Saisson, ménager, Rousson, ménager, Saisson, intendant de police, Bonnel, travailleur, Blanc, ménager, Lyon, ménager, Bennet, cordonnier, Pierrugues, cardeur, Cabasse, maçon, Pierrugues, ménager, Lyon, muletier, Blanc, chapelier, Blanc, négociant, Lambert, négociant, Aragon, travailleur, Pierrugues, travailleur, Pierrugues, travailleur, Foucou, ménager, Roquemaure, ménager, Blanc, travailleur, Aragon, travailleur, Pelissier, travailleur, Pierrugues, travailleur, Dol, travailleur,

Blanc, négociant, Blanc, tisseur, Blanc, boulanger, Blanc, chapelier, Blanc, tisseur, Jean Castagne, menuisier, Saisson, ménager, Abeille, cordonnier, Blanc, tailleur, Bonneau, travailleur, Guigou, travailleur, Blanc, ménager, sieur Louis Baron, bourgeois, Anglez, boulanger, Cabasse, maçon, sieur Jean Abeille, négociant, sieur Jean-Baptiste Arnaud, chirurgien, Guigou, Virgili, cordonnier, Pierrugues, ménager, Pierrugues, bourgeois, Abeille, travailleur, Pierrugues, ménager, Castagne, travailleur, Pierrugues, chapelier, Cabasse, maçon, Pierrugues, cardeur, Blanc, marchand, Baumier, ménager, Blanc, tisseur, Anglez, cordonnier, Jolet, travailleur, Blanc, ménager, Blanc, ménager, Mistral, travailleur, Blanc, ménager, Blanc, travailleur, Pons Blanc, ménager, Aragon, travailleur, Pierrugues, maréchal-ferrant, Pierrugues, tailleur, Bennet négociant, Blanc, négociant, Pierrugues, chapelier, Blanc, travailleur, Abeille, ménager, Bourbon, travailleur, sieur Pons Brunel du Revest, Pierrugues, travailleur, Poitou, travailleur, Michel, travailleur, Chavier, travailleur, Bourbon, travailleur, sieur Jean-Honoré Blanc, bourgeois, Bourbon, travailleur, Roquemaure, travailleur, Laugier, travailleur, Pascal, travailleur, Cavalier, travailleur, Anglez, travailleur, sieur Pierre Blanc, bourgeois, Pierrugues, cardeur, Bonneau, travailleur, Pierrugues, chapelier, Orgeas, travailleur, Pierrugues, travailleur, Guigou, travailleur, Peitral, travailleur, Pierrugues, travailleur, Pierrugues, travailleur, Saisson, ménager, Aragon, travailleur, Roussin, travailleur, Bourbon, travailleur, Grimaud, travailleur, Flacas, travailleur, Chaupart, travailleur, Pierrugues, travailleur, Pierrugues, cardeur, Meyfred, travailleur, Pierrugues, ménager, Pierrugues, frères, ménagers, Guigou, travailleur, Saisson, ménager, Fabre, travailleur, Rousson, travailleur, Abram, travailleur, Clapier, travailleur, Blanc, ménager, Michel, ménager, Barret, ménager, Chaupart, ménager, Saisson, ménager, Matinier, travailleur, sieur Jean-Joseph Guigues, bourgeois, Rosaire, travailleur, sieur Antoine Pierrugues, bourgeois, Blanc cadet, ménager, Blanc, travailleur, Castagne, menuisier, Pierrugues, travailleur, Pierrugues, travailleur, Abeille, ménager, Jalet, ménager, Michel, ménager, Baumier, travailleur, Roquemaure, tisseur, Pierrugues-Sauvestron, travailleur, Roquemaure, menuisier, Pierrugues-Sauvestron, travailleur, Pierrugues, ménager, Blanc, maçon, Bernard, chapelier, Pierrugues-Sauvestron, travailleur, Pierrugues, travailleur, Cauvière, travailleur, Laugier, travailleur, Joseph Dol, ménager, Bonneau, travailleur, Nicolas Blanc, travailleur, Roquemaure, tisseur, Simon, ménager, Guigou, muletier, Roquemaure, tisseur, Blanc-Primon, ménager, Laugier, travailleur, Borme, savetier, Jean Saisson, travailleur, Jean Bennet-Rey, Anglés-Garrus, travailleur, Roquemaure, aubergiste, Anglés, ménager, Pierrugues, travailleur, Abram, travailleur, Pierrugues-Sauvestron, travailleur, Pierrugues, travailleur, Pierre Pierrugues, travailleur, Joseph Brovés, travailleur, Fabre Galias, travailleur.

Et lecture faite des ordres de Sa Majesté, et de toutes les pièces y relatives ci-dessus mentionnées, Me Baron, premier consul, a dit :

« Messieurs, jamais les habitants de Claviers n'a-
vaient été convoqués d'une manière aussi solennelle,
jamais aussi ils n'avaient eu à s'occuper de si grands
objets : le meilleur des Rois, secondé par le ministre
le plus habile et le plus vertueux qui ait jamais gouverné la France, appelle tous ses sujets, sans distinction de rang et de fortune, à concourir avec lui à la
régénération de sa monarchie.

« La nation française, la première de l'univers par
sa nature physique et morale, et par sa constitution
originelle, avait dégénéré de sa première splendeur ;
la faiblesse d'un grand nombre de rois, l'ambition des
grands, l'erreur et les vices de certains ministres ont
dégradé dans certains moments le caractère français,
et énervé les ressources d'un royaume naturellement
puissant ; depuis longtemps nos rois s'occupaient des
moyens de remédier à nos maux en détruisant les
abus ; mais ces abus étaient si anciens qu'ils s'étaient
presque confondus avec la constitution ; à cet effet, leur
correction n'a pu qu'être lente et faible, quand elle n'a
pas été inutile. Il n'appartenait peut-être qu'à Louis XVI,
qu'un pressentiment heureux a si bien caractérisé en
le nommant bienfaisant, à M. Necker dont le nom seul
fait l'éloge, de vouloir, par l'excellence et l'énergie de
leurs sentiments, et de pouvoir, par les circonstances
qui les favorisent, consommer ce grand ouvrage. Le
moyen que Sa Majesté emploie pour cela, c'est la convocation des États Généraux fixés au vingt-sept du
mois d'avril prochain ; notre assemblée actuelle en est
un préliminaire indispensable, et notre réunion a deux
objets :

« Le premier est d'élire un nombre de députés relatifs à notre population, suivant les règles insérées dans l'article 31 du règlement fait par le Roi, le 24 janvier 1789. Cet article porte que le nombre des députés sera de deux à raison de deux cents habitants, de trois au-dessus et de quatre au-dessus de trois cents. Or la population de Claviers étant composée de trois cent quarante habitants ou environ, exige quatre députés, que nous devons choisir, suivant l'esprit du règlement du Roi, et l'ordonnance de M. le lieutenant général de la Sénéchaussée, parmi les plus notables de l'habitation. Ces députés doivent se rendre à l'assemblée de la viguerie, fixée au vingt-sept du présent mois, pour procéder à la nomination d'un certain nombre d'électeurs qui, dans l'assemblée combinée des trois Sénéchaussées de Draguignan, Grasse et Castellane fixée dans la première de ces trois villes, le sept du mois d'avril prochain, choisiront pour les États Généraux le nombre des députés énoncés dans le règlement du Roi.

« Notre devoir à tous dans cette élection, dont l'objet est de la plus grande importance, est de nous dépouiller de tout esprit de parti, de tout motif personnel, et de fixer notre choix sur des personnes qui, par leur honnêteté et par leurs lumières, soient capables de justifier notre confiance.

« Le second objet de notre réunion est de dresser le cahier d'instructions et doléances particulières qui peuvent intéresser la communauté, soit relativement aux articles qui regardent la généralité du Royaume, soit par rapport à ceux qui n'ont trait qu'à l'administration de cette province. »

Sur quoi ledit M⁰ Baron a requis de délibérer.

Sur la première proposition, le conseil a député, à la pluralité, sieur Jacques Abeille, second consul, M⁰ Pierrugues, docteur en médecine, sieur Jacques Abeille, négociant, sieur Joseph-Pons Blanc, négociant, pour se rendre à l'assemblée de la viguerie indiquée le vingt-sept du courant, à l'effet par eux de concourir à la nomination des électeurs qui, combinés avec ceux de la Sénéchaussée de Grasse et de Castellane, procèderont à la nomination des députés aux États Généraux du Royaume; lesdits sieurs députés seront aussi porteurs des représentations et doléances de notre communauté, lesquels, pour la simplification de la chose et l'instance du temps, nous insérons dans la présente délibération. Les habitants qui composent cette assemblée donnent aux sieurs députés tous pouvoirs requis et nécessaires à l'effet de les représenter à ladite assemblée pour toutes les opérations prescrites par le règlement du Roi et l'ordonnance de M. le lieutenant général de la Sénéchaussée; ils donnent aussi tous pouvoirs généraux et suffisants de proposer, remontrer, aviser et consentir tout ce qui peut concerner le besoin de l'État, la réforme des abus, l'établissement d'un ordre fixé et durable dans toutes les parties de l'administration, la prospérité générale du royaume, le bien de tous les sujets de Sa Majesté.

Sur la seconde proposition, le conseil a arrêté que, quant aux objets qui intéressent la généralité du royaume, les sieurs députés qui seront élus par l'ordre du Tiers, pour assister et voter aux États Généraux de France, seront expressément chargés de solliciter la réformation du code civil et criminel ; la suppression de tous les tribunaux inutiles et onéreux ; une attribution à ceux des arrondissements de souverainet, jusques au concurrent d'une somme déterminée ; l'abrogation de toutes lettres attentatoires à la liberté des citoyens ; la faculté à ceux-ci, de quelque ordre qu'ils soient, de concourir pour tous emplois militaires, bénéfices et charges attributives de noblesse, et d'y réclamer surtout contre la vénalité des offices. Lesdits sieurs députés réclameront, en outre, l'avantage, pour toutes communautés sujettes à la juridiction seigneuriale, de racheter tous les droits féodaux qui émanent de cette juridiction, et notamment l'abolition des droits de corvée, lesquels, outre l'atteinte qu'ils portent à la propriété, impriment encore un caractère de flétrissure incompatible avec la dignité d'un citoyen français et les dispositions bienfaisantes de notre excellent monarque ; lesdits sieurs députés réclameront encore une modération dans le prix du sel rendu uniforme par tout le royaume, comme aussi l'abolition de tous droits de circulation dans son intérieur, et notamment le reculement des bureaux des traites dans les frontières.

Et quant aux affaires relatives et particulières à la Province, le conseil charge expressément les mêmes députés aux États Généraux d'insister à demander au meilleur des Rois la convocation générale des trois Ordres de la Province pour former ou réformer la constitution du pays, de réclamer de sa justice qu'il soit

permis aux communes de se nommer un syndic avec
entrée aux États; de s'élever contre la perpétuité de leur
présidence et contre la permanence de tout membre
non amovible ayant entrée auxdits États; comme aussi
de requérir l'exclusion des mêmes États, des magistrats
et de tous officiers attachés au fisc, condition d'autant
plus conséquente, qu'elle tient aux lois qu'ils ont faites
eux-mêmes aux municipalités par leurs arrêts de règlement. Ils demanderont aussi la désunion de la procure
du pays du consulat de la ville d'Aix; l'admission des
gentilshommes non possesseurs de fief et du clergé du
second ordre; l'égalité des voix recueillies tant aux
États Généraux qu'aux États particuliers de la Province
par tête, et non par ordre; ainsi que dans la commission intermédiaire, et surtout l'égalité de contribution
pour toutes charges royales et locales, sans exemption
aucune et nonobstant toutes possessions et privilèges
quelconques; l'impression annuelle des comptes de la
Province, dont l'envoi sera fait dans chaque communauté et que la répartition des secours que le Roi
accorde au pays, ensemble de l'imposition de 15 livres
par feu affectée à la Haute-Provence, sera faite dans le
sein des États et par eux arrêtée; déclarant au surplus
le conseil que, quant à tous autres objets soit généraux
pour le royaume, soit particuliers à cette province, ils
s'en réfèrent absolument au cahier général qui sera
dressé dans le chef-lieu, d'après le vœu de la prochaine
assemblée, lequel cahier sera porté par les députés du
Tiers aux États Généraux, approuvant dès à présent
tout ce qui sera fait et arrêté soit dans l'assemblée pro-

chaîne de la viguerie soit dans l'assemblée combinée qui lui succèdera.

Ainsi que dessus il a été délibéré et se sont tous les chefs de famille signés, qui ont su signer, à l'original.

(Signé :) Baron, maire ; J. Abeille, consul ; Pierrugues ; J. Abeille ; P. Blanc ; J.-B. Abeille, greffier.

XV

COMPS

Cahier des doléances

Les vœux de cette communauté sont :

1º La réformation des lois civiles et criminelles ;

2º La suppression de tous les tribunaux inutiles et onéreux ;

3º L'attribution à ceux des arrondissements, de souveraineté, jusques au concurrent d'une somme déterminée ;

4º La création de nouveaux tribunaux, s'ils sont jugés nécessaires, et leur rapprochement des justiciables ;

5º La liberté à ceux-ci de porter en 1re instance leurs causes, par devant les premières juridictions, ou aux Sénéchaussées, à leur choix ;

6º L'abrogation du code pénal actuel et la rédaction d'un nouveau, où les peines soient graduées, selon la différence, les nuances de l'âge, des passions, et des circonstances des crimes ; que le nouveau code détruise, s'il est possible, l'injuste préjugé national qui fait tomber sur toute une famille, d'ailleurs honnête, l'infamie d'un de ses membres, malheureusement coupable ;

7° Celle de toutes lettres attentatoires à la liberté des citoyens ;

8° L'admission de ceux-ci, de quelque ordre qu'ils soient, à tous emplois militaires, de magistrature, aux bénéfices et aux charges attributives de noblesse, s'ils en sont dignes ;

9° La suppression de la vénalité et de l'inamovibilité des charges de magistrature ;

10° L'abolition de tous droits de circulation dans l'intérieur du royaume et notamment le reculement des bureaux des traites sur les frontières ;

11° L'extinction de tous droits et privilèges attribués ou acquis à certains corps, communautés ou particuliers, tendant à gêner la liberté des citoyens et les progrès de l'agriculture, tels que les corvées de toute espèce, les droits de péage, d'albergue et de cavalcade; celui, plus oppressif encore, communément appelé droit de *gache*, qui assujetissait autrefois les vassaux à à la garde des seigneurs dans leurs châteaux, et qui a été, depuis, converti en une redevance en blé, annuellement et indistinctement payée par tous les habitants ;

12° L'établissement d'un impôt territorial, percevable en fruits, d'une manière simple et uniforme ; que cette uniformité varie, si la chose est praticable, en faveur des communautés pauvres et dont le territoire est ingrat : qu'il frappe sur tous les biens-fonds généralement du royaume, sans distinction, ni exemption au-

cunes : que les dîmes, les censes et les tasques seigneuriales y soient soumises, sous une double quotité,
attendu que leur perception ne coûte presque rien,
tandis que les frais d'exploitation et les dépenses de
culture des biens-fonds absorbent presque la moitié de
leurs fruits ou de leurs valeurs ; et enfin que le produit
de cet impôt soit directement versé dans le trésor
royal ;

13° Que les pensions, dont les motifs sont inconnus
ou jugés insuffisants, soient supprimées ; quant aux
autres, qu'elles soient réduites, attendu les besoins de
l'État ;

14° Que les communautés soient dorénavant chargées de la rétribution des pasteurs et des autres ministres de la religion du second ordre, soit que le traite-
tement des uns et des autres soit amélioré, soit qu'il
reste dans l'état où il est ; que les dîmes soient supprimées et les biens d'église mis dans le commerce,
de la manière la plus avantageuse au bien de l'État ;

15° Que, la dîme étant conservée, elle soit du moins
abolie pour la semence qui est soumise deux fois à
cette imposition. Cette double perception est d'autant
plus injuste, qu'elle se renouvelle plus souvent sur les
sols ingrats, que sur les fertiles. Deux fonds de terres
ensemencés, dont l'un produit communément le quatre
et l'autre le dix, payent, dans les intervalles de quatre
et de dix ans, le premier, la dime de cinq récoltes et le
second, celle de onze récoltes ; ce qui est outrement
disproportionné, indépendamment de l'injustice du
double emploi, et même de la première perception ;

16º Que le prix du sel soit généralement modéré pour tout le royaume, mais plus particulièrement pour la Provence qui le fournit. Cette substance est d'autant plus nécessaire aux habitants de cette province, dont le territoire est aride et dépourvu de pâturages, que, sans son secours, ils ne pourraient nourrir et entretenir les bestiaux et les troupeaux nécessaires pour engraisser et mettre leurs terres en valeur;

17º Que la vaine pâture soit supprimée en Provence, excepté dans les communes. Ce droit ou plutôt cet usage abusif, qui introduit les troupeaux dans les champs d'autrui, dès que les grains en sont tirés, et même auparavant, est aussi contraire à l'agriculture, qu'au droit de propriété. Les champs en plaine sont butinés sans ménagement ; ceux en pente sont dégradés ; les herbages de tous sont appauvris et les propriétaires sont privés d'une partie de leurs revenus ;

18º Une constitution des États de la province de Provence plus juste et plus légale, et où l'influence du troisième Ordre soit égale à celle des deux premiers Ordres réunis, tant dans les assemblées générales, qu'aux intermédiaires ;

19º Qu'il soit permis aux communes d'avoir un ou plusieurs syndics avec entrée aux États et assemblées intermédiaires, par égalité aux deux premiers Ordres ;

20º La proscription de la perpétuité de la présidence aux États et de la permanence de tout membre non amovible ayant, en l'état des choses, entrée aux États ;

21º Que la procure du Pays soit disjointe du consulat de la ville d'Aix ;

22° L'exclusion de tous magistrats quelconques et de tous officiers attachés au fisc, des États ;

23° Que les nobles non possédant fiefs et les pasteurs du second ordre soient admis aux États ;

24° L'égalité de contribution pour toutes charges royales et locales, sans exception ni exemption aucunes, en faveur des deux premiers Ordres, nonobstant tous privilèges ou possessions quelconques ;

25° Que la répartition des secours que Sa Majesté accorde annuellement à la Haute-Provence soit faite et arrêtée dans l'assemblée des États, et tout premièrement appliquée aux communautés, qui, par leur situation particulière, présentent des besoins particuliers et des objets de police à remplir, tels que grands chemins, fontaines, dévastation partielle ou totale survenue dans les terroirs ;

26° Qu'il soit annuellement envoyé à chaque communauté un exemplaire imprimé du compte de la Province ;

27° Qu'il soit établi dans la Haute-Provence des brigades de maréchaussée à pied ou à cheval, sur les routes les plus fréquentées et les plus dangereuses, pour la sûreté des voyageurs; et qu'il en soit placé une dans le village de Comps dont le terroir est traversé par deux grands chemins ;

28° Qu'en conformité de l'arrêt du Conseil du [21] mars 1757, portant réunion des offices municipaux au corps de la Province et des communautés, elles jouiront de tous les privilèges attachés auxd. offices, et notamment du droit de faire autoriser leurs conseils, par les officiers municipaux, malgré tous arrêts du Parlement, la plupart rendus sur requête, attentatoires aux dispositions dud. arrêt du Conseil, auquel il ne sera plus permis de contrevenir ;

29° Que la tenue des États Généraux soit renouvelée de dix en dix ans, et le compte du contrôleur général des finances rendu annuellement public par la voie de l'impression ;

30° Et enfin que les délibérations prises par les États Généraux du royaume seront par eux sanctionnées, pour être exécutées selon leur forme et teneur, sans que, pour cette exécution, elles soient soumises à l'enregistrement des cours supérieures.

Quant aux plaintes, représentations et doléances que la brièveté du temps et les lumières bornées de la communauté de Comps n'ont pas permis de prévoir, tout comme pour la forme à leur donner, elle s'en réfère absolument au cahier qui sera dressé à Draguignan, dans l'assemblée générale du vingt-sept du courant, sous la présidence de M. le lieutenant général en la Sénéchaussée de lad. ville.

Fait et arrêté au conseil séant le vingt-deux mars mil sept cent quatre-vingt-neuf.

(Signé :) Maurin, consul ; Maria ; Perraimond, notaire ; Fabre ; Perraimond ; J. Lions ; Maurin ; J. Bain ;

A. Lions ; Pons Bain ; Joseph Bain ; Collomp ; Paulet ;
Garcin ; Maria ; Dozol ; Perreimond ; Louis Brun ;
Gaité ; Maria, député ; Lions, fils, député.

Paraphé *ne varietur*

Bain, lieutenant de juge.

XVI

COTIGNAC

Extrait des mains des délibérations de la communauté.

L'an mil sept cent quatre-vingt-neuf et le vingt-deux mars, à une heure après-midi, en conformité des ordres du Roi, et de l'ordre rendu par M. le lieutenant général en la Sénéchaussée de Draguignan, le quatorze du courant, le conseil général de tous chefs de famille de la communauté de Cotignac a été extraordinairement assemblé dans la chapelle des Pénitents blancs, après la convocation faite aux formes ordinaires, sous l'autorisation du Sr Etienne Thaneron, lieutenant de juge en absence, auquel conseil ont assisté :

M^o Louis Templier, avocat en la cour, maire ;

Sr Antoine Maunier, marchand-tanneur, second consul, etc.

Le Sr Maire, a dit :

« Messieurs,

« L'objet pour lequel nous sommes assemblés, et

qui doit être le précurseur de l'évènement le plus mémorable, comme le plus important dont la nation puisse
se glorifier, et à l'accomplissement duquel le sort de
tout un peuple se trouve lié, est le bienfait le plus
signalé que la Providence nous ait réservé sous le
Monarque auguste et bienfaisant dont les sentiments
vertueux et paternels viennent de se manifester au
milieu de ses sujets, et [ont été] recueillis par ses fidèles
communes avec tous les transports de l'allégresse et de
la reconnaissance,[lesquelles]se sont à l'envi dévouées par
les vœux les plus solennels au soutien de la monarchie,
en sacrifiant, sans réserve, leurs biens, leurs personnes,
leur existence envers le Souverain qui ne s'occupe que
de leur bonheur, et dont la sagesse a évoqué cette
intelligence sublime qui en prépare les voies. »

Après lecture du discours du sieur Maire, le conseil
général, pénétré de la plus vive reconnaissance en faveur
de l'auguste Monarque dont les intentions bienfaisantes
se sont manifestées d'une manière si éclatante envers
un peuple dont la fidélité et l'amour ont été toujours
sans réserve et qui, dans cette occasion, vient de
prendre des mesures si efficaces pour le rétablir dans
ses droits naturels, légitimes et imprescriptibles, droits
liés à son existence, et dont le patrimoine, fondé sur la
loi naturelle, ne lui a été ravi que lorsqu'elle a été
méconnue ;

Considérant qu'il a été réservé au Souverain dont la
Nation s'honore, de faire jouir ses fidèles communes de
tous les avantages que la nature et une justice vraiment
distributive départent à chaque individu, et qu'il n'est

aucun bien comparable à une jouissance aussi précieuse; qu'un tel bienfait met le comble aux obligations dont il sera redevable envers son auguste Souverain, a unanimement délibéré de consigner dans cette délibération les vœux les plus ardents pour la prospérité de sa personne, son dévouement le plus absolu comme son obéissance et sa fidélité la plus inviolable pour son service, ajoutant que les témoignages de son zèle et de son attachement sont au-dessus de toutes ses expressions.

Après quoi le sieur Maire a dit :

« Réunis dans cette assemblée par les ordres du Roi, dont lecture a été faite, pour élire quatre députés à l'Assemblée de la Sénéchaussée de Draguignan et dresser le cahier d'instructions et doléances particulières qui peuvent intéresser la communauté, soit relativement aux articles qui regardent la généralité du Royaume, soit par rapport à ceux qui n'ont trait qu'à l'administration de cette Province, je requiers qu'il soit procédé à cette députation, et à la rédaction des objets qui peuvent nous intéresser. »

Sur le premier chef de la proposition, le Conseil a député, à la pluralité des voix, M⁰ˢ Léon Templier et Louis-Auguste Garnier, avocats à la Cour, Sʳ Louis Régis, père, marchand de soie et Sʳ Jean-Baptiste Garnier, greffier de la communauté de ce lieu, pour se rendre à l'assemblée de la Sénéchaussée de Draguignan, y porter nos doléances particulières, travailler à la rédaction des instructions et doléances du ressort de la Sénéchaussée, concourir à la vérification des électeurs qui

doivent assister à l'assemblée générale des Sénéchaussées de Grasse, Castellane et Draguignan réunies,
pour procéder à la rédaction des cahiers desdites
Sénéchaussées, et à l'élection des députés du Tiers État
aux États-Généraux, et se conformer aux dispositions
portées par le règlement du vingt-quatre janvier, leur
donnant à cet effet tous les pouvoirs en pareil cas
requis.

Sur la seconde proposition, le conseil a délibéré que
les sieurs députés qu'aura élus l'ordre du Tiers pour
assister et voter aux États Généraux du Royaume
seront expressément chargés d'y faire valoir les droits
de la Province et les doléances particulières qui vont
être l'objet de notre délibération ;

Que le Tiers État ayant obtenu de la justice du Roi
une égalité de voix numérique aux deux autres Ordres
réunis, les sieurs députés ne pourront y délibérer que
par tête, et non par Ordre ;

Que les besoins de l'État exigeant des secours pressants, les subsides exigés seront accordés, sous la condition expresse que tous les biens nobles du clergé,
de Malte, et de tous les gens de mainmorte indistinctement seront soumis à toutes les contributions tant
pour les charges royales que pour celles de la Province,
des vigueries et des communautés, sans exemption
aucune et nonobstant toute possession ou privilèges
quelconques, et que tout impôt sera préalablement
consenti par la Nation ;

Que les sieurs députés réclameront une modération
dans le prix du sel qui sera rendu uniforme pour tout

le Royaume ; l'abolition de tous droits de circulation dans son intérieur, et le reculement des bureaux des traites dans les frontières ;

Que les lois qui ordonnent la perception du contrôle sont si multipliées que les gens les plus instruits ne connaissent de ce droit que le nom. Demander que Sa Majesté sera suppliée de créer une seule loi portant tarif du droit de contrôle, de manière qu'un habitant de la campagne puisse connaître l'impôt qu'il doit payer, et d'attribuer la connaissance de cette matière aux tribunaux ordinaires ;

Que le droit de nous imposer suivant nos privilèges, droit précieux, devenu onéreux et vexatoire par les variations que des administrateurs intéressés lui font éprouver, ne nous sera conservé qu'autant que la manière de nous imposer sera uniforme pour toute la Province ;

Que la dîme, cette charge publique qui doit plutôt le jour à l'ambition d'un Ordre puissant et à l'ignorance superstitieuse de nos pères qu'à la volonté de nos Rois, soit supprimée, et qu'il soit assigné aux curés et aux vicaires, cette portion chérie, la plus utile à l'église et pourtant la plus négligée, une rétribution proportionnée à leur état et à la dignité de leur ministère ;

Que les sieurs députés seront expressément chargés de solliciter la réformation du code civil et criminel, la suppression des juges d'attribution, ces *committimus* si odieux dont certains membres privilégiés abusent envers des vassaux ou des débiteurs qu'ils réduisent à l'impuissance ; une attribution aux tribunaux des arrondissements de souveraineté jusqu'à concurrence de deux cents livres, et le rapprochement des justices des justiciables ;

Que les ecclésiastiques qui n'abusent que trop souvent des privilèges personnels de compétence, seront distraits de la juridiction de l'official, et que leurs causes personnelles seront soumises à la juridiction ordinaire ;

Qu'il soit établi, dans toutes les cours souveraines, une chambre composée de membres du Tiers État, où seront portées toutes les affaires qui intéresseront cet Ordre, et les communes du Royaume ;

Que pour les affaires qui surviendront entre le clergé ou la noblesse et le Tiers État, il soit établi une chambre mixte où seront portées les causes qui concerneront les privilèges des fiefs, ceux des gens de main-morte et des communautés, parce qu'il n'est ni juste, ni régulier que des nobles possédant fiefs et des membres du clergé, composant les cours souveraines, se créent un régime féodal et une jurisprudence conservatrice de leurs droits injustes, ou attributive de droits indéfinis ;

Que les sieurs députés seront encore expressément chargés de solliciter l'abrogation de toutes lettres attentatoires à la liberté des citoyens, et la faculté à ceux-ci, de quelque ordre qu'ils soient, de concourir pour tous emplois militaires, bénéfices et charges attributives de noblesse, et d'y réclamer surtout contre la vénalité des charges de magistrature ;

Que la capitation, impôt onéreux et toujours réparti

d'une manière injuste et inégale pour le peuple, soit supprimée et qu'il y soit suppléé par une nouvelle imposition moins onéreuse aux pauvres, et répartie avec plus d'égalité sur les trois Ordres;

Que les milices, dont la levée détruit l'agriculture, dépeuple nos campagnes, et jette annuellement l'alarme dans les familles, soient supprimées ;

Que les droits de prélation, d'investiture, de chasse et autres droits féodaux, dont nous ne ressentons pas le poids sous un seigneur bienfaisant et qui, partout ailleurs, rappellent ces siècles d'erreur où l'ambition enchaîna la liberté, où l'homme puissant subjugua l'homme faible, seront abolis dans toute la province;

Que les sieurs députés aux États Généraux exprimeront avec force le vœu des communes, qui est de parvenir à cette égalité des droits qui appartiennent à tous les citoyens, qui sont les liens de la société et qui résident dans la sûreté de nos personnes et celle de nos propriétés;

Que les *veniat*, qui ne sont qu'un abus d'autorité contraire aux ordonnances, soient absolument abrogés, ainsi que les commissions extraordinaires qui déshonorent ceux qui les acceptent, et qui tournent en fléau le bien qui leur sert de prétexte ;

Que les manufactures et le commerce étant les sources principales de la richesse du Royaume, Sa Majesté sera suppliée de leur accorder une protection spéciale et qu'il sera établi, dans toutes les villes et lieux commerçants, une juridiction consulaire pour juger sans

délai les contestations relatives aux affaires mercan-
tiles ;

Quant aux affaires particulières relatives à la Province, le conseil a unanimement délibéré que les sieurs
députés aux États Généraux seront vivement sollicités
de demander à Sa Majesté une assemblée générale des
trois Ordres de la Province, que ses fidèles communes
ne cessent de réclamer de sa justice, une administration
d'état conforme au régime adopté par la province du
Dauphiné [et] la nomination d'un syndic avec entrée et
voix délibérative aux États;

Que dans cette assemblée des trois Ordres, les députés du Tiers État seront chargés de s'élever contre la
perpétuité de la présidence, contre la permanence de
tout membre non amovible ayant entrée aux États, de
requérir l'exclusion de tous magistrats et des officiers
attachés au fisc, de demander la révocation de la procure du pays, si injustement attribuée au consulat de
la ville d'Aix, l'admission des gentilshommes non possédant fiefs et des membres du clergé du second ordre,
l'égalité des voix pour l'ordre du Tiers contre celle des
deux premiers Ordres tant dans les États que dans la
commission intermédiaire, l'égalité de contribution
sans aucune réserve, l'impression annuelle des comptes
de la Province dont envoi sera fait dans chaque communauté, que la répartition des secours accordés par
le Roi pour le soulagement de la Province sera faite
dans le sein des États;

Que la fondation de St-Vallier, dont la faiblesse de nos
pères ne pouvait grever notre patrimoine et qui n'est

avantageuse qu'à cet Ordre puissant qui se refuse à
partager les maux de l'État, sera supprimée et que, des
premiers deniers libres, il en sera fait un fonds suffisant pour l'extinction de ce capital ;

Que les sieurs députés aux États Généraux supplieront Sa Majesté de prendre en considération le commerce de la tannerie, de le délivrer des entraves qui
causent sa ruine, et de demander que l'imposition dont
cette branche de commerce est surchargée, sera mo-
dérée.

Enfin, le conseil, pénétré de la plus vive sensibilité
pour les sollicitudes d'un Roi qui se montre le père de
ses sujets, pour les bienfaits d'un monarque qui va
rétablir cette égalité trop longtemps méconnue parmi
des hommes, et qui, en nous assurant un rang distingué parmi ses enfants, nous fait participer aux droits
de l'homme et du citoyen, charge par acclamation les
députés aux États Généraux de témoigner à Sa Majesté,
par l'offre de nos biens et de notre existence, que nous
sommes dignes de ses bienfaits [et] que, fidèles à sa personne et soumis aux volontés d'un monarque adoré,
nous ne mettrons jamais de borne à notre reconnaissance.

Et plus n'a été délibéré. Lecture faite du tout, a signé qui a su.

(Signé :) Thaneron, lieutenant de juge ; L. Templier, maire ; A. Maunier, consul ; etc., etc.

(Signé :) Garnier, greffier.

Paraphé *ne varietur*

A Cotignac, ce vingt-deux mars mil sept cent quatre-vingt-neuf.

Thaneron, lieutenant de juge.

XVII

DRAGUIGNAN

Les délibérants chargent Messieurs les députés de la
ville de Draguignan de présenter à l'assemblée
générale de la Sénéchaussée les doléances contenues
dans le présent cahier.

Pénétrés de reconnaissance envers un monarque qui
restitue à la nation tous ses droits, qui tend une main
secourable au Tiers État, qui s'environne de ses enfants
pour écouter leurs plaintes et les rendre heureux par
la destruction de tous les abus, leur vœu serait que
Sa Majesté soit très instamment suppliée de vouloir
bien accorder :

1º Que dans toutes les délibérations des États Généraux les voix seront comptées par tête et non par Ordre, étant de toute justice que 23 millions de ses
sujets aient au moins une influence égale à celle d'un
million ;

2º Que tout député qui demanderait à entrer aux
États Généraux et dont la députation n'aurait pas été
faite dans les formes prescrites par les règlements de

Sa Majesté des 24 janvier et 2 mars, ne sera point admis;

3° Que la constitution nationale sera enfin établie sur des bases inébranlables; qu'à cet effet, il sera passé authentiquement un acte constitutif sanctionné par le monarque et la nation, enregistré dans tous les États et administration des provinces, dans tous les tribunaux de justice, et conservé en original dans les archives des États Généraux comme le rameau d'olives qui doit assurer pour toujours le bonheur et la paix des rois et des peuples ;

4° Qu'aucune loi, tant civile, criminelle que fiscale, ne pourra être exécutée que lorsqu'elle aura été consentie par les États Généraux;

5° Que les États Généraux seront convoqués tous les cinq ans sans qu'aucun évènement ni aucun prétexte puisse jamais empêcher ou retarder ce retour périodique;

6° Que les impôts ne pourront jamais être consentis que pour l'intervalle d'une assemblée nationale à l'autre et que leur perception demeurera suspendue de droit à l'expiration de ce terme, si l'octroi n'en est pas renouvelé par l'assemblée;

7° Que si, dans l'interstice des États Généraux, il y a lieu de publier quelque loi, elle sera adressée aux États provinciaux, dont le consentement sera nécessaire pour être exécutée provisoirement, jusques à la tenue prochaine des États Généraux, qui en délibèreront définitivement ;

8° Qu'il sera convoqué une assemblée des trois Ordres dans la Provence pour régénérer nos États et les organiser de manière que chaque Ordre y jouisse d'une représentation libre, complète et proportionnelle à son influence, parce que tout corps représentatif d'une nation autrement constitué est illégal de sa nature, abusif dans son organisation et pernicieux dans ses effets ;

9° Que toutes les lois générales rendues par Sa Majesté et consenties par les États Généraux seront adressées aux États provinciaux et administrations provinciales pour y être enregistrées, ainsi que dans les tribunaux de justice, sans que ces assemblées ni ces tribunaux puissent y apporter aucune modification, ni en arrêter la publication ou l'exécution, sous aucun prétexte ;

10° Que, dans toutes les assemblées quelconques qui intéresseront les Trois Ordres, celui du Tiers sera toujours librement représenté au moins en nombre égal à celui du Clergé et de la Noblesse réunis;

11° Que les lettres de cachet seront désormais abolies, ainsi que tout acte de pouvoir arbitraire ; dans un état monarchique, la loi seule et non le souverain doit pouvoir disposer de la liberté du citoyen;

12° Que, pour les cas pressants qui exigent qu'on s'empare sans retard d'une personne, il sera établi une loi qui assurera à tout individu arrêté par ordre du Roi, la liberté de faire connaître, dans un très court délai, ses raisons de défense pour, de suite, y être statué, suivant les lois du royaume, par les tribunaux ordinaires;

13° Que les décrets des tribunaux judiciaires, plus funestes encore que les lettres de cachet lorsqu'ils sont arbitraires, seront contenus dans des justes limites ;

14° Que l'imprimerie, écho de la pensée, sera libre comme elle, sans cependant que l'on puisse s'en servir pour corrompre les mœurs, renverser la religion et noircir l'honneur des citoyens;

15° Que le code civil et criminel sera réformé ;

16° Que les tribunaux souverains seront multipliés et rapprochés des justiciables ;

17° Que l'instruction des procès sera plus simple, plus abrégée et moins dispendieuse;

18° Que les tribunaux d'arrondissement jugeront souverainement en matière civile jusques à la concurrence d'une somme déterminée ; qu'ils seront tous au moins composés de sept juges, lesquels seront suppléés, en cas d'absence, par les plus anciens avocats;

19° Que la loi sera claire, précise, uniforme dans tout le royaume et telle que ses articles (?) soient invariables ;

20° Que toutes les charges de judicature cesseront d'être vénales ;

21° Que, pour élire un magistrat nouveau, il sera formé une assemblée générale de tout le ressort, où il sera nommé, par la voie du scrutin, trois candidats sur lesquels le Roi aura le choix;

22° Qu'il sera donné un défenseur à tout accusé;

23° Que la question définitive sera abolie;

24° Que les informations ne seront plus secrètes après la décrétation ;

25° Que nul procès-verbal ne pourra donner lieu à un décret qu'après une information préalable;

26° Que les juges ou magistrats qui donneront des ordres contraires perdront leurs offices ;

27° Que l'accusé qu'on poursuivra, à la requête de la partie publique et qui sera reconnu innocent, recevra du Domaine une indemnité proportionnée;

28° Qu'aucun jugement criminel ne pourra être rendu qu'en présence de jurés du même état que l'accusé, lesquels auront voix délibérative dans le jugement et la faculté d'assister à la procédure pendant tout le cours de l'instruction et jusques au jugement définitif inclusivement;

29° Que tout arrêt de mort sera publié à l'audience, et ne sera exécutoire qu'un mois après cette publication, et après qu'il aura été visé par le Roi;

30° Qu'il sera pourvu à ce que les prisons de toutes les villes du royaume soient sûres et saines;

31° Que celles de la ville de Draguignan seront surtout reconstruites sans délai, parce qu'elles sont tellement délabrées que, malgré la surveillance de Messieurs les magistrats, il arrive très souvent des évasions fâcheuses ;

32° Que tous les tribunaux d'exception seront entièrement supprimés, pour éviter des conflits de juridiction et règlement de juge, toujours ruineux pour les peuples, et que la connaissance de tous les procès sera attribuée aux tribunaux ordinaires, sauf à pourvoir au remboursement des offices des tribunaux supprimés, ainsi qu'il appartiendra ;

33° Qu'il sera prohibé à l'avenir aux cours souveraines de faire aucun règlement sans le concours et consentement des États provinciaux, auxquels il sera donné pouvoir de faire la révision des anciens;

34° Que les fonctions de la magistrature seront surveillées, mais sans que les juges des tribunaux subalternes soient sujets à l'arbitraire des juges supérieurs;

35° Que les *venial* seront absolument abrogés, ainsi que les commissions, qui déshonorent ceux qui les acceptent et qui tournent en fléau le bien qui leur sert de prétexte;

36° Que les membres des cours souveraines ne pourront pas, à leur passage dans une ville, exiger la visite des officiers des municipalités et des juridictions subalternes;

37° Que tout justiciable des juges inférieurs pourra porter directement sa demande et poursuivre devant le Sénéchal, et le défendeur évoquer devant ce même tribunal;

38° Que les biens du clergé seront répartis avec plus de justice;

39° Que chaque communauté aura la faculté d'abonner la dîme;

40° Que le casuel sera aboli, et la portion congrue des curés et vicaires élevée à une somme suffisante et proportionnelle au lieu de leur résidence;

41° Que les archevêchés, abbayes, prieurés, bénéfices, enfin tous les emplois de l'église seront accordés indistinctement aux ecclésiastiques nobles et non nobles, en choisissant de préférence les anciens curés,

qui, plus raffermis dans les sentiers de la vertu,
élevés loin du juste [du riche (?)] et connaissant mieux
le besoin des pauvres, seront sans doute plus charita-
bles ;

42° Que les cures ne pourront être données qu'aux
prêtres qui auront dignement desservi les paroisses
durant 15 ans;

43° Que Sa Majesté sera suppliée de tenir la main à
l'exécution de la loi civile et canonique qui oblige les
évêques à la résidence, n'accordant des dispenses que pour
des (sic) bonnes causes ; et quant aux curés et chanoines, ils ne pourront abandonner leur église pour plus
de quinze jours, sans la permission du lieutenant du
ressort, accordée après un soit-montré aux consuls, à
peine les uns et les autres de privation de leurs revenus, au profit des pauvres, proportionnellement au temps
de leur absence ;

44° Que les ministres seront tenus de publier chaque
année, par la voie de l'impression, leur compte de re-
cettes et de dépenses ; que ces divers comptes seront
ensuite vérifiés et certifiés par les États Généraux qui
auront le droit de dénoncer les administrateurs, s'il
les soupçonnent de prévarication, et de les juger;

45° Que les impôts présents et futurs seront également répartis sur tous les citoyens de tous les ordres,
dans la seule proportion de leurs facultés et sans distinction de rang, de naissance et de privilège;

46° Que la corvée sera abolie ; que le prix du sel
sera modéré et rendu uniforme par tout le royaume,
n'étant pas juste qu'une production dont la nature est

aussi libérale, qui est aussi nécessaire à l'usage de la vie et d'une aussi grande utilité à l'entretien des troupeaux, soit portée à un prix excessif ;

47° Que l'agriculture, mère nourricière de l'État, principe de tout commerce, source de tous les biens réels, sera protégée, favorisée et honorée;

48° Que la répartition des impôts sera faite sur les diverses provinces du royaume par les États Généraux qui en arrêteront le tarif proportionnel, par les provinces sur les vigueries et communautés ou autres districts, suivant l'usage de chacune d'elles ; par celles-ci enfin sur les contribuables. Par ce moyen le produit net de l'impôt sera versé au trésor royal sans frais de perception ;

49° Que, si la ferme générale continue d'exister, le commerce sera garanti de l'oppression dont il est journellement la victime, et les douanes reculées aux frontières ;

50° Que les impositions qui pèsent le plus sur le peuple seront supprimées et remplacées par des impositions sur le luxe ;

51° Qu'il sera notamment établi un impôt considérable sur les carrosses et les domestiques des villes autres que les valets de peine ;

52° Qu'il sera dressé un tarif clair et précis des droits de contrôle, que l'on rendra public par la voie de l'impression, afin que chaque citoyen sache ce qu'il doit et ne soit pas victime des erreurs de calcul et des fausses perceptions ;

53° Que, pour se soustraire aux vexations de la ferme,

le corps de Messieurs les orfèvres et autres seront reçus
à un abonnement des droits proportionné à leur produit annuel;

54° Que les maîtrises seront supprimées dans tous
les arts et métiers ;

55° Que les péages et autres droits de cette nature
seront supprimés ;

56° Que les lois faites contre les faillites frauduleuses
seront renouvelées, s'il est nécessaire, et rigoureusement exécutées;

57° Que les privilèges accordés aux messageries
seront supprimés, ainsi que tous les privilèges exclusifs accordés à diverses compagnies, à moins d'une
utilité constatée ;

58° Que l'intérêt du prêt à jour sera autorisé par les
lois, afin de faciliter la circulation des espèces;

59° Que les savonneries de la Provence seront mises
à même de supporter la concurrence de celles de Marseille, en faisant jouir celles-là d'une égale franchise
des droits sur les matières à lessive et d'un moindre
droit de sortie sur les savons qu'elles fabriquent, en
indemnité de ce qu'elles ne peuvent consommer que
les huiles du pays (attendu que les huiles étrangères
importées en Provence payeraient cinq livres, par
quintal, ce qui équivaut à une prohibition), tandis que
les fabricants de Marseille peuvent importer toutes
les huiles possibles sans payer lesdites cinq livres
de droit;

Sans doute, il n'est pas juste que le fabricant étranger soit beaucoup plus favorisé que le régnicole ; que les

huiles étrangères, réduites en savon se glissent dans le
royaume sans payer plus de droits et même moins que
les huiles nationales ainsi ouvrées ; et qu'enfin, une
même ville jouisse, d'un côté, du privilège d'être répu-
tée pays étranger, lorsqu'elle achète les matières à lessive et les huiles ; et, de l'autre, de l'avantage d'être
regardée comme pays régnicole, lorsqu'elle introduit
en France la composition qui est le résultat de ces
marchandises ;

60° Qu'il sera établi, pour favoriser le commerce, des
juridictions consulaires dans toutes les villes de Provence où il y a Sénéchaussée;

61° Que les droits sur les cuirs seront supprimés
ou du moins abonnés pour favoriser les fabriques nationales, ces droits ayant énervé et transporté dans
l'étranger cette branche d'industrie;

62° Que la place d'inspecteur des manufactures de
Provence sera désormais accordée à un ancien com-
merçant ou fabricant provençal;

63° Que le Tiers État sera admis dans les charges et
grades militaires, soit dans la marine, soit dans les
troupes de terre;

64° Qu'il sera établi une commission pour vérifier
toutes les pensions dont l'État est grevé, à l'effet de
supprimer en entier toutes celles dont les titres seront
douteux, ou les motifs insuffisants, et de réduire les
autres ;

65° Que l'imprescriptibilité des censives et autres
droits féodaux sera abrogée, comme exposant les acquéreurs de bonne foi à des recherches vexatoires et

ruineuses dont aucun laps de temps ne peut les garantir;

66° Qu'il sera nommé une commission pour la recherche des faux nobles actuels, composée de membres
de la plus haute noblesse, à qui les officiers municipaux feront passer des mémoires instructifs.

Paraphé *ne varietur*,

(Signé :) Jordany, maire, autorisant ; Bernard ;
Max. Isnard, cadet ; Pierrugues ; Jordany ; Seillans ;
Tolon ; Dalmas ; Bérard ; Garciny, fils ; Maniol ; Gi-
boin ; Fabre ; Reboul ; J. Long ; Olivier ; Lanceman ;
Pierrugues ; Pierrugues ; Roustan ; Guisol ; Clément ;
Brun ; Paul ; Trotabas ; A. Cauvin ; Mourraille ; Caire ;
J. Imbert ; Pautrier ; Gattier ; Giboin ; Honoré Mar-
tin ; Durban ; Clérion, consul ; Hugou-Lange, consul ;
Jordany, maire, aut. ; Reboul, greffier.

ESCLANS

(Lieu inhabité)

Cahier des doléances, plaintes et remontrances des habitants de la communauté du lieu inhabité d'Esclans.

———

Art. 1. — Égalité des voix, dans les États, entre l'Ordre du Tiers et les deux autres Ordres réunis.

Art. 2. — Égalité de répartition de toutes les impositions royales, provinciales et municipales.

Art. 3. — Suppression de tous les tribunaux inutiles.

Art. 4. — Rapprocher des justiciables le service de la justice.

Art. 5. — Le prix du sel modéré et rendu uniforme pour tout le Royaume.

Art. 6. — Abolition de tous droits de circulation dans l'intérieur du Royaume.

Art. 7. — Les dimes rachetables à prix d'argent.

Art. 8. — Se référant, pour tous les autres objets, au cahier qui sera dressé d'après le vœu de la communauté de Draguignan.

Fait et arrêté à Esclans, au devant de la chapelle de Saint-Roman, cejourd'hui 22 mars 1789, et a signé qui a su.

(Signé :) Esclapon ; Honoré Pierrugues ; Muraire-St-Michel.

Paraphé par nous,

(Signé :) Maurel, juge

ESPÉREL

Doléances de la communauté inhabitée d'Espérel.

La réformation du code civil et criminel; demander
surtout que l'instruction criminelle soit plus sim-
plifiée; qu'il soit donné un conseil aux accusés et que
l'accusation et la justification puissent marcher ensemble et d'un pas égal.

Rendre l'administration de la justice plus facile,
moins longue et moins coûteuse par l'abréviation des
formes et des degrés de juridiction, par le rapprochement des juges de leurs justiciables, par l'attribution
aux premiers juges royaux, du pouvoir de juger en
dernier ressort jusqu'à une certaine somme, et nonobstant appel, pour toutes condamnations dérivantes de
titres et par la liberté aux parties de se pourvoir ou
d'évoquer par devant le juge royal du ressort et même
nonobstant appel, pour toutes sentences préparatoires,
comme d'avération, de description des lieux et autres
de même nature.

Sauvegarde inviolable pour la liberté et la propriété

des citoyens ; et, par une juste conséquence, nulle
caption, ni détention, si ce n'est par voie juridique et
pour délit dont il ait été informé.

Et, par même conséquence, relativement à la propriété, nul impôt qui n'ait été consenti par la nation
assemblée.

A cet effet, tenue périodique des États Généraux à
des termes fixes, qui pourront néanmoins être rapprochés, suivant les besoins et les circonstances.

Fixation de la durée de l'impôt, dans l'intervalle seulement d'une assemblée à l'autre, aux termes qui seront fixés.

Abolition de tous canaux intermédiaires pour l'exaction de l'impôt qui sera versé directement dans les
coffres du Roi et sans frais.

Abolition de tous droits quelconques dans l'intérieur
du Royaume et reculement des douanes sur les frontières.

Assujetissement général à l'impôt, soit royal, soit
municipal, soit local et quel qu'il puisse être et à jamais, de tous biens, toutes propriétés et toutes personnes sans distinction, exemption et privilège.

Attribution aux seuls États Généraux du droit de
vérifier les lois générales et aux États provinciaux les
lois particulières et locales soit d'administration, imposition, police et à quelque objet qu'elles soient relatives.

Et, dans l'intervalle de la tenue des États soit Généraux, soit provinciaux, attribution du droit de les

vérifier provisoirement aux commissions intermédiaires toujours subsistantes, qui seront établies.

Égalité de représentation pour le Tiers État, soit aux États, soit auxdites commissions intermédiaires, égalité qui ne pourra être blessée ni altérée pour quelque cause et prétexte que ce puisse être.

Que la présidence aux États provinciaux soit éligible et amovible annuellement, sauf confirmation.

Que le Roi daigne prendre en considération la trop grande influence des magistrats assistants auxdits États.

Qu'aucun membre n'y soit stable et permanent.

Que le Tiers État ait un syndic qui y ait séance.

Que toutes personnes attachées au fisc en soient exclues et que les consuls d'Aix ne soient plus, par cette seule qualité, procureurs du pays, lesquels seront élus et nommés à part, dans les États provinciaux assemblés, en nombre égal dans les Ordres réunis du clergé et de la noblesse à l'Ordre du Tiers État.

L'impression annuelle des comptes des finances de Sa Majesté et des comptes de la Province, avec permission aux provinces, vigueries et communautés d'adresser à Sa Majesté leurs observations sur ces comptes, pour qu'Elle soit à même de réprimer tous abus d'administration.

Enfin, la modération, réduction et surtout abonnement des droits seigneuriaux et de la dîme qui grèvent la propriété autant qu'ils offensent la liberté.

(Signé :) Vallentin, consul ; J. Rambert ; A. Michel ;

Chaix ; Pierre Garrus ; Jean–Baptiste Bovis ; André Daulaus ; Guigou, greffier.

Coté et paraphé *ne varietur*, à Espérel, le 25 mars 1789.

(Signé :) Paschalis, lieutenant de juge.

———

XIX

FABRÈGUES

Doléances de la communauté du lieu inhabité
de Fabrègues.

———

Art. 1er. — La liberté individuelle de tout citoyen.

Art. 2. — Abolition de toute lettre de cachet, établie comme loi constitutionnelle de l'État.

Art. 3. — Que tout citoyen, provisoirement arrêté par quelque autorité que ce soit et traduit dans les prisons, le détenteur sera obligé avant les vingt-quatre heures expirées de le dénoncer à son juge naturel pour instruire son procès et être jugé suivant les lois, sauf les dommages et intérêts contre le dénonciateur.

Art. 4. — Nul impôt ne pourra être mis sans le consentement de la nation et sera également réparti sur tous les Ordres du Royaume sans exception, soit que ces impôts deviennent des impositions royales, soit que celles-ci concernent la Province et les communautés.

Art. 5. — Correction du code tant civil que criminel et réformation des abus qui peuvent s'être glissés dans l'administration de la justice.

Art. 6. — Demander un nouveau tarif du contrôle pour éviter les exactions arbitraires et injustes de commis chargés d'exiger le droit et, qu'en cas de contestation, elles seront renvoyées aux juges ordinaires.

Art. 7. — La convocation périodique des États Généraux du Royaume dans un temps fixe et déterminé, passé lequel et à défaut de convocation, toute perception des impôts sera suspendue.

Art. 8. — Sur la demande du Roi, les États fixeront les sommes nécessaires et suffisantes pour les dépenses et entretien de chaque département.

Art. 9. — Les ministres seront responsables des sommes à eux confiées ; ils en seront comptables et la nation pourra les dénoncer, s'il y a lieu.

Art. 10. — Demander la suppression de tous les bureaux de traites établis dans l'intérieur du royaume, comme contraires au commerce, et les reculer aux frontières du royaume.

Art. 11. — Demander la suppression de la gabelle, comme l'impôt le plus onéreux pour le cultivateur, impôt qui augmente considérablement les frais d'entretien du bétail de toute espèce, et diminue les engrais si nécessaires en Provence.

Art. 12. — Que le droit de propriété sera sacré et que, dans le cas que l'intérêt public exigeàt nécessairement de dépouiller le propriétaire en tout ou en partie, il sera payé et indemnisé au plus haut prix.

Paraphé ne varietur

(Signé :) Gassin ; Amaudric ; <i>N.</i>, lieutenant de juge ; L. Autran, député.

XXI

FAVAS

*Cahier des doléances de la communauté de Favas,
dans la viguerie de Draguignan.*

SUPPRESSION DE LA DIME.

Art. 1er. — Sa Majesté doit être très humblement
suppliée de supprimer la dîme de chaque lieu, au profit
de la communauté, aprés la mort du prieur décimateur, en chargeant ladite communauté de payer les
curés et vicaires nécessaires au service divin de chaque
lieu.

SUPPRESSION DES DROITS SEIGNEURIAUX.

Art. 2. — Elle doit être suppliée très humblement
d'accorder à toutes les communautés qui sont sous la
domination seigneuriale, de racheter les droits de lods,
chasse, cens et tasques, etc., suivant l'estimation qui
en sera faite par experts convenus ou nommés d'office.

RACHAT DU DROIT D'ALBERGUE DE CALLAS.

Art. 3. — Elle doit être également suppliée de permettre à la viguerie de Draguignan de racheter le droit d'albergue, que la communauté de Callas perçoit sur la plus grande partie des troupeaux de ladite viguerie; comme étant, le susdit droit, contraire à l'engrais des terres, si avantageux à l'agriculture et oppressif par les amendes qu'on inflige sur ceux qui ne payent pas le susdit droit au terme précis du payement.

La communauté de Favas se réfère pour le reste à toutes les doléances générales du royaume et particulières à la province de Provence.

Fait et arrêté dans le conseil général dudit Favas, le vingt-quatre mars mil sept cent quatre-vingt-neuf.

(Signé :) Aubin, maire ; Reverdit, dr médecin ; Reibaud, consul ; Sigalloux, avocat ; Jean-Antoine Raybaud ; Audibert-Caille, avocat et notaire ; Cabasse ; Pierre Sigalloux ; Audibert ; Trouche ; Jean-André Baron ; Gamel, cadet ; Isnard, Christine ; Myttre, lieutenant de juge ; Trouche, greffier.

XXII

FAYENCE

*Cahier des doléances, plaintes et remontrances rédigé
par l'assemblée de la communauté de Fayence,
tenue cejourd'hui, 22 mars 1789.*

Les habitants de cette communauté assemblés, considérant que l'arrêt du Conseil du 27 décembre dernier, en accordant au Tiers Etat un nombre de députés égal à celui des représentants des deux premiers Ordres, a laissé indécise la question de savoir si les délibérations se feront par tête ou par Ordre aux États Généraux ; considérant encore que cette question est tellement importante pour le Tiers État, que l'égalité en nombre qui lui a été accordée deviendrait purement dérisoire, si les Ordres délibéraient séparément ; désirant que, conformément aux résolutions prises par toutes les communautés et au vœu général de cette Province, les pouvoirs dont seront munis les députés aux États Généraux des Sénéchaussées de Draguignan, Grasse et Castellane soient subordonnés à cette triple condition : *Que les membres du Tiers État du royaume seront ad-*

mis auxdits États Généraux en nombre égal à celui de ceux des deux Ordres pris ensemble ; qu'on y délibèrera en trois Ordres réunis ; et que les suffrages y seront comptés par tête et non par ordre, et que l'assemblée desdites Sénéchaussées déclare les désavouer et leur retirer lesdits pouvoirs, dans le cas où ils contreviendront à cette condition essentielle du mandat.

Ils demanderont que Fayence, eu égard à sa population et son affouagement considérable, aura entrée à l'avenir aux États provinciaux, par la raison que des villes et des vigueries moins affouagées, telles que sont Moustiers, Castellane, Annot et autres, jouissent de ce grand avantage.

Ils réclameront la convocation générale des trois Ordres de la Province, à l'effet d'organiser les États du pays, et, pour faciliter et abréger cette opération, ils feront décider provisoirement que les communes seront autorisées à se nommer un syndic ; que la présidence desdits États ne sera plus perpétuelle, ni l'attribut illégal et abusif de l'archevêché d'Aix, mais qu'elle sera amovible et élective par les trois Ordres réunis tous les trois ans ; que les charges de procureurs du pays ne seront plus réunies au consulat de la ville d'Aix, mais seront électives et amovibles chaque année ; qu'aucune place quelconque n'y pourra être amovible ; qu'il n'y sera admis aucun magistrat ni officier du fisc ; que les gentilshommes non possédants fiefs y auront entrée et voix délibérative, ainsi que le clergé du second ordre ; enfin que les représentants du Tiers État et par lui librement élus entreront en nom-

bre égal à celui des représentants des deux autres
Ordres réunis et dans les États et dans les commissions
intermédiaires, et que les voix y seront comptées par
tête et non par Ordre.

Ils demanderont l'établissement de l'impôt territorial
pris en nature, autant qu'il sera possible, sur toutes
les terres du royaume, cette forme d'imposition étant
la plus juste et la plus simple.

Ils insisteront surtout : à une contribution égale par
tous les Ordres sans distinction et nonobstant tous
privilèges quelconques ;

Sur la nécessité de reculer aux frontières du
royaume tous les bureaux de traites qui peuvent gêner le commerce et en général la circulation intérieure ;

Sur ce que les franchises connues sous la dénomination de franc-salé soient abolis.

Ils réclameront aussi, avec les plus vives instances,
le remboursement des charges de judicature et la suppression totale de toute charge vénale et n'oublieront
rien pour faire sentir combien elles sont généralement
odieuses.

Ils demanderont que, dans tous les tribunaux quelconques, les charges de judicature soient à l'avenir
partagées entre la Noblesse et le Tiers État, afin que
l'esprit du corps *(sic)* y soit du moins balancé.

Ils solliciteront la réforme et la simplification de la
procédure criminelle et ils insisteront particulièrement
à cet égard sur la nécessité d'obliger tous les tribunaux quelconques à motiver leurs jugements par le fait

et par le droit, tant au civil qu'au criminel ; et ils observeront que, sans cette précaution, la justice arbitraire des barbares serait préférable à la nôtre.

Ils demanderont aussi l'abrogation des lettres de cachet et de tous autres mandats secrets, attentatoires à la liberté individuelle et personnelle et qui sont bien moins une extension de la puissance royale, qu'un moyen aux courtisans de se l'approprier et de la partager.

Ils supplieront le Roi de vouloir bien revendiquer tous les fiefs démembrés de sa couronne.

Ils solliciteront la permission pour toutes les communautés de se nommer des officiers de police.

Ils réclameront encore qu'il soit accordé au Tiers État la faculté de concourir avec les deux autres Ordres pour tous les emplois civils et militaires, bénéfices et charges attributives de noblesse ; ils demanderont la suppression de la milice.

Ils demanderont encore qu'il soit pourvu à un système d'éducation publique tel, que la jeunesse de toutes les villes, bourgs et villages y puisse participer et que l'épurement des mœurs qui en sera la suite augmente à l'avenir la félicité générale.

Ils solliciteront encore la promulgation d'une loi qui ait pour objet de prévenir une plus grande disparité dans les fortunes et de diminuer progressivement le nombre des indigents ; ils proposeront, à cet effet, de rendre inaliénable entre les mains de chaque citoyen propriétaire une partie de ce qu'il possède, non pas assez grande pour que le commerce des immeubles en général en soit sensiblement diminué, mais seulement suffisant à la subsistance de l'homme, aux premiers besoins de la vie et qu'elle soit fixée par la loi. Ils observeront, à l'appui de cette prétention, qu'une telle loi n'attaquerait personne, ni dans sa possession, ni dans ses droits utiles ; que le commerce mercantile n'en serait nullement gêné ; que les revenus du prince n'en pourraient éprouver une diminution sensible ; que les successions n'en deviendraient pas plus embarrassées ; que les très faibles inconvénients qu'on pourrait craindre de cette loi ne seraient pas d'une autre nature que ceux qui peuvent résulter du titre clérical ou des substitutions, et qu'ils seraient même beaucoup moindres ; qu'on ne doit pas craindre que, le nombre des indigents venant à diminuer, le peuple devienne moins laborieux ; que rien au contraire n'invite tant les hommes à la paresse que les découragements de la misère; qu'enfin, une telle loi devient nécessaire à la sûreté du public et présente le seul moyen d'empêcher une plus grande dépravation des mœurs et de prévenir les crimes.

Ils demanderont que la dime soit supprimée et que chaque communauté soit chargée des honoraires des prêtres, qui desserviront sa paroisse. Et, dans le cas où cette proposition sera accueillie, comme il y a lieu de l'espérer, ils demanderont que les États Généraux pourvoient à la fixation desdits honoraires, sauf à accorder aux décimateurs actuellement en possession une pension viagère,à titre d'indemnité, laquelle serait aussi payée par une contribution proportionnelle entre les communautés dont les paroisses feront partie du même bénéfice.

Ils demanderont l'expulsion aux États Généraux de tous ceux qui n'auront pas été députés légalement et conformément à la lettre du Roi et au règlement y annexé du 24 janvier dernier.

Ils solliciteront avec tout le royaume le retour périodique des États Généraux.

Ils demanderont enfin que les membres du haut clergé soient assujettis à une résidence plus assidue pour l'instruction et l'édification des fidèles.

(Signé :) Laugier, consul ; Abbo ; Abbo ; Milan ; C. Testanier ; Digne ; L. Mireur, syndic ; Martin, cadet ; Blanc ; Perrin-Bourguet ; Digne ; Chiris, notaire ; Arnoux ; Gardiol ; Porre ; Cirlot du Ray ; Testanier-Séranon ; Cirlot du Ray, cadet ; Gourdan, cadet ; François Giraud ; Arnoux ; Cirlot ; F.-B. Guiol ; B. André ; Gourdan, aîné ; Blanc, notaire ; Langlade, médecin ; Renoux ; H. Roux ; Léon Roux ; Guiol ; J. Perrimond ; F. David ; Testanier, négociant ; Gaytte ; B. Guioul ; Collomp ; H. Sardou ; Rebufel ; Lambert ; Mingaud ; Carlevan ; Ebrard-Detrichaud ; Antoine Perrache ; Cirlot ; Gourdan ; Eiclier ; Maret ; J. Guiol ; Paul Fabre ; J. Veyan ; Blanc ; Porre ; Testanier ; La Rochette, fils ; J. Tapoul ; Gardiol ; Tourencq (?) ; Massuque ; Roux ; Guiol ; Blanc ; Carlavan ; Laugier ; Lefèvre ; Delmas ; Talent ; J. Martiny ; Bourgines ; Roman Guérin ; M. Guiol ; Aillaud ; Buchalet ; Rebufel ; J.-A. Digne ; L. Rouvier ; J. Guiol ; F. Rei-

naud ; Berlet ; Fabre ; J. Niel ; G. Hébréard ; Tapoul ;
Digne Paul ; Colomp ; Allongue ; Joseph Roux ; Solomias ; Vianeso (?) Caillero (?) ; J. Patac ; Guiol ; Gal ;
Berlet ; *N.* Martel ; Eclier ; Testanier ; Thomas Cavalier (?) ; Ardisson ; Collomp de Seillans ; Bérard ; Roux ;
Hugerot ; Digne ; Franquy, intend* ; Blanc ; Chanet (?) ;
J.-B. Fabre.

Paraphé *ne varietur*

(Signé :) J.-M. Sardou, maire, autorisant.

XXIII

FIGANIÈRES

Cahier des plaintes et doléances des habitants, du lieu de Figanières, pour être remis aux députés qui seront élus dans l'assemblée de cette communauté, à l'effet de représenter ladite communauté à l'assemblée du ressort de la Sénéchaussée de Draguignan le 27 mars 1789.

Les députés aux États Généraux seront spécialement chargés de supplier Sa Majesté de pourvoir à la réformation du code civil et criminel.

Ils doivent prendre une connaissance exacte de la dette nationale avant de consentir à aucun impôt.

Ils ne doivent même y consentir que pour un temps limité et sans que, sous aucun prétexte, la durée puisse en être prorogée sans le consentement de la Nation assemblée en États Généraux.

Tous les Ordres de l'État, sans distinction de personnes et de propriétés, doivent contribuer proportionnellement au paiement des charges publiques tant royales que municipales.

Les capitalistes, tous ceux qui ont leur fortune dans leur portefeuille et tous les revenus d'industrie, doivent être soumis au paiement de l'impôt et il doit être pris des mesures efficaces afin que rien ne soit soustrait à cette loi générale.

L'impôt doit être accordé suffisant et néanmoins proportionné non à notre zèle et à notre amour pour le meilleur des Rois, mais aux petits moyens que nous avons de l'acquitter.

Demander qu'il soit fait des règlements salutaires pour qu'à l'avenir la Nation n'éprouve pas de pareils malheurs et que les déprédateurs des finances soient livrés au glaive des lois.

Qu'il soit assigné à chaque département de l'administration des fonds suffisants et qui lui soient particulièrement affectés, dont il sera donné un compte particulier, qui sera annexé annuellement au compte général des finances qui doit être rendu public, en laissant, toutefois, une somme suffisante pour les dépenses que la Nation ne doit pas connaître, afin qu'elles ne soient pas connues des ennemis de l'État.

Sa Majesté doit être très humblement suppliée de confirmer dans leur intégrité tous les privilèges que les anciens souverains avaient accordés à la Provence et de lui restituer ceux auxquels il a été porté atteinte par le malheur du temps.

Les députés aux États Généraux doivent avoir, avant leur départ, un état détaillé de tous nos privilèges et les rescrits ou statuts sur lesquels ils sont fondés pour justifier les demandes qu'ils feront à cet égard.

L'impôt sur le sel est attentatoire à un de ces privilèges. Il doit être aboli en Provence comme destructeur du commerce des bestiaux et de la fertilisation des terres par les engrais.

Demander la suppression de l'impôt sur les huiles de Provence qui vont se vendre dans le port franc de Marseille. Il est cruel que les huiles étrangères y soient reçues avec franchise et que les huiles de Provence, qui ont déjà payé l'impôt national par la taille et les autres impositions qui la représentent, soient encore grevées d'un second impôt pour pouvoir être vendues à Marseille.

Demander : l'abolition des droits de circulation dans l'intérieur du royaume ;

De reculer les bureaux de traites sur les frontières ;

De simplifier les moyens de perception des impôts et de la rendre moins dure et moins coûteuse pour le peuple ;

D'établir une commission pour la recherche des faux nobles.

Demander : la suppression de la vénalité des offices ;

La suppression de tous les tribunaux inutiles et onéreux au peuple ;

D'attribuer aux tribunaux ordinaires la souveraineté jusqu'à une somme déterminée pour éviter au peuple les frais de l'appel pour les causes minimes;

D'abroger les lettres de cachet comme attentoires à la liberté des citoyens ;

D'accorder à tout citoyen, de quelque Ordre qu'il soit, la faculté de concourir à tous emplois militaires, civils, bénéfices et charges attributives de la noblesse, quand il en sera personnellement digne par son mérite;

De veiller à la réformation des mœurs, desquelles dépend essentiellement le maintien du bon ordre que Sa Majesté se propose d'établir et, à cet effet, Sa Majesté sera suppliée d'ordonner la résidence des évêques et des bénéficiers dont les instructions et les exemples concourront à remplir ses vues et de pourvoir par de bons règlements à l'éducation publique trop négligée ;

D'exclure de l'assemblée des États Généraux tous ceux qui n'auront pas été députés légalement, pour ne point compromettre la légalité des États Généraux par leur admission.

Demander que Sa Majesté sera encore suppliée : de prendre en considération l'illégalité des États particuliers de cette Province dans lesquels aucun des trois Ordres n'est légitimement représenté; de permettre, en conséquence, la convocation des trois Ordres de la Province, pour réformer la constitution ;

D'accorder au Tiers État la permission de se nommer un ou deux syndics avec entrée aux États ;

D'ordonner que le président des États de la Province sera éligible pour un temps déterminé parmi les membres des deux premiers Ordres et par les trois Ordres réunis, et formés par la même proportion entre eux que celle que Sa Majesté a ordonnée pour la formation des États Généraux;

D'ordonner que tous les membres desdits États seront

amovibles et ne pourront y être prorogés au-delà de deux ans;

Qu'aucun magistrat de cour supérieure ou subalterne, aucun receveur du fisc ne puisse y entrer personnellement, sauf de se faire représenter par procureur, pour ne point gêner la liberté des suffrages;

Que la procuration du pays ne sera plus désormais réunie au consulat de la ville d'Aix;

Que les gentilshommes non possédant fiefs et le clergé du second Ordre soient admis à la représentation de leur Ordre;

Que le Tiers État soit admis en nombre égal aux deux Ordres réunis, tant dans les États que dans l'assemblée intermédiaire;

De supplier encore Sa Majesté d'abolir entièrement la dîme et le casuel, laissant à sa sagesse et à ses actes de justice le soin de pourvoir à l'honnête entretien des prêtres qui desservent les paroisses.

Demander qu'il sera permis au Tiers de choisir ses députés parmi ses membres, soit pour assister aux États Généraux qu'aux États provinciaux, et, en conséquence, l'assemblée révoque en tant que de besoin la délibération prise par la communauté, le huit décembre dernier, par laquelle il fut accepté le tour du rôle que, mieux avisé, on a reconnu préjudiciable au Tiers.

De demander l'abonnement de tous les droits seigneuriaux, tels que le lods, prélation, retrait, compensation et autres, en réservant pourtant les honorifiques.

Les habitants déclarent au surplus se rapporter au

contenu du cahier qui sera dressé dans l'assemblée générale qui sera tenue dans la ville de Draguignan, en présence du Sénéchal au Siège de ladite ville ou de son lieutenant, le vingt-sept du courant par les députés de toutes les villes et communautés du ressort de la Sénéchaussée ; et a signé qui a su.

(Signé :) Roubiès, juge ; J. Audibert, maire ; Digne ; Fauchier ; Granet ; Giboin ; Blancard ; Gros ; Engelfred ; Martel ; Giboin ; Michel ; Allaman ; Cuisin ; Blancard ; Gastinel ; Alliez ; Christine ; André Christine ; Devison ; J. Silvy ; Monetaud ; J. André ; Cruvet ; F. Léocard ; Perrimond ; Malsan ; Denigris ; Joseph Martin ; Icardy ; J. Farnier ; L. Roux ; J. Michel ; Mistral ; J.-J. Liocard ; J. Bertrand ; B. Cavalier ; Farnier ; J.-B. Bourrelly ; J. Chauvin ; Roubiès, greffier.

Coté et paraphé *ne varietur*, à Figanières, dans l'église paroissiale, le 22 mars 1789.

(Signé :) Roubiès, juge.

XXIV

FLASSANS

Cahier d'instructions et de doléances arrêtées dans l'assemblée tenue cejourd'hui 22 mars 1789, publié et signé par tous ceux qui ont su signer et rédigé par devant sieur Jean-Joseph Rousse, viguier.

Art. 1er. — Sera supplié le seigneur Roi et comte de Provence d'ordonner la réformation du code civil et criminel, comme la suppression de tous les tribunaux inutiles et onéreux, ensemble une attribution à ceux des arrondissements de souveraineté jusqu'au concurrent d'une somme déterminée.

Art. 2. — Sera encore supplié le seigneur Roi et comte de Provence d'abroger toutes lettres attentatoires à la liberté des citoyens et d'accorder la faculté à ceux-ci, de quelque Ordre qu'ils soient, de concourir pour tous emplois militaires, bénéfices et charges attributives de noblesse et d'ordonner d'abroger la vénalité des offices.

Art. 3. — Les députés réclameront principalement la diminution du prix du sel qui est nécessaire pour la consommation des bestiaux.

Art. 4. — Les députés réclameront l'abolition de tous droits de circulation dans l'intérieur du royaume et notamment le reculement des bureaux de traites dans les frontières.

Art. 5. — Il a été arrêté que les députés réclameront [de] la justice du Roi qu'il soit permis aux communes de se nommer un syndic avec l'entrée aux États, de s'élever contre la perpétuité de la présidence et contre la permanence de tous membres non amovibles ayant, en l'état des choses, entrée auxdits États ; comme aussi de requérir l'exclusion des mêmes États des magistrats et de tous officiers attachés au fisc; la désunion de la procure du pays du consulat de la ville d'Aix ; l'admission des gentilshommes non possédant fiefs et du clergé du second Ordre ; l'égalité des voix pour l'ordre du Tiers contre celles des deux premiers Ordres, tant dans les États que dans la commission intermédiaire, et surtout l'égalité des contributions pour toutes charges royales et locales, sans exemption aucune et nonobstant toute possession ou privilège quelconques.

Art. 6. — Les députés réclameront l'impression annuelle des comptes de la Province dont envoi sera fait dans chaque communauté et que la répartition des secours que le Roi accorde au pays, ensemble de l'imposition de quinze livres par feu, affectée à la Haute-Provence, sera faite dans le sein des États et par eux arrêtée.

Art. 7. — Les députés réclameront que le droit de prélation ne sera accordé aux seigneurs des fiefs que

pour l'espace de six mois, pour ceux qui résident dans
la Province et, pour une année, pour ceux qui sont hors
la Province, à compter du jour de l'acte public.

Art. 8. — Les députés réclameront encore que, dans
les actes des communautés qui ont besoin d'être homologués pour l'exécution d'iceux, d'ordonner *(sic)* qu'ils
soient homologués gratis.

Art. 9. — Donnons pouvoir aux députés que, quant
à tous autres objets soit généraux pour le royaume,
soit particuliers à cette province, elle s'en réfère absolument au cahier général de la prochaine assemblée,
qui sera tenue le vingt-sept du présent mois, dans la
ville de Draguignan, par devant M. le lieutenant général de la Sénéchaussée de ladite ville.

Ledit cahier d'instructions et de doléances a été lu et
publié à ladite assemblée, et a signé qui a su.

(Signé :) Tourtour ; Bouis ; Gassier ; Ballardy ;
Méric ; Paul Aillaud ; Jean-Baptiste Verdillon ; Tour-
tour ; E. Rougon ; Joseph Pifard ; J. Jaufret ; Maunier ;
Louis Magne ; N. Esquier ; Louis Casteuil ; J. Ambar ;
D. Brun ; Joseph Magne ; Dille ; Pifard ; Sayous ;
Bouis, greffier.

Nous, Jean-Joseph Rousse, lieutenant de juge,.....
attestons que le présent cahier..... a été rédigé par
devant nous par tous les habitants, assemblés dans la
chapelle des pénitents blancs.

Flassans, 22 mars 1789.

(Signé :) Rousse, viguier.

FLAYOSC

Extrait du conseil de tous chefs de maison, tenu le 22 mars 1789.

L'an mil sept cent quatre-vingt-neuf et le vingt-deux du mois de mars après-midi, le conseil général de tous chefs de maison s'est assemblé dans la paroisse de ce lieu, au son de la grande cloche et à criées publiques faites par Jean Clavier, valet de ville, dans tous les lieux, carrefours et hameaux du terroir de ced. lieu, en suite de l'exploit d'assignation du dix-neuf du courant, tenu à la requête de M. le procureur du Roi au Siège de Draguignan, en exécution des ordres de Sa Majesté, aux S^rs maire, consuls et communauté, sous l'autorisation du Sr Joseph Hébréard, viguier et lieutenant de juge, dûment averti à la manière accoutumée.

Auquel conseil ont été présents :

Sr François Chalvin, maire et premier consul ; Sr Jean Vachier, second consul ; Me Pons-Charles Sigalloux, Me Jean-François Bérard, avocats et notaires ; Sr Ber-

nard Reibaud, charpentier, M• Pons Villeneuve et
Mᵉ Pierre Malespine, notaires royaux ; Mᵉˢ Louis et Lé-
get Leidet, licenciés ès-droit, M• Jacques Héraud, li-
cencié ès-droit, Sʳ Pierre-François-Thomas Héraud,
bourgeois, Sʳ Louis-Bernard Fauchier, Sʳˢ Pierre et
François Bérard, Sʳ Joseph Roudier, bourgeois, Sʳ Jean-
François Villeneuve, Sʳ François Hébréard et Sʳ François Villeneuve, mᵒˢ en chirurgie, Sʳ François Fauchier,
bourgeois, Sʳ Joseph Trouin, négociant, Sʳ François
Villeneuve, cardeur à laine, Sʳ Jean-Antoine Leidet et
Sʳ Jean-Joseph Héraud, négociant, Sʳ Pierre Cartier, Joseph et Esprit Cartier, négociant, Sʳ Honoré Caire, huissier, Pierre Michel, tailleur, Sʳ Jean-Joseph Imbert, né-
gociant, Sʳˢ Jean et Joseph Leidet, négociants, Sʳˢ François et Jean Leidet, négociants, Sʳˢ Jʰ Courdouan, né-
gociant, Sʳ Louis Hébréard, négociant, Jean-Bernard
Gros, Ferréol Gros, Bernard Gros et Jean Gros négociants, Sʳ Joseph Courdouan, négociant, Sʳ François
Malespine, ménager, Joseph Greillon, praticien, Sʳˢ
Joseph Vallagnosc, Louis Serraillier et Louis Crouvès,
négociants, Sʳ Jean-Joseph Bonnet, boulanger, Sʳ Jean-
Baptiste Maunier, cordonnier, Sʳˢ Blanc et Joseph Maunier, cordonniers, Sʳ Pierrugues, cardeur, Sʳ Jean-Joseph Vallagnosc, menuisier, Sʳ André Émerar, boulanger, Sʳ Honoré Crouvés, ménager, Sʳ Jean Crouvès,
ménager, Jean Brémond, tisseur, Louis Perrimond,
cardeur, Claude Perrimond et Jean Perrimond, cardeurs, Jean-Baptiste Gros, menuisier, Cosme Brémond,
menuisier, Antoine Brémond, tisseur, François Rouvier,
charcutier, Pierre Brémond, Jean-Baptiste Brémond,
Jean Brémond, tisseurs, François Vachier, Antoine

Vachier, maréchaux, François Vachier, boulanger,
Joseph Castellan, maçon, Jean Pons et Louis Gros,
charpentiers, Ferréol Vachier et Antoine Vachier, maréchaux, Henri Vachier, aubergiste; François Beausset,
drapier, Joseph Imbert, drapier, Jean Giraud et Honoré Giraud, cordonniers, Jean-Joseph Crouvès, boulanger, Pierre Castellannet, drapier, Sr Toussaint Clavier, négociant, Pierre Cherebois et Jean Cauvin,
cordonniers, Benoît Troin, maçon, Joseph Gros, Jean
Vincens, cordonniers, Pierre et François et autre François Inguimbert, cordonniers, Marc-Antoine Troin et
Joseph Troin, cordonniers, Marc-Antoine Troüin, ménager, Emmanuel Perrimond et François Perrimond,
tailleurs, Jean-Henry Chieusse et Héraud Delphine,
tailleurs, Guillaume Héraud, cordonnier et Joseph
Aude cordonnier, Joseph Héraud, charpentier, Joseph
Gros et Martin, cordonniers, Nicolas Gros, Jean-Jo-
seph Gros et Toussaint Vallagnosc, cordonniers, Jean-
Joseph Troüin et Joseph Troüin, cordonniers, Laurent
Chieusse, tailleur, Antoine Chieusse, Laurent Chieusse,
Antoine Troin, cordonniers, Barthélemy Latil, tisseur,
Jean Latil, tisseur, Jean Reibaud et Jean Chieusse,
tisseurs, Joseph Castellan, maçon, Honoré Castellan,
cordonnier, Joseph Hébréard, travailleur, Antoine Latil,
tisseur, Jean-François Chieusse, tisseur, François
Chieusse, sonneur, Brandis, tailleur, Jean-Baptiste
Piston, maçon, Jean Vallagnosc, tailleur, Mathieu Hé-
raud, vivandier, François Héraud, vivandier, Joseph
Tardieu et Jean-Joseph Tardieu, négociants, Henri
Vallagnosc, chapelier, Brunel, boulanger, Jacques
Chieusse et Louis Perrimond, cordonniers, François

Vallagnosc, serrurier, Joseph German, négociant, Jean-Baptiste Chieusse, boulanger, Honoré Chieusse, cardeur, Jacques Bérenguier, cordonnier, Louis Chieusse, négociant, François Masclet, négociant, Jacques Masclet, négociant, Bernard Héraud, Joseph Bertaude, François Bertaude et Jean Troin, aubergistes; Jean Clavier, marchand, autre Jean Clavier, ménager, Maxime Héraud, cordonnier, Pierre Serraillier, négociant, Jean-Baptiste et Joseph Serraillier, négociants, Pierre et Joseph Serraillier, cordonniers, Honoré Hébréard, travailleur, Pierre Franc, aubergiste, Jean Louis, meunier, François et Jean-François Serraillier, marchands, Pierre et François Héraud, cardeurs, Jacques Pascalis et Jules Pascalis, ménagers, Laurent Pascalis, chapelier, Gautier, serrurier, Jean-Joseph Troüin et Gabriel Troüin, ménagers, Joseph Malespine, ménager, Antoine Malespine, ménager, Bernard Vallagnosc et Jean-Pierre Vallagnosc, ménagers, Henri Brandis, Honoré Perrimond, Louis Perrimond, ménagers, Jean Serraillier, Joseph-Jean Gros, Joseph Gros, Jean Tardieu, Bernard Clavier, Jean Troin, Trichaud Bertaude, Joseph Gros, Jean-Joseph Gros, Honoré Gros, ménagers, Jean-Louis Couret, Jacques Couret, Pierre Couret, ménagers, François Héraud, Jean-Henri Pellerud, Henri-Pierre et Joseph Pellerud, travailleurs, Alexis Truc, François Truc, Honoré Truc, Jean-Antoine Truc, Joseph Truc, Pierre Truc, Honoré-Jean Dol, Joseph Dol, Honoré Bœuf, Louis Leidet et Claude Leidet, Jean-Baptiste Leidet, Joseph Leidet, Toussaint Leidet, Antoine Leidet, ménagers ; François Chieusse, Louis Troin, Jean-Baptiste Troüin, François Troüin, Jean

Troüin, Jacques Brémond, Louis Brémond, Antoine Brémond, Jean German, Jean-Joseph German, Joseph German, Antoine German, Jean-Antoine German, Joseph German, Louis German, Jacques Léocard, ménagers ; Jean-Joseph Troin, Antoine Troin, Jacques Troüin, Honoré Troüin, Pierre Troüin, ménagers; Antoine Giboin, Melchior Castillon, travailleurs; Jean Léocard, Jacques Léocard, Joseph Léocard, André Brandis, Antoine Tardieu, Jean Troin Cosmes (?), ménagers ; Jean Brémond, négociant, Louis Brémond, Simon Bœuf, Louis Bœuf, Antoine Reinaud, Joseph Bœuf, Joseph Reynaud, Jean Paille, ménagers ; Joseph Paille, Bernard Cauvin, Louis Cauvin, Mathieu Troin, Ferréol Cauvin, Honoré Troüin, Jean-Louis Meissel, Jacques Meissel, ménagers ; Honoré Augier, Jean Brandis, Joseph Brandis, Pierre Brandis, Antoine Troin, Louis Latil, ménagers ; Joseph-André Fabre, Antoine Troüin, Antoine Héraud, Pierre Héraud, Pierre Dol, Simon Attanoux, Honoré German, Jean Truc-Nègre, Joseph Masclet, Jean-Pierre Crouvès, travailleurs ; Toussaint Truc, André Rabon, Jean-François Rabel, Jean Crouvés, Charles Rabon, Joseph Boyer, Joseph Crouvès, Pierre Troüin, Jean Trotobas, Jean-Laurent Chieusse, Bernard Vincens, Honoré Vallagnosc, Mathieu Vallagnosc, travailleurs ; Jean-Henri Dol, Toussaint Vallagnosc, Jean-Joseph Truc, Jean Bertaude, Joseph Parian, Joseph Troin, Forest, Jean Cauvin, Tournel, Hubert Régibaud, travailleurs ; Jacques Héraud, Alexis Héraud, travailleurs ; Étienne Maria, Jean Maria, Antoine Courdouan Joseph Villeneuve, Antoine Villeneuve, Joseph Courdouan, Laurent et

Ferréol Truc, Étienne Geoffroid, Antoine Vincens, Pierre Vincens, Joseph Peironnet, travailleurs ; Jean-Joseph Truc, Joseph Héraud, Jean Héraud, André Grousson, Joseph Chieusse, Bernard Chieusse, Jean Chieusse, Joseph Grousson, François Hébréard, Jean Hébréard, Louis Chieusse, Jean Barberoux, Jean Cauvin, Jacques Grousson, Barthélemy Perrinet, Jean-Joseph Clavier, Claude Clavier, Honoré Brandis, Pierre Couret, François Troüin, Étienne Truc, Pierre Brandis, François Giraud, ménagers ; Honoré Tardieu, Jean-Antoine Masclet, Honoré Verdaigne, Toussaint Verdaigne , Jean-Baptiste Clavier , Jean-François Maria, Jean Courdouan, François Fouquier, travailleurs ; Pierre Marcel, cordonnier, Pierre Clavier, Louis Thomas, Joseph Troüin, Antoine Hébréard, Henri Attanoux, François Serraillier, Toussaint Barberoux, Antoine Gourin, Joseph Gourrin, Alexis Giraud, Jean-Castellan, Honoré Castellan, Jean Grousson, François Attanoux, Jean-Antoine Vassal et Antoine Vassal, Laurent Vallagnosc, Antoine Maria, Louis Hébréard, François Dol, Guillaume Tardieu, Jean Hébréard, Pierre Serraillier, Jean-Baptiste Chieusse, travailleurs ; Jean Chieusse, Henri Héraud, Joseph Grousson, travailleurs ; Joseph Pascalis, marchand, Joseph Groulier, ménager, Laurent Malespine, Pierre Héraud, Esprit German, Sauvaire, Jacques Roudier, Jean-Joseph Bertaude, Jean Héraud, Laurent Troüin, Antoine Dol, Jean-Joseph Cauvin, Pierre Troüin, Antoine Denans, travailleurs ; Barthélemy Courbon, tuilier, Jean-Baptiste Courbon, Henri Dol, travailleurs ; Pierre Simon, Jean Cauvin, Pierre German, Crépin Troin, Joseph

Hébréard, André Hébréard, Jean et Pierre Troüin,
ménagers ; Joseph Denans, Antoine Giraud, Honoré
Cauvin, menuisier ; Jean Barberoux, Gaspard Platelis,
Bernard Troin, Pierre Hébréard, Melchior Rouvier,
Antoine Dol, Joseph Brandis, travailleurs ; Antoine
Meissel, charcutier, Antoine Truc, Étienne Brandis,
Claude Simon, Alexis Grousson, Jean-Baptiste Cas-
tillon, Charles Queiton, Antoine Villeneuve, travail-
leurs ; Cosme Héraud, Jean-Baptiste Troin, Jean
Truc Raimond, Joseph Peironnet, Honoré Troin, Ter-
rassan, Antoine Serraillier, Honoré Truc, Joseph Ra-
vai, Honoré Barberoux, Jean-Baptiste Troin, Honoré
Perrinet, travailleurs ; Dominique Menin, maçon, Ho-
noré Truc, Alexis Courdouan, Pierre Henri, Henri Dol,
Guillaume Cauvin, Alexis et Jean Cauvin, Jacques
Troin, Joseph Pelassy, Antoine Meissel, travailleurs ;
Bernard Masclet, Jean Hébréard, Jean Chieusse, Honoré
Isnard, travailleurs ; Henri Truc, ménager, Jean et
Joseph Truc, charcutiers, Joseph Franc, Antoine Tam-
bon, Jean et Antoine Masclet, Joseph Troin, travail-
leurs ; Lombard, cordonnier, Jean-Baptiste Martin,
Jean Maria, Honoré Cartier, Jean-Louis Masclet, An-
toine Truc, Honoré Troin, Trichaud, Jean-Pierre Au-
demard, Louis Alary, Jacques Trenquier; travailleurs;
Joseph Perrimond, dit Berger, Joseph Baraton, Laurent
Meissel, Antoine Ravier, Pierre Héraud, travailleurs ;
Valentin, perruquier, Étienne Giraud, ménager, Jo-
seph-Alexandre Jauffret, tailleur, Augustin Perrimond,
tailleur, Joseph Petit, maçon, Pierre Reibaud, Honoré
Garnier, travailleurs ; Antoine Martin, cordonnier, Antoine Imbert, Joseph Thomas, Jean Troin-Sournière,

Brandis, Rigouret, Jacques Stalenc, travailleurs ;
Benoît, menuisier, Rebouillon, maréchal, Potevin,
menuisier.

Tous les dénommés ci-dessus se montent à quatre
cent soixante, et le nombre des feux de la communauté de ce lieu de Flayosc, à huit cent dix.

Après avoir nommé à haute voix les noms ci-dessus,
le Sr Chalvin, notre premier consul, a dit :

« Messieurs,

« Notre réunion a deux objets : celui d'élire des députés, pour comparaître par devant M. le lieutenant
général au Siège de Draguignan, le vingt-sept du
courant, en l'assemblée des trois Ordres de la Sénéchaussée, pour y élire des députés ; et, celui de dresser
le cahier d'instructions et doléances particulières qui
peuvent intéresser la communauté, soit relativement
aux articles qui regardent la généralité du royaume,
soit par rapport à ceux qui n'ont trait qu'à l'administration de cette Province. »

Sur quoi led. S^r consul a requis de délibérer.

Lecture faite du dire dud. Sr Chalvin, des ordres de
Sa Majesté, des lettres de convocation, des règlements
y annexés et de l'exploit signifié aux S^{rs} maire, consuls
le dix-neuf du courant par Caire, huissier, à la requête
de M. le procureur du Roi au Siège de Draguignan,
ladite lecture ayant été faite et le tout publié cejourd'hui,
à la messe de paroisse, par M. Mouton, curé de ce lieu,

et affiché pareillement sur la place publique et devant
la porte principale de l'église ;

Sur le premier chef, l'assemblée a nommé et député
unanimément :

Sr François Chalvin, maire et premier consul, M^e
Joseph Troüin, avocat en la cour, Me Jean-François
Bérard, avocat et notaire, Sr Jean Vachier, second con-
sul.

Et après la susdite nomination, M. Fauchier, bourgeois, a requis M. l'autorisant de lui concéder acte de
ce que Ferréol Gros a dit, en pleine assemblée, à une
troupe de paysans : *Paysans, soutenez-vous !* et a signé : Fauchier.

Le S^r autorisant a déclaré s'abstenir en la susdite réquisition, pour être parent avec led. Gros, et a signé :
Hébréard, lieutenant de juge.

Et de suite, on a encore nommé Sr Jean Vincens,
Sr Louis Chieusse, négociant, Sr Joseph Gros, négociant
et Sr Toussaint Verdaigne, ménager, pour se rendre à l'assemblée de la viguerie indiquée le vingt-sept du courant,
à l'effet d'y concourir à la nomination des députés en
l'assemblée générale de l'arrondissement dans laquelle
doivent se faire les députations aux États Généraux
du royaume. Mais, comme le nombre des députés de
cette communauté n'est pas encore fixé et qu'il sera
peut être réduit à quatre, les susdits huit députés
entreront dans la susdite assemblée par ordre de nomination.

Sur le second chef, le conseil a arrêté que, quant
aux objets qui intéressent la généralité du royaume,

les sieurs députés qu'aura élus l'ordre du Tiers pour assister et voter aux États Généraux de France, seront expressément chargés d'y solliciter la réformation du code civil et criminel ; la suppression de tous les tribunaux inutiles et onéreux ; une attribution à ceux des arrondissements de souveraineté, jusques au concurrent d'une somme déterminée ; l'abrogation de toutes lettres attentatoires à la liberté des citoyens ; la faculté à ceux-ci, de quelque Ordre qu'ils soient, de concourir pour tous emplois militaires, bénéfices et charges attributives de noblesse, et d'y réclamer surtout contre la vénalité des offices. Lesdits sieurs députés réclameront, en outre, la modération dans le prix du sel rendu uniforme par tout le royaume, comme aussi l'abolition de tous droits de circulation dans son intérieur, et notamment le reculement des bureaux des traites dans les frontières.

Quant aux affaires relatives et particulières à la Province, le conseil charge par exprès ceux qui sont ses représentants, en l'assemblée des États Généraux, d'insister à demander au meilleur des Rois la convocation générale des trois Ordres de la Province pour former ou réformer la constitution du pays ; de réclamer de sa justice qu'il soit permis aux communes de se nommer un syndic avec entrée aux États ; de s'élever contre la perpétuité de la présidence et contre la permanence non amovible ayant, en l'état des choses, entrée auxdits États ; comme aussi de requérir l'exclusion des mêmes États des magistrats et de tous officiers attachés au fisc ; la désunion de la procure du pays du consulat de la ville d'Aix ; l'admission des gentilshommes non possesseurs de fiefs et du clergé du second ordre; l'égalité des voix pour l'ordre du Tiers contre celles des deux premiers Ordres, tant dans les États que dans la commission intermédiaire, et surtout l'égalité de contributions pour toutes charges royales et locales, sans exemption aucune et nonobstant toutes possessions ou privilèges quelconques; l'impression annuelle des comptes de la Province, dont envoi sera fait dans chaque communauté et que la répartition des secours que le Roi accorde au pays, ensemble de l'imposition de 15 livres par feu affectée à la Haute-Provence, sera faite dans le sein des États et par eux arrêtée; déclarant au surplus le conseil que, quant à tous autres objets soit généraux pour le royaume, soit particuliers à cette province et à notre communauté, il s'en réfère absolument au cahier que les susdits S^{rs} députés dresseront, auxquels il donne un entier pouvoir de ce faire et le représenter à l'assemblée de la Sénéchaussée, et aussi, au cahier général qui sera dressé dans le chef-lieu, d'après le vœu de la prochaine assemblée, soit encore à celui que l'ordre du Tiers déterminera lors de sa réunion pour l'élection de ses députés aux États Généraux, approuvant dès à présent tout ce qui sera fait et arrêté soit dans l'assemblée du chef-lieu, soit dans celle des communautés et vigueries.

Ainsi que dessus il a été délibéré, et se sont tous les chefs de famille ci-dessus sachant écrire, soussignés.

(Signé :) J. Hébréard, lieutenant de juge; Chalvin, maire; Vachier, consul; Troüin Gr; Greillon; Bérard;

J. Chieusse; A. Jauffret; Joseph Pierrugues; Jean-
Joseph Troüin; Jean-Baptiste Blanc; Mounier; François Villeneuve; J. Gros; P. Troin; J. Troin; Jean
Hébréard; H. Perrimond; Jean-Baptiste Gros; Joseph
Inguimbert; Jean-Joseph Imbert dit que l'assemblée
a requéri (*sic*) de demander la suppression de la banalité,
et il n'a pas été inséré aux rôles des doléances, ainsi
il approuve tout avec cette condition; J. Imbert; Vil-
leneuve; Franc; B. Latil; Serraillier; Chieusse; Ser-
raillier; Courdouan; Giraud; L. Chieusse; Toussaint
Martin; Henry; Héraud; Verdaine; Vassal; Masclet;
Clavier; Joseph Crouvès; Honoré Chieusse; Malespine;
J. Serraillier; Bremond; Joseph Giraud; Jacques Dol;
Jean-Baptiste Martin; J. Clavier; Martin; Héraud; J.
Tardieu; Serraillier; Joseph Pélassy; Honoré Négres;
J. Gros; Fauchier; Raibaud; Maunier; Jean-Bap-
tiste Serraillier; J. Chieusse; Toussaint Vallagnosc;
Jean-Joseph Gros; François Rouvier; François Va-
chier; Bertaude; J. Héraud; J.-Fr. Vachier; J.
Héraud; François Hébréard, Benedeto Gros; J. Lei-
det; Héraud; Vallagnosc; Gros; Bérard; J. Cour-
douan; Crouvès; Leidet; Roudier; Bérard; J. Vincens;
Troüin; Sigalloux; Villeneuve, notaire; Héraud;
Malespine, notaire; Henri Vachier; Antoine Vachier.

Doléances de la communauté de ce lieu de Flayosc.

———

Puisque aujourd'hui le meilleur et le plus juste des
Rois, par sa sollicitude paternelle, invite le Tiers État
de son royaume à porter aux pieds de son trône ses
doléances ; puisque ce Roi bienfaisant a prononcé dans
sa justice qu'il voulait que tous ses sujets fussent libres désormais, et qu'il briserait jusqu'au dernier
chaînon qui les a tenus jusqu'aujourd'hui dans l'esclavage, puisqu'enfin, le jour serein, où doit commencer
le bonheur du Tiers, approche et que l'aurore qui le
devance porte, par sa clarté, l'espérance dans tous
les cœurs ; en adorant notre Roi, en nous félicitant
d'être au nombre de ses sujets, en lui vouant toute notre existence physique et morale, refuserions-nous de
contribuer à notre bonheur ? Pour consolider le bonheur
que ce jour nous présente, offrons-nous à ses regards
paternels dans la personne des députés qui seront élus
pour aller voter aux États Généraux, comme des esclaves chargés de chaînes qui peuvent à peine se mou-
voir sous le poids qui les accable. Déposons humblement
à ses pieds, et toujours par la bouche des députés
heureux, qui auront le bonheur de le voir, nos doléances particulières et que ces députés privilégiés sollicitent de sa bonté :

1° La suppression en forme légale de la banalité, comme

allant directement contre la liberté des citoyens ; mais comme l'avantage que nous nous promettons de cette suppression ne serait qu'idéal, si le décours des eaux servant aux engins nécessaires à la banalité et qui appartient de droit au seigneur, continuait de lui appartenir, et n'était attribué exclusivement auxdits engins faits et à faire ; les députés, en demandant la suppression de la banalité, demanderont encore que le décours des eaux soit attribué aux engins ;

2° La réformation de tous les abus qui se sont glissés dans la perception de la dîme et principalement, l'innovation introduite sur les légumes qui n'y étaient point sujets, et qui ne l'y sont que par abus et par la seule bonhomie de nos aïeux, qui, par bonté d'âme, donnaient une poignée de légumes aux préposés de la dîme ; et, lorsque nous sommes revenus sur nos pas, et que nous avons voulu supprimer ce droit injuste de perception, les décimateurs sacrés, comme des débiteurs profanes, nous ont accusé le droit de prescription ;

3° Le rehaussement des taux de la dîme (sic) ; il est certain que les subsides des décimateurs sont presque aussi forts que ceux que nous payons de si bon cœur à notre Roi, avec la différence que ceux-ci refluent sur nous-même en partie, en ce qu'ils sont employés à l'entretien des troupes qui nous défendent, et que ceux que nous donnons aux décimateurs ne sont employés qu'à leur faire traîner carrosse et à les tenir hors de leur diocèse, tandis qu'ils devraient devenir l'héritage des pauvres ;

4° La suppression du casuel, l'entretien de la paroisse et maison curiale. Pourquoi payons-nous la dîme ? C'est pour nous procurer les secours spirituels. Ce droit établi pour l'administration des sacrements n'est-il pas un abus introduit par la politique ecclésiastique et qu'il est nécessaire d'abolir ? L'entretien de l'église et de la maison curiale est une charge qui doit être du fait du décimateur;

5° La suppression des prieurés à simple tonsure;

6° La suppression des justices subalternes ; le droit de chasse, de pêche à tous les citoyens ; la police rétrogressive aux maire-consuls des communautés. L'abonnement du droit de lods et de la pension féodale ; la suppression du droit des régales;

7° Si, dans la réforme qui doit se faire dans l'administration de la justice, les grands Bailliages sont établis, la ville de Draguignan, tant par le patriotisme qu'elle a témoigné et tant par sa position, mérite d'en avoir un ; MM. les députés sont priés de le solliciter.

8° Dans presque toutes les communautés il existe des terres sujettes à des censes, ou droit de vingtième, perçus par les seigneurs ; les députés en demanderont l'abolition, remplacé par un abonnement.

9° Que tous les biens de la Couronne et émanés d'elle étant imprescriptibles, Sa Majesté sera suppliée de les reprendre, et qu'à cet effet, il sera nommé des commissaires pris dans la classe du Tiers pour faire la vérification des fiefs aliénés.

10° La suppression de toutes les pensions non méritées sera expressément sollicitée.

11° La suppression de tous les impôts existants, qui seront remplacés par un territorial, réparti sur les trois Ordres.

12° Que l'objet de l'établissement de la compagnie d'Afrique soit suivi, et qu'en conséquence il soit pris des précautions nécessaires pour qu'à l'avenir le blé ne manque pas en Provence, comme il manque actuellement, et qu'il soit fourni à un prix modéré.

(Signé :) Gros; Bérard; S. Trouin, avocat; Roudier; J. Vincens ; Verdaine ; Malespine ; Chalvin, maire ; Vachier, consul ; Héraud ; Villeneuve, notaire ; Fr. Hébréard ; Bérard ; J. Fauchier ; Bœuf (?) ; Leydet ; Esquier ; Sigalloux, notaire ; Hébréard ; J. Ravier ; Jean-Baptiste Serraillier ; J.-B. Vachier ; Franc ; Villeneuve; Henri Vachier ; A. Vachier ; Trouin ;

XXVI

FRÉJUS

Cahier contenant les plaintes, doléances et remontrances que fait et propose la ville de Fréjus.

————————

L'assemblée générale a unaniment arrêté que les députés élus par l'Ordre du Tiers aux États Généraux du royaume seront expressément chargés de demander, avant de voter les impôts et de reconnaître et consentir les dettes de l'État :

1º Que le retour périodique des États Généraux du royaume sera déterminé à une époque peu éloignée, dans lesdits prochains États, et que Sa Majesté sera suppliée de les convoquer après le délai fixé, en déterminant le lieu et le jour, ce qui se pratiquera à l'avenir sans qu'il soit besoin d'autre convocation, et nonobstant tous ordres contraires ;

2º Que, dans lesdits États Généraux, les opinions y seront recueillies par tête et non par Ordre ;

3º Que nul impôt, subside, droit quelconque et emprunt ne seront contractés, ordonnés ni levés, qu'ils n'aient été délibérés et consentis par les États Généraux;

que leur durée sera limitée à six ans au plus et qu'ils
ne pourront à ladite époque être prolongés que dans
lesdits États Généraux : que nulle autre autorité n'aura
le droit d'en accorder provisoirement, ni d'en prolonger
la durée, quel qu'en puisse être le motif ; que tout acte
contraire sera réputé tyrannique, destructeur du pacte
social et contre lequel il sera permis et honnête de
s'élever par quelque voie que ce soit, sauf à Sa Majesté
de convoquer dans toutes les circonstances qu'il estimera convenables lesdits États. La destination des
impôts sera fixée, la situation de la caisse Nationale
connue et les comptes de recette et dépense avec les
pièces justificatives répandus par la voie de l'impression;

4° Qu'il sera établi dans toutes les provinces de la
monarchie des États Provinciaux réellement représen-
tatifs des trois Ordres, en admettant au moins pour
base l'égalité de pouvoir et de suffrage entre les corps
privilégiés et l'ordre du Tiers ; qu'il sera accordé, indépendamment, audit Ordre un syndic ou avocat ayant
séance et voix délibérative auxdits États particuliers
pour guider et discuter les affaires qui intéressent ledit
Ordre, lequel syndic sera nommé par ledit Ordre à son
plaisir et volonté, pour le temps qu'il estimera nécessaire et qu'il pourra révoquer toutes les fois qu'il jugera
convenable ; que le président de l'assemblée sera
nommé par le Roi, sur la présentation de trois sujets
choisis par la voie du scrutin dans lesdites assemblées
provinciales, lequel ne pourra être en exercice que pendant un certain temps ; les autres officiers également

élus par le scrutin. Ces États Provinciaux seront chargés de l'administration de la Province, répartiront les
impôts, requerront la réforme ou l'établissement des
lois particulières ;

5° Que toutes les charges, tant royales que particulières, seront payées par tous les citoyens, de quelque
ordre qu'ils soient, de la même manière et proportionnellement à leurs facultés mobilières et immobilières; que
toutes les chartes et privilèges contraires seront
annulés, comme contraires au principe inaltérable et
imprescriptible du droit public que tout citoyen doit
contribuer aux charges de la société, en raison du bénéfice qu'il en retire ; que quiconque prétendrait faire
valoir des privilèges et exemptions contraires, sera
réputé renoncer par le fait à la société, comme voulant
établir à son avantage la société du lion ; que ladite société le repoussera de son sein et le déclarera déchu de
toute protection et secours quelconque ;

6° Que nulle loi générale ne sera à l'avenir promulguée dans le Royaume et ne sera exécutée qu'elle n'ait
été examinée, discutée et consentie dans les États Généraux ; que lesdites lois continueront d'être enregistrées et examinées aux Parlements qui les feront exécuter provisoirement, avec pouvoir d'en faire connaître
les dispositions vicieuses par des remontrances au Roi
et à la Nation, ce qui aura également lieu pour les lois
particulières adressées aux États provinciaux ; que les
États demanderont des bureaux pour la réforme de
notre code civil et criminel ; que leurs travaux seront
rendus publics par la voie de l'impression dix-huit mois

avant la tenue des plus prochains États Généraux ;
qu'ils seront envoyés aux cours souveraines du royaume,
afin que la Nation assemblée puisse approuver les nouvelles lois après l'examen le plus réfléchi ;

7º Que tous ordres du Roi et des cours souveraines,
attentatoires à la liberté et à la propriété des biens, soient
abrogés ; que nul citoyen ne puisse souffrir dans la propriété de sa personne et de ses biens qu'en exécution
d'un jugement obtenu suivant les formes établies par
les lois actuelles qui nous régissent et celles qui seront
à l'avenir consenties par la nation.

8º Ils requerront la liberté de la presse, à la charge
par l'auteur ou par l'imprimeur de répondre des calom-
nies contre les citoyens, de quelque ordre qu'ils soient,
et des écrits contre les bonnes mœurs ;

9º Qu'il sera permis et honorable à tous les citoyens
de dénoncer les malversations, les abus des gens en
place, des ministres, des administrations provinciales,
des commis et sous-ordres, de les dénoncer à la Nation
assemblée aux États des provinces et par devant tous
les tribunaux des cours souveraines ; que les ministres
seront personnellement responsables à la Nation assemblée de leur gestion et qu'ils pourront être poursuivis criminellement ou civilement par devant des
commissions nommées par lesdits États.

Les députés élus par l'ordre du Tiers ne pourront
voter les impôts, consentir les dettes contractées et
aviser aux moyens de les payer qu'ils n'aient obtenu le
redressement des griefs ci-dessus, et que le rétablissement desdits droits inhérents à la nation n'ait été assuré

par des lois générales, promulguées, les États tenant, de l'autorité du Roi et du consentement et à la demande des trois Ordres. Ces lois prononcées, lesdits députés sont chargés de demander un tableau exact et détaillé de la situation actuelle des finances, des dettes contractées, des causes du déficit, du motif des pensions accordées. Ils demanderont l'établissement d'une commission pendant ladite tenue pour aviser aux moyens de réduire les pensions sans cause légitime et de prévenir les abus ; ils fixeront les sommes pour chaque département, pour le payement des intérêts des capitaux, ils aviseront aux moyens d'établir une caisse d'amortissement pour éteindre lesdites charges, et ils opineront sur lesdits subsides et les dettes contractées, suivant leurs consciences, pour le plus grand avantage de l'État.

Ils requerront la suppression de la vénalité des charges et offices de justice et de finance ; que la nomination en sera faite par Sa Majesté, sur la présentation de trois sujets choisis par les États provinciaux et par la voie du scrutin. Ils solliciteront la suppression de toutes les commissions royales, bureaux et tribunaux d'attribution et d'exception et le renvoi des matières aux juridictions ordinaires ; la réduction des officiers de justice, l'établissement des cours souveraines dans le ressort des Parlements trop étendus. Comme les finances du royaume sont obérées, les peuples écrasés sous le fardeau des contributions, lesdits États aviseront aux moyens d'assurer ces réformes au fur et à mesure qu'on pourra fournir aux remboursements des finances sauf aux provinces de hâter ce moment heureux en faisant ces remboursements ordonnés.

Ils solliciteront la suppression des justices seigneuriales : la justice est le premier droit de la souveraineté; elle n'a pu être aliénée. Les cessions faites dans des siècles de barbarie dont (sic) [par ?] des actes de violence et contraires aux droits de la nation, ces cessions ne peuvent tout au plus être considérées que comme des dépôts ou des engagements. La Nation, toujours appelée au droit de rachat, voudra bien, sous ce point de vue, le plus favorable aux possesseurs actuels, fixer par un règlement général le prix de ces justices et admettre provisoirement les communautés et les habitations à les racheter, en fournissant les sommes nécessaires, et à les faire exercer au nom du souverain par des juges amovibles et qui seront agréés par les cours souveraines du ressort.

Ils demanderont que les communautés et paroisses d'habitants soient admises au rachat de toute banalité quelconque ou droit onéreux, en payant le prix de la valeur actuelle ; qu'elles jouissent de toute l'étendue des privilèges et fonctions des charges et offices de maire, lieutenants généraux de police, qu'elles ont acquis ou réunis en corps de province ; qu'elles soient rétablies ou maintenues dans la police desdites habitations et leurs campagnes, qu'ils jugent (sic) sommairement les causes du petit peuple jusqu'à la concurrence de six livres et des artisans ou bourgeois jusqu'à celle de douze.

Ils solliciteront la faculté à tous citoyens de con-

courir pour tous les emplois militaires, civils, bénéfices
et charges, que les actions infâmes reconnues par arrêts des cours souveraines privent les prévenus de la
noblesse personnelle ou même transmissible suivant
la nature du délit, et que les nobles ne soient point
censés déroger par la profession des arts et métiers
utiles à la société générale. Les États Généraux seront
priés de prendre en considération l'éducation de la jeunesse ; la réformation des mœurs ; l'accroissement
prodigieux et ruineux du luxe ; la nécessité de favoriser l'agriculture et de prévenir les monopoles en
supprimant les privilèges exclusifs ; la diminution du
prix du sel ; l'abolition des droits de circulation dans
l'intérieur du royaume ; le renvoi aux frontières du
royaume des bureaux des traites ; la réforme du tarif
des traites et de celui du contrôle et des insinuations
laïques, les rendre plus précis, moins vexatoires, et
les droits plus proportionnés à la nature et à l'importance des objets.

Quant aux demandes particulières concernant notre
Province, il a été arrêté que lesdits députés demanderont au Roi et aux États Généraux la garantie et la
reconfirmation du contrat qui nous lie à la monarchie
sans nous subalterner ; la conservation et le rétablissement de nos droits facultés et privilèges.

Ils demanderont que le comté de Provence et terres
adjacentes soient rétablis dans le droit de représenter
les trois Ordres de la Province et d'en administrer les
affaires. Comme l'état actuel des choses, les changements opérés demandent des modificattons et des

changements nécessaires dans la formation de nos
États particuliers, Sa Majesté sera suppliée et il sera
arrêté dans lesdits États que les trois Ordres de la
Province seront incessamment et réellement convoqués
dans toutes les villes, bourgs, villages ; que des députés
élus en nombre égal pour le Tiers, avec le nombre
réuni des deux premiers corps, porteront leur vœu
dans une assemblée générale de la nation provençale,
rédigeront un plan de formation desdits États qui sera
présenté à Sa Majesté pour avoir sa sanction, et deviendra la forme constitutionnelle de nos États.

Attendu l'inexpérience et la faiblesse du troisième
Ordre, qui représente la presque totalité de la nation
et ses occupations laborieuses qui assurent la richesse
de l'État, il sera demandé aux États Généraux qu'on
permette à cet Ordre seul de faire entrer leur syndic (sic)
dans lesdits États particuliers, pour suivre, discuter les
affaires et qu'il lui sera accordé une voix délibérative,
indépendante de celle de son Ordre.

Un des premiers droits de la Provence consistait à
élire ses officiers municipaux librement et volontairement et à ne point en recevoir que les habitants n'eussent choisis ; les besoins de l'État, les finances obérées,
les malheurs de la guerre firent ériger en divers temps
et à diverses époques, tous ces offices municipaux et
même la procure générale du pays en titre d'office. Le
droit naturel et acquis à toute société de se choisir leurs
représentants et leurs administrateurs (sic), nos droits
acquis par notre constitution particulière dont la conservation fait le pacte de notre union à la monarchie,

furent violés et allaient être totalement détruits par ces édits répétés et multipliés de 1692, de 1733 et de 1740. Toutes les communautés de la Province réunies, ne considérant ces édits que comme des édits bursaux, se rédimèrent par des sommes considérables ; un arrêt du Conseil, du 21 mars 1757, réunit tous ces offices aux communautés et aux corps de la Province, moyennant la somme de un million 798,459 l., 7 s., 1 d. La Province et les communautés royales en ont joui, mais on ne pourra imaginer la négligence des assemblées générales des communautés de Provence, gouvernées par des officiers et administrateurs presque tous nobles, qui ont abandonné les communautés dépendantes des seigneurs. Les maire-consuls de ces communautés ont été dépouillés du droit de jouir des fonctions et privilèges attribués aux offices de maire-consuls ; ainsi les communautés qui, par leur sujétion à des seigneurs, avaient plus d'intérêt à se maintenir dans la liberté de leur administration et de leurs conseils municipaux, se sont vues forcées à recevoir pour juges de leurs conseils les officiers du seigneur. Les abus, les maux qui s'en sont suivis ne peuvent se calculer. Ces officiers et les personnes dépendantes se sont rendus maîtres des conseils et des délibérations ; ces communautés ont été privées et d'un droit inhérent à notre constitution et de la possession d'un bien si souvent acheté bien cher.

En conséquence, lesdits députés aux États Généraux demanderont que toutes les communautés du pays de Provence jouissent des honneurs et droits attachés aux

offices de maire et des autres officiers municipaux ;
que l'élection de leurs administrateurs sera libre et
que nul d'entre eux ne pourra être confirmé dans
l'exercice de sa place, s'il n'est pas de nouveau élu et
confirmé par ses concitoyens ; que tous les agents et
personnes dépendantes des seigneurs seront exclues du
conseil municipal.

Que les maire-consuls, de concert avec des adjoints
qui leur seront donnés par le conseil de la communauté, feront exécuter les règlements généraux et particuliers, jugeront sommairement de toutes les causes
de la police et des autres causes minimes qui s'élève-
ront entre les gens du petit peuple jusqu'à la concurrence de 9 livres, et entre les artisans et bourgeois
jusqu'à la valeur de 12 l.

L'insalubrité de l'air de cette ville de Fréjus est si
généralement connue que, malgré les intentions droites
des anciens administrateurs de la Province, notre sort
s'est aggravé. La communauté n'a jamais été consultée
dans les plans des ouvrages ; on a trompé les administrateurs de 1787 en leur persuadant que Fréjus était
sans maladies, ce que les registres mortuaires démentent
formellement. D'ailleurs on s'est fortement opposé aux
vœux de la communauté dans les moyens d'exécution,
et ces travaux n'ont fait qu'aggraver le sort déplorable
de cette ville, jadis florissante. En conséquence, les habitants en attendant la formation d'une assemblée légale
pour la Provence, supplient le Roi et les États Généraux d'ordonner qu'il sera nommé des commissions
pour vérifier les dépenses faites à cette occasion, si les

moyens ont été légitimes et conformes aux règles, si les baux et obligations ont été remplis, si les communications de la ville à la campagne, ponts et chemins, et abreuvoirs ont été rétablis et d'ordonner que les sommes restantes, qui y étaient destinées, soient employées à l'amélioration dudit pays, suivant des plans agréés par ladite communauté et approuvés par les États à former de la Province. Solliciter l'exécution de la délibération qui nous promet une eau salubre en nous donnant des fontaines, et enfin le vœu général et unanime pour que les dommages occasionnés depuis deux ans par le vice desdits travaux soient payés, d'autant que cela intéresse une infinité de veuves et paysans qui n'osent et ne peuvent réclamer la perte de leurs biens, persuadés que le Monarque et les États pourvoiront à cet objet lorsqu'il sera connu.

A cet effet, les sieurs députés de cette communauté sont chargés de faire insérer tous les articles ci-dessus dans le cahier des plaintes, doléances et demandes de la Sénéchaussée de Draguignan, sans en omettre aucun.

Fait et rédigé à Fréjus par les commissaires nommés par ladite communauté, soussignés, dans l'Hôtel-de-Ville, le 24 mars 1789.

(Signé :) Péroncely, maire ; P. Martin, cadet, consul ; Sieyès ; Raynaud, ancien consul ; Laurans, dr méd. ; Lambert, d. m. ; Jourdan ; Maunier, ne prenant

aucune part à l'article des taxes du Reyran ; Malaus-
san ; Chabert ; Pascal ; Nicolas ; Rolland ; Laurans ;
Destelle ; Raynaud, fils ; Villy ; Audibert ; Rouvier ;
l'av¹ Anglès ; Bareste ; Giles (?) ; Requier ; Cartier ;
Portanier ; Roux ; Mège ; Léocard ; Isouard ; Denigris ;
Anglès ; François Sénéquier ; Hébréard ; Revel ; Félix
Giraud ; Villy ; Nicolas ; Estabion ; Jullien ; Gadon ;
Maurine, fils ; Raybaud.

Coté et paraphé à Fréjus, dans l'Hôtel-de-Ville, le
24 mars 1789.

Gaston, juge autorisant.

PIÈCES ANNEXÉES

Très humbles remontrances des maîtres perruquiers
de la ville de Fréjus exposant à Messieurs les maire,
consuls et communauté de prendre en considération
leur sort, et faisant joindre dans le cahier des doléances de la ville, l'injustice que les sieurs perruquiers
souffrent dans l'exercice de leur profession. Ils sont
créés et établis en suite des édits des mois de novembre 1762, juin 1725 et mars 1767 ; soumis au payement
du centième denier pour raison d'iceux, sans qu'ils

puissent se maintenir dans leur exercice exclusif, par le défaut de l'enregistrement de l'arrêt du [conseil (?)] Roi du 4 novembre 1725, qui maintient ceux qui ont acquis ou acquerront des lettres de maîtrise dans toutes les villes du Royaume, même dans les villes où il n'y a ni jurande, ni justice royale : « Jouiront, est-il « dit, des mêmes et semblables droits que jouissent « les Messieurs de la ville de Paris », et que la Cour du Parlement de cette province leur refuse.

En conséquence, les propriétaires réclament l'enregistrement du susdit arrêt, et d'avoir le droit exclusif d'exercer leur profession, ou le remboursement de leur finance.

Fait et arrêté à Fréjus, le 23 mars 1789.

(Signé :) Riduet, lieutenant ; Reinaud, syndic ; Fournier ; Rayolle ; Pougnés ; Reinaud, greffier.

Paraphé à Fréjus, le 24 mars 1789.

Gaston, juge.

———

Toute la France est dans l'ivresse depuis la certitude du rétablissement des États Généraux.

Tous les Ordres, tous les sujets sont appelés par un Roi juste et bienfaisant à concourir au bien général que cette assemblée auguste fait espérer.

De là, tant de petites assemblées pour en former des

plus grandes, et ces plus grandes pour former les États Généraux.

Les notaires de Fréjus sont donc invités, avec tant d'autres, à cet honneur inappréciable de se rapprocher de leur Roi et de concourir à la réforme des abus, au rétablissement du trésor, au soulagement des misérables, etc.

Cette invitation dérivant de la faculté naturelle que tout homme franc et libre a de crier toutes les fois qu'il est écorché, fait élever la voix des soussignés. Leurs griefs sont d'autant plus fondés que la voix générale condamnant (*sic*) [condamne] presque unanimement la suppression de la vénalité, sous le prétexte de la contribution injuste et cependant légère, qui se repand sur chaque individu, par la répartition générale.

Les soussignés, qui ont financé une certaine somme pour avoir privilège exclusif de contracter dans un certain arrondissement, souffrent bien davantage par la quantité multipliée d'offices de notaire, qui ont été créés par surprise ou par faveur, et par la diminution de leur arrondissement.

Fréjus, à l'époque de son état florissant, par ses richesses et par sa population, a été fixé au nombre de quatre notaires, et cette ville réunissait à son arrondissement les communautés inhabitées de Villepey, d'Agay et le village de St-Raphaël, tous voisins et tenants au terroir; et ce nombre de quatre notaires avait suffi à tout.

La vanité a diminué les richesses, le mauvais air a dépeuplé l'habitation, et Fréjus n'est plus ce qu'il fut.

L'augmentation des droits royaux a effrayé le peuple, et ce qui donnait lieu à plusieurs contrats, n'est plus qu'un objet de convention; par là, point de profit aux notaires, point de produit aux finances.

Par une surprise inouïe, le district de Villepey a été porté et joint à celui de Roquebrune ; Agay et St-Raphaël ont fait créer par faveur un notaire particulier, et ces trois lieux ainsi démembrés réduisent le district des soussignés à l'enceinte de leur petite ville.

Une déclaration du Roi, rendue depuis peu d'années, exclut les notaires de la double qualité de notaire et procureur, et par cette exclusion, un notaire, quelque causé et habile qu'il soit, ne peut vivre de son état : le prix de l'acquisition et des provisions de l'office, les frais d'études pour se rendre capable de régir cet office sont absolument perdus.

Il paraît juste, et telle est la forme, que l'intéressé doit être appelé toutes les fois qu'il est question d'entreprendre sur ses droits, d'attenter à son intérêt ; cependant, lors du démembrement du district de Villepey, lors de la création sourde et secrète de l'office de St-Raphaël et d'Agay, les notaires de Fréjus n'ont pas été appelés.

Le besoin de l'État, si ce n'est la concussion des mauvais ministres, ont fait imposer sur différents offices un nouveau droit annuel que les notaires de Fréjus payent d'autant plus chèrement, qu'ils sont obligés de faire vingt lieues pour trouver le bureau de recette, et avoir acquit, s'ils ne veulent être exposés à ces exactions cruelles et révoltantes de triple droit, amende, emprisonnement, etc.

L'ambition, la surprise, la faveur, tour à tour, ont centuplé les offices de notaire; cet état, autrefois important dans la société, a été réparti sensiblement sur tant de têtes, sans examen et sans mesure, qu'il a été avili d'une manière étonnante.

S'il était permis par le peu de temps qui reste à courir d'ici aux États Généraux, de relever plus amplement les abus introduits dans cette classe d'officiers publics, que ne pourrait-on pas dire encore !

Mais, les soussignés, remplis de confiance pour la personne chargée du présent, joint aux doléances de la communauté de cette ville, espèrent de son zèle qu'il voudra bien appuyer leurs plaintes et demander, en leur nom, que les États Généraux prennent en considération ce que dessus, réforment les abus introduits dans leur état, restituent l'ancien arrondissement et réintègrent dans tous leurs droits et honorifiques les notaires de Fréjus.

Requérant acte de la remission du présent cahier, et ont signé.

Anglès, notaire ; Gaston, notaire ; Bareste, notaire ; Rolland, notaire.

XXVII

LA GARDE PRÈS FIGANIÈRES

Cahier des plaintes et doléances

———

Les députés aux États Généraux seront spécialement chargés de supplier Sa Majesté de leur donner une connaissance exacte de la dette nationale avant de consentir à aucun impôt.

Ils ne doivent même y consentir que pour un temps limité et sans que, sous aucun prétexte, la durée puisse en être prorogée sans le consentement de la Nation assemblée en États Généraux.

Tous les Ordres de l'État, sans distinction de personnes et de propriétés, doivent contribuer proportionnellement et également au payement des charges publiques, tant royales que municipales, sans exemption quelconque, nonobstant toute possession contraire et tous privilèges accordés.

Les capitalistes, tous ceux qui ont leur fortune ou partie d'icelle dans leur portefeuille, et tous les revenus d'industrie doivent être soumis au payement de l'impôt, et il doit être pris des mesures efficaces afin que rien ne soit soustrait à cette loi générale.

L'impôt doit être accordé suffisant et néanmoins

proportionné, non à notre zèle et à notre amour pour le meilleur des Rois, mais aux petits moyens que nous avons de l'acquitter, en observant d'étendre le temps du payement, afin que la Nation ne soit pas affaissée.

Demander : qu'il soit fait des règlements salutaires pour qu'à l'avenir la Nation n'éprouve pas de pareils malheurs et que les déprédateurs des finances soient livrés au glaive des lois;

Qu'il soit assigné à chaque département de l'administration des fonds suffisants et qui lui soient particulièrement affectés, dont il sera donné un compte particulier qui sera annexé annuellement au compte général des finances qui doit être rendu public, en laissant toutefois une somme suffisante pour les dépenses que la Nation ne doit pas connaître, afin qu'elles ne soient pas connues des ennemis de l'État.

Sa Majesté doit être très humblement suppliée de confirmer dans leur intégrité tous les privilèges que nos anciens souverains avaient accordés à cette province et de lui restituer ceux auxquels il a été porté atteinte par le malheur des temps. En conséquence, les députés aux États Généraux doivent avoir, avant leur départ, un état détaillé de tous nos privilèges et les rescrits, ou statuts sur lesquels ils sont fondés pour justifier les demandes qu'ils feront à cet égard.

L'impôt sur le sel est attentoire à un de ces privilèges. Il doit être aboli en Provence comme destructeur du commerce des bestiaux et de la fertilisation des terres par les engrais.

Demander la suppression des impôts sur les huiles

de Provence qui vont se vendre dans le port franc de Marseille. Il est cruel que les huiles étrangères y soient reçues avec franchise et que les huiles de Provence, qui ont déjà payé l'impôt national par la taille ou autres impositions qui la représentent, soient encore grevées d'un second impôt pour pouvoir être vendues à Marseille.

Demander : l'abolition des droits de circulation des denrées dans l'intérieur du royaume ;

De reculer les bureaux des traites sur les frontières ;

De simplifier les moyens de perception des impôts et de la rendre moins dure et moins coûteuse pour le peuple ;

D'établir une commission pour la recherche des faux nobles ;

De réformer le code civil et criminel ;

De supprimer la vénalité des offices, ainsi que tous les tribunaux inutiles et onéreux au peuple ;

D'attribuer aux tribunaux ordinaires la souveraineté jusques à une somme déterminée, afin d'éviter au peuple les frais de l'appel pour les causes minimes ;

D'abroger les lettres de cachet comme attentoires à la liberté des citoyens ;

D'accorder à tout citoyen, de quelque Ordre qu'il soit, la faculté de concourir à tous emplois militaires, civils, bénéfices et charges attributives de la noblesse, quand il en sera personnellement digne par son mérite ;

De veiller à la réformation des mœurs, desquelles dépend essentiellement le maintien du bon ordre que

Sa Majesté se propose d'établir, et, à cet effet, elle sera
suppliée d'ordonner la résidence des évêques et des
bénéficiers, dont les instructions et les exemples concourront à remplir ses vues et de pourvoir par des (sic)
bons règlements à l'éducation publique trop négligée ;

D'exclure de l'Assemblée des États Généraux tous
ceux qui n'auront pas été députés légalement, afin de
ne point compromettre la légalité des États Généraux
par leur admission.

Demander que Sa Majesté sera suppliée : de prendre
en considération l'illégalité des États particuliers de
cette Province, dans lesquels aucun de ces trois Ordres
n'est légitimement représenté ; de permettre en conséquence la convocation des Ordres de la Province
pour réformer la constitution ;

D'accorder au Tiers État la permission de se nommer
un ou deux syndics avec entrée aux États ;

D'ordonner que le président des États de la Province
sera éligible pour un temps déterminé, parmi les membres des deux premiers Ordres et par les trois Ordres
réunis et formés dans la même proportion entre eux
que celle que Sa Majesté a ordonnée pour la formation
des États Généraux ;

D'ordonner que tous les membres desdits États seront amovibles et ne pourront y être prorogés au-delà
de deux ans ;

Qu'aucun magistrat de cour supérieure ou subalterne, aucun receveur de fisc ne puisse y entrer personnellement, sauf de se faire représenter par procureur,
pour ne point gêner la liberté des suffrages ;

Que la procuration du Pays ne sera plus désormais réunie au consulat de la ville d'Aix ;

Que les gentilshommes non possédant fiefs et le clergé du second Ordre soient admis à la représentation de leur Ordre ;

Que le Tiers État soit admis en nombre égal aux deux premiers Ordres réunis, tant dans les États que dans l'assemblée intermédiaire, où ils voteront par tête et non par Ordre.

De supplier encore Sa Majesté d'abolir entièrement la dime et le casuel, laissant à sa sagesse et à ses actes de justice le soin de pourvoir à l'honnête entretien et subsistance des prêtres qui desservent les paroisses, et de ceux qui sont nécessaires pour le salut des âmes ;

D'ordonner l'abonnement de tous les droits seigneuriaux et d'abolir tous ceux qui tendent à une trop grande servitude.

Les possédants biens déclarent, au surplus, se rapporter au cahier qui sera dressé dans l'assemblée générale qui sera tenue dans la ville de Draguignan, en présence du Sénéchal au Siège de la ville, ou de son lieutenant, le vingt-sept du courant, par les députés de toutes les villes et communautés du ressort de la Sénéchaussée ; et ceux qui ont su signer ont signé avec sieur Jean-Joseph Rambert, lieutenant de juge, qui a coté et paraphé *ne varietur* le présent duplicata.

(Signé :) J. Rambert, lieutenant de juge ; J. Honoré, greffier ; Giboin, consul ; B. Cavalier ; Jean-François Rubis ; Christine, aud.

XXVIII

LA GARDE-FREINET

Cahier des Doléances

1°. — SUR LE POIDS ET LA QUALITÉ DU SEL.

Par édit du mois d'août 1671, le minot de sel fut réglé en cette Province à 100 k., poids de marc, et le prix fixé pour toujours à quinze livres ; cependant le prix est actuellement porté à vingt-quatre livres huit sols.

Le minot, poids de table, dont on se sert généralement en Provence, devrait peser 120 k. et le quart de minot 30 k.

Mais depuis quelque temps le minot, pris au grenier de Saint-Tropez, ne pèse ordinairement que 112 k. et le quart de minot 28 k., et par là le particulier fait sur chaque minot de sel une perte de 8 k. et de 2 k. sur le quart de minot, ce qui n'a pas lieu dans les greniers des autres villes, trop éloignées pourtant pour aller s'y approvisionner. Cet abus procède, soit de la réduction qu'on y fait du sel en petits grains pour qu'il mesure plus, soit de ce qu'on y tient la mesure trop élevée sous le chevalet pour que le sel, ne tombant pas de la hauteur requise, prenne une moindre quantité.

Ces inconvénients et ces injustices n'arriveraient certainement pas si, au lieu de mesurer le sel, on le livrait à poids de table, dont chacun a la connaissance.

D'ailleurs, le sel du grenier de Saint-Tropez, terre adjacente, est toujours d'une qualité moindre que celui des autres greniers, se trouvant très noir et chargé à l'extrême de terre. La vérification de cet objet de plainte prouverait clairement la vérité de ce qu'on avance, et il résulte qu'on trouve tout à la fois dans ce grenier la moindre qualité et le moindre poids.

2°. — SUR LE TABAC.

Il n'y a pas longtemps qu'on vendait le tabac d'Hollande en carottes, ce qui empêchait toute fraude ; à présent, Messieurs les fermiers généraux ont imaginé de le faire débiter en poudre pour, en y faisant entrer des corps étrangers, y trouver un plus grand profit. Ce tabac, renfermé dans des barriques après avoir été humecté, y fomente (sic) et produit ensuite des effets très nuisibles à la santé.

Le tabac roux fin, vulgairement dit poussière, dont le bas-peuple surtout fait le plus d'usage, n'est depuis quelque temps plus prenable, parce qu'il est extrêmement frelaté et qu'il y a même beaucoup de terre, ce qu'on peut facilement reconnaître par sa décomposition.

Et le tabac ordinaire à fumer n'est presque plus composé que des côtes des feuilles.

3°. — SUR L'AUTORISATION DES CONSEILS PAR LES OFFICIERS DU SEIGNEUR.

La Province, en exécution de l'arrêt du Conseil du 21 mars 1757, acquit en corps les charges des offices municipaux, renouvelés en 1733, opéra ainsi la réunion de celles de maire et lieutenant de maire au chaperon et donna aux consuls le droit d'autoriser les assemblées et conseils des communautés, à l'exclusion des officiers tant royaux que seigneuriaux. Les officiers royaux n'ont pas contesté ce droit aux consuls, qui en sont pourtant privés par les seigneuriaux dans les endroits où les communautés, ou bien quelques particuliers, n'avaient pas levé ces offices avant l'acquisition faite par la Province ; et cette distinction bizarre a été adoptée par le Parlement. Cependant toutes les communautés ont contribué pour cette acquisition, et la plus grande partie, dont celle-ci est du nombre, est privée de ce droit d'autorisation des conseils qui était celui qui les intéressait le plus dans cette réunion ; et ces communautés, d'une part, sont privées de la liberté d'assembler leurs conseils toutes les fois que le cas le requiert, par le défaut de l'officier du seigneur autorisant, qui refuse de s'y rendre, sous le plus petit et vain prétexte que la municipalité lui a manqué en quelque chose ; et, de l'autre, sont obligées, en cas de maladie, absence, ou empêchement quelconque de cet officier, de demander la subrogation d'un autre qui, outre ce qu'il en coûte à la communauté pour l'obtenir, retarde considérablement ses affaires, surtout, comme c'est l'ordinaire, si le seigneur n'est pas sur le lieu ou qu'il n'y ait aucun procureur établi pour les subrogations.

D'ailleurs, s'il s'agit de délibérer sur quelque objet où le seigneur soit intéressé, il faut, en ce cas, demander à la Cour la permission de s'assembler devant un commissaire par elle nommé, qui est ordinairement un juge royal, ou un avocat souvent éloigné du lieu ; et la communauté est frustrée de la dépense qu'elle est obligée de faire à ce sujet.

Enfin il arrive assez souvent, lorsque les communautés ont à délibérer contre leurs seigneurs, qu'il s'agit de certains objets la compétence desquels est douteuse entre le Parlement et la Cour des Aides ; ce doute, qui est rarement éclairci par le parquet des deux Cours, engage les communautés à soutenir à grands frais des appels au Conseil, éternise les affaires et arrête les délibérations.

Mais il n'y aurait lieu à aucun de ces inconvénients si les maire-consuls jouissaient du droit, acquis par les communautés pour des sommes très fortes, d'autoriser leurs assemblées et conseils.

4°. — SUR LA JUSTICE DES SEIGNEURS.

Suivant les statuts de cette province, les juges des seigneurs sont obligés de se rendre sur les lieux au moins une fois le mois pour expédier les affaires qu'il

peut y avoir, sans pouvoir prendre de plus grands droits
que s'ils y résidaient.

Cependant ces juges, qui sont ordinairement des avocats des Sièges, obtiennent trés aisément du Parlement
la permission de juger chez eux en matière civile. De
là il résulte l'inconvénient que le lieutenant de juge, qui
souvent n'a pás assez de lumières pour juger les affaires les plus sommaires qui, suivant l'ordonnance, doivent être vidées à l'audience sur un simple avenir pour
plaider, les règle à mettre, ce qui occasionne des inventaires de production et des écrits multipliés, pour
suppléer au défaut des plaidoiries et constitue les parties en de grands frais qui n'entrent point en taxe, soit
pour les épices que le juge prend, que pour le voyage
du greffier qui lui porte les sacs.

5°. — SUR CE QUE LES JUGES ÉCRIVENT OU CONSULTENT

AUX CAUSES DE LEURS JUSTICIABLES.

Il arrive assez souvent que les avocats des Sièges,
établis juges des seigneurs, consultent ou écrivent aux
causes de leurs justiciables et se rendent par là sus-
pects ; et alors ceux qui veulent les faire juger sont
obligés de recourir à la subrogation d'un autre qui, par
sa descente sur le lieu où il est obligé de se rendre,
occasionne des frais considérables, à raison de huit livres par jour.

6°. — SUR L'AMOVIBILITÉ DES OFFICIERS DES SEIGNEURS.

Les seigneurs ne donnent des lettres à leurs officiers que pour le temps qu'il leur plaît et à toujours révocables, pour les asservir à se conformer presque en tout à leur volonté dans l'exercice de leurs charges, ce qu'ils font, du moins la plupart, pour s'y maintenir, assurés, à l'exemple de leurs prédécesseurs, de leur destitution en cas contraire.

7°. — SUR LA POLICE.

La police appartient aux seigneurs. Les maires-consuls et intendants de police, établis par les communautés, n'ont que la voix impulsive, les officiers des seigneurs ont la voix active ; mais il n'arrive que trop souvent que ceux-ci, dans la crainte de déplaire aux seigneurs, ne veulent pas agir, ce qui fait qu'il n'y a aucune police dans les villages et principalement au chef du pain et de la viande, objets bien essentiels, puisqu'on y débite très souvent des viandes de bêtes mortes de maladies dangereuses.

8°. — SUR LA SUBROGATION DES OFFICIERS

Les seigneurs qui n'ont pas leur demeure sur les lieux, sont obligés, suivant les arrêts, d'y établir un procureur pour la subrogation des offices, le cas échéant ; cependant plusieurs s'en dispensent et exigent qu'on aille la leur demander là où ils font leur résidence, à quelque éloignement qu'elle soit dans la Province ; et, si elle est hors la Province, il faut, en ce cas, suivant un dernier arrêt, s'adresser au Parlement, ce qui retarde les affaires et multiplie toujours plus les frais.

Au reste, quand il survient de certains cas très pressants, par exemple, un corps trouvé mort avec des signes ou indices de mort violente qui, suivant la déclaration du Roi du mois d'avril 1736, article 12, ne peut être inhumé qu'après avoir exécuté ce que porte cet article ; un coupable de crime grave aura été arrêté et constitué prisonnier, l'ordonnance de 1670 exige qu'il soit interrogé dans les 24 heures, afin surtout de découvrir ses complices ; si alors, dans ces cas et autres, quelqu'un des officiers se trouve empêché d'agir par absence, maladie ou suspection, comment faire ? C'est aux seigneurs à nous l'apprendre.

9°. — SUR LES FRAIS DES SUBROGATIONS.

Il est de droit public que les seigneurs doivent la justice à leurs vassaux sur le lieu. D'après ce principe, il paraît naturel de penser que les frais des subrogations d'officiers en étant une suite, devraient être à leur seule charge et non à celle des parties, à qui cependant on les fait toujours supporter et auxquelles elles occasionnent des dépens très forts, surtout lorsque les officiers subrogés ne sont pas du lieu ; sur cette question, on ne trouve aucun arrêt décisif.

10°. — SUR LA POURSUITE DES CRIMES
SANS PARTIE CIVILE.

Par l'ordonnance de 1670, les seigneurs sont obligés
de poursuivre à leurs dépens les coupables de délits
qui méritent peine afflictive ou infamante, lorsqu'il n'y
a aucune partie civile, même nonobstant toutes transactions passées entre les parties.

Comme cette charge était extrêmement onéreuse aux
seigneurs, Louis XV, pour les en soulager, ordonna par
son édit du mois de mars 1772, que, lorsque les juges
des seigneurs auraient informé et décrété avant ses officiers, l'instruction en première instance en serait faite
aux frais de Sa Majesté, et qu'en cas d'appel, tous les
frais quelconques seraient à sa charge, sans aucune ré-
pétition contre les seigneurs. Mais, nonobstant ce,
comme les premiers frais de l'information prise par
leurs officiers, ceux de geôlier, de nourriture, de traduction des prisonniers aux prisons royales et de la
grosse de la procédure, qui sont ordinairement un objet
de 30 l., restent à leur charge, il y en a qui, pour
les épargner lorsque les plaignants ne veulent point se
rendre parties civiles, détournent et empêchent leurs
officiers d'en recevoir les plaintes et expositions ; et
même, si des coupables ont été arrêtés par des cavaliers
de la Maréchaussée ou par des particuliers et constitués
prisonniers, il arrive presque toujours qu'ils s'évadent
des prisons sans qu'on sache comment, à moins que
les seigneurs n'aient un intérêt personnel à ce qu'ils

soient punis. De là vient que, dans les juridictions seigneuriales, les crimes les plus graves restent impoursuivis et que l'impunition des coupables les fait multiplier de jour en jour, au grand préjudice du public.

11°. — SUR L'ENVOI DES MINUTES DES PROCÉDURES, AU LIEU DES GROSSES.

D'autre part, lorsque les officiers des seigneurs ont informé et décrété, nonobstant que l'édit porte que la minute reste au greffe du délit et qu'il ne soit envoyé au Siège que la grosse, cependant les seigneurs, pour épargner quatre à cinq francs de papier timbré, envoient la minute, en sorte qu'il ne reste dans le greffe du délit aucune trace de l'information et des décrets sur icelle rendus, pour y recourir au besoin, soit pour former des reproches contre les décrétés, que pour les exclure des charges municipales et autres. Mais, dirat-on, on peut avoir recours au greffe du Parlement où ces minutes sont déposées, à la bonne heure! mais avec beaucoup de peine et à grands frais. Après tout, au reste, pourquoi les seigneurs, pour une si chétive épargne, veulent-ils se soustraire à l'intention de cet édit, si favorable à leur égard, les frais pour l'exécution duquel étant à la charge du Roi retombent sur le Tiers-Etat seul, et engager les parties à de grands frais?

12°. — SUR LES DÉLITS COMMIS AUX BOIS.

Il appartient à plusieurs communautés et entre autres

à celle-ci, des forêts en bois de pin, propre pour la construction de la Marine Royale; depuis quelques années,
les bois de cette communauté sont presque entièrement
détruits par de fréquentes (sic) incendies et autres dégradations.

La principale cause de ces délits vient de l'impunité
des coupables, qui sont ordinairement des bergers et
autres personnes insolvables, et, quoique les seigneurs
aient, au commencement de ce siècle, réuni à leur juridiction l'office de juge gruyer, dont la création a eu
pour objet la conservation des bois en Provence, néanmoins ils prétendent que les crimes pour incendie, quoique si pernicieux à l'Etat, à la Province et aux communautés, ne sont que des délits privés dont la poursuite n'est pas à leur charge, mais bien à celle des
communautés à qui ces bois appartiennent; et la Chambre des Eaux et Forêts, qui y est intéressée, les autorise
dans cette fatale prétention. De tout cela qu'arrivera-
t-il ? la destruction totale dans peu d'années de tous
les bois, parce que malheureusement les coupables de
pareils délits, se trouvant instruits du refus des seigneurs de les poursuivre, les redoublent à l'excès et
sans peur, assurés, comme ils sont, que les communautés n'ajouteront pas à leurs dommages 700 ou 800 l.
pour les faire punir, le tout à pure perte. De là il s'en-
suit évidemment la nécessité absolue qu'il y a que les
crimes pour incendie soient mis au rang des délits publics et conséquemment à la charge des seigneurs ;
car, si le vol de quelques écus est de ce genre, à combien plus forte raison le crime d'incendie qui cause des

dommages si considérables, soit par rapport aux bois, qu'aux apiers, granges et bastides qui sont consumés par les flammes.

13°. — SUR LA SUPPRESSION DES JUSTICES SEIGNEURIALES.

Si l'on entreprenait le détail des abus que certains seigneurs se permettent dans leurs juridictions, on ne finirait pas sitôt ; on se bornera seulement à observer que l'unique moyen pour en garantir, une fois pour toutes, les vassaux, serait la suppression de ces juridictions. C'était là l'avis que M. l'abbé Fleury, si célèbre par son *Histoire ecclésiastique*, donnait à Monseigneur le Duc de Bourgogne, puis Dauphin de France, et qu'on trouve dans ses ouvrages en ces termes : « Supprimer principalement les petites justices des bourgs et villages pour lesquelles il est impossible de trouver de bons officiers.

« Retrancher les degrés de juridictions et en général les appellations, autant que se pourra, les justices inutiles, particulières, seigneuriales, qui sont plus onéreuses qu'utiles. »

Il est de fait certain que la justice est de beaucoup plus onéreuse que lucrative aux seigneurs, surtout s'ils étaient étroitement soumis et obligés à remplir toutes les charges qu'elle leur impose ; mais ils ne sont attachés à se la conserver que parce qu'elle leur fournit les moyens de rendre leurs vassaux tout à fait servables.

Le Roi, en supprimant toutes les justices seigneuriales, rendrait à ses sujets leur première qualité de Francs.
Son règne des plus heureux serait hautement célèbre
dans l'histoire, et la partie de son peuple formant le
Tiers-Etat, toujours soumise et fidèle à exécuter ses
volontés, le couvrirait de mille bénédictions et ses dignes ministres.

14°. — SUR LA JURIDICTION D'APPEAUX DU LIEU DE GRIMAUD.

Il y a au lieu de Grimaud, outre la juridiction ordinaire, une juridiction d'appeaux qui connait des appels des jugements rendus par les juges ordinaires ou
les lieutenants de juges de toutes les justices seigneuriales du golfe ou vallée du Freinet, et par là, tous les
habitants de cette vallée essuient quatre degrés de juridictions : le premier devant le juge ordinaire, le second par appel devant ledit juge d'appeaux, le troisième par devant les lieutenants des Sénéchaux de
Draguignan ou de Toulon, et le quatrième enfin par
devant le Parlement, contre la règle générale du Royaume qui n'en admet que trois, ce qui fait durer les
procès à l'infini et accable de frais les parties plaidan-
tes. Mais ce qui ajoute encore à la tyrannie de cette
juridiction d'appeaux, est la taxe qui y a été nouvellement introduite, conforme à celle des Sénéchaussées,
en sorte que, outre le degré de plus, elle occasionne
encore deux taxes de Sénéchaussées, ce qui est ruineux
pour les parties, tandisque, dans les juridictions roya-

les, la taxe est moindre d'un tiers que celle des Sénéchaussées.

15°. — SUR LA QUALITÉ DE FORAIN RÉSERVÉE
AUX SEIGNEURS.

Anciennement les forains d'un terroir ne contribuaient qu'aux tailles concernant le fonds et non à
celles qui n'avaient pour objet que l'utilité des habitants, appelées négociales. Cette distinction était un objet continuel de discorde entre les communautés et
leurs forains pour le règlement desdites tailles. La
Province, pour y mettre fin, sollicita auprès du Roi l'a-
bolition de la qualité de forain et l'obtint par arrêt du
Conseil d'État du 23 juin 1666, et cette abolition fut
encore renouvelée par autre arrêt du Conseil du 7 février 1702, même au chef des seigneurs qui ne possédaient pas la moitié de la juridiction.

Malheureusement pour le Tiers-État, qui n'avait alors
aucun soutien, la Province étant à cette époque entièrement gouvernée par les nobles, la qualité de forain,
c'est-à-dire l'exemption des tailles négociales, fut conservée en faveur des seigneurs qui possédaient la moitié de la juridiction pour leurs biens-fonds roturiers,
ce qui occasionne des contestations continuelles et très
souvent de grands procès entre les seigneurs et les
communautés, au sujet des articles auxquels les seigneurs prétendent n'être point contribuables ; d'autant
mieux que les arrêts sur ce intervenus, presque toujours
ignorés des administrateurs des communautés, n'étant

pas uniformes sur lesdits articles, les seigneurs en gagnent successivement de nouveaux.

D'un autre côté, cela exige annuellement un régalement entre les seigneurs et les communautés ; mais comme ceux-là y emploient des personnes plus éclairées ordinairement que ne le sont les administrateurs des communautés, l'avantage est toujours du côté des seigneurs.

Enfin, si on entrait ici dans le détail des articles auxquels les seigneurs prétendent n'être point contribuables pour leurs biens roturiers, on serait frappé d'étonnement sur l'injustice de cette exemption ; car il est de principe que le seigneur d'un lieu est, de droit et de fait, le premier et principal habitant, et qu'en cette qualité, il jouit et de préférence de tous les droits et priviléges quelconques. D'après cela, quelle justice y a-t-il qu'il soit le seul exempt de contribuer aux dépenses qu'ils occasionnent, tandis que les forains qui n'en jouissent point y sont soumis, à l'instar des habitants ? Il est sûr que cette exemption féodale n'est fondée ni en droit ni en raison, comme bien d'autres, dont l'ignorance des temps a rendu le Tiers-État la victime, mais qui doivent céder à un siècle éclairé et juste, comme l'est celui où nous vivons.

16°. — SUR LA TAILLE DES BIENS NOBLES.

Suivant l'ancienne jurisprudence de la Provence, les biens nobles des seigneurs qui ont juridiction ne paient aucune taille aux lieux où ils se trouvent situés, et les seigneurs ne paient en corps leurs impositions que suivant l'ancien afflorinement des fiefs, et par là la vraie valeur de leurs biens nobles est inconnue.

On n'ignore plus à présent les motifs qui avaient donné lieu à cette jurisprudence ; mais on sait aussi qu'ils n'existent plus, et que le fardeau dont nos Rois les ont déchargés depuis longtemps est uniquement retombé sur le Tiers-État. Si donc la cause onéreuse en considération de laquelle cette exemption leur avait été accordée a cessé, n'est-ce pas de la dernière justice que ses effets cessent aussi en faveur du Tiers-État et que les choses reviennent au droit primitif, social et naturel où toute distinction de biens était inconnue pour le paiement des charges.

D'ailleurs, cette distinction des biens nobles et des biens roturiers, les compensations et tous les autres articles qui en sont une suite, ne sont-ils pas la cause d'une infinité de contestations entre les seigneurs et les communautés, qui ruinent souvent les uns et les autres par des procès éternels ? Les articles suivants seront encore une preuve de cette vérité.

17°. — SUR LA TAILLE DES BESTIAUX DES SEIGNEURS.

Plusieurs communautés, en vue de soulager les biens-fonds, imposent une taille sur les bestiaux, ainsi que les statuts de la Province le leur permettent.

Les seigneurs ou leurs fermiers jouissent en exemption de taille de tous les bestiaux à eux nécessaires pour la culture et engrais de leurs biens nobles, de

plus, d'une portion semblable à celle de deux habitants
les plus alivrés, des places vacantes des habitants qui
n'ont point de bestiaux et enfin des bestiaux étrangers
que les seigneurs relarguent dans le terroir, souvent
en plus grand nombre qu'il ne peut comporter, eu égard
au droit des habitants, et le tout en franchise de taille;
tout cela engendre de contestations et de rapports (*sic*) qui
occasionnent aux communautés des frais immenses.
Pour les éviter, les unes n'imposent aucune taille sur
les bestiaux et les autres n'y comprennent point ceux
des seigneurs et de leurs fermiers ; ce qui, en l'un et
l'autre cas, est visiblement injuste, puisqu'au premier,
le défaut d'imposition ne tourne qu'au profit des habitants riches qui sont à même d'avoir des troupeaux
considérables qui consument la majeure partie des herbages qui sont entrées en considération lors de l'affouagement du terroir, au préjudice des pauvres qui n'ont
aucuns bestiaux et dont les biens-fonds supportent par
ce défaut d'imposition une taille plus forte ; et qu'au
second cas, l'exemption totale des bestiaux des seigneurs et de leurs fermiers est cause qu'ils en versent
dans le terroir, soit en leur propre, qu'en relarguier,
trois et quatre fois plus qu'ils n'en auraient le droit,
le tout au préjudice des habitants.

18°. — SUR LE « PRO MODO JUGERUM. »

Personne n'ignore en Provence ce que c'est que le
règlement *pro modo jugerum.*
L'on peut bien dire que la jurisprudence à ce sujet'

seulement introduite par les arrêts, tend, d'une part, à rendre tout à fait misérables les pauvres gens de la campagne qui ne possèdent pas assez de biens pour avoir droit de tenir un nombre de bestiaux suffisant pour l'engrais de leurs terres, leur petit ménage et pour occuper leurs familles, et, de l'autre part, à rendre toujours plus rares en Provence les bestiaux, tandis que beaucoup de biens-fonds sans le secours du fumier ne produisent rien ; en sorte qu'on peut appeler ce règlement *pro modo jugerum* le véritable destructeur du nerf le plus nécessaire à la Provence et conséquemment au Tiers-État.

Or les inconvénients, qui résultent du contenu aux articles 14, 15, 16 et 17 ci-devant, prouvent évidemment la nécessité qu'il y a, tant pour l'intérêt de l'État, de la Provence et du Tiers-État et même des possédants-fiefs, d'aviser aux moyens pour les faire cesser sans retour et faire régner la paix et l'union, si désirables entre les seigneurs et les communautés qui sont presque toujours en procès.

Ces moyens seraient : l'abrogation de la qualité de forain, de l'exemption de la taille des bestiaux, du *pro modo jugerum* et l'encadastrement des biens nobles là où ils sont situés, sur le principe fondamental que les tailles sont réelles en Provence et non pas personnelles, pour, de ces biens nobles et des roturiers , les seigneurs payer la taille et toutes les autres impositions généralement quelconques, à l'instar des habitants et forains. D'ailleurs par cette égalité d'imposition il est certain que les seigneurs, se trouvant les plus intéressés à ce qu'il y eût une bonne administration dans les affaires des communautés, arrêteraient et empêcheraient par leur surveillance les abus qui s'y glissent ordinairement et qui s'y maintiennent.

19°. — SUR LA TAILLE DES BIENS DU PRIEURÉ
DE LA MOURE.

Il appartient au prieuré à simple tonsure de la paroisse de La Moure, où il y a un curé en titre, qui fait partie du terroir de la communauté de ce lieu, un bienfonds assez considérable qui s'arrente plus de cent cinquante livres annuellement. Le prieur jouit de ce bien en exemption de taille, sans savoir comment, attendu qu'on n'a pas été en état de lui prouver que sa possession est postérieure à 1471. La communauté réclame l'encadastrement de ce bien, pour qu'il contribue à toutes ses charges.

20°, — SUR LES ANCIENS MOULINS BANAUX
QUI NE SUBSISTENT PLUS.

La plupart des seigneurs possédaient anciennement des moulins à farine banaux, et, quoiqu'ils ne subsistent plus et que les habitants soient obligés d'aller moudre leurs grains ailleurs, cependant ces seigneurs en exigent le droit de mouture les uns à plein, les autres à moitié, ce qui est de leur part une des prétentions les plus iniques. Les habitants devraient donc être déchargés de ce droit jusqu'à ce que les seigneurs eussent rétabli leurs moulins, ce qui d'ailleurs serait conforme au droit général de cette Province qui, après un bref délai dans les différents temps où les moulins banaux ne peuvent pas travailler, permet aux habitants d'aller moudre leurs grains ailleurs, sans qu'il [soit] dû au seigneur, à qui sont ces moulins banaux, ou à son fermier, aucun droit de mouture.

21º. — SUR LES FOULURES DES GRAINS.

Anciennement plusieurs seigneurs s'étaient réservé, dans les nouveaux baux, que les emphytéotes seraient soumis à faire fouler leurs grains par leurs haras. Actuellement presque tous les seigneurs n'en tiennent plus, et les habitants sont par là nécessités de faire fouler leurs grains par leurs bestiaux ou par ceux qu'ils louent ; cependant les seigneurs ou leurs fermiers exigent le droit de foulure, les uns à plein, les autres à moitié, ce qui n'est juste ni raisonnable.

22º. — SUR LES ABUS DU RETRAIT FÉODAL.

Les seigneurs n'ont en Provence que deux mois à exercer le retrait féodal ; mais, par une jurisprudence établie en leur faveur par les arrêts du Parlement, ces deux mois ne courent que du jour que l'acte qui y donne lieu et ouverture leur a été signifié par un exploit, toute autre connaissance ne servant de rien, et sans cette formalité de rigueur, leur droit ne prescrit que dans trente ans.

Peu d'acquéreurs osent faire faire cette signification, étant en ce cas assurés de la rétention, et ils préfèrent employer des procédés plus honnêtes, en exhibant au seigneur, de la main à la main, leurs extraits, avec prière d'en recevoir le lods ; mais ils renvoyent d'un jour à l'autre, parce qu'ainsi, s'ils ont occasion de trouver quelqu'un qui leur donne un bénéfice sur le bien, ils le retiennent et le lui vendent tout de suite. Pour obvier à cet abus, qui ruine quelquefois un acquéreur qui est dépossédé après quinze, vingt ans de possession et après avoir par ses travaux augmenté le bien qui se trouve être d'un prix extrêmement au-dessus de celui qu'il en a donné, duquel seulement il est remboursé, il serait à souhaiter que le temps accordé au seigneur pour retenir fut abrégé.

23°. — SUR LE LODS REÇU PAR LE FERMIER, OU PROCUREUR DU SEIGNEUR.

D'autre part, plusieurs seigneurs afferment leur droit de lods, ou établissent un procureur pour l'exiger, et, quoiqu'en l'un et l'autre cas il y ait plusieurs arrêts qui les obligent à donner aux exacteurs le pouvoir nécessaire pour investir les acquéreurs desquels ils reçoivent le lods, ils se gardent bien de s'y conformer, puisque, par une jurisprudence des arrêts, nonobstant le paiement du lods fait aux fermiers ou aux procureurs, ils sont encore reçus au retrait féodal pendant vingt-neuf ans, et ils attendent ordinairement pour l'exercer que les acquéreurs, qui se croient bien

sûrs en leur possession, aient considérablement augmenté lesdits biens; et bien plus, ils ne veulent ensuite
leur rembourser que le prix, frais et loyaux coûts et
le lods payé, sans vouloir entendre parler des améliorations et des réparations desquelles seules procède
l'augmentation ; à tout quoi les pauvres acquéreurs
sont forcés de se soumettre, pour ne pas s'exposer à
plaider avec leur seigneur.

Pour prévenir à l'avenir ces abus, tout à la fois préjudiciables aux acquéreurs et aux intérêts de l'Etat et
de la Province, les députés du Tiers-Etat doivent demander à notre bon Roi, vraiment père du peuple, que,
lorsque le lods aura été acquitté aux fermiers ou aux
procureurs des seigneurs, ceux-ci soient non receva-
bles à exercer le droit de retrait féodal et que, nonobstant le défaut de paiement du lods, le seigneur ne soit
plus reçu audit droit de retrait une année après la
date de l'insinuation de l'acte.

24º. — DU RENOUVELLEMENT DES TITRES ENTRE
LES SEIGNEURS ET LES COMMUNAUTÉS.

Dans les archives de plusieurs communautés on ne
trouve point les anciens titres et transactions passées
entre les seigneurs et les habitants. Si malheureusement il s'élève quelque contestation au sujet de ce qui
est porté par ces titres ou transactions, les communautés sont souvent obligées de s'en rapporter à l'aveugle
à ceux que les seigneurs produisent, sans être assurées
de leur authenticité et de leur légalité. D'autre part,

les seigneurs obligent les communautés et leurs emphytéotes de leur passer reconnaissance, sur le fondement
d'anciens titres qu'ils ne leur exhibent point, et souvent,
secondés par les notaires qui sont à leur choix au préjudice de ceux du lieu, ils font énoncer dans ces reconnaissances des droits contraires aux vrais titres que
peu de personnes, même, en cas d'exhibition, sont en
état de lire, à cause de leur ancienneté ; et puis ainsi, à
la faveur de deux reconnaissances, les seigneurs se forment de nouveaux droits.

Comme aujourd'hui le Roi désire rendre ses peuples
heureux par l'amour qu'il leur porte et qu'un des principaux points est de faire cesser et prévenir toutes
contestations futures entre les possédants-fiefs et leurs
vassaux et les garantir par là des procès qui sont leur
ruine et où presque toujours les communautés succom-
bent, les députés du Tiers-Etat doivent supplier Sa
Majesté d'ordonner qu'il fût procédé légalement à la
vérification desdits titres et transactions, sur l'exhibition que les seigneurs seraient tenus d'en faire, et
transcrits ensuite en double minute, dont une pour les
seigneurs et l'autre pour les communautés, afin de servir de règle à tous, et qu'en cas de quelque dérogation
dans la suite, l'acte sur ce passé fut transcrit à la suite
du même cahier qui contiendrait les titres.

25°. — SUR LES 150,000 LIVRES ACCORDÉES SUR L'AUGMENT DU PRIX DU SEL.

Le roi Louis XV ayant augmenté le prix du sel,
accorda à la Province, sur ses représentations, que, sur

le prix de l'augment, il serait compté au trésorier de la Provence 150,000 livres annuellement, pour être employées au secours des communautés qui auraient souffert des dommages par les intempéries du temps.

Le terroir de ce lieu n'est que montagnes et conséquemment très exposé aux ouragans, grêles et ravages qui privent les habitants, non seulement de leur récolte, mais qui emportent encore le peu de terre qui couvre les rochers. Quoique de tous les temps et, du depuis, plusieurs quartiers aient essuyé des ravages considérables qui en ont totalement ruiné les habitants, et que la communauté, pour leur procurer quelque secours, les ait fait constater par des rapports bien détaillés qui ont été envoyés à MM. les Procureurs du Pays, elle a cependant toujours réclamé en vain, sans avoir jamais pu obtenir le plus petit secours, et cela par le défaut de protection.

26°. — SUR LA CAPITATION.

Les trois quarts de cette communauté, quoique assez nombreuse en habitants, sont des gens de campagne qui vivent misérablement toute l'année dans leurs bastides ; cependant elle est répartie à la capitation pour treize cent quatre-vingt-neuf livres qui, jointes aux quatre sols pour livre, font un tout de seize cent soixante-six livres seize sols, somme exhorbitante pour une petite et pauvre communauté qui n'est affouagée que quatre feux et quint, plus qu'elle ne le devrait, ce qui fait continuellement plaindre les habitants contre les admi-

nistrateurs sur leur forte taxe. L'assemblée présente
espère avec confiance qu'elle obtiendra quelque diminution sur cet impôt ruineux.

27°. — SUR LES GARDE-COTES.

La communauté de ce lieu se trouve comprise dans
les garde-côtes et est obligée de payer, pour raison de
ce, 153 livres annuellement, soit en temps de guerre
soit en temps de paix, et, en y joignant tous les acces-
soires, c'est un objet de plus de 200 livres chaque
année.

Par dessus cela, on la soumet à payer pour la milice,
à l'instar des autres communautés, ce qui paraît être
injuste à son égard, sur quoi l'assemblée réclame les
bontés du Roi.

28°. — FONDATION DE M. DE SAINT-VALLIER.

La Province, à la seule impulsion du clergé et surtout de la noblesse, se chargea du fonds de la fondation
de M. de Saint-Vallier. Cette fondation lui coûte annuellement 14,200 livres, que le Tiers-Etat seul paye, tandis qu'elle n'intéresse que la noblesse qui, seule, y a
part et, en particulier, le seigneur archevêque d'Aix qui
s'est seul arrogé le droit de nommer les demoiselles
nobles pour doter en cas de mariage, faire entrer en
religion et recevoir pensionnaires, l'assemblée où il les
propose n'approuvant son choix que *pro formâ*.

Le Tiers-Etat doit être déchargé de contribuer à

cette fondation, sauf au corps de la noblesse de s'en
charger comme il verra bon.

29°. — SUR LA MARÉCHAUSSÉE

Toutes les communautés de Provence payent pour
la maréchaussée des sommes assez fortes ; cependant
bien peu en tirent le plus petit avantage, même les
possédants-fiefs. Car : 1° cette maréchaussée à cheval est
inutile aux endroits montagneux dont est composée
la plus grande partie de la Provence, par la raison
que les voleurs n'ont qu'à se dérouter des chemins
pour rendre inutiles les poursuites que font sur eux les
cavaliers ; 2° si les cavaliers, ainsi qu'ils en ont l'ordre,
font le trajet d'un lieu à un autre, ils n'y paraissent
qu'un moment et retournent tout de suite, de façon
qu'il est très rare qu'ils y fassent et encore moins en
chemin la capture des voleurs; et 3°, s'il est question de
la traduction de quelque prisonnier aux prisons royales, ils exigent soit des seigneurs ou des parties civiles
le brigadier, cinq francs, et les cavaliers, quatre, pour
chaque jour, ce qui revient plus cher que si on y em-
ployait d'autres personnes.

Il serait à désirer que la maréchaussée à cheval fût
diminuée en Provence et qu'il n'y en eût que pour les
grandes routes et qu'aux autres endroits on substituât
une maréchaussée à pied, composée des soldats qui auraient servi le temps nécessaire pour avoir les invali-
des, et par les chevaux qu'on épargnerait, dont l'achat
et frais de nourriture font un objet considérable, cette
dépense ne surchargerait ni l'Etat ni la Province.

30º. — SUR LES DIFFÉRENTS DROITS ROYAUX.

Il y a actuellement en vigueur une infinité d'édits bursaux qui, bien loin d'être de quelque utilité pour le public, ne tendent au contraire qu'à sa ruine par les extensions qu'on leur donne et les fortes amendes qu'ils occasionnent.

31º. — SUR LE CONTRÔLE ET INSINUATION.

Le contrôle et insinuation des actes, exploits et autres articles sont, ainsi qu'on ne peut en disconvenir, utiles au public par les connaissances qu'ils lui donnent et pas les fraudes qu'ils empêchent ; mais les droits en sont aujourd'hui accablants, leur perception trop rigoureuse et trop subtilisée par MM. les fermiers-généraux.

On doit demander: la réformation du tarif du 29 septembre 1722 et que les articles où les droits sont payés, suivant la qualité des parties, fussent divisés en plus de classes qu'ils ne renferment et mieux expliqués ; la modération de certaines amendes de contraventions et que, dans chaque endroit où il y a des notaires, on établît un bureau de contrôle, parce qu'il est trop dangereux que les notaires soient obligés de remettre à autre personne leurs mains-courantes et les registres qui contiennent des testaments des personnes vivantes, pour aller faire contrôler un testament d'une personne décédée et autres actes.

Déclarant, au surplus, la présente assemblée que, quant à tous les autres objets, soit généraux pour le royaume, soit particuliers à cette province, elle s'en réfère absolument aux cahiers généraux de l'ordre du Tiers-État qui seront dressés dans ses assemblées, soit particulières, soit générales pour l'élection de ses députés aux États Généraux.

(Signé :) J. Olivier, consul.; J.-N. Sénéquier, maire; Chabriel, prieur-curé; Guillabert; Roume; Pons Guillabert; Sigallas; J. Chabert; Jean-Marie Gilardi; Joseph Courchet; B. Bérenguier; J.-F. Guillabert; M.-A. Massel; P. Arnaud; J. Monier; Clémens Jean; C. Guillabert; J. Jacques Jean; J. Bourguignon; J.-T. Alberny; B. Courchet; Joseph Guillabert; C. Voiron; A. Serret: J. Sénéquier; François Colle; E. Jean; E. Arnaud; B. Paul; E. Arnaud; A. Beuf, Giraud; H. Ollivier; C. Sénéquier; C. Beal; J. Pic; C.-J. Martin; Bonhomme; A. Guillabert; J.-B. Giraud; Courchet; J. Monieur; J. Guillabert; H. Jean; Condroyer; J. Guigues; Portal; J.-H. Guillabert; J. Guigues; Bérenguier; M. Miquelon; Guillabert; G. Rimbaud; Bouis; Condroyer; L.-B. Ollivier; J. Condroyer; J. Sigallas; Arnaud; J. Bonhomme; Guillabert; Chauvin; L. Bérenguier; J. Sénéquier; J. Courchet; J.-J. Bertrand; Pierre Matabon; F. Ollivier; Courchet; A. Condroyer; J.-V. Condroyer; P. Serraillier; Bérenguier; A.-M. Olivier; Z. Guillabert; Amic; J.-A. Taxy; Beuf; Marc Andrac; Courchet; Joseph Chaillan; Olivier.

Le présent cahier de plaintes a été coté et paraphé *ne varietur* par nous, lieutenant de juge de ce lieu. Fait à la Garde-Freinet et dans la chapelle des frères Pénitents blancs, où les habitants se sont assemblés, le vingt-deux mars mil sept cent quatre-vingt neuf.

(Signé :) Auzepy, lieutenant de juge.

XXIX

GASSIN

Cahier des plaintes et doléances

———

Les sieurs maire-consuls ont représenté à la présente assemblée, convoquée tant pour la nomination des députés que pour la rédaction du cahier des plaintes et doléances des habitants de cette communauté de Gassin, que c'est au meilleur des Rois que nous devons l'avantage de nous voir réunis aujourd'hui pour concourir, autant qu'il sera en notre pouvoir, aux vues d'un monarque qui cherche les moyens les plus efficaces pour rendre toujours plus son peuple heureux ; à cet effet, il a désiré d'être instruit de tout ce qui pourrait y contribuer, voulant bien écouter les doléances du pauvre comme celles du riche, du puissant comme du faible, pour ensuite déterminer à la convocation des Etats Généraux le bien général de son royaume et de ses peuples. En conséquence, ils ont dressé le présent cahier de plaintes et doléances des habitants de cette communauté, pour être remis et porté par les députés à l'assemblée des communautés de ce ressort, contenant : 1º les objets qui concernent la généralité du

royaume ; 2° ceux qui regardent cette province ; 3°
enfin ceux qui peuvent affecter en particulier ce golfe,
ou cette communauté, dans l'ordre qui suit :

Les sieurs députés sont chargés de représenter et
demander au meilleur des Rois :

1° Que les trois Ordres délibèreront toujours ensemble et en commun, et que les suffrages seront comptés
par tête ;

2° Que, par une constitution, formée inviolablement,
les droits de la Couronne et de la Nation soient solidement établis pour toujours ;

3° Qu'il soit fait un nouveau code civil et criminel
où les formes soient plus simples, moins onéreuses au
peuple, et où l'innocence ne soit plus exposée aux vexations qu'elle est souvent au cas d'essuyer ;

4° Que les charges de magistrature cessent d'être
vénales, et que le nombre de magistrats des cours
souveraines soit composé au moins de la moitié d'individus du troisième Ordre ;

5° Que les différents tribunaux onéreux soient réduits, pour ne pas exposer le peuple à des incidents,
ruineux par des moyens d'incompétence suscités par
des débiteurs fuyards, ou par la revendication des juridictions ;

6° Que les dignités et bénéfices ecclésiastiques, ainsi
que les emplois civils et militaires, soient également
conférés au second Ordre et au Tiers ;

7° Qu'il soit donné aux communes soumises à des
droits féodaux, la faculté de les racheter ou éteindre,
sur le pied de l'estime ;

8° Que la chasse et la pêche aux rivières et étangs soit permise à tous citoyens possédants biens dans un lieu, et qu'en conséquence la loi concernant la prohibition de la chasse et du port d'armes et la peine qu'elle prononce soi[en]t supprimée[s] ;

9° Que la contribution pour toutes charges royales et locales, sans exception d'aucunes et nonobstant toute possession ou privilèges quelconques, soit répartie d'une manière égale sur les trois Ordres, et par conséquent sur tous les sujets du royaume, en laissant à la Provence le choix de ses impositions ;

10° Que toutes les communes de la Province soient convoquées aux Etats, au choix de la viguerie pour les députés ;

11° Que les Etats Généraux soient convoqués de cinq en cinq ans, et qu'une commission intermédiaire soit, dans chaque intervalle, réglée dans chaque Province ;

12° Que les justices seigneuriales soient anéanties et réunies à la Couronne, afin que la justice soit rendue au nom du Roi dans tout le royaume, et, en cas contraire. que le maire de chaque commune autorise les conseils et ait la police d'iceux, soit pour en avoir payé et acquis le droit sans en jouir, soit pour éviter les tracasseries et les frais de subrogation, toujours trop onéreux pour des pauvres communautés (sic) ;

13° La suppression du payement de toutes dîmes, à la charge par les communes de s'imposer pour le payement des congrues, ou du moins une uniformité dans tout le royaume pour le payement des dîmes au taux des biens nobles ;

14° Une attribution aux tribunaux des arrondissements de souveraineté, jusques au concurrent d'une
somme déterminée ;

15° L'abrogation de toutes lettres attentoires à la
liberté des citoyens ;

16° Que les bois de pin et autres qui ne sont pas de
haute futaie, ne soient point soumis à aucun droit de
lods ni d'indemnité ;

17° Qu'il y ait une modération sur le prix du sel,
rendu uniforme dans tout le royaume, comme aussi
l'abolition de tous droits de circulation dans son intérieur et notamment le reculement des bureaux des
traites dans les frontières ;

18° Que le Tiers ait la faculté d'élire le président aux
Etats de la Province, pris néanmoins dans les deux
premiers Ordres, et s'élever contre la perpétuité de la
présidence et contre la permanence de tout membre
non amovible ayant, en l'état des choses, entrée auxdits Etats ;

19° Que les communes aient un syndic pour entrer
aux Etats ;

20° L'exclusion des mêmes Etats des magistrats et
de tous officiers attachés au fisc ;

21° La désunion de la procure du Pays du consulat
d'Aix ;

22° Que les comptes de la Province soient annuellement imprimés et un exemplaire envoyé à chaque
communauté ;

23° Qu'il soit fait et arrêté aux Etats la répartition
des secours que le Roi accorde au Pays, ensemble l'imposition de 15 l. par feu affectée à la haute Provence ;

24° Qu'aux Etats seuls seront adressées toutes les lois portant impôt, pour les enregistrer, n'ayant aucune vigueur auparavant ;

25° Qu'il soit supprimé au moins le quatrième degré de juridiction, vexatif pour les habitants du Golfe et si contraire au droit public ;

Lequel cahier des plaintes et doléances des habitants de cette communauté, lu dans l'assemblée convoquée à ce sujet, elle l'a unanimement approuvé avec déclaration que, quant à tous autres objets, soit généraux pour le royaume, soit particuliers à cette province, ils s'en réfèrent absolument au cahier général qui sera dressé dans l'assemblée des trois Ordres, d'après le vœu de la prochaine assemblée des députés des communautés de ce ressort ; et tous ceux qui ont su signer l'ont fait, de même que Mᵉ Barbarié, lieutenant de juge, qui l'a tout de suite coté et paraphé *ne varietur.* A Gassin, dans la maison de ville, ce vingt-deux mars mille sept cent quatre-vingt-neuf.

(Signé :) Tollon, maire ; Germond ; J. Tournel ; Champagne ; L. Tournel ; Aliés ; B. Germond ; Gras; Bérenguier ; Roux ; Pierrugues ; Barbarié, lieutenant de juge.

XXX

GRIMAUD

Cahier des doléances

PREMIÈRE PARTIE

Elle comprend les doléances qui peuvent intéresser
cette communauté et la généralité du Royaume, et la
présente assemblée prie Messieurs les députés aux Etats
Généraux et ceux qui seront chargés de la rédaction
des cahiers à l'assemblée par devant M. le lieutenant
général, de réclamer de notre bon Roi :

1º La réformation du code civil et criminel ;

2º La suppression des juridictions seigneuriales et
de les rendre royales, avec présentation des officiers
au Roi, par les officiers municipaux ;

3º La suppression de tous les tribunaux inutiles et
onéreux. Cette demande intéresse doublement cette communauté et celles du Golfe, qui [dont (?)] par une règle
contraire aux lois générales, les habitants sont grevés
d'un quatrième degré de juridiction, d'où naissent les
motifs les plus pressants de demander l'abolition de celle
qui est la plus inutile et la plus onéreuse ;

4° Une attribution de souveraineté aux tribunaux d'arrondissement jusqu'à une somme limitée , et que tous les tribunaux connaissent de toutes les matières, pour éviter les conflits de juridiction et les frais des procès de règlement des juges, toujours très onéreux ;

5° La suppression de la vénalité des charges, et attribuer la présentation des officiers au Roi, par les Etats provinciaux ;

6° La suppression de tous les droits de la féodalité, comme étant onéreux et gênant la liberté publique, d'abolir les banalités, d'accorder la liberté de la pêche, de la chasse dans son terrier, d'autant que les bêtes fauves, les unes, dévastent nos champs, les autres détruisent les troupeaux; d'accorder la liberté de prendre les eaux des torrents et vallons, pour des arrosages et engins, et tous les autres droits de la féodalité, le tout sous juste indemnité ;

7° La jouissance aux maires des communautés non royales, le [du] droit d'autoriser leurs conseils, d'après l'acquisition qui a été faite de la mairie par les communautés en corps de Province, et réunie à la personne du premier consul; ce qui évitera des (sic) grands inconvénients, qui sont fréquents par les difficultés qu'on fait pour l'assemblée des conseils, et encore plus lorsqu'il s'agit de délibérer sur des affaires qui ont trait au seigneur ;

8° L'encadastrement des biens nobles et de l'église, et obligation de contribuer à toutes les impositions royales et locales, et pour toutes les parties d'impositions des communautés, telles que celles sur les bestiaux et autres ;

9° L'abolition des compascuités générales, fléau ordinaire des terroirs des lieux où elles sont établies, par les grands dommages qu'elles occasionnent sur tous les biens en général ;

10° L'abrogation de toutes lettres attentoires à la liberté publique ;

11° La liberté de la presse, autant qu'il n'y aura rien contre les mœurs et le bon ordre ;

12° L'égalité des poids et mesures dans tout le royaume ;

13° Une modération sur le prix du sel, et rendu uniforme, ainsi que le poids du minot, dans tout le royaume. La présente assemblée prie Messieurs les députés aux États Généraux d'observer spécialement que le minot du grenier à sel de Saint-Tropez, auquel ce lieu et les autres lieux du Golfe sont obligés de se fournir, pèse environ dix livres de moins que celui des autres greniers ; que le sel qu'on apporte aud. grenier est toujours du fond des salins, chargé de gravier et de terre, et de demander provisoirement qu'il soit pourvu à ces abus ;

14° L'abolition des fermes et gabelles ;

15° La modification sur les droits de contrôle, centième denier et autres droits royaux, avec la dresse d'un nouveau tarif clair et invariable ;

16° L'abolition des dîmes, avec une augmentation d'émoluments aux curés et vicaires desservant les paroisses ; de porter les premiers à douze cents livres et les derniers à six cents livres, au moyen desquels toutes les fonctions ecclésiastiques seront faites gratuitement ;

17° De reconnaître et prendre les moyens de consolider la dette nationale au plutôt possible ;

18° Les rapprochements des assemblées des Etats Généraux, et l'égalité du Tiers-Etat aux deux premiers Ordres réunis, et que les voix auxd. Etats seront recueillies par tête et non par Ordre ;

19° La reddition du compte général annuel des finances aux Etats Généraux et l'impression d'iceux ;

20° La responsion des ministres ;

21° La faculté au Tiers-Etat de concourir, avec les deux premiers Ordres, à tous les emplois militaires, bénéfices et charges ci-devant attribuées à la noblesse ;

22° La suppression de toutes les charges inutiles et onéreuses.

SECONDE PARTIE

Cette seconde partie comprend les affaires particulières et relatives à la Province.

La présente assemblée prie et charge MM. les députés qui seront chargés de la rédaction du cahier général à l'assemblée par devant M. le lieutenant et ceux pour assister à celle des Etats généraux :

1° D'insister à demander au meilleur des Rois le rétablissement de nos Etats provinciaux, avec égalité du Tiers aux deux premiers Ordres, tant auxdits Etats que dans la Commission intermédiaire ;

2° Que le président soit pris dans l'assemblée, au scrutin, par le Tiers-Etat dans l'un des premiers Ordres, auquel il sera tout de suite fait part des objets à délibérer dans ladite assemblée, et il ne pourra disposer d'aucune charge, même des plus minimes ;

3° Que, toutes les fois que le Tiers-Etat sera obligé de s'assembler en particulier, il choisira son président à la pluralité des voix ;

4° Que toutes les charges et dépenses soient consenties par le Tiers-Etat ;

5° De réclamer de la justice du Roi qu'il soit permis aux communes de se nommer un syndic avec entrée auxdits Etats ;

6° De s'élever contre la permanence de tous membres non amovibles, ayant, en l'état des choses, entrée auxdits Etats ;

7° De requérir l'exclusion des mêmes Etats des magistrats et de tous officiers attachés au fisc ;

8° La désunion de la procure du Pays, du consulat d'Aix ;

9° L'admission des gentilshommes non possédants-fiefs et du clergé du second Ordre ;

10° L'égalité dans les contributions pour toutes charges royales et locales, sans aucune exception et nonobstant toutes possessions ou privilèges quelconques ;

11° Demander, en outre, l'impression annuelle des

comptes de la province et de ceux des vigueries, avec envoi d'un exemplaire à chaque communauté ;

12° Que la répartition des secours que le Roi accorde au pays de Provence, ensemble de l'imposition de quinze livres par feux affectés à la Haute-Provence, sera faite dans le sein des Etats et par eux arrêtée.

Déclarant au surplus led. présent Conseil, que, quant à tous autres objets, soit généraux pour le royaume, soit particuliers à cette province, ils s'en référent absolument au cahier général qui sera dressé à l'assemblée du chef-lieu, par devant M. le lieutenant général, d'après son vœu ; approuvant dès à présent l'élection qui sera faite des députés aux Etats Généraux et tout ce qui sera fait et arrêté à l'asssemblée desdits Etats

Ainsi que dessus a été procédé au présent cahier des doléances et unanimement approuvé par l'assemblée des habitants et chefs de famille, et ont signé tous ceux qui ont su écrire.

(Signé :) Reibaud, maire ; Martin, consul ; Cabasse, auditeur ; F. Reibaud, fils ; Gueriey ; Bauc ; Nègre ; Philip ; Gueriey ; L. Farnet ; Martin ; Bauc ; Brenguier ; J. Guillabert ; B. Fabre ; Clément Béchié ; V. Christin ; Fabre ; Joseph Farnet; Farnet ; J. Guigonet; Laugier ; Maille ; Lefèvre ; Cordier ; Cordier, fils ; Germondy ; Coulomb ; Pelissen ; Pellissery ; J. B. Cordier ; Bremond, viguier.

XXXI

LORGUES

Délibération du conseil de la communauté de la ville de Lorgues, composé de tous chefs de famille.

———————

L'an 1789, et le 1er mars, en conformité des ordres de MM. les Commissaires du Roi, le conseil de tous chefs de famille a été extraordinairement assemblé dans l'église des RR. Pères Capucins, à cause de la petite étendue des salles de l'Hôtel-de-Ville, après la convocation faite hier au soir et réitérée ce matin par les publications de Jean-Louis Fabre et Joseph Bonnefoy, trompettes, et dans toutes les rues et carrefours de la ville, à deux heures après-midi, ledit conseil a été autorisé par Me Jean-Joseph Clapiers, avocat à la Cour, maire et premier consul, où ont assisté sieur André Vaille, bourgeois, second consul, sieur Augustin Boyer, négociant, troisième consul ; Me François-Philippe-Barthélemi Fauchier, fils, avocat en la Cour, premier consul, député de la communauté du Thoronet ; Me Honoré Laborel, docteur en médecine, représentant de la communauté de.....(?) Sr François Courchet et Sr Joseph Bonnefoi,

négociants, second et troisième consuls de l'année
dernière ; Me Victorin Perreymond, docteur en médecine, premier conseiller, Sr Joseph Turles, bourgeois,
et sieur Augustin Vaille, négociant, second et troisième conseillers ; Me Philippe Mourre, avocat en la
Cour ; sieur Honoré Auzivizier, bourgeois, et Pierre
Vacquery, négociant, auditeurs des comptes ; Sr
Charles Oriol, bourgeois, et Sr Jean-Paul Fabre, négociant, second et troisième intendants de police ;
Me Esprit-Bernard Bovis, écuyer ; Sr Joseph d'André,
ancien garde du Roi ; Messire Louis-François Chieus-
ses de Combaud, seigneur de Roquebrune ; Me Honoré
Vincent Gansin, avocat en la Cour ; Me Pierre Boyer,
docteur en médecine ; Me Joseph Matty-la Tour, doc-
teur en médecine ; Mo François Gabon, maître en chirurgie ; Messire Joseph Rey, seigneur de Taradeau ;
Me Louis-Vincent Gattus, avocat en la Cour ; Me Ferréol Fauchier, avocat en la Cour ; Mo Joseph-François
Fauchier, docteur en médecine ; Sr Mathieu Mingaud,
bourgeois ; Sr Honoré Ventre, négociant ; Sr Claude
Sausède, maître serrurier ; Sr Honoré Gras, maître
serrurier ; Sr Henri Laugier, négociant ; Sr Joseph
Héraud, ancien officier aux Colonies ; Me Jean-Joseph
Raynier, avocat en la Cour ; Sr Guillaume Jassaud,
marchand fabricant de draps ; Sr Jacques Matty-laTour,
bourgeois ; Sr Louis Raynier, ancien garde du Corps
du Roi d'Espagne ; Me Jean-Louis Combe, avocat en
la Cour ; Me Côme Olivier, notaire royal et procureur ;
Me Vincent Mourre, notaire royal et procureur ; Sr Jean-
Baptiste Cordouan, négociant ; Sr Pierre Pellotier,
marchand ; Sr Jacques Cauvin, maître cordier ; Honoré

Dauphin, tailleur d'habits ; Sʳ Jacques Agnel, négociant ; Honoré Vacquery, boulanger ; Auguste Serenne, maître cordonnier ; Sʳ Jean-Baptiste Aynaud, négociant ; Joseph Gras, tisseur à toile ; Sʳ Louis Martin, bourgeois ; Louis Chieusse, agriculteur ; Bernard Mouriès, ménager ; Henri Cauvin, laboureur ; Barthélemi Blanc, agriculteur ; Joseph Marquiseau, agriculteur ; Sʳ Jean-Baptiste Garrus, bourgeois ; Sʳ Joseph Annaut, fabricant de draps ; Joseph Vidal, agriculteur ; Sʳ Mathieu Mingaud, neveu, bourgeois ; Antoine Gras, maître serrurier ; Sʳ Jean-Baptiste Allaman, négociant ; Honoré Isnard, laboureur ; Bernard Vian, cordier ; Sʳ Louis Hermelin, bourgeois ; Jacques Maunier, laboureur ; François Gras, tisseur à toile ; Honoré Cabasson, maître boulanger ; Jacques Sieye, laboureur ; Jean-André Guieu, maçon ; Antoine Mourre, laboureur ; Esprit Autran, tisseur à toile ; Jacques Tardieu, maçon ; Jean-Joseph Raibaud, laboureur ; Sʳ Jean-Pierre Raibaud, négociant ; François Bernard, fabricant de draps ; Jean Ricard, laboureur ; Sʳ Joseph Fournier, marchand ; Augustin Maunier, fabricant de draps ; Sʳ Augustin Goiran, négociant ; Antoine Tardieu, aîné, maçon ; Antoine Montaud, menuisier ; Joseph Ventre, laboureur ; Pierre Cordouan, agriculteur ; Jacques Maria, agriculteur ; Jean Pic, ménager ; Jacques Richer, agriculteur ; Jean Héraud, laboureur ; Joseph Simon, laboureur ; Claude Claix, laboureur ; Jean Vacquier, agriculteur ; Sʳ Jean-Louis Guigou, bourgeois ; Sʳ Jean-Baptiste Raibaud, négociant ; Antoine Icard, laboureur ; Honoré Adaoust, agriculteur ; Honoré Ribaud, chaudronnier ; François Raxais,

ménager ; Jean-Joseph Codoul, ménager ; Joseph Prat,
ménager ; Jean-Joseph Gaurran, ménager ; François
Prat, cordonnier ; Raimond Mannier, cordonnier ;
Sr Jean-Joseph Lions, fabricant de bas ; Sr Jean-Joseph
Turles, bourgeois ; François Sigaud, laboureur ; Henri
Ainaut, ménager ; Jacques Doudon, cardeur à laine ;
François Allaman, ménager ; Antoine Tambon, agri-
culteur ; Jacques Cauvin, cordier ; Joseph Gras, maî-
tre cordonnier ; Jean-Baptiste Barrin, laboureur ;
Jean-Joseph Vian, jardinier ; Sieur Jean-Antoine Tor-
cat, architecte ; Maury Vacquery, maître bâtier ; S^r
Joseph Arnaud, négociant ; Jean Honoré Turcon,
agriculteur ; Joseph Sigalloux, cordonnier ; Etienne
Juge, cordonnier ; Augustin Gras, tisseur à toile ;
Louis Arnaud, agriculteur ; Guillaume Allègre, boulanger ; Louis Evesque, laboureur ; Jacques Durand,
agriculteur ; Sr Alexandre Dous, bourgeois ; Claude
Fichet, tailleur de pierres ; Jacques Courdouan, agriculteur ; Gaspard Simon, ménager ; Joseph Fabre,
agriculteur ; Esprit Daudon, cadet, maçon ; Joseph
Camail, agriculteur ; Henri Vigne, laboureur ; François Tambon, agriculteur ; Louis Turles, agriculteur ;
Pierre Cordouan, ménager ; Hermentaire Barrin,
laboureur ; Sr Antoine Villeneuve, bourgeois ; Pierre
Lions, négociant ; Antoine Ferrat, agriculteur ;
Honoré Imbert, agriculteur ; Jean-Joseph Roucassin,
agriculteur ; Pierre Vian, laboureur ; François Bonnefoy, négociant ; Jean-Louis Girard, agriculteur ;
Pierre Maurin, agriculteur ; Me François Fauchier,
procureur ; Sieur Joseph Maurin, maître en chirurgie ;
Sr François Gavot, fabricant de bas ; Sr Augustin

Maunier, maître perruquier ; François Imbert, agriculteur ; Pons Mourre, agriculteur ; Henri Imbert, agriculteur ; Sʳ Jacques Cauvin, négociant ; Pierre Esquier, agriculteur ; Joseph Estève, agriculteur ; François Mouriès, agriculteur ; Jean-Baptiste Ricard, laboureur ; Honoré Bonnefoy, agriculteur ; Jean-Baptiste Mathieu, agriculteur ; Jean Fabret, laboureur ; Joseph Mourre, laboureur ; Jean-Pierre Raynoard, Jean Evesque, Laurent Evesque, Jean Bauchier, Joseph Ricard, Marc Girard, Modeste Girard, Jean-Baptiste Girard, Mathieu Maria, François Blanc, Jean-Baptiste André, Jean-Pierre Courdouan, Jean-Pierre Raybaud, Laurent Pelissier, Jean Maurin, Jacques Ventre et Joseph Trotobas, agriculteurs ; Pierre Courdouan et Jean-Baptiste Blanc, ménagers; Antoine Marenc, agriculteur ; Jean Robert, ménager ; Joseph Pisan, agriculteur ; Jean-Baptiste-Bernard Mingaud, ménager ; Jean Pélissier, agriculteur ; Jean-Honoré Iroard, agriculteur ; Pierre Bertrand, ménager ; Sʳ Antoine Cruvès et Sʳ Etienne Vaille, négociants; Joseph Martel, cordonnier; François Vassal et Antoine Maunier, laboureurs ; Henri Pisan, ménager ; Jean-Baptiste Aynaud et François Clément, agriculteurs ; Claude Ventre, maçon ; Jean Marquisan, Louis Maunier, Pons Tambon et Honoré Vacquier, ménagers; François Bérenguier, maréchal à forge ; François Amant, tailleur de pierres ; Jean-François Blanc, ménager ; Joseph Cordouan, maréchal à forge ; Sʳ Antoine Bernard et Sʳ Honoré Jassaud, fabricants de draps; Louis Bertrand et Honoré Codoul, ménagers ; Jean-Baptiste

Mourre, agriculteur ; Sʳ Honoré Meissel, fabricant de
draps ; Jacques Mouriès et Jean-Louis Pic, ménagers ;
Henri Vian, laboureur ; Sʳ Joseph Mascaron, bourgeois; Jean-Baptiste Tenoux et Mathieu Requier, agriculteurs ; François Héraud, ménager ; Antoine Perreymond, ménager ; Jean-Baptiste Sieye, laboureur ;
Pierre Chaix, laboureur ; Sʳ Joseph Gastinel, maître
en chirurgie ; Jean-Baptiste Chaix, ménager ; Jean-
Joseph Pélissier, agriculteur ; Joseph Mouriès, agriculteur ; Jean-Baptiste Martin, menuisier ; Sʳ Jacques
Courdouan, négociant ; Joseph Vidal, ménager ; Sʳ
Claude Cordouan, négociant ; Joseph Peissel, tisseur à
toile ; Joseph Allaman, Jacques Adaoust, André Gi-
rard, Claude Cauvin, Etienne Pisan, Joseph Vian, Jean-
Louis Pelissier, Joseph Tambon, Jacques Perreymond,
François Pelissier, Joseph Courdouan et Honoré Vassal,
agriculteurs ; Honoré Magalon, laboureur ; Honoré
Vacquier, Honoré Paille et François Berrin, ménagers ;
Thomé Fabret, maître cordonnier ; Jean-Joseph Mar-
tel, François Raibaud et Ferréol Codoul, ménagers ;
Pierre Mourre, Pierre Maunier, Louis Moungès, Honoré
Santin et Louis Trotobas, agriculteurs; Jean-Joseph
Bonnefoy, Antoine Ferand, Antoine Codoul et Jean-
Pierre Maunier, ménagers ; Sʳ Honoré Fabre, négociant;
Pierre Barjole, ménager ; Honoré Tambon, agricul-
teur ; Gaspard Pelissier, ménager ; Antoine Maurin,
ménager ; François Sénéquier, menuisier ; Modeste
Bonnefoy, agriculteur ; Jean-Joseph Chaix, agricul-
teur ; Bernard Perreymond, ménager ; François Blanc,
ménager ; Joseph Lavagne, aubergiste ; Sʳ Louis Cau-

vin, architecte ; Jean Augier, agriculteur ; Jean-Baptiste Jean, laboureur ; Jean-Baptiste Allaman, jardinier; Jean-François Sausède, serrurier ; Jean-Joseph Dasse, maçon ; Jacques Courdouan, ménager ; Maximin Maurin, agriculteur ; Jacques Maurin, laboureur ; Antoine Paille, Jacques Pic, Jean-Baptiste Leidet, Joseph Codoul et Jacques Héraud, ménagers ; Honoré Vidal, agriculteur , Jean-Joseph Codoul, ménager ; Jean-Antoine Imbert, agriculteur ; Sr Jacques Kanroubin, négociant ; Sébastien Pisan et Jean Mathieu, agriculteurs; Jean-Baptiste Courdouan et Jean-Baptiste Paille, ménagers ; Honoré Roux, maître taillandier ; Jean Ventre, Modeste Imbert et Vincent Ventre, laboureurs ; Honoré Gourdon, maître tailleur d'habits ; Honoré Benet, François Maunier, Jacques Laugier, Louis Paille, Jacques-André Doudon et Antoine Courdouan, ménagers ; Henri Gedde, agriculteur; Antoine Doudon, cardeur à laine ; Jean-Baptiste Arnaud et Jean-Baptiste Mingaud, ménagers ; Sr Pierre Mingaud, bourgeois ; Honoré Tambon, Honoré Girard, Jean Boyer et Joseph Chaix, agriculteurs; Sr Jean-Baptiste Lautier, maître en chirurgie , Sr Louis Boyer, marchand chapelier : Joseph Bellessime, cordonnier ; Benoît Sénéquier, menuisier ; Honoré Vassal, ménager ; Sr Antoine Ventre, négociant.

Après la lecture des lettres de MM. les commissaires du Roi et de celle de MM. les procureurs du Pays, adressées à Me Clapiers. député des communes à Aix, Me Clapiers, maire et premier consul, autorisant, a dit :

« Messieurs,

« Nous touchons à l'époque favorable où doit s'opérer la régénération du bonheur public et le retour à la liberté. Nous faisons partie de la Nation, nous pouvons seuls en représenter la véritable image. Cependant quelles sont depuis longtemps nos forces morales ? Des abus étranges ont affaibli notre existence civile. Accoutumés à entendre parler des immunités et privilèges des deux premiers Ordres, nous les respections sans en connaître les principes ; et, oubliant à jamais nos anciennes constitutions, nous n'aurions peut-être jamais élevé la voix pour nous plaindre de la misère et de notre oppression. Humiliés sous le joug imposant du pouvoir arbitraire où nous avait réduit notre propre faiblesse, bientôt nous ne comptions plus dans l'Etat que pour en payer les charges publiques et locales.

« Le plus digne des maîtres de la terre a connu la dette immense de son Empire : semblable à un père de famille qui fonde le bien-être de ses enfants sur la multitude de ses privations, il s'est soumis lui-même à tous les sacrifices ; et ces établissements, que ses aïeux avaient crus nécessaires à l'éclat de la Royauté, Louis XVI en a ordonné la suppression.

« Obligé de recourir à ses sujets fidèles, ce n'est point sans sollicitude qu'il leur a manifesté les besoins de l'Etat ; mais en comptant sur nos secours, il a cru devoir nous assurer que nous pouvions compter sur sa justice. C'est pour ranimer la confiance publique qu'il

a rappelé à l'administration des finances l'homme vertueux qui avait emporté tous les regrets de la Nation.
Nouveau Sully, il gémissait dans sa retraite de n'avoir
pas eu le temps de faire son bonheur. Arrivé à la place
où ses vertus l'ont appelé encore, et d'où l'intrigue et
la cabale l'avaient injustement éloigné, il a connu par
lui-même les déprédations inouïes qui ont occasionné
la dette publique ; mais trop grand pour faire valoir
ses services en éclairant le vice des administrations
précédentes, il s'est imposé un rigoureux silence, et a
cru ne devoir s'occuper que des moyens de rendre le
Souverain cher à son peuple, et la France entière fidèle
à son Roi.

«Pour parvenir utilement à réparer les maux de l'E-
tat, il a vu bientôt que ses talents et ses ressources
économiques étaient insuffisants ; alors il a fondé ses
espérances sur l'amour sacré qui lie tout bon citoyen
à la Patrie, et le peuple fidèle à son Souverain.

« Nation généreuse, dont je voudrais perpétuer le
« bonheur et la gloire ! vous que j'ai adoptée par senti-
« ment et par inclination, écoutez, a-t-il dit, le meilleur
« des Rois qui ne veut être heureux que de votre bon-
« heur. Répondez à sa confiance. Accourez autour de
« son trône. C'est au milieu de ses sujets qu'il veut cher-
« cher les consolations qui l'ont abandonné. Mais avant
« de fixer ce jour mémorable, où, réunis auprès de sa
« personne sacrée, vous pourrez déposer dans son cœur
« paternel vos craintes et vos espérances, il vous con-
« sulte sur vos propres intérêts; et c'est pour respecter
« vos droits, qu'il désire de les connaître. »

«Tel est, Messieurs, le langage sublime des sentiments de notre Roi, que nous devons tout attendre de sa justice. Encouragés par les démarches de nos concitoyens, éclairés de leurs lumières, nous avons porté nos vœux et nos réclamations aux pieds de son trône. Le même cri s'est fait entendre de toutes les parties du royaume, pour demander une égale contribution dans les charges publiques et locales. Déjà, dans la plupart des provinces, les différents Ordres en ont reconnu la justice; et, par des déclarations expresses, ils ont publié sans effort l'hommage de leurs sacrifices et l'entier abandon de leurs prétendus privilèges. Devons-nous attendre des sentiments moins justes et moins généreux de la part des deux premiers Ordres de la Provence ? Et, lorsque le besoin de l'Etat est pressant, lorsque les maux sont si extrêmes, pourraient-ils longtemps encore opposer des privilèges qu'ils ne tiennent que de notre faiblesse, et qui, fussent-ils réels, contrastent avec l'humanité, la raison et la liberté, dont les droits sont imprescriptibles ? Si l'exemple séduisant des autres provinces ne les entraîne pas, s'ils tiennent toujours à leurs exemptions pécuniaires, attendons tout de l'avenir. Reposons-nous avec confiance sur les intentions bienfaisantes du Souverain qui nous gouverne, et sur les soins de son digne ministre.

«Le temps approche où la Nation, assemblée sous les yeux de son Roi, doit jouir de sa première existence. Les Etats Généraux sont convoqués à Versailles le 27 avril prochain. Les droits les plus sacrés à la Nation

et méconnus depuis près de deux siècles, lui seront
sans doute rendus. C'est pour le bonheur de tous que
le trône sera bientôt élevé au milieu des sujets. Le Roi
va associer la Nation à sa gloire, pour prendre avec
elle les résolutions salutaires.

« Portez vos regards sur tous les objets d'administration dont les abus contrarient vos droits et nuisent
à vos intérêts. S'ils n'ont d'autre principe que la viola-
tion faite aux lois éternelles de la nature, hâtez-vous
de proposer tous les moyens de les proscrire.

« Portion chérie de la Nation ! vous dont les soins
utiles font fleurir nos campagnes, et dont les moissons
alimentent nos villes, éclairez-nous sur toutes les ressources qui manquent pour le bien de l'agriculture !
Citoyens de tous les états, vous êtes aujourd'hui réunis pour exprimer vos vœux. Dépositaires de la confiance publique, nous allons faire écrire sous vos yeux
les instructions et doléances qui vous intéressent; puis-
sions-nous les recueillir pour votre bonheur et pour la
gloire de notre Souverain ! »

Sur quoi, le conseil est requis de délibérer.

Le conseil séant, vu la délibération du 26 février
1789, prise par la communauté du Thoronet, portant
députation au présent conseil de la personne de Me
François-Philipe-Barthélemi Fauchier, maire, premier
consul de ladite communauté, le conseil a déclaré la
députation légitime et a admis ledit Me Fauchier en
sa dite qualité.

Après avoir entendu le sieur autorisant, persuadé
et convaincu que l'assemblée générale de la Nation

sera le terme des malheurs de la France et l'époque du retour de sa prospérité, a arrêté de confirmer les pouvoirs accordés à M. Jean-Joseph Clapiers, avocat en la Cour, maire et premier consul, son député à l'assemblée prétendue des Etats, convoquée le 25 janvier dernier, lui donnant de nouveau les pouvoirs nécessaires de nommer dans l'assemblée particulière des communes les députés du Tiers-Etat aux Etats Généraux français, se réservant le droit de les désavouer et révoquer, dans le cas où ils s'écarteraient des instructions qui leur seront données, et sur lesquelles le conseil fait connaître son vœu ci-après exprimé, enjoignant à son député d'y conformer son opinion lors de la rédaction du cahier des doléances. Et, comme il est à craindre que ceux contre qui le Tiers-Etat demande le redressement d'une multitude de griefs, intéressés à la perpétuité des abus, ne cherchent à retarder ou empêcher la nomination des députés aux Etats Généraux, il donne pouvoir à son député de travailler à cette députation, nonobstant l'irrégularité des formes, en protestant néanmoins de tous nos droits, et se réservant de les faire valoir sous les yeux de Sa Majesté, dans le sein des Etats Généraux.

En conséquence, il charge expressément ces députés aux EtatsGénéraux de n'y prendre séance que dans le cas où le Tiers-Etat obtiendra une égalité de voix numérique aux deux autres Ordres réunis, de n'y délibérer qu'autant que les suffrages seront par tête d'opinants et à l'alternative d'un Ordre à l'autre ;

Que le premier objet de leur délibération doit être

le retour périodique des Etats Généraux qui seront convoqués au moins tous les cinq ans ;

Que les Etats Généraux soient réformés et constitués d'une manière à fonder la confiance publique, et protéger sans distinction de privilège toutes les classes de citoyens ;

Que le pouvoir d'accorder et de consentir l'impôt sera solennellement reconnu, suivant les propres expressions du Roi, n'appartenir qu'à la Nation assemblée, et il sera publié à cet effet une loi fondamentale et constitutionnelle, qui sera enregistrée dans le greffe des Etats provinciaux, et déposée dans les archives de chaque corps de communauté ;

Qu'avant de voter la continuation et l'augmentation des impôts, les griefs principaux du Tiers-Etat seront exposés à la justice du Souverain, et il en sera demandé le redressement ;

Que les subsides exigés par les besoins pressants de l'Etat seront accordés; à condition toutefois que tous les Ordres, sans distinction, assujettiront leurs biens à toutes les constitutions anciennes et nouvelles ,

Que les impôts anciens et nouveaux ne pourront être votés que pour le temps qui s'écoulera entre la tenue des Etats Généraux et aux [les] suivants ;

Que le droit de nous imposer en Provence, suivant nos formes et usages, nous sera précieusement conservé ; que les provinces seront autorisées à verser immédiatement dans le trésor royal le produit de leurs contributions :

Qu'il sera indiqué les moyens et proposé des Lois

pour favoriser l'agriculture, protéger le commerce et punir avec la plus grande sévérité les banqueroutes frauduleuses ;

Que les entraves qui gênent le commerce en particulier, seront brisées, en abolissant les privilèges exclusifs, modifiant les droits, simplifiant leur perception, et surtout en reculant les bureaux des traites sur les frontières ;

Que la multitude d'impôts que nous payons sous diverses dénominations soit convertie sous des formes plus simples, afin que leur perception devienne plus aisée et moins ruineuse pour le peuple ;

Qu'il sera fait un nouveau tarif des droits du contrôle à la portée de tout le monde ; que les contestations relatives aux perceptions des susdits droits seront jugées définitivement par les tribunaux de la Province :

Que les impositions sur la sortie des huiles et savons de Provence seront supprimées, comme retombant uniquement sur le cultivateur qu'il faut encourager ;

Qu'il soit proposé des plans pour améliorer l'éducation publique et corriger les mœurs ;

Que le concordat, acte aussi irrégulier qu'impolitique, soit révoqué comme contraire au bien de la religion et à l'intérêt du Royaume ;

Qu'il soit porté des règlements efficaces pour forcer les évêques à résider dans leurs diocèses ;

Qu'il soit défendu aux ecclésiastiques de posséder plusieurs bénéfices, et permis de dévoluter ceux des contrevenants ;

Que la possession d'un bénéfice quelconque soit prohibée à tout ecclésiastique qui ne sera pas dans les ordres sacrés :

Qu'il soit défendu aux différents Chapitres des cathédrales ou collégiales du Royaume d'adopter des statuts par lesquels ils donnent l'exclusion à tous les non nobles :

Que la portion congrue des curés et de leurs vicaires soit augmentée à proportion de l'importance des lieux où ils sont placés, de manière que la plus modique portion soit de mille livres, moyennant quoi le casuel sera aboli ;

Qu'il sera accordé dans chaque diocèse une retraite honorable aux prêtres vieux ou infirmes ; et qu'il soit érigé à cet effet une maison dotée d'un revenu convenable, pris sur le produit des bénéfices simples du diocèse ;

Qu'il sera demandé l'uniformité de la dîme ; que les ecclésiastiques, les moines ou religieux, l'ordre de Malte, et tout ce qu'on appelle gens de mainmorte, seront autorisés à l'aliénation de leurs domaines ;

Que l'on sollicitera avec la plus ferme et la plus invariable constance la réformation du code civil et criminel, l'abolition des tribunaux inutiles ou onéreux, la suppression des juges d'attribution comme dangereux à la liberté des citoyens ;

Que les ecclésiastiques dans les affaires personnelles, mixtes, ou cas privilégiés, seront distraits de la juridiction de l'official diocésain, pour être soumis à la juridiction ordinaire ;

Qu'il soit accordé aux évêques de dispenser, en fait de mariage, du troisième et quatrième degré ;

La suppression des tribunaux intermédiaires, parce que, deux tribunaux suffisant aux habitants des villes où les Sénéchaussées sont établies, il est juste d'accorder la même faveur à tous les sujets du Roi indistinctement ;

Que les premiers tribunaux seront composés d'un certain nombre de juges ; qu'ils jugeront souverainement jusques à la somme de deux cent livres au moins ;

Que les cas royaux et prévôtaux seront supprimés ; que les Cours souveraines seront réduites à un nombre de juges moins considérable ;

Qu'il sera défendu à leurs membres d'exiger en particulier, de la part des chefs de communauté, des marques de soumission et de respect avilissantes pour les représentants d'une Nation ;

Que, dans les juridictions seigneuriales, les juges borneront leurs fonctions à instruire les affaires de leur district, pour être renvoyées et jugées ensuite au plus prochain tribunal royal ;

Qu'il sera accordé aux juges des émoluments convenables pour suppléer aux épices qu'il ne leur sera plus permis d'exiger ;

Qu'il sera pris des mesures efficaces pour émousser la cupidité des gens de Palais et arrêter les effets de la chicane ;

Qu'il sera ordonné la disjonction des offices de procureur et de notaire dans les lieux où ces offices se trouvent réunis en la même personne ;

18

Qu'il sera ordonné à tous les notaires de faire lire à haute voix et avant signature, par un des témoins, l'acte passé en présence des parties :

Que Sa Majesté sera humblement et vivement suppliée d'accorder à ses fidèles sujets l'abolition, si désirée et si peu espérée, de la vénalité des charges de magistrature ;

Que toutes les provinces obtiendront une administration d'état conforme au régime adopté par la province du Dauphiné ; et cet article est d'une si haute importance pour la Provence en particulier, qu'il charge expressément ses députés de n'obtempérer à aucune demande, qu'ils n'aient obtenu de la justice de Sa Majesté et des Etats Généraux une constitution qui assure à jamais le repos de tous les citoyens et de leur postérité :

Qu'en conséquence, il sera demandé une assemblée générale des trois Ordres, pour casser et réformer la constitution actuelle ; révoquer la procuration du Pays, attribuée illégalement et sans raison au consulat particulier de la ville d'Aix ; nommer une commission intermédiaire, à sa place, avec égalité de voix pour le Tiers comme dans les Etats ; appeler dans les Etats les gentilshommes non possédant-fiefs, et le clergé du second ordre ; supprimer, abolir, anéantir jusqu'au souvenir des privilèges et exemptions qui contrarient le vœu de tous les citoyens pour l'égale répartition de l'impôt et l'union de tous les intérêts ; anéantir la perpétuité de la présidence, et créer un syndicat pour les communes, avec entrée aux Etats ; exiger l'impres-

sion annuelle des comptes de la Province, pour être
mis sous les yeux de chaque communauté ; exclure
les membres des Cours souveraines des Etats, l'influence de leurs places ne pouvant manquer de devenir
dangereuse ; diviser la Province en districts ou vigueries, d'un arrondissement égal, afin que le nombre des
députés soit proportionné à la masse des contributions
et au nombre des contribuables ; élire les députés librement, et sans distinction de leurs places, par la voix
du scrutin, seul interprète fidèle de la confiance publique ;

Qu'avant de s'occuper de la liquidation et du paiement de la dette immense de l'Etat, les Etats Généraux consolident les engagements du Roi envers les
particuliers, en déclarant irrévocables les ventes con-
sommées des domaines de la Couronne :

Que la dette de l'Etat soit reconnue et reconstituée
par les Etats Généraux, au nom de la Nation ; qu'il
soit fourni une caisse d'amortissement pour éteindre
insensiblement cet énorme déficit ;

Qu'il soit pris des mesures efficaces pour empêcher
à l'avenir le Gouvernement de contracter de nouveaux
emprunts ; c'est de cette malheureuse facilité que sont
venus les malheurs de la Nation ;

Que le ministre des Finances soit obligé de présenter un compte fidèle de l'emploi des deniers publics
à la Nation assemblée :

Qu'il soit nommé une commission composée des
membres des trois Ordres (toujours avec égalité de
voix pour le Tiers), pour l'examiner, le vérifier, et en

faire le rapport aux Etats Généraux et au Roi, qui en ordonnera ensuite la publication ; et il en sera envoyé un exemplaire aux administrateurs de chaque Province :

Qu'il soit permis de dénoncer dans le sein de l'assemblée de la Nation, un ministre infidèle et prévaricateur ; et qu'abandonné à la rigueur des lois, il soit jugé et puni comme coupable de haute trahison :

Que l'usage des lettres closes ou de cachet, cet instrument du despotisme ministériel, soit à jamais aboli ;

Que la liberté de la presse sera indéfiniment accordée, comme le seul moyen de faire parvenir à l'oreille des Rois les demandes et les plaintes de leurs sujets de tous les Ordres ;

Que les ordonnances ministérielles qui obligent à la preuve de noblesse pour entrer dans les corps militaires, soient abrogées, comme injurieuses à une Nation qui renferme encore dans son sein le germe qui produisit les Duguay et les Chevert ; que toutes les lois qui seront adoptées par les États Généraux soient promulguées et enregistrées dans les greffes des États Provinciaux, avant la séparation des Etats ;

Qu'il soit indiqué, dans l'Assemblée des Etats Généraux, les objets ou matières importantes qui seront traitées dans celle qui suivra, afin qu'on puisse prendre les renseignements nécessaires pour opérer le plus grand bien possible ;

Que les députés du Tiers feront reconnaître et confirmer dans les États Généraux cette maxime, principe

de toute justice et conservatrice de notre renaissante
liberté, que les représentants aux États ne peuvent
agir qu'en vertu des pouvoirs de leurs constituants ;
qn'ils seront obligés de suivre exactement le vœu et
les instructions qu'ils en ont reçus, sous peine d'être
désavoués et révoqués par leurs mandants, leur permettant cependant de suivre le mouvement de leur
conscience dans tout ce qui pourrait s'y rapporter, et
qui ne leur aurait point été tracé, en consultant essentiellement ce que la justice, l'amour et le respect pour
le Souverain, la conservation des propriétés, la liberté
et l'honneur de la Nation pourraient leur inspirer.

Enfin, il charge, par acclamation, ses députés aux
États Généraux de faire connaître à notre digne Souverain combien nos cœurs sont pénétrés d'amour et de
respect pour son auguste personne ; combien nous
sommes touchés de la confiance qu'il montre à son
peuple en s'entourant de leurs représentants (*sic*), et en
les consultant avec une sollicitude vraiment paternelle,
sur les moyens d'assurer à jamais le bonheur de ses
fidèles sujets ; qu'ils expriment, s'ils le peuvent, à ce
digne descendant de Henri IV, les élans de notre reconnaissance et les vœux que nous formons pour la gloire
et le bonheur de sa vie ; que les États Généraux, in-
terprètes fidèles des volontés et des sentiments de la
Nation française, proclament à l'Europe entière, d'un
concert unanime, Louis XVI comme le plus bienfaisant
des monarques et le meilleur des hommes.

Le conseil a arrêté, en outre, que la présente délibération sera imprimée, pour être envoyée aux Puissances et aux chefs de chaque viguerie de la Province.

Collationné: Laborel, greffier.

XXXII

LE LUC

Doléances, plaintes, remontrances et propositions

———

Le monarque bienfaisant qui nous gouverne a jeté les yeux sur nous ; son cœur sensible, profondément touché de nos maux, demande d'en connaître la masse entière, pour y appliquer les remèdes convenables.

Le moment est arrivé, la France va être régénérée ; le progrès des lumières, les changements dans les mœurs nécessitent un nouvel ordre de choses ; à Louis XVI était réservée la gloire de redonner aux lois, leur empire, à la Nation ses premiers droits, et d'établir une constitution juste dans ses principes et inaltérable dans sa forme. La Nation elle-même est invitée à coopérer à la perfection de ce grand ouvrage ; c'est au milieu de l'assemblée auguste qui doit la représenter que notre Roi veut poser les fondements de la gloire de l'État et du bonheur de ses sujets. Rendons-nous dignes de sa confiance et de sa bonté, présentons un tableau fidèle de notre situation, portons aux pieds du trône les doléances et les souhaits d'un peuple, qui ne demande à jouir de sa liberté,

que pour la consacrer plus entièrement au service de
l'État.

Art. 1ᵉʳ. — Les opinions seront comptées par tête et
non par Ordre dans les États-Généraux. Cette forme,
rejetée avec opiniâtreté par le clergé et la noblesse, est
la plus naturelle et la plus active ; la discussion des
divers sentiments, la communication des lumières, le
rapprochement des esprits, l'affaiblissement des préjugés et des préventions sont autant d'avantages
qu'elle procure et des motifs (sic) qui doivent la faire
adopter de préférence.

Si la forme contraire, prétendue constitutive, était
suivie, un seul Ordre, par son opposition constante aux
décisions des deux autres, pourrait rendre vaine et
sans effet l'assemblée de la Nation et tromper l'espérance de tous les Français. Sa Majesté, en donnant au
Tiers-État un nombre de députés égal à celui des deux
premiers Ordres réunis, ne nous aurait accordé qu'un
bienfait illusoire, s'il n'en résultait un accroissement
d'influence dans les délibérations.

Art. 2. — Le droit de se constituer appartient
incontestablement aux États-Généraux. Pour prévenir
désormais l'irrégularité de leur composition, il paraît
nécessaire de déterminer, par une loi claire et précise,
la manière dont ils devront être assemblés à l'avenir,
et encore de fixer une époque, à court délai, pour leur
retour périodique. Dans le cas où, au temps prescrit,
les lettres de convocation ne seraient point parvenues
aux baillis et sénéchaux, on ne procèderait pas moins

à l'élection des députés, lesquels se rendraient au lieu assigné, nonobstant tout ordre à ce contraire.

Art. 3. — Les États-Généraux examineront la conduite des ministres en tout ce qui est relatif aux lois du royaume; l'emploi des fonds confiés à leur administration sera également vérifié. La honte d'être dévoilé aux yeux de la Nation mettra fin aux abus que la vigilance du Souverain n'a pu prévenir.

Art. 4. — La liberté individuelle, le plus précieux don que l'homme ait reçu de la nature, sera garantie à tout français. Les cachots, fastueusement décorés du nom de prisons d'État, reste de la barbarie féodale, seront détruits ou employés à des usages utiles; le despotisme ministériel n'entassera plus dans leur contour (?) les objets de la vengeance particulière. Plus de détentions que celles ordonnées par la loi; nul citoyen ne pourra être constitué prisonnier, qu'en vertu d'un décret décerné par les juges ordinaires; et, s'il est des circonstances où une assurance préalable soit présumée nécessaire, elles seront déterminées, et l'accusé, quel qu'il soit, sera remis, dans 24 heures, à son juge naturel.

Art. 5. — Si l'esprit de l'homme est contraint, sa liberté n'est que partielle; ce n'est pas assez que son corps soit dégagé de fers, il faut que son âme ne soit point esclave. La liberté de publier ses opinions dérive naturellement de la liberté individuelle. En conséquence, la liberté de la presse sera accordée indéfiniment; les États-Généraux détermineront les restrictions nécessaires pour les cas particuliers, afin que la réputation des citoyens ne soit point à la dépendance des méchants.

Art. 6. — Les impôts ne pourront être établis et perçus qu'après qu'ils auront été consentis par les États-Généraux ; et ce consentement ne sera donné que pour un temps limité et jusqu'à la prochaine assemblée, sauf la prorogation, si les besoins de l'État l'exigent. C'est un droit naturel : celui qui paie doit savoir pourquoi, connaître pour quel objet et déterminer lui-même la durée de la contribution. Ce droit a été respecté dans tous les temps, notre constitution les reconnaît expressément, et l'époque où l'on a commencé d'y porter atteinte n'est pas ancienne.

Art. 7. — La noblesse et le clergé ont mis en problème ce qui est une vérité démontrée aux yeux de l'homme impartial : tout citoyen doit contribuer au maintien de l'ordre établi, en proportion des avantages que lui assurent la continuité et l'intégrité de cet ordre. De ce principe incontestable résulte cette règle qui n'admet aucune exception : les impositions, de quelque nature qu'elles soient, doivent être réparties proportionnellement aux facultés des divers contribuables

En vain on entasse raisonnements sur raisonnements; l'avenir aura peine à croire qu'une partie de la Nation française, dont tant de productions merveilleuses lui annonceront les lumières, ait pu, à la fin du dix-huitième siècle, élever des doutes sur l'évidence d'une pareille assertion. Les droits prétendus qui la contrarient ne sont que des usurpations faites, dans des temps barbares, sur des hommes faibles et ignorants. Que la noblesse nous apprenne si c'est aux lois de la nature, ou aux dispositions du contrat social que remontent l'origine et l'établissement de ses privilèges d'exemption ! Qu'elle nous montre la marque distinctive que la main du créateur a imprimée sur leur propriété, ou l'article de la convention qui stipule une semblable concession de la part de nos ancêtres ! Que tout privilège d'exemption soit aboli, qu'elle qu'en soit l'origine. Chaque citoyen doit déposer ses tributs, ses services et ses talents dans le trésor commun, qui est le bien public ; jamais la nature des hommes et des possessions ne pourra être changée par les noms et par les titres.

Art. 8. — La réformation des codes criminel et civil est un des objets les plus importants. De l'un dépend notre existence même, de l'autre la sûreté de nos propriétés. Une multiplicité infinie de lois, d'ordonnances, de règlements, rédigés dans des temps absolument différents et plusieurs pour une nation étrangère, ont rendu le sanctuaire de la justice un chaos impénétrable ; la variété des décisions et des commentaires a encore augmenté la confusion. De là, l'incertitude des droits particuliers et généraux ; les prétentions les plus absurdes, soutenues avec succès ; le faible impunément foulé par le puissant ; des millions de citoyens réduits à la mendicité par les manœuvres artificieuses de la chicane. De là, l'innocence expirant dans les tortures, et le grand criminel échappant aux supplices les plus mérités. Le nombre inutile des tribunaux, leur trop grand éloignement, la longueur et la complication des formes nécessitent un changement, une réforme totale dans cette partie.

Art. 9. — L'emploi de rendre la justice, le plus beau, le plus auguste que l'homme puisse exercer sur la terre, est devenu un objet mercantile ; les richesses suppléent les lumières et l'intégrité. Vingt millions de voix s'élèvent contre un abus aussi contraire à la raison et à la nature ; la réformation n'en saurait être trop prompte.

Art. 10. — Ce n'est pas un moindre abus que les juges ne soient ni du rang, ni de l'ordre des justiciables, et surtout que les intérêts des uns soient contraires à ceux des autres. Quelque équité que nous supposions dans nos magistrats, nous ne saurions croire que, dans le cas où il s'agit de prononcer sur des questions résultant de cette opposition même, leur esprit puisse se dégager absolument de toute considération particulière, et ne voir que la loi là où l'intérêt personnel la contrarie. Que désormais chacun soit jugé par ses pairs, et, s'il s'élève des contestations entre des personnes d'un ordre différent, que la décision en soit attribuée à un tribunal composé d'un égal nombre de membres de ces deux Ordres.

Art. 11. — C'est au nom de la puissance législatrice et exécutrice que la justice doit être rendue ; nous sommes citoyens d'un même État, sujets d'un même Souverain, cependant la même puissance ne préside pas dans nos tribunaux : un seigneur, un simple particulier occupe la place de l'association générale ;

le nom d'un homme est inscrit sur des tables, dans des registres, où celui du corps politique devrait seul figurer. Et dans ces juridictions bâtardes, quels abus, quelles erreurs ne produisent pas l'impéritie et la dépendance des officiers ! En général, ce sont autant d'ennemis du bien public, uniquement dévoués aux intérêts de celui qui les a pourvus.

Art. 12. — Une classe particulière s'est réservée exclusivement l'exercice des emplois militaires et civils ; une loi, surprise à la religion du Souverain, a consacré cet usage indigne d'une nation policée. La naissance peut-elle tenir lieu du mérite ? ou bien supposerait-on que, parmi 24 millions d'hommes, une minime partie a concentré dans elle toutes les vertus et tous les talents? Cette idée, outrageante et honteuse, est démentie par les exemples multipliés des faits contraires. Que la noblesse soit toujours la classe distinguée et décorée de la Nation; mais que tout citoyen puisse être utile à sa patrie, lorsqu'il est digne de coopérer au bonheur public par son zèle et par ses moyens. Que les distinctions civiles, que les dignités ecclésiastiques soient désormais la récompense du mérite et de la vertu et non le prix de l'intrigue, de l'importunité, peut-être même de la bassesse.

Art. 13. — Tout droit de propriété sera consolidé et défendu inviolablement; l'intérêt public ne saurait être un motif d'en priver un citoyen quelconque, sans qu'il lui soit accordé un dédommagement convenable. Mais les propriétés dérivant d'une usurpation, qui tendent à gêner la liberté, qui sont contraires aux

lois de la nature, seront recherchées avec sagacité,
dénoncées avec vigueur, et les droits réels ou imagi-
naires qui en sont les fondements seront anéantis. Le
titre qui en constate l'établissement eût-il été consenti
par les ancêtres de ceux qui y sont soumis eux-mêmes,
en eussent-ils expressément convenu la continuité et
la durée, il n'en serait ni plus valable ni plus juste.
Non seulement l'homme ne peut aliéner sa liberté,
mais encore l'affaiblir ; une pareille stipulation ne peut
avoir pour motif que la contrainte ou la démence.

Au nombre de ces propriétés prétendues, est comprise
la plus grande partie des droits seigneuriaux, connus
sous le nom de retrait féodal, de banalité, de péage,
de tasque, de lods, de cense, de chasse, etc. C'est
aux États-Généraux de déterminer, en les supprimant
tous sans exception, ceux pour lesquels il doit être
accordé des dédommagements et le taux qui doit
servir de règle de proportion pour fixer les remboursements.

Art. 14. — La dîme, que l'on a crue pendant
longtemps d'institution divine, ne fut d'abord qu'une
offrande libre et volontaire, employée à la subsistance
et entretien des ministres de l'église. Ce ne fut que
vers le VIIᵉ siècle, que les évêques, par leur ascendant
sur l'esprit des souverains, obtinrent des lois qui
rendirent obligatoire ce qui n'avait été jusqu'alors
qu'un don, qu'une libéralité. Les armes de l'excom-
munication, employées précédemment, n'avaient pu
produire cet effet; la puissance séculière s'y était
constamment opposée. Rappelons cette institution à

son ancienne pureté : que la dîme soit payée jusqu'à
la concurrence de ce qui est nécessaire pour la subsistance des pasteurs. Mais si les évêchés et les cures
sont suffisamment dotés d'ailleurs, si la dîme n'est
plus qu'un revenu superflu et surabondant, qui
entretienne le luxe et fomente l'avarice, dont l'exaction
rende les pasteurs odieux et donne lieu à mille fraudes
de la part des décimables, le précepte est rempli : il
n'est plus besoin de dîme, ou plutôt point de dîme
absolument; que chaque paroisse fournisse à ses prêtres
un entretien honnête, déterminé et fixé par l'assemblée
de la Nation, et cette contribution ecclésiastique devient
totalement inutile, ainsi que celle connue sous le nom
de casuel.

Art. 15. — Une infinité de charges, établies d'abord
pour rendre plus douce la situation des citoyens et leur
tranquillité plus assurée, sont devenues, par le renverse-
ment des objets, des (sic) vains titres sans utilité réelle,
et ne nous sont connues aujourd'hui que par le fardeau qu'elles nous imposent. Leur retranchement doit
être une suite des principes dont nous invoquons
l'exécution.

Art. 16. — Nos seigneurs les évêques, prieurs commendataires, bénéficiers, résidant sans cesse dans la
capitale, loin des troupeaux confiés à leurs soins et à
leur vigilance, sont bien éloignés de remplir l'objet de
leur institution. Quels secours peuvent-ils donner à
leurs ouailles qu'ils ne connaissent pas, qu'ils n'ont
vues que passagèrement et par intervalle? ils se reposent,
pour l'exercice de leurs fonctions, sur des substituts

mercenaires dont l'incapacité et l'orgueil occasionnent
quelquefois des troubles et des désordres dans le sein
de l'église. Les États Généraux, en réduisant les richesses du haut clergé, obligeront par des règlements sages, les membres qui le composent à s'acquitter dignement de l'emploi sacré auquel ils sont destinés, à
s'y restreindre absolument, et leur défendront de s'in-
gérer dans l'administration temporelle, que la sainteté
du ministère leur interdit.

Art. 17. — L'agriculture est la première et la véritable
richesse d'un état. Sans son secours, tout commerce
est précaire, parce qu'il manque des premiers fonds;
les productions de la nature en sont la matière et l'ali-
ment; encourager et favoriser le cultivateur doit donc
être un des principaux objets de la législation. L'unique moyen pour parvenir à ce but essentiel, serait
peut-être de substituer dans toute la France, à la taille
en argent, l'imposition en nature proposée sous le nom
d'impôt territorial; l'acquittement en est doux et léger;
la faveur, les infidélités, les méprises sont impossibles,
le préposé prend la quinzième, la vingtième partie des
productions, au moment même de la récolte ; point de
surprise, point de défiance et surtout point de vexation.
La taxe par tête est arbitraire ; celle sur les consommations, lorsqu'elles sont de première nécessité, est
cruelle ; l'imposition en nature également, exempte de
ces défauts, prévient les malheurs inattendus et n'a-
joute pas à la douleur qu'occasionne la perte d'une récolte, les soucis et les peines de payer les subsides ;
celui qui recueille donne une partie de ses fruits , peu

ou beaucoup en proportion de la fertilité et de l'étendue de ses possessions. L'égalité la plus exacte en est la
suite, le pauvre ne redoute point la poursuite du fisc,
si, chargé d'une terre ingrate, il emploie avec peu de
succès ses travaux à la cultiver. Aussi voyons-nous,
dans les lieux où l'impôt territorial en nature est en
usage, les terrains les plus ingrats défrichés et semés,
tandis que les médiocres mêmes sont souvent abandonnés dans ceux où le système ruineux de la taille est
suivi. Cette seule considération devrait le faire adopter
généralement, indépendamment des autres avantages
qui sont en grand nombre; elle nous épargnerait la
confection si coûteuse des cadastres.

Art. 18. — Le commerce ne produit rien par lui-
même, mais ses fonctions n'en sont pas moins utiles ;
il donne une valeur aux productions superflues de la
nature en les transportant dans des climats étrangers
d'où il rapporte, en échange, celles qui y naissent. Il
n'existerait point sans les arts et la culture, mais la
culture et les arts languissent sans son secours. Jusques à quand le verrons-nous gémir sous mille contraintes
artificieuses ? sa marche sera-t-elle toujours embarras-
sée par des entraves sans cesse reproduites sous différentes formes ? la circulation intérieure même est obstruée : des bureaux de traites, placés sans choix et sans
combinaison, semblent vouloir empêcher le passage
d'une province à l'autre; ne serait-ce pas assez qu'il y
en eût sur les frontières du Royaume ? on ne peut
faire un pas sans être assailli par une meute de commis,
de gardes, qui fouillent avec une dureté intolérable et

surtout avec peu de loyauté, le malheureux voyageur.
L'obscurité des pouvoirs et l'ignorance des droits laissent toujours impunies les manœuvres de ces émis-
saires, quelque irrégulières qu'elles puissent être. Il
serait temps d'appliquer le remède nécessaire à tous
les maux de cette espèce ; laissons-en le soin libre et
indéfini aux représentants de la Nation.

Art. 19. — Le contrôle mérite aussi d'occuper l'attention des États Généraux. Son établissement est sage
et utile, on ne peut en disconvenir, mais sa complication est odieuse. Le tarif est interprété arbitrairement et
toujours en faveur de la Régie par le commis qui en
perçoit les droits. Ces droits, devenus exorbitants par
une progression successive, empêchent souvent des
arrangements utiles, des mutations nécessaires ; le
commerce en souffre prodigieusement. Nous sommes
bien éloignés d'en demander l'abolition, mais il serait
facile de fixer dans un code très modéré, d'une manière claire et précise, ce qui doit être payé pour tel et
tel contrat; et d'ailleurs, en donnant au commis chargé
des registres la liberté d'en refuser la lecture aux personnes intéressées, l'objet de son établissement a été dé-
naturé: ce qui, dans l'origine, n'était qu'une sage précaution contre les évènements imprévus, tels que incendie, enlèvement et autres semblables, est devenu un
droit purement fiscal.

Art. 20. — Les députés aux États Généraux solliciteront l'établissement d'un tribunal suprême composé
des *Missi Dominici*, des juges des juges. Le magistrat prévaricateur, dont la conscience muette prévient l'effet des

remords, sera contenu dans les bornes de l'équité et de la justice par la crainte des peines temporelles.

Que la procédure par les jurés, si fameuse chez un peuple rival, le plus sûr garant de la liberté individuelle, soit admise dans notre code criminel ; et surtout qu'il soit pris des moyens pour prévenir les procès.

Art. 21. — Plus de noblesse acquise à prix d'argent; que le traitant, engraissé du sang des malheureux, ne trouve plus, dans son infamie même, le moyen de la faire oublier, en se décorant d'une distinction qu'il déshonore.

Art. 22. — Que toute contrainte soit abolie; que le cultivateur, arraché malgré lui de son champ, ne soit plus forcé d'aller exposer sa vie au hasard des combats. Relevons la condition du soldat, et que le dévouement à la défense de la patrie soit absolument volontaire.

Art. 23. — Il serait utile et avantageux de rendre uniforme l'administration particulière des provinces ; qu'une seule loi, qu'un même règlement régît les unes et les autres, sauf quelques légères modifications que peuvent exiger la nature des productions, la population et les rapports. Plus de ces divisions qui font naître la jalousie! nous sommes tous français. Qu'il n'existe plus de distinctions locales: en supportant les mêmes charges, participons aux mêmes avantages; que chaque province renonce à des priviléges impuissants et qu'elle adopte une constitution générale, fondée sur les vrais principes.

Que des États particuliers, organisés d'une manière

semblable à ceux du royaume, soient établis dans toutes les provinces; que les représentants des trois
Ordres y soient admis dans la même proportion ; que
le clergé n'y figure pas uniquement par des prélats
inamovibles, mais par des membres choisis dans la
totalité ; qu'une partie de la noblesse n'en soit point
exclue ; que les possédants-fiefs cessent d'y prédomi-
ner par leur affluence sans bornes ; que le Tiers État
y soit représenté par des députés librement choisis, et
que tout citoyen participe également à leur élection ;
que la présidence ne soit plus concentrée dans un seul
Ordre, encore moins dans un seul individu ; le choix
de celui qui doit remplir cette dignité sera fait par les
États eux-mêmes; une commission intermédiaire, con-
formée d'une manière analogue, sera chargée de la procuration et dirigera les affaires passagères et de détail;
les opinions seront discutées à haute voix, mais les
nominations quelconques seront faites au scrutin ; enfin les comptes seront, comme ceux du royaume, rendus publics toutes les années, par la voie de l'impression, et tout homme aura le droit d'en relever les
erreurs.

L'exécution de ce plan préviendrait les troubles, les
divisions, les rivalités, les haines et les soupçons ; les
mêmes vues, le même intérêt réunissant les esprits, tous
concourraient au même but, le bien général, et, pour y
parvenir, leurs efforts ne seraient pas sans effet. Alors
disparaîtraient ces déprédations énormes des deniers
publics ; ces entreprises ruineuses qui les engloutis-
sent inutilement ; cette foule d'ingénieurs dont l'en-

tretien est onéreux et l'existence infructueuse; alors ne
seraient plus construits de vastes chemins, uniquement destinés à l'usage d'un particulier ; ceux vraiment nécessaires deviendraient solides et commodes ;
le prix des réparations et des reconstructions ne s'élèverait plus à des sommes, deux, trois fois au-dessus
de la valeur réelle. Les objets de bien public seraient
soignés avec attention ; l'agriculture, l'industrie, les
arts, le commerce recevraient la protection et l'encouragement qu'ils méritent par leur utilité. Alors enfin
nous pourrions nous flatter de voir améliorer notre situation.

Art. 24. — L'administration des communautés doit
être réglée sur les mêmes principes: qu'on n'admette
qu'une seule forme également applicable à chacune;
elle n'est pas difficile à trouver. Un code de police clair
et précis qui, en énonçant les différentes contraventions,
déterminerait la peine, serait confié à un bureau dont
les consuls en exercice occuperaient les premières places. L'autorité de ces officiers, quoique toujours passagère, ne laisserait pas d'acquérir une consistance et
une considération réelle. Le nom de consul cesserait
d'être un vain titre, méprisé par ceux mêmes qui en
sont revêtus; devenus respectables aux yeux de leurs
compatriotes, leurs soins, en assurant la tranquillité des
particuliers, préviendraient une infinité de discussions,
de procès ruineux, des désordres et même quelquefois
des crimes.

Art. 25. — Nos représentants aux États Généraux
seront chargés de demander qu'il soit accordé des sou-

lagements aux pères de famille chargés d'un certain
nombre d'enfants , laissant à la sagesse de l'assemblée de déterminer et de fixer les proportions qui doivent être suivies dans cette répartition.

Art. 26. — Sans doute le détail de tous les objets
qui intéressent notre sort éxigerait des observations
plus étendues; mais cet exposé suffira pour faire connaître à nos représentants les principes que nous avons
adoptés et d'après lesquels ils doivent se conduire. Reposons-nous sur leurs lumières et leur conscience pour
les cas que nous n'aurons point prévus. Rappelons-leur
de ne rien adopter légèrement et avec précipitation, de
demander que les choses sur lesquelles ils devront délibérer leur soient annoncées au moins vingt-quatre
heures à l'avance, pour avoir le temps d'y réfléchir.
Disons-leur enfin pour dernière instruction : vos frères
vous chargent de l'emploi honorable de les représenter; leurs droits, qui sont les vôtres, sont commis à vos
soins; prouvez par votre zèle et par votre fermeté à les
défendre que vous n'étiez pas indignes de leur confiance.

(Signé :) Truc, lieutenant de juge; paraphé le tout,
ne varietur.

(Signé :) Loüis, maire ; Codo, consul ; Ainesy :
Bus ; Charles ; Baliste ; C Le Bas ; A. Boyer;
F. Troin ; Cˢ-G. Baliste ; C. Lombard, con-
seiller ; Toucas ; Le chevalier de Ferrier ; C.
Giboin ; L. Souleyet ; Auvely ; Votrain ; Maurin ;
J. Girard ; Meifrédy ; Joseph Mourre ; Baptiste
Caron ; Jean Amic ; J. Baudier ; Grégoire

Dufour ; Louis Pastour ; Louis Sarrasin ; Louis
Bonnet ; Truc ; Charles Blanc ; Savornin ; Jean-
Baptiste Rimbaud ; Gautier ; Laurent Isnard ;
Jh, Giraud ; Joseph Emeric ; J.-F. Girod ; Laurens
Blanc ; J.-B. Truc ; Bertrand ; J. Gerfroy ;
Chabot ; J. Martini ; Maurin ; Matteron ; J.-B.
Requier ; Jacques Amic ; Fr. Second ; Charles ;
Jean-François Passerin ; A. Truc ; Pierre-André
Codou ; Pierre Berre ; Pierre Ollivier ; Jean-
Louis Arène ; Maxime Charrel ; Charles Rosta-
gny ; Louis Turle ; Jean Gautier ; J.-B. Soulleiet ;
Joseph Martiny ; Pierre-André Gilly ; Pierre
Turle ; Louis Gansin ; Requier ; J.-J. Maurel ;
Joseph-Louis Clérian ; Giraud ; Lombardy ; F.
Gavoty ; Baliste ; Joseph-Pierre Blanc , G. Ba-
liste ; J. Esquier ; Perdieux (?); Truc, lieutenant de
juge.

XXXIII

MEAUX

(Lieu inhabité)

(Commune de Claviers)

L'an mil sept cent quatre-vingt-neuf et le vingt-cinq du mois de mars, après midi, le conseil général de tout chef de famille du terroir inhabité de Meaux, de Claviers, a été assemblé à son de la cloche et en la manière accoutumée, dans l'hôtel-de-ville du lieu de Claviers. La convocation a été faite en vertu des ordres de Sa Majesté, portés par les lettres données à Versailles, le vingt-quatre janvier et second mai mil sept cent quatre-vingt-neuf, pour la convocation et tenue des États Généraux de ce royaume ; elle a été faite aussi pour satifaire aux dispositions des règlements y annexés, ainsi qu'à l'ordonnance de Monsieur le lieutenant général de la Sénéchaussée de Draguignan, du quatorze du courant, de toutes lesquelles pièces a été faite publication au prône de la paroisse, tout comme ont été lues et affichées à la porte de l'église.

Auquel conseil général, autorisé par sieur Jean-

Baptiste Blanc, lieutenant de juge dudit Meaux, ont été présents : Sr Honoré Guigou, syndic ; Jean Blanc, ménager ; Joseph Bonnaud, ménager, conseillers ; Abeille, ménager ; Sr Honoré Abeille, bourgeois ; Raphaël, ménager ; Abeille-Emberlin, travailleur ; Cavalier, travailleur ; Aragon, travailleur ; Blanc, négociant ; Anglés, cordonnier ; Guigou-Jallet, ménager; Guigou, dit Blay, ménager ; Rocomaure, ménager ; Foucou, ménager ; Sr Pierre Abeille, bourgeois ; Pierrugues, ménager ; Abeille, dit Grimaud, ménager ; Daumas, ménager ; Saisson, ménager ; Pierruges-Rosaire, travailleur ; Abeille, ménager ; Blanc, ménager ; Rocomaure, ménager ; Pierrugues, maréchal-ferrant ; Abram, ménager ; Saisson, ménager ; Joseph Michel, travailleur ; Cavalier, travailleur ; Bourbon, travailleur; Pierrugues, travailleur ; Dol, ménager ; Sr François Courtés, bourgeois ; Bonnaud, ménager ; Saisson, travailleur ; Laugier, travailleur ; Castagne, menuisier ; Pierrugues, cardeur ; Castagne, travailleur ; Sr Joseph-François Cauvin du Bourguet ; Guigou-Rousson, travailleur ; Sr Jean-Baptiste Abeille, maître en chirurgie ; Blanc, ménager ; Pierrugues ; Sr Pons Brunel du Revest ; Pierrugues, travailleur ; Pierrugues-Melchion, ménager ; Guigou, travailleur ; Philippe Saisson, maître bâtier ; Michel, ménager.

Et lecture faite des ordres de Sa Majesté et de toutes les pièces y relatives, ci-dessus mentionnées, le Sr Honoré Guigou, syndic, a dit :

« Messieurs,

« Jamais les habitants de Meaux-lès-Claviers n'a-
vaient été convoqués d'une manière aussi solennelle ;
jamais aussi, ils n'avaient eu à s'occuper de si grands
objets ;

« Le meilleur des Rois, secondé par le ministre
le plus habile et le plus vertueux qui ait jamais gouverné la France, appelle tous ses sujets, sans distinction de rang et de fortune, à concourir avec lui à la
régénération de sa monarchie. La nation française, la
première de l'univers par sa nature physique et
morale et par sa constitution originelle, avait dégénéré
de sa première splendeur ; la faiblesse d'un grand
nombre de Rois, l'ambition des grands, l'erreur et les
vices de certains ministres ont dégradé dans certains
moments le caractère français et onéré les ressources
d'un royaume naturellement puissant. Depuis longtemps nos Rois s'occupent des moyens de remédier à
nos maux en détruisant les abus. Mais ces abus étaient
si anciens qu'ils s'étaient presque confondus avec la
constitution ; à cet effet leur correction n'a pu qu'être
lente et faible, quand elle n'a pas été inutile. Il n'appartenait peut-être qu'à Louis XVI, qu'un pressentiment
heureux a si bien caractérisé en le nommant bienfaisant,
et à M. Necker, dont le nom seul fait l'éloge, de vouloir,
par l'excellence et l'énergie de leurs sentiments, et de
pouvoir, par les circonstances qui les favorisent, consommer le grand ouvrage. Le moyen que Sa Majesté

emploie pour cela, est la convocation des États Généraux fixée au vingt-sept du mois d'avril prochain.
Notre assemblée actuelle en est un préliminaire indispensable et notre réunion a deux objets : le premier
est d'élire un nombre de députés relatif à notre
population, suivant les règles insérées dans l'article
trente et un du règlement fait par le Roi le 24 janvier
1789. Cet article porte que le nombre des députés sera
de deux à raison de deux cents habitants, de trois au
dessus et quatre au dessus de trois cents. Or, la population de Meaux étant composée de cent six habitants
ou environ, exige deux députés que nous devons choisir, suivant l'esprit du règlement du Roi et l'ordonnance de M. le Lieutenant général de la Sénéchaussée,
parmi les plus notables de l'habitation. Ces députés
doivent se rendre à l'assemblée de la viguerie, fixée au
vingt-sept du présent mois, pour procéder à la nomination d'un certain nombre d'électeurs, qui, dans
l'assemblée combinée des trois Sénéchaussées de Draguignan, Grasse et Castellane, fixée dans la première
de ces trois villes, le sept du mois d'avril prochain,
choisiront pour les États Généraux le nombre de
députés énoncés dans le règlement du Roi. Notre
devoir à tous dans cette élection, dont l'objet est de la
plus grande importance, est de nous dépouiller de tout
esprit de part, de tout motif personnel et de fixer
notre choix sur des personnes qui, par leur honnêteté
et par leurs lumières, soient capables de justifier notre
confiance.

« Le second objet de notre réunion est de dresser le

cahier d'instruction et doléances particulières qui peuvent intéresser la communauté, soit relativement aux articles qui regardent la généralité du royaume, soit par rapport à ceux qui n'ont trait qu'à l'administration de cette province..»

Sur quoi, ledit S^r syndic a requis de délibérer.

Sur la première proposition, le conseil a député, à la pluralité, Sr Joseph-François Cauvin du Bourguet, Sr Philippe Saisson, maître-bourrelier, pour se rendre à l'assemblée de la viguerie, indiquée le vingt-sept du courant, à l'effet par eux de concourir à la nomination des électeurs, qui, combinés avec ceux de la Sénéchaussée de Grasse et de Castellane, procèderont à la nomination des députés aux États-Généraux du royaume. Lesdits S^{rs} députés seront aussi porteurs des représentations et doléances de notre communauté, lesquelles, pour la simplification de la chose et l'instance du temps, nous insérerons dans la présente délibération. Les habitants qui composent cette assemblée donnent aux S^{rs} députés tous pouvoirs requis et nécessaires à l'effet de les représenter à ladite assemblée pour toutes les opérations prescrites par le règlement du Roi et l'ordonnance de M. le Lieutenant général de la Sénéchaussée ; ils donnent aussi tous pouvoirs généraux et suffisants de proposer, remontrer, aviser et consentir tout ce qui peut concerner le besoin de l'État, la réforme des abus, l'établissement du nombre fixe et durable dans toutes les parties de l'administration, la prospérité générale du royaume et le bien de tous les sujets de Sa Majesté.

Sur la seconde proposition, le conseil a arrêté que, quant aux objets qui intéressent la généralité du royaume, les S^{rs} députés qui seront élus par l'ordre du Tiers, pour assister et voler aux États Généraux de France, seront expressément chargés de solliciter : la réformation du code civil et criminel ; la suppression de tous les tribunaux inutiles et onéreux; une attribution à ceux des arrondissements de souveraineté jusqu'au concurrent d'une somme déterminée ; l'abrogation de toutes lettres attentoires à la liberté des citoyens ; la faculté à ceux-ci, de quelque Ordre qu'ils soient, de concourir pour tous emplois ou droits militaires, bénéfices et charges attributives de noblesse et de réclamer surtout contre la vénalité des offices. Lesdits S^{rs} députés réclameront, en outre, l'avantage pour toutes communautés sujettes à la juridiction seigneuriale, de racheter tous les droits féodaux qui émanent de cette juridiction, et notamment l'abolition des droits de corvée, lesquels, outre l'atteinte qu'ils portent à la propriété, impriment encore un caractère de flétrissure incompatible avec la dignité d'un citoyen français et les dispositions bienfaisantes de notre excellent monarque. Lesdits S^{rs} députés réclameront encore une modération dans le prix du sel, rendu uniforme pour tout le royaume, comme aussi l'abolition de tous droits de circulation dans son intérieur et notamment le reculement des bureaux des traites dans leurs frontières. Et, quant aux affaires relatives et particulières à la Province, le conseil charge expressément les mêmes députés aux États Généraux: d'insister à demander au meilleurs des Rois la

convocation générale des trois Ordres de la Province
pour former ou réformer la constitution du Pays; de
réclamer de sa justice qu'il soit permis aux communes
de se nommer un syndic avec entrée aux États ; de
s'élever contre la perpétuité de la présidence et contre
la permanence de tout membre inamovible ayant
entrée auxdits États, comme aussi de requérir l'exclusion des mêmes États des magistrats et de tous
officiers attachés au fisc, condition d'autant plus
conséquente qu'elle tient aux lois qu'ils ont faites eux-
mêmes aux municipalités par leurs arrêts de règlement. Ils demanderont aussi la désunion de la procure
du Pays, du consulat de la ville d'Aix; l'admission des
gentilshommes non possesseurs de fiefs et du clergé du
second Ordre; l'égalité des voix recueillies, tant aux
États Généraux qu'aux États particuliers de la province, par tête et non par Ordre, ainsi que dans la
commission intermédiaire, et surtout l'égalité de contribution pour toutes charges royales et locales, sans
exception d'aucune et nonosbtant toutes possessions et
privilèges quelconques : l'impression annuelle des
comptes de la Province dont l'envoi sera fait dans
chaque communauté, et que la répartition des secours
que le Roi accorde au Pays, ensemble de l'imposition
de quinze livres par feu affectée à la haute Provence,
sera faite dans le sein des mêmes États et par eux
arrêtée ; déclarant au surplus, le conseil, que, quant à
tous autres objets, soit généraux pour le royaume, soit
particuliers à cette province, il s'en réfère absolument
au cahier général qui sera dressé dans le chef-lieu,
d'après le vœu de la prochaine assemblée, lequel cahier

sera porté par les députés du Tiers aux États Généraux, approuvant dès à présent tout ce qui sera fait et arrêté, soit dans l'assemblée prochaine de la viguerie, soit dans l'assemblée combinée qui lui succèdera.

Pour nous conformer à l'esprit du règlement du Roi et à l'ordonnance de M. le lieutenant général de la Sénéchaussée, nous oserons porter nos doléances particulières aux pieds de Sa Majesté, afin qu'Elle veuille bien ordonner :

1° Qu'on nous donne un prêtre sédentaire, puisqu'on nous a forcés à faire une maison curiale qui nous est revenue à cinq mille livres. La résidence d'un prêtre est d'autant plus nécessaire, qu'il y a plus de quarante habitants dans l'étendue de la paroisse qui peuvent manquer très souvent des secours spirituels dans leurs maladies, puisque souvent le prêtre desservant la paroisse a eu fait sa résidence à environ deux lieues de distance.

Ainsi que dessus il a été délibéré, et se sont tous les chefs de famille, sachant écrire, soussignés, qui a su. Signé à l'original et à cette copie les sieurs syndics, qui ont coté et paraphé depuis la première jusqu'à la dernière page des doléances ; et ont signé aussi les sieurs députés, le syndic greffier, le conseil et tout autre.

(Signé :) Joseph Saisson, député ; Honoré Guigou, syndic ; Du Bourguet, député : J. Abeille ; A. Michel ; J. Blanc ; Jean Pierrugues ; Brunel du Revest ; Antoine Rocomaure ; Pons Cavalier (?); J. Pierrugues, greffier.

XXXIV

MOISSAC

Cahier des doléances

Les sieurs maire, consuls de la communauté de Moissac, pour satisfaire aux ordres de Sa Majesté, se sont occupés du cahier de doléances qui doit être joint à ceux de la Sénéchaussée pour être, le tout, rédigé en un seul, et présenté à l'assemblée des États Généraux ; et, conformément aux vœux des habitants de cette communauté, il sera respectueusement remontré :

1° Que, ne reconnaissant en France pour maître, que le Roi, ce monarque bienfaisant, la justice ne doit être rendue qu'en son nom, et par ce moyen les abus qui se glissent dans l'administration de la justice des juridictions subalternes et qui font la désolation du peuple, seront arrêtés. On peut exposer, sans craindre de blesser la vérité, qu'on ne trouve dans la plupart des justices seigneuriales qu'injustice, vexations, jugements iniques, rendus souvent par des individus ignorants, vendus à la créature du fief, et qu'un négociant, un ménager, tout honnête homme enfin, qui ne joue pas auprès du seigneur le vil personnage de courtisan, ne trouve plus de justice pour ses affaires ; alors l'officier est suspect, celui qui le remplace est absent, il faut aborder par force la forteresse pour avoir une subrogation, et Monsieur n'est jamais visible. Le négociant se dégoûte, préfère de perdre sa créance, abandonne son commerce, sa famille en souffre, et l'État, par une suite nécessaire, diminue ;

2° Que la juridiction seigneuriale supprimée, le lods, demi-lods qui ont été donnés pour subvenir aux frais de la justice, doivent l'être aussi ; ce droit est accablant pour le Tiers, et notamment pour le pauvre, qui, dans une mauvaise récolte, ou lui ayant été enlevée par le gibier, ne pouvant subvenir au paiement des impôts et à la nourriture de sa famille, est obligé de vendre son bien pour satisfaire ses créanciers. N'est-il pas criant et de la plus grande injustice que, pour se libérer, il soit forcé de donner au fief la sixième de son bien ? on dit sixième, parce que la plupart des seigneurs ont su par leur puissance, ou par leurs menaces, se l'adjuger à ce taux ;

3° Que les maux que le gibier cause, dans tout le terroir des fiefs de Provence, sont inappréciables ; que non seulement il ravage toutes les productions, dévaste tous les champs, mais encore détruit toutes les complantations en oliviers et en vignes, et nous ravit les moyens de satisfaire aux charges de la Province ; tous ces maux touchent encore de plus près le pauvre, qui, n'ayant point, ou presque point de fonds, est obligé de porter ses travaux dans des défrichements aux terres éloignées, et là où il trouverait sa subsistance et celle de sa famille, à peine trouve-t-il la semence. Le cultivateur se décourage, laisse les terres incultes et va chercher sa vie dans le pays étranger. Tous les habitants, pleinement convaincus des vues bienfaisantes de Sa Majesté, attendent avec impatience la réforme d'un abus si criant et universel, en donnant droit de chasse à tout honnête homme, pour délivrer la communauté du fléau le plus accablant, unique ressource pour redonner la vie au pauvre;

4º Que les droits de reconnaissance, que les seigneurs forcent les communautés d'abonner pour de l'argent (ce qu'ils ne peuvent faire, ni en conscience, ni en justice), seront également anéantis, ne voulant reconnaître d'autre maître que notre Souverain;

5º Que tous les droits seigneuriaux quelconques, qui tiennent les pauvres habitants de la campagne dans l'oppression et dans la servitude et qui les exposent à tant de vexations, seront également abolis;

6º Que toute banalité quelconque sera supprimée;

7º Que les pensions féodales, tasques, censes et autres charges de pareille nature seront rachetables à prix d'argent;

8º Que Messieurs les députés aux États Généraux porteront au pied du Trône l'état de détresse dans lequel les malheureux habitants des villages se trouvent par les impositions et charges auxquelles ils sont soumis, desquels ils donneront à Sa Majesté une connaissance parfaite, et qui consiste :

1º Droits seigneuriaux, qui sont d'ordinaire droit d'habitation, ou louage, qui est de deux ou trois panaux de blé, ou seigle, ou avoine, pour chaque chef de famille; droit d'albergue, puits et forge ;

2º Tasque, qui est une espèce de dime qui se paie jusqu'au dernier grain, à cause que les seigneurs sont plus craints que les ecclésiastiques ;

3º Droit de lods, exigible jusque sur un tronc de bois ne valant que six sols;

4º Demi-lods, payable de dix en dix ans sur tous les fonds de la communauté, maison curiale, forge, hôtel-de-ville, propriétés ;

5º Pension féodale, plus ou moins grande, banalité des fours et moulins, services en argent, obligation de travailler pour les possédant-fiefs, en plusieurs endroits; et de ce dernier article quelle vexation n'en résulte-t-il pas! combien de pauvres habitants, couchés dans leur misérable chaumière, ou occupés à des objets essentiels, tels que la moisson, n'ont-ils pas été forcés d [e les] abandonner, pour les travaux de fantaisie des seigneurs ?

6º Dimes ecclésiastiques contre lesquelles le royaume entier réclame, et dont il demande la suppression;

7º Droits de paroisse, casuel, charges particulières des communautés; entretien des maisons curiales, logement de secondaire, église, clocher, et autres bâtiments généraux, dont du tout les seigneurs ne paient rien, même à raison de leur bien rôturier; paiement pour droit de publication des bans de mariages, baptèmes, sépultures, deniers royaux,

imposition de sel, les charges effrayantes de la
Province pour tant de chemins et autres ouvrages
accordés à la seule faveur ; tels sont les différents
objets qui nous oppriment. Et il en est bien d'autres,
tels que ceux de cette communauté, qui accablent le
Tiers ! Nous voudrions le dissimuler à Sa Majesté pour
ne pas toucher son cœur déjà assez attendri sur notre
malheureux sort ; mais, puisque sa bonté nous y invite,
nous nous rendons à ses désirs : c'est la sixième de
tous les grains et fruits quelconques que les habitants
paient annuellement au possédant-fief de ce lieu.
Que reste-t-il après cela aux pauvres habitants de
campagne ? Il est temps que l'on soit plus juste et
plus raisonnable, on doit songer à leur soulagement ;
que la tyrannie enfin ait son terme, et qu'elle ne
devienne pas la cause des sanglantes tragédies (sic). Que
Messieurs les députés aux États Généraux portent le
piteux état du peuple au pied du Trône ; on implore
leur secours, le monarque bienfaisant les y invite, la
justice, l'équité et leur état l'exigent.

La présente assemblée a arrêté que, quant aux objets
qui intéressent la généralité du Royaume, les sieurs
députés, que l'ordre du Tiers aura élus pour assister
et voter aux États Généraux, seront expressément
chargés d'y solliciter : la suppression de tous les tribunaux inutiles et onéreux ; une attribution à ceux
d'un arrondissement de souveraineté jusqu'au concurrent d'une somme déterminée ; l'abrogation de toute
lettre attentoire à la liberté du citoyen; la faculté de
tout individu, de quel Ordre qu'il soit, de concourir à

tous les emplois militaires, bénéfices et charges attributives à la noblesse: (il est inouï que le Tiers État, source de lumiè es dans lequel la Noblesse et le Clergé en général puisent les premiers principes de toutes les connaissances, soit privé de fournir au Roi, à l'Eglise et à la magistrature, tant de braves gens de méri e que fournit cet Ordre, qui est la Nation); d'y réclamer surtout [contre] la vénalité des offices; que les charges quelconques de la magistrature ne seront données qu'à vie et au mérite, dans une assemblée générale de chaque province ; que le Tiers ou la Nation ne pourra être jugé que par ses pairs, pris dans son sein ; d'y réclamer en outre une modération dans le prix du sel, rendu uniforme dans tout le royaume ; comme aussi l'abolition de tout droit de circulation dans son intérieur, et notamment le reculement des bureaux de traites sur les frontières. Les députés, au nom de la communauté, chargeront Messieurs les députés aux États Généraux de dénoncer au Roi et à toute la nation française les protestations des possé- dants-fiefs provençaux, soit celle du vingt-et-un janvier, prise contre le rapport fait au Roi par Monsieur le directeur général (ce brave ministre, ange tutélaire de la Nation), et toutes les autres protes- tations qui portent directement contre le vœu du Monarque et celui des communes de France.

Quant aux affaires particulières de la Province, l'assemblée charge par exprès ses représentants, en l'assemblée convoquée en la ville de Draguignan : de demander au meilleur des Rois la convocation géné-

rale des trois Ordres de la Province pour former la
constitution du Pays : de réclamer de sa justice qu'il
soit permis aux communes de se nommer un syndic
avec entrée aux États ; de s'élever contre la permanence de la présidence et contre la permanence de
tout membre inamovible, ayant, en l'état des choses,
entrée aux-dits États ; de requérir l'exclusion aux
mêmes États des magistrats et de tout officier attaché
au fisc ; comme aussi requérir la désunion de la
procure du Pays, du consulat de la ville d'Aix ; l'admission des gentilshommes non possesseurs de fiefs et
du clergé du second ordre ; l'égalité des voix pour
l'Ordre du Tiers contre celle des deux premiers Ordres,
tant dans les États que dans la commission intermédiaire, et surtout l'égalité des contributions pour
toutes les charges royales et locales, sans exemption
aucune et nonobstant toute possession ou privilège
quelconque ; l'impression annuelle des comptes de la
Province dont envoi sera fait à chaque communauté ;
et que la répartition des secours que le Roi accorde
au pays, ensemble de l'imposition de quinze livres par
feu, affectée à la Haute-Provence, sera faite dans le
sein des États ; que les États provinciaux seront
chargés de nommer des commissaires de l'Ordre du
Tiers, pour visiter les titres des communautés pauvres
et vexées, et de porter au pied du Trône les oppressions
des malheureux ; que les mêmes États seront chargés
de soutenir les procès que les possédants-fiefs ont la
cruauté de leur intenter après en avoir fait examiner
les motifs, comme aussi d'établir que les communautés

seront obligées de soutenir les procès que lesdits possédants-fiefs pourront intenter aux habitants en particu-
culier, après le même examen que dessus ; déclarant
au surplus, l'assemblée, que, quant à tous autres objéts
soit généraux pour le royaume, soit particuliers à
cette province, elle s'en réfère absolument au cahier
général qui sera dréssé d'après le vœu de la prochaine
assemblée, soit encore à celui que l'Ordre du Tiers
déterminera lors de sa réunion pour l'élection de ses
députés aux États Généraux, approuvant dès à présent
tout ce qui sera arrêté dans l'assemblée préliminaire,
convoquée en la ville de Draguignan le 27 du courant
et 7 du mois d'avril prochain.

Ainsi que dessus il a été délibéré, et se sont, tous les
chefs de famille sachant écrire, soussignés. A Moissac,
ce vingt deux-mars mil sept cent quatre-vingt-
neuf.

(Signé :) J. Roux, lieutenant de juge ; Serre ;
Roux ; Roux, maire ; Quinson ; Raynier ; A. (?) Sigaud ;
L Roux ; J. Pellegrein ; J.-P. Roux ; J. Roux.

XXXV

LA MOLE

Cahier des demandes et doléances

Le conseil a arrêté pour l'objet de ses demandes et doléances, que, quant à ce qui intéresse la généralité du royaume, les sieurs députés qu'aura élus l'Ordre du Tiers pour assister et voter aux Etats Généraux de France seront expressément chargés d'y solliciter : la réformation du code civil et criminel ; la suppression de tous les tribunaux inutiles et onéreux; une attribution à ceux des arrondissements de souveraineté jusques au concurrent d'une somme déterminée ; l'abrogation de toutes lettres attentoires à la liberté des citoyens, et d'y réclamer surtout contre la vénalité des offices. Lesdits sieurs députés réclameront, en outre : une modération dans le prix du sel, rendu uniforme dans tout le royaume ; l'abolition de tous droits de circulation dans son intérieur et notamment le reculement des bureaux des traites aux frontières ; la suppression de la ferme générale pour, le recouvrement de tous les impôts être fait par des trésoriers provinciaux qui les verseront directement au trésor royal ; comme aussi la suppression du code des chasses, et, en tous les cas, qu'il fût permis à tous propriétaires de chasser dans son fonds aux bêtes fauves qui, surtout dans cette contrée, dévorent le fruit du travail et de la sueur des pauvres laboureurs.

Quant aux affaires particulières à la Province, le conseil charge encore les susdits députés de réclamer l'exécution du vœu déjà donné par toutes les communes pour la formation ou réformation de la constitution du pays ; de réclamer de la justice du meilleur des Rois qu'il soit permis à l'Ordre du Tiers de se nommer un syndic avec entrée aux États ; de s'élever contre la perpétuité de la présidence et contre la permanence de tout membre non amovible, comme aussi de requérir l'exclusion des mêmes États des magistrats et de tous officiers attachés au fisc ; la désunion de la procure du Pays, du consulat de la ville d'Aix ; l'admission des gentilshommes non possédant-fiefs et du clergé du second Ordre ; l'égalité des voix pour l'Ordre du Tiers contre les deux premiers Ordres réunis et surtout l'égalité de contribution pour toutes charges royales et locales, sans exception d'aucune et sans distinction de personnes et de biens, nonobstant toute possession ou privilège quelconque.

Et quant aux objets particuliers relatifs à cette communauté de la Môle, le conseil a encore chargé les susdits députés de demander la permission de pouvoir faire embarquer les denrées que l'on fait passer par voie de mer à la plage, et de n'être pas obligé de les faire transporter pour l'embarquement au port de Saint-

Tropez, qui est éloigné de trois quarts de lieue de Provence de ladite plage, ce qui est un objet de vexation et surcroît de dépense insupportable ; de faire prendre en considération la détresse de tous les habitants qui, n'ayant que des terres presque stériles et qui ne sont susceptibles d'aucune autre production que du blé, sont grevés d'un nombre infini de droits seigneuriaux et d'une dîme qu'ils payent inutilement, n'ayant point de curé, lesquels droits prennent toujours les trois quarts de leur mince récolte, parce qu'ils sont d'ailleurs multipliés à l'infini, tels que tasque, cabestrage, florinage, relarguier et, en outre, la prohibition de couper le bois dans son propre fonds; considérations qui doivent faire donner à cette communauté tous les adoucissements possibles.

Et tels sont les objets principaux de demande de ladite communauté qui charge expressément son député de les faire valoir; déclarant au surplus que, quant aux dits objets, ainsi que tous les autres tant généraux que particuliers, elle s'en réfère absolument à son dit député et au cahier général qui sera dressé d'après le vœu de l'assemblée, approuvant dès à présent tout ce qui sera fait et arrêté; et se sont tous les chefs de famille, sachant écrire, soussignés :

Imbert, juge : J. Sénéquier, maire ; Ricard ; Claude Peirin ; Henri Roux et Rambert, greffier.

Collationné ; (signé :) Rambert, greffier.

Supplément.

Délibéré dans l'assemblée générale des accaptans de la terre de la Môle, tenue à la maison de ville du lieu de Cogolin, le vingt-cinq du mois de mars mil sept cent quatre-vingt neuf, de demander :

1° D'être déchargés du droit onéreux de florinage, qui est payé au seigneur, tant que le moulin à farine ne subsistera pas ;

2° D'être déchargés du droit de cabestrage payé au seigneur, en sus du droit du huitain qu'il prend des accaptans sur tous les grains et fruits récoltés chaque année : ce droit consiste à un dixième annuel des semences ;

3° D'être encore déchargés du droit de relarguier des bêtes à bât et de labour, droit nouvellement établi, que les précédents seigneurs n'exigeaient pas, et surtout celui des bêtes à bât nécessaires au ménage, qu'on n'a commencé d'exiger que l'année dernière ; ce droit devient d'autant plus onéreux aux accaptans que les habitants de Cogolin ont un droit de compascuité dans ladite terre de la Môle, sans rien payer, et que tous les autres étrangers, sans distinction, sont admis à y dépaître, moyennant un modique droit de relargage ;

4° De requérir la suppression, ou tout au moins une diminution du droit onéreux d'une panal blé et une livre de cire par année, pour chaque place d'appié, ou des ruches à miel, pour peu nombreuse qu'elle soit, étant, lesdites places, dans le propre fonds de chaque accaptant ;

5° La liberté de pouvoir couper les pins qui croissent au devant, autour de leurs bastides et dans leurs accaptes, sans être obligés de prévenir le seigneur, le tout sans abus ;

6° De demander la correction de l'abus que les facteurs du seigneur commettent, lorsqu'ils font des défrichements pour semer, dits taillades, en leur faisant enlever les principaux bois taillés, destinés à être brûlés, pour servir à bonifier les fonds et procurer une meilleure récolte.

Ainsi que dessus a été procédé au supplément du cahier des doléances, instructions et remontrances de la communauté dudit terroir de la Môle, et ceux des accaptans qui ont su écrire ont signé, le même jour et an que dessus.

(Signé :) J. Sénéquier, maire ; Roux ; Reibaud, lieutenant de juge.

XXXVI

MONS

Cahier des plaintes, instructions, doléances et remon-

trances

Toute la communauté assemblée au son de la cloche, par cri et organe d'Honoré Robert, valet de ville, aux formes accoutumées, dans la chapelle des Pénitents Blancs de ce lieu de Mons, sous l'autorisation du sieur Louis Porre, lieutenant de juge et coseigneur du Bourguet, en suite des ordres de Sa Majesté et de l'ordonnance de M. le lieutenant général en la Sénéchaussée de la ville de Draguignan, du 14 du courant.

A laquelle assemblée, le sieur Jean-Honoré Augier, maire et premier consul, aurait représenté qu'il aurait reçu un ordre de la part de M. le Lieutenant général en la Sénéchaussée de la ville de Draguignan, pour faire convoquer le conseil de chaque chef de famille de ce dit lieu, pour procéder à la rédaction du cahier des plaintes, doléances, instructions et remontrances que ledit lieu de Mons entend faire à Sa Majesté, et présenter les moyens de pourvoir et subvenir aux besoins de l'État, ainsi qu'à tout ce qui peut intéresser la prospérité du royaume et celle de tous et de chacun les sujets de Sa Majesté.

Et, tout de suite, le même conseil assemblé, à l'unanimité des voix, aurait déclaré que trois articles principaux sont l'objet principal de ses plaintes et doléances :

L'article premier est relatif à ce qui regarde la généralité du royaume.

Le second, à ce qui n'a trait qu'à l'administration de cette province.

Et le troisième, à cette communauté.

Sur le premier chef, tous les membres du présent conseil ont arrêté que les sieurs députés qu'élira l'Ordre du Tiers pour assister et voter aux États Généraux de France, seront expressément chargés d'y solliciter la réformation du code civil et criminel ; la suppression de tous les tribunaux inutiles et onéreux ; une attribution à ceux des arrondissements de souveraineté jusques au concurrent d'une somme déterminée ; l'abrogation de toutes lettres attentoires à la liberté des citoyens ; la faculté à ceux-ci, de quelque Ordre qu'ils soient, de concourir pour tous emplois militaires, bénéfices et charges attributives de noblesse, et d'y réclamer surtout contre la vénalité des offices.

Lesdits sieurs députés réclameront, en outre, une modération dans le prix du sel, rendu uniforme pour tout le royaume, comme aussi l'abolition de tous droits de circulation dans son intérieur et notamment le reculement des bureaux des traites dans les frontières.

Sur le second chef, le même conseil a arrêté que, quant aux objets qui intéressent particulièrement la Province, les sieurs députés auxdits États Généraux insisteront à demander au meilleur des Rois la convocation générale des trois Ordres de la Province pour former ou réformer la constitution du pays ; de réclamer de sa justice qu'il soit permis aux communes de se nommer un syndic avec entrée aux États ; de s'élever contre la perpétuité de la présidence et contre la permanence de tout membre non amovible ayant, en l'état des choses, entrée auxdits États, comme aussi de requérir l'exclusion des mêmes États, des magistrats et de tous officiers attachés au fisc ; la désunion de la procure du Pays, du consulat de la ville d'Aix ; l'admission des gentilshommes, non possesseurs de fiefs, et du clergé du second ordre ; l'égalité des voix pour l'Ordre du Tiers, contre celles des deux premiers Ordres, tant dans les États que dans la commission intermédiaire et surtout l'égalité de contributions pour toutes charges royales et locales, sans exemption aucune et nonobstant toute possession ou privilèges quelconques ; l'impression annuelle des comptes de la Province, dont envoi sera fait dans chaque communauté, et que la répartition des secours, que le Roi accorde au pays, ensemble de l'imposition de quinze livres par feu, affectée à la Haute-Provence, sera faite dans le sein des États et par eux arrêtée.

Et quant aux objets relatifs et particuliers à cette communauté, les sieurs assemblés chargent MM. Jean-Honoré Augier, maire et premier consul, sieur Pierre

Pelacy, fils de M° Pelacy, notaire greffier de cette communauté, et M° Joseph Porre, notaire royal, tous de ce lieu, qui ont été députés, de faire insérer dans le cahier général des doléances qui sera rédigé lors de l'assemblée générale des trois Ordres, convoquée le vingt-sept du courant, les articles suivants :

1° Que la dîme de tous les grains, vin, nadons et cochons, que l'on perçoit dans ce territoire, sur le pied, savoir : celle des grains, vin et cochons, du seizième; et celle des nadons à raison du quatorzième, sera supprimée; à cause que le revenu de cette même dîme de grains appartient pour la moitié au sieur Panisse, chanoine de Fréjus et prébendé de cette paroisse, ce membre étant inutile dans le lieu, puisqu'il n'y paraît jamais, et qu'il n'a jamais seulement daigné de faire aumôner la moindre chose dans le lieu, lequel a des revenus de cette paroisse environ quinze cents livres et qu'il va les consumer à Paris pour ses agréables plaisirs; ce qui est injuste.

Une autre partie de ce même dixme soit tant en grains qu'en vin, appartenant encore au sieur prieur du Gaud, comme prieuré rural, membre encore inutile, lequel a affermé sa portion à trois cent soixante livres, et, moyennant la misérable somme de cinquante livres qu'il donne à un vicaire pour célébrer une messe à ladite chapelle du Gaud, depuis la Saint Jean-Baptiste jusques à la Saint-André, il empoche l'excédent, sans nous être d'aucun autre secours; duquel prieuré les sieurs assemblés demandent aussi la suppression.

La troisième partie de ce même dixme appartient

encore au bénéfice rural, sous le titre de Saint-Marcelin, duquel le séminaire de Fréjus est titulaire, et la
portion qui lui compète étant affermée à quatre cent
vingt livres, on en demande encore la suppression
comme membre inutile dans le lieu, la communauté
ne profitant que de la célébration d'une messe le jour
de Saint-Marcelin, tant seulement, qui est à la charge
des fermiers, en sus des quatre cent vingt livres.

Et pour ce qui concerne le sieur curé et vicaires desservant la paroisse principale, les habitants offrent de
leur payer, comme membres utiles, telle portion congrue
et alimentaire selon leur état, que Sa Majesté daignera
fixer dans le sein de sa prévoyance et de sa justice.

2° La communauté de Mons expose qu'elle se trouve
dans la situation la plus douloureuse et la plus affli-
geante, eu égard aux droits multipliés et onéreux
qu'elle acquitte aux seigneurs du lieu.

Elle leur paye une tasque de tous les grains, sur le
pied d'un seizième ; elle acquitte une pension féodale
de soixante-douze livres, un droit de lods sur le pied
d'un douzième, un droit de fournage à raison de quarante pains un

Tous ces objets aggravent sa situation, et c'est un
moyen de plus pour que Sa Majesté daigne avoir en
considération l'habitation de Mons pour qu'elle soit
soulagée dans la classe des impositions générales auxquelles elle satisfait.

En outre, le seigneur d'Escragnoles prétend avoir
le droit de faire dépaître tous ses bestiaux dans le
terroir de Mons, soit dans les terres closes, prés des

particuliers, que même dans les terres des seigneurs dudit lieu ; de là, les herbages sont détruits en totalité, l'habitant ne peut plus entretenir son propre bétail, ce qui l'expose à déserter le lieu et aller chercher ailleurs de quoi pouvoir l'alimenter.

La position du village de Mons se trouve dans un endroit montagneux, exposé à toutes les rigueurs de la saison de l'hiver; ses biens sont situés dans une situation penchante et ardue ; elle est sujette à des dégradations infinies ; le sol en est stérile, et l'on n'en parvient à en corriger l'aridité, l'ingratitude, qu'à force de travail ; le pays est sans commerce et sans ressource, accablé d'ailleurs sous le poids des dettes locales. Tous ces objets fortifient de plus en plus les considérations que l'on vient de ramener [d'énumérer (?)] et solliciter la bienfaisance et la justice du Souverain, pour qu'il daigne adoucir le sort des habitants qui ne cesseront de publier sa gloire et ses bienfaits.

(Signé :) Porre-Bourguet, lieutenant de juge ; Augier, maire ; Pellassy, consul ; Gastaud ; Pelacy ; Pellassy ; Porre ; Castely ; Raynaud ; Castely ; Sardou ; Mireur ; Arnoux ; Bertou ; Jordan ; Porre ; Jordan ; Morlan ; Carbonel ; Porre ; Pellassy ; Mireur ; Pelassy ; Raynaud ; Mireur ; Roland ; Laugier ; Porre-Pie ; Arnoux ; Gastaud ; Porre ; Laugier ; Chailan ; Magail ; Porre ; Chiris ; Carlavan ; Chailan ; Rolan ; Porre ; Laugier ; Porre ; Chiris ; Mireur ; Jacques Robert ; Pascal ; Sardou ; Porre ; Porre.

Les autres chefs de famille n'ont su, de ce requis, et de moi : (Signé :) Pelacy, greffier.

Coté et paraphé *ne varietur* par première et dernière page. A Mons, le vingt-deux-mars mil sept cent huitante-neuf.

(Signé :) Porre-Bourguet, lieutenant de juge.

XXXVII

MONTAUROUX

Cahier des doléances

1° Les États Généraux seront de nouveau assemblés dans un temps court et limité.

2° Les subsides ne seront accordés que jusqu'à la nouvelle tenue des États généraux.

3° Tous les députés y voteront par tête et non par Ordre, excepté pour les cas où il y serait délibéré de voter par Ordre.

4° Les codes civil et criminel seront réformés et il sera nommé, pendant la tenue des États Généraux, une commission qui y travaillera incessamment.

5° Il sera accordé aux tribunaux d'arrondissement une attribution de souveraineté, jusqu'à la concurrence de quatre cents livres ; mais le jugement ne pourra être rendu que par sept juges au moins, et, si le tribunal n'a pas un pareil nombre de magistrats, il y sera suppléé par les avocats plus anciens qui seront inscrits sur le tableau.

6° La vénalité des charges sera supprimée et les nouveaux magistrats seront choisis par une assemblée composée d'un député de chaque communauté du district.

7° Tous les tribunaux inutiles et onéreux seront supprimés et réunis aux tribunaux ordinaires.

8° Les prisons seront saines et sûres, les prisonniers y seront bien traités, et nul [ne] pourra y être traduit qu'en vertu d'un décret sur information précédente, à peine de responsabilité de la part des juges qui auront donné des ordres contraires.

9° La liberté individuelle et le droit de propriété de chaque citoyen seront déclarés inviolables.

10° Toutes lettres de cachet seront abolies et la liberté indéfinie de la presse sera accordée, sauf la responsion des auteurs des écrits imprimés.

11° Tous les Ordres contribueront également aux paiements de toutes les impositions royales et municipales, sans exemptions ni privilèges quelconques.

12° Le prix du sel sera modéré et rendu uniforme dans tout le royaume.

13° Tous droits de circulation dans l'intérieur du royaume seront abolis, et les bureaux des douanes et traites seront reculés aux frontières du royaume.

14° Il sera établi une commission pour vérifier toutes les pensions dont l'État est grevé, et on supprimera toutes celles dont les motifs ne seront par connus ou jugés insuffisants.

15º Il sera ordonné que tous les archevêques et évêques résideront dans leurs diocèses et les bénéficiers dans les lieux de leurs bénéfices, à peine de privations des revenus qui leur sont assignés, lesquels seront appliqués aux pauvres, et ce à proportion du temps de leurs absences, à moins qu'ils ne se soient absentés pour des causes légitimes et nécessaires.

16º La dîme sera supprimée comme extrêmement onéreuse au peuple, surtout lorsqu'elle est portable. Il y sera suppléé par l'abonnement de la dîme en argent, lequel sera fait par des commissaires qui auront égard à tout ce que de droit.

17º Le casuel des prêtres des paroisses sera supprimé et il y sera suppléé par l'augmentation de la portion congrue des curés et vicaires des paroisses.

18º Les communautés ne seront plus tenues de contribuer à la construction et réparation des maisons curiales, pour éviter les contestations qu'elles font naître entre les décimateurs et les communautés qui sont toujours sacrifiées. On y aura égard dans l'abonnement de la dîme.

19º Les États de la Province seront réformés ; le Tiers État y sera admis dans toutes les occasions en nombre égal avec les députés de la Noblesse et du Clergé réunis ; de même que dans les commissions intermédiaires, ils y voteront par tête et non par Ordre, les nobles non possédant-fiefs et le clergé du second ordre y seront admis ; la présidence n'y sera plus perpétuelle, mais élective ; la procuration du Pays sera désunie du consulat d'Aix, et elle sera élective. Les magistrats et tous autres officiers attachés au fisc en seront exclus; le compte de la Province sera annuellement imprimé et envoyé en toutes les communautés ; les secours que le Roi accorde au Pays et l'imposition de quinze livres par feu, affectée à la Haute-Provence, seront répartis dans l'assemblée des États.

20° Les domaines de la Couronne étant inaliénables et imprescriptibles, le Roi rentrera dans tous les domaines démembrés de la Couronne, et, en conséquence, il reprendra le fief de ce lieu qui a été démembré par Ildelphonse, comte de Provence, en faveur de l'évêque de Fréjus.

21° La banalité des fours et moulins sera supprimée, à cause des abus qu'elle entraîne. Les habitants de Montauroux et ceux des Adrets, hameau dudit lieu, éprouvent à ce sujet le préjudice le plus intolérable. Le seigneur n'a que deux moulins à huile à l'usage des habitants, qui sont insuffisants pour détriter les olives du terroir, ce qui en occasionne un dégât immense. Les habitants des Adrets sont si éloignés des moulins qu'ils emploient quatre ou cinq heures pour y porter leurs olives et leurs grains, et autant pour retourner ; ils sont obligés de traverser pendant treize fois des rivières et torrents qui sont extrêmement dangereux, au point que plusieurs personnes s'y sont noyées, n'étant pas possible d'y construire des ponts.

Les habitants de ce lieu ont même la douleur de voir que le seigneur a fait construire, il y a environ

dix-huit ans, deux nouveaux moulins à huile auxquels
il n'est pas permis aux habitants de détriter leurs
olives, le seigneur ayant fait signifier, par exploit, aux
sieurs consuls qu'ils n'étaient point à l'usage des
habitants de ce lieu, mais seulement des étrangers.
Les habitants ne sont admis à y détriter leurs olives
qu'en laissant leurs marcs ou grignons aux moulins,
outre le droit de mouture, tandis que les étrangers
laissent simplement leurs marcs, sans payer aucun
droit de mouture, et on leur paie même six sols par
moute, pour les y attirer.

Les seigneurs ou propriétaires seront indemnisés
de la suppression de la banalité, suivant l'estimation
qui en sera faite par experts, dans les lieux où la
banalité leur aura appartenu de tous les temps, et
dans ceux où la banalité aura appartenu anciennement
aux communautés, comme en ce lieu de Montauroux;
elles ne seront tenues de rembourser aux seigneurs
que le prix de l'aliénation, de sorte que la communauté
de ce lieu sera reçue à rentrer dans la banalité en
remboursant au seigneur la somme à laquelle la
banalité des fours et moulins fut fixée dans le rapport
de collocation auquel Messire de Lombard fit procéder
en 1643, temps auquel il ne possédait pas encore la
seigneurie de ce lieu, étant à observer que les moulins
et les fours banaux, dont le prix fut fixé à vingt mille
six cents livres, sont affermés aujourd'hui à quatre
mille deux cent livres.

22° Le droit de prélation des seigneurs sera supprimé,

parce qu'il gêne le commerce. La cession du droit de prélation est encore plus abusive.

23° Les seigneurs seront sujets, pour les terres qu'ils possèdent, à la compascuité générale du terroir, en considération des avantages qui en résulteront pour l'agriculture.

24° Les communautés ne seront plus soumises à payer aux seigneurs le droit d'indemnité, à raison des chapelles, chemins et places vacantes.

25° Il sera permis à tous les habitants d'avoir des armes à feu, dont ils ne pourront faire usage que dans leurs propriétés, pour se garantir des bêtes féroces et des animaux qui ravagent les terres et en dévorent les fruits.

26° La pêche sera permise aux habitants dans toute l'étendue des rivières, sans aucune réserve pour les seigneurs.

27° Il sera permis aux communautés de construire des canaux pour les fontaines publiques dans les fonds des seigneurs, nonobstant toute prescription, en les indemnisant seulement de la valeur du terrain et du dommage qui leur sera causé.

28° Le droit que les seigneurs ont d'obliger les communautés à se cantonner dans les bois, dont elles ont l'usage, sera aboli, et les habitants pourront exercer leur droit d'usage dans toute l'étendue des bois, défens et terres gastes, parce que le canton qui est assigné aux habitants est presque toujours dispro-

portionné à leurs besoins ; la communauté de ce lieu
en ayant fait la triste expérience, puisque la portion
qui leur a été assignée, depuis deux ans, est déjà
entièrement dégarnie de bois, quoiqu'on l'ait coupé
sans abus, pour raison de quoi la communauté proteste
de tous ses droits.

29° La juridiction de la police sera attribuée aux
consuls et autres officiers municipaux qui composent
le conseil de la communauté, lesquels réprimeront
plus sévèrement les contraventions aux lois de la
police.

Les habitants de Montauroux se réfèrent au surplus
à tout ce qui sera déterminé dans l'assemblée générale
du Siège, au sujet de tous les abus qui seront relevés
dans les doléances des diverses communautés.

Paraphé *ne varietur*

(Signé :) Poulle, juge ; Porre-Camot, maire ;
Raibaud, consul : David ; Garcin ; Poulle C. ;
H. Bermond ; Giraud ; Nègre, greffier ; Ollivier ;
H. Iss[au]rat ; Funel ; Giraud ; Jean Eméric ; B. Lé-
get ; Béraud ; Bourgarel ; A. Fabre ; F. Bourgarel ;
Bourgarel ; Maurin ; Ardisson ; Ollivier ; J. Camatte ;
J. Issaurat ; P. Ricard ; Ardisson ; Pouge ; Camate ;
Bermond Carbonel ; Jean Poulle ; Bouge ; Poulle ;
Lieutaud ; Henry ; Xavier Sigallon ; Guignon ;
Guignon ; Lions ; B. Court ; Tripoul ; Veyan ;
H. Issaurat ; Stable ; Bernard, fils, pour mon père ;
Mireur ; Eméric ; Guérin ; Fabre ; Guignon ; Antoine
Pellegrin ; Pierre David ; Lebre ; Ricard, chirurgien (?) ;
Negre, greffier.

XXXVIII

MONTFERRAT

Cahier des doléances, plaintes et remontrances

Art. 1ᵉʳ. — L'assemblée a délibéré de proposer la modification du prix des feux, ou soit la diminution de la quantité d'iceux pour la Haute-Provence, par les considérations de la privation où elle se trouve de tout commerce productif, causée d'abord par le misérable état des routes et chemins, qui y sont impraticables; par le défaut de ponts, ce qui cause souvent la perte de la vie à des voyageurs ; par son éloignement des villes considérables pour l'exportation avantageuse de leurs denrées; par les secours dispendieux qu'ils vont chercher dans ces villes, lorsqu'il s'agit d'affaires imprévues et difficultueuses et surtout par les dégradations successives, considérables et très fréquentes qui proviennent des irruptions des eaux, débordement des rivières et torrents dans ces pays montagneux, et par les orages conséquemment plus fréquents, ce qui a rendu aujourd'hui la moitié des terres incultes et abandonnées, comme il est généralement reconnu, et ce qui rend même la Haute-Provence déserte et en partie inhabitée.

Art. 2. — L'assemblée a arrêté et délibéré de proposer le besoin et l'avantage d'établir des places gratuites pour la nourriture dans les universités en droit et de la faculté (*sic*) et pour les mathématiques, à l'effet d'encourager et développer l'esprit et les talents des jeunes gens que les parents laissent avec amertume et douleur sans produit, par le défaut de moyens pour pouvoir les cultiver, tandis que très souvent les progrès et les succès de ces élèves feraient le soutien et le bien-être d'une famille et l'objet de l'utilité publique.

Art. 3. — L'assemblée a chargé les sieurs députés de proposer la suppression et abolition générale de tout casuel aux curés, vicaires et desservant paroisse, d'abord pour faire cesser contre ces ministres des plaintes dures et de mépris, causées par ces rétributions et pour conserver ainsi les égards et la considération qui leur est due.

Art. 4. — L'assemblée a arrêté de proposer le Nonobstant-appel dans tout état de cause, ou, du moins, jusques à une somme beaucoup moindre de cinquante livres, pour éviter, ce qui est très ordinaire, le vice de l'appel d'un débiteur de mauvaise foi ou insolvable, qui ne cherche et n'a pour but que de faire désister son créancier de ses poursuites contre lui.

Art. 5. — Il a été délibéré et on a chargé les sieurs députés de proposer et solliciter : la réforme du code

civil et criminel ; la suppression des tribunaux inutiles ;
une attribution à ceux des arrondissements de souveraineté jusques au concurrent d'une somme déterminée ; l'abrogation de toutes lettres attentoires à la liberté
des citoyens ; la faculté à ceux-ci, de quelque Ordre
qu'ils soient, de concourir pour tous emplois militaires,
bénéfices, charges attributives de noblesse, et de réclamer surtout contre la vénalité des offices. Lesdits
sieurs députés réclameront, en outre, une modération
dans le prix du sel, la réduction uniforme et générale
des poids et mesures pour être rendus conformes dans le
royaume et finalement l'égalité des contributions des
trois Ordres à toutes les charges royales et locales, sans
exception aucune et nonobstant toute possession ou
privilège quelconques.

Art. 6. — L'assemblée a délibéré de proposer l'abolition et la suppression du droit de prélation, ou du
moins la réforme du droit de cession, attendu les obsta-
cles qu'ils portent à la liberté des acquisitions et de la
société. Et, quant aux autres affaires relatives et particulières à la Province, le conseil charge par exprès
les sieurs députés : d'insister à demander au meilleur
des Rois la convocation générale des trois Ordres de la
Province pour former et réformer la constitution du
Pays; de s'élever contre la perpétuité de la présidence
et contre la permanence de tout membre non amovible;
comme aussi de requérir l'exclusion des mêmes États,
des magistrats et de toutes affaires attachées au fisc ,
la désunion de la procure du Pays, du consulat de la
ville d'Aix , l'impression annuelle des comptes de la

Province, dont envoi sera fait à chaque communauté; déclarant au surplus, le conseil, que, quant à tous autres objets soit généraux pour le royaume, soit particuliers à cette province, il s'en réfère absolument au cahier général qui sera dressé dans le chef-lieu.

Arrêté et délibéré à Montferrat le présent cahier des plaintes, doléances et remontrances, dont lecture a été faite à l'assemblée, an et jour que dessus, et a signé qui a su :

(Signé :) Pascalis, maire ; Blanc ; Rouvier ; Gariel; Béraud ; Charabot ; Bénech ; Beuf ; Astier ; Paschalis, ainé ; Aune; J. Viborel; Blanc; François Bovis; Tardieu, lieutenant de juge.

XXXIX

LA MOTTE

Cahier des plaintes et doléances

Les °députés aux Etats Généraux seront spécialement chargés de supplier Sa Majesté :

De pourvoir à la réformation du code civil et criminel ;

De supprimer la vénalité des offices ;

De supprimer tous les tribunaux inutiles et onéreux
au peuple ;

D'attribuer aux tribunaux ordinaires la souveraineté
jusqu'à une somme déterminée, pour éviter au peuple
les frais de l'appel dans les causes minimes ;

D'abroger les lettres de cachet, comme attentatoires à la liberté des citoyens ;

D'accorder à tout citoyen, de quelque Ordre qu'il
soit, la faculté de concourir à tous emplois, militaires,
civils, bénéfices et charges attributives de la noblesse,
quand il en sera personnellement digne par son
mérite ;

De veiller à la réformation des mœurs, desquelles
dépend essentiellement le maintien du bon ordre que

Sa Majesté se propose d'établir ; et, à cet effet, Sa Majesté sera suppliée d'ordonner la résidence des évêques et des bénéficiers, dont les instructions et les exemples concourront à remplir ses vues, et de pourvoir par des bons règlements à l'éducation publique trop négligée ;

D'accorder une modération sur le prix du sel, qui sera rendu uniforme dans tout le royaume ;

D'abolir les droits de circulation dans son intérieur ;

De reculer les bureaux des traites sur les frontières ;

De simplifier les moyens de perception des impôts et de la rendre moins dure pour le peuple et moins coûteuse ;

De rentrer dans les domaines de la Couronne qui ont été aliénés ou engagés ;

D'établir une commission pour la recherche des faux nobles ;

D'établir une autre commission pour la vérification des pensions dont l'Etat est grevé ; de supprimer entièrement celles dont les motifs ne seront point connus, ou jugés insuffisants, et réduire les autres, attendu les besoins de l'Etat ;

D'exclure de l'assemblée des Etats Généraux tous ceux dont la députation n'aura point été faite dans la forme prescrite par les règlements de Sa Majesté des vingt-quatre janvier et deux mars, pour ne point compromettre la légalité des Etats Généraux par leur admission ;

Les habitants de cette communauté, intimément convaincus par les actes de justice que Sa Majesté a déjà exercés envers ses peuples et par les dispositions

qu'elle annonce pour l'avenir, que le cœur paternel
de Sa Majesté embrasse non-seulement le bonheur
général de tout son royaume, mais qu'il s'étend encore
à tout ce qui peut concourir à celui de chaque province ou district en particulier, ont encore arrêté, que
Sa Majesté sera aussi suppliée de prendre en considération l'illégalité des Etats particuliers de cette province, dans lesquels aucun des trois Ordres n'est légitimement représenté, de permettre, en conséquence, la
convocation des trois Ordres de la Province, pour
réformer la constitution;

D'accorder au Tiers Etat la permission de se nommer
un ou deux syndics avec entrée aux Etats;

D'ordonner que le président des Etats de la Province sera éligible pour un temps déterminé parmi les
membres des deux premiers Ordres et par les trois
Ordres, réunis et formés dans la même proportion
entre eux que celle que Sa Majesté a ordonnée pour
la formation des Etats Généraux;

D'ordonner que tous les membres desdits Etats
seront amovibles et ne pourront y être prorogés au
delà de deux ans;

Qu'aucun magistrat de cour supérieure ou subalterne, aucun receveur du fisc ne puisse y entrer
personnellement, sauf de se faire représenter par procureur, pour ne point gêner la liberté des suffrages;

Que la procuration du Pays ne sera plus désormais
réunie au consulat de la ville d'Aix;

Que les gentilshommes non possédant-fiefs et le
clergé du second ordre soient admis à la représentation de leur Ordre;

22

Que le Tiers Etat soit admis en nombre égal aux deux autres Ordres réunis, tant dans les Etats, que dans l'assemblée intermédiaire ;

Que tous les Ordres contribuent également et à proportion de leurs biens, à toutes les impositions royales et municipales, sans exemption quelconque, nonobstant toute possession contraire ;

Que le compte de la Province sera annuellement imprimé et envoyé à toutes les communautés ;

Que la répartition des secours que le Roi accorde au Pays et de l'imposition de quinze livres par feu, affectée à la Haute-Provence, sera faite et arrêtée dans l'assemblée des dits Etats.

Les habitants de la Motte déclarent au surplus se rapporter au contenu du cahier qui sera dressé dans l'assemblée générale qui sera tenue dans la ville de Draguignan, en présence du sénéchal du Siège de la dite ville, ou de son lieutenant, le vingt-sept du courant, par les députés de toutes les villes et communautés du ressort de ladite Sénéchaussée; et ont signé :

(Signé :) Garciny fils, maire et premier consul ; Valentin ; Jean Lavagne ; Jean Achard ; Louis Roquefort ; Tripou ; Roquefort, ancien fermier ; Antoine Arnaud ; Maria ; L. Roquefort, greffier ; B. Dol ; P. Lambert, lieutenant de juge.

XL

LE MUY

Cahier des doléances

Un monarque, aussi bienfaisant que juste, daigne appeler son peuple autour de lui pour coopérer, par des lois sages et que des circonstances malheureuses n'ont que trop rendues nécessaires, à la réforme des abus, à l'établissement d'un ordre fixe et durable dans toutes les parties de l'administration, à la prospérité générale du Royaume et au bien de tous et de chacun des sujets de Sa Majesté.

En recevant avec respect et reconnaissance ce témoignage précieux de la bonté et de la confiance du Souverain, confiance méritée par un peuple dont il est l'idole, par un peuple capable des plus grands efforts quant il s'agit de concourir au bien de l'Etat et à la gloire du Roi qui le gouverne, la communauté du lieu du Muy, s'en rapportant aux instructions qui seront délibérées dans l'assemblée générale du ressort, qui doit être tenue le vingt-sept de ce mois, et aux pouvoirs qui seront donnés à MM. députés aux Etats Généraux, dans la persuasion où elle est que tous les grands objets qui doivent être portés et traités dans l'assemblée générale de la nation seront pesés, examinés, réfléchis et mûrement discutés, croit devoir se borner à relever quelques chefs trop essentiels pour être négligés.

Sa Majesté sera très humblement et très respectueusement suppliée : d'ordonner, la réformation du code civil et criminel et de donner aux lois qui seront promulguées sur cet objet une uniformité et une simplicité qui excluent à jamais l'arbitraire des interprétations, le danger des commentaires, source inépuisable des procès, et qui n'aboutissent le plus souvent qu'à dénaturer et défigurer la loi même ;

De rendre partout l'instruction criminelle moins compliquée, d'en exclure ce secret qui n'est propre qu'à autoriser le faux témoignage, d'accorder un conseil aux accusés et de rendre une loi pour que l'accusation et la justification puissent concourir ensemble, au lieu que, d'après les lois actuelles, la justification ne pouvant être proposée par l'accusé qu'après l'instruction consommée, quelle difficulté n'éprouve-t-il pas d'effacer une conviction apparente, d'effacer la première impression que ce fantôme de conviction a produit (sic) ! ; et combien de malheureux n'en ont-ils pas été les victimes !

De faciliter aux justiciables l'accès des tribunaux, en simplifiant les formes, en diminuant les longueurs et les frais, en accordant aux juges de chaque arrondissement le droit de statuer en dernier ressort jusqu'à une certaine somme, en accordant la liberté soit au demandeur, soit au défendeur de se pourvoir ou d'évo-

quer par devant le juge supérieur du ressort, pour
s'affranchir ainsi d'un premier degré de juridiction.
Combien de prétentions légitimes abandonnées à la vue
effrayante de la multiplication de ces degrés, des frais
immenses qu'il faut avancer, des détours et des ressources de la chicane et de la disproportion immense
entre la valeur plaidée et ce qu'il en coûte pour
l'obtenir!

De tenir sous sa protection spéciale tous les citoyens
vivant selon les lois, de manière qu'il ne puisse être
attenté à leur liberté personnelle et individuelle que
juridiquement et pour fait dans lequel ils auraient
abusé de cette liberté ; de veiller aussi sur la propriété
dont les droits sacrés sont l'appui le plus immuable
de la Couronne même ;

Et, par une conséquence nécessaire de ce principe,
de ne mettre aucun impôt qui n'ait été préalablement
consenti par la nation assemblée ;

De déterminer à cet effet le retour périodique des
Etats Généraux à des termes fixes, qui seront néanmoins rapprochés dans les cas urgents et dans les
circonstances d'un besoin imprévu et extraordinaire ;

D'ordonner qu'hors ces cas et dans l'intervalle d'une
assemblée à l'autre, nul impôt ne pourra être augmenté,
nul nouveau subside ne pourra être imposé ;

D'accorder aux seuls Etats Généraux le droit exclusif
et incommunicable de vérifier les lois générales,
d'adresser les lois locales et particulières aux Etats
provinciaux ; et, si quelque nécessité exige qu'aucune
loi soit promulguée dans l'intervalle d'une assemblée à
l'autre, elles seront vérifiées provisoirement par les

commissions intermédiaires, toujours subsistantes, qui seront établies ;

Que tous les citoyens, de quelque Ordre et qualité qu'ils soient, sans distinction ni exception quelconque, seront assujettis aux impositions royales, municipales, locales et autres, en proportion de leurs biens et de leurs facultés ; réclamation fondée sur le droit naturel, sur l'obligation contractée par tout citoyen de concourir aux besoins de l'Etat dans lequel il trouve protection, secours et défense, obligation innée, imprescriptible, qui tient à l'ordre primitif des choses, à laquelle on ne peut opposer que des exceptions abusives, injustes et qu'aucun temps, aucune possession ne saurait légitimes ; d'aviser par les moyens que son amour pour son peuple et sa sagesse lui inspireront, à ce que l'impôt soit levé de la manière la moins onéreuse et qu'il ne passe plus par tant de canaux intermédiaires qui ne font que l'aggraver, en diminuant la recette ;

D'abolir cette exclusion injurieuse au Tiers Etat des emplois militaires, judiciaires, des bénéfices, et autres charges, exclusion qui, étouffant le zèle et plongeant dans l'oubli les talents et la capacité de tant de sujets de Sa Majesté, amortit en même temps toute émulation dans ceux-là même qui, regardant ces emplois comme leurs patrimoines, sont assurés d'y parvenir par la seule prérogative de leurs noms et de leurs naissances ;

D'abolir tous les droits qui mettent obstacle à la circulation dans l'intérieur du royaume et de reculer les bureaux des traites et douanes sur les frontières ;

D'assurer la bonne administration des finances et

de prévenir les déprédations ministérielles en soumettant cette administration à l'inspection et à la
censure publique par le moyen de l'impression des
comptes qui seront rendus. Le Ministre citoyen qui
régit aujourd'hui cette partie a donné, le premier, cet
exemple utile; puisse-t-il jouir longtemps de l'honneur
d'avoir donné lieu à une si sage institution !

De permettre aux provinces, aux vigueries et même
aux communautés d'adresser à Sa Majesté leurs observations sur ces comptes : rien n'est à négliger quand il
s'agit du bien public et, sur mille observations inutiles,
il suffit qu'il puisse s'en trouver une qui ne le soit
pas !

D'ordonner par une loi précise que les dîmes seront
réduites à un taux uniforme et égal : partout où les
obligations sont les mêmes, la rétribution doit l'être
aussi, et pourquoi les habitants du Muy, qui la supor-
tent sur le pied du douze, doivent-ils payer plus que
les autres décimables de la même contrée ?

D'accorder même aux communautés la liberté de
s'abonner en argent ; la perception en nature est une
gêne, trop souvent une occasion de vexation et de
procès ;

D'effacer de la nomenclature des droits seigneuriaux
le droit de prélation et de rétention féodale. Ce droit
gêne le commerce, il laisse les possessions longtemps
incertaines, il expose le propriétaire à être spolié d'un
bien qu'il a arrosé de ses sueurs, dans lequel il a fait
des réparations qui ne lui sont jamais payées autant
qu'elles lui ont coûté; tandis que l'emphytéote devrait
être acquitté envers le seigneur et rassuré dans sa

propriété par le payement d'un lods auquel chaque mutation donne lieu ;

Qu'il sera permis aux communautés d'abonner ces droits de lods ; que la banalité sera supprimée comme onéreuse aux communautés, et qu'il sera permis à icelles de racheter les domaines par elles aliénés ;

De permettre à tout propriétaire de défendre ses vignes et ses maisons de l'incursion des animaux, et de modifier sous ce point de vue la prohibition trop générale de la chasse, sous telles précautions qu'il plaira à Sa Majesté de prescrire ;

D'accorder au Tiers Etat une représentation égale à celle des deux premiers Ordres réunis, soit dans les Etats de la Province, soit dans la commission intermédiaire ; d'établir cette égalité par un règlement fixe, auquel il ne pourra être dérogé sous aucun prétexte, et de pourvoir par le même règlement à une formation plus légale, plus régulière desdits Etats provinciaux dont la formation actuelle est si abusive ;

De séparer l'administration de la Province de l'administration particulière de la ville d'Aix. Cette réunion est sujette à des inconvénients infinis ; il en est un surtout qui est d'évidence : les soins et l'attention des procureurs du Pays se fixent naturellement avec plus de complaisance sur la ville qui les a élus, qui a le droit de les élire, dont l'administration particulière leur est confiée, de laquelle ils sont natifs ou habitants, et cette prédilection est bien faite pour justifier la jalousie des autres enfants d'une même famille. L'administration seule de la Province offre d'ailleurs assez de devoirs à remplir, d'objets à surveiller pour n'y pas mêler les soins que demande l'administration particulière d'une ville;

D'établir la même inspection publique sur les comptes particuliers de la Province en les faisant imprimer annuellement;

De rendre la présidence des Etats amovible et éligible entre les deux premiers Ordres; d'accorder au Tiers Etat un syndic qui y ait séance ; d'en exclure les magistrats dont la présence peut gêner les suffrages et auxquels l'entrée aux assemblées municipales est interdite par leurs propres règlements; d'en exclure également tous les officiers attachés au fisc et d'y empêcher toute permanence, sous quelque qualité que ce puisse être, pour prévenir l'effet d'une influence trop marquée que des membres stables ne pourraient qu'y avoir.

Sa Majesté sera enfin très humblement suppliée de prendre en considération que c'est le Tiers Etat qui fait la nation, qu'il a mérité en tout temps et se fera une gloire de mériter toujours par son zèle, sa fidélité et son dévouement sans bornes la protection et la bienveillance de son auguste Souverain, et qu'il est temps enfin de rendre à l'homme et au citoyen des droits trop longtemps usurpés.

Paraphé *ne varietur* ; (Signé :) Muraire, juge.

Et de suite, le présent cahier contenant les doléances de la communauté du lieu du Muy a été signé par le sieur maire et autres présents à l'assemblée, qui ont su :

(Signé :) Jourdan, maire; Allègre, l¹ de juge; H. Ber-

trand Beuf ; B. Taxil ; Marrou ; Gibert ; J.-A. Jourdan ;
Ollivier ; B. Ourse ; J.-J. Ourse ; A. Ourse ; Savour-
nin ; Lambert ; Ferri ; J.-B. Lambert ; A. Gueirard ;
J.-B. Thomas ; Baudou ; Aubert ; H. Ribou ; Coulomb ;
A. Guillabert ; B. Baulisson ; Seignoret ; Simian ;
Joseph Martin ; Guès ; Sermet ; Armelin ; Auxile Gui-
gonet ; Brouquier ; Boyer ; Gueirard ; Ch. Ribou ;
Maquary ; H. Guigou ; Carcagne ; J.-J. Bertrand ;
P. Guigou ; L. Michel ; Giraud ; Demore ; Louis Cat ;
J. Guigou ; Marsan ; P. Bertrand ; J. Bonnet ;
Tallon ; Ferrier ; Ourse ; Muraire, juge ; Goirand,
greffier.

Supplément

Mémoire des instructions et doléances à former
par la population du lieu du Muy, des objets oubliés
à l'assemblée tenue le 21 du courant mois de mars
1789, aux Etats Généraux.

Le sieur Jean-Pierre Blanc, second consul, et tous
les soussignés comme aussi de (sic) toute la populace qui
n'a su, sont bien aises de représenter à l'assemblée des
Etats Généraux que, sur la délibération tenue le 21 de
ce présent mois de mars, n'ayant pas fait mention de
tous les objets qui doivent être représentés qu'il serait
à propos de demander : 1º la suppression des droits
de lods, que la dame marquise de ce lieu prétend;
2º la pension féodale que notre communauté paye à

ladite dame marquise de ce dit lieu; car il n'y a rien
qui présente une chose plus difforme (nous en
ignorons les motifs) ; 3° que chaque propriétaire doit
avoir le privilège et faculté de faire construire tels
engins dans leur propre fonds (*sic*), sans qu'il soit soumis
à payer aucune cense pour le versement des eaux à la
dite marquise ; 4° qu'il soit permis à tout le public
d'aller pêcher dans les rivières et ravins de cedit lieu,
sans que la dite marquise n'y puisse empêcher, comme
aussi du droit de chasse qu'elle veut s'acquérir par
une loi inégale ; 5° qu'attendu la dépopulation des
arbres et pins faite aux Maures par la marquise de ce
lieu, inhibition et défense lui seront faites de ne plus
continuer, ni faire continuer lesdites coupes et ventes,
qui causent la dépopulation desdites forêts, au préjudice des habitants ; 6° que ladite dame marquise ne
puisse plus rien prétendre, ni imposer aucune gabelle,
et que celle qui existe soit anéantie ; 7° et finalement les
soussignés espèrent que son Souverain (*sic*) voudra bien
coopérer au besoin et nécessité et du fardeau accablant
que porte l'état du dernier Ordre depuis un nombre
de siècles, comme celui de la dîme qui doit être
supprimée, c'est-à-dire, que notre communauté sera
obligée de payer ce que de droit, à proportion et à l'instar
des autres.

A cet effet la populace a unanimement nommé pour
porter le mémoire ci-dessus à Draguignan, pour être
représenté à la dite assemblée, sieur Joseph Demore,
négociant ; sieur Goiran aîné, fils du sieur Joseph ;

Giliber [Gibert (?)], maître en chirurgie ; sieur Jean-
Joseph Bertrand, négociant ; sieur Jean-Pierre Blanc,
second consul, et sieur François Bodisson, ménager.
(Signé :) J.-B. Bertrand.

XLI

LE PUGET

Cejourd'hui vingt-deux mars mil sept cent quatre-vingt-neuf, l'assemblée du Tiers-État de la communauté de ce lieu du Puget tenant, il a été procédé à la rédaction des instructions et doléances particulières qui peuvent intéresser la communauté, soit relativement aux articles qui regardent la généralité du royaume, soit par rapport à ceux qui n'ont trait qu'à l'administration de cette province, ainsi qu'il suit :

Les sieurs députés qu'aura élus l'Ordre du Tiers pour assister et voter aux États Généraux de France, seront expressément chargés d'y solliciter : la réformation du code civil et criminel ; la suppression de tous les tribunaux inutiles et onéreux; une attribution à ceux des arrondissements de souveraineté jusques au concurrent d'une somme déterminée ; l'abrogation de toutes lettres attentoires à la liberté des citoyens ; la faculté à ceux-ci, de quelque Ordre qu'ils soient, de concourir pour tous emplois militaires, bénéfices et charges attributives de noblesse et d'y réclamer surtout contre la vénalité des offices. Lesdits sieurs députés réclameront en outre une modération dans le prix du sel, rendu

uniforme pour tout le royaume, ainsi que l'uniformité
des poids et mesures, comme l'abolition de tous droits
de circulation dans son intérieur, et notamment le reculement des bureaux des traites dans les frontières ;
la suppression du franc-fief ; d'insister à demander au
meilleur des Rois la convocation générale des trois
Ordres de la Province pour former une constitution
semblable à celle du Dauphiné, avec ses réformations ;
de réclamer de sa justice qu'il soit permis aux communes de se nommer un syndic avec entrée aux États ;
de s'élever contre la perpétuité de la présidence et
contre la permanence de tout membre non amovible
ayant, en l'état des choses, entrée aux États ; de requérir l'exclusion des mêmes États, des magistrats et
tous officiers attachés au fisc ; la désunion de la procure du Pays, du consulat de la ville d'Aix ; l'admission
des gentilshommes non possesseurs de fiefs et du clergé
du second Ordre ; l'égalité de voix pour l'Ordre du
Tiers, contre celle des deux premiers Ordres, tant
dans les États que dans la commission intermédiaire,
et surtout l'égalité des contributions pour toutes charges royales et locales, sans exemption aucune, et nonobstant toute possession ou privilèges quelconques ;
l'impression annuelle des comptes de la Province, dont
envoi sera fait dans chaque communauté, et que la
répartition des secours que le Roi accorde au Pays,
ensemble de l'imposition de quinze livres par feu affectée à la Haute-Provence, sera faite dans le sein des
États et par eux arrêtée ; la retenue d'une portion de
la dîme, suffisante pour les secours des pauvres et pour
l'instruction des jeunes filles ; la suppression du droit

de chasse, de prélation et de tous autres droits purement seigneuriaux et non lucratifs ; le rachat à prix
d'argent de ceux-ci ; égalité et adoucissement dans la
perception de la dîme qui sera payée en nature et
quérable. Quant aux autres objets, soit généraux pour
le royaume, soit particuliers à cette Province, l'assemblée s'en réfère absolument au cahier général qui sera
dressé dans le chef-lieu, d'après le vœu de la prochaine
assemblée, soit encore à celui que l'Ordre du Tiers
déterminera lors de sa réunion pour l'élection de ses
députés aux États Généraux, approuvant dès à présent
tout ce qui sera fait et arrêté dans l'assemblée du
chef-lieu.

Ainsi que dessus il a été arrêté le présent cahier, et
se sont signés tous chefs de famille, ici présents, qui
ont su.

(Signé :) Cavallier, maire ; Charles Bourbe, consul ;
Guiol, d.-m. ; Audibert, maître en chirurgie ;
Louis Barbe ; Bareste ; F. Pallon ; Ch. Beuf ;
Paul Charrié ; Laugier ; Couze ; Jubert ; François
Pierrugues ; Laugier ; J. Lambert ; Antoine Maria ;
C. Pallon ; J. Destelle ; Tripoul; Piereugues; Baïllard;
Rey, intendant ; J.-B. Estournel ; Rey, fils ; Maurine,
viguier, lieutenant de juge.

MM. les députés de la communauté du Puget-lès-
Fréjus exposent à MM. les commissaires chargés de la
rédaction des doléances du Tiers de vouloir bien observer qu'il est de l'intérêt des pauvres que les revenus
de bénéfices, mis en séquestre, pour être en litige,

leur soient distribués comme leur appartenant, et qu'il paraît injuste qu'un nouveau titulaire jouisse des revenus de plusieurs années, sans en avoir rempli les obligations ; nous supplions MM. les commissaires d'en faire article dans leur cahier de doléances.

(Signé :) Gavot, député ; Cavallier, député.

XLII

RAMATUELLE

Cahier des plaintes, doléances et remontrances

Art. 1ᵒʳ. La communauté, véritablement affligée de
la prétention du second Ordre de vouloir voter, aux
États Généraux, par Ordre et non par tête; considérant
que cette forme de suffrages ne pourrait que nuire
au bien général du royaume et à l'Ordre du Tiers en
particulier, et barrer en même temps les vues bienfaisantes du Roi, relatives surtout à la réformation des
abus, demande qu'aux États Généraux les suffrages
soient donnés par tous les Ordres réunis et comptés
par tête et non par Ordre.

Art. 2. Elle désire encore : qu'il soit fait un nouveau
code civil et criminel où les formes soient plus simples,
moins onéreuses et où l'innocence puisse plus facilement triompher de la calomnie;

Art. 3. Que le nombre (*sic*) des tribunaux inutiles et
onéreux soient supprimés pour éviter les incidents
ruineux qui naissent des moyens d'incompétence et des
revendications des juridictions, et qu'au moins il soit

23

supprimé le quatrième degré de juridiction vexatif, auquel les habitants du golfe de Grimaud sont soumis, par un usage contraire au droit public, de manière que les appels des sentences des premiers juges soient portés *rectâ viâ* au Sénéchal, ou au juge d'appeaux de Grimaud et de là au Parlement;

Art. 4. Que les charges de magistrature cessent d'être vénales, et que le nombre des magistrats des Cours souveraines soit composé, au moins, de la moitié d'individus du troisième Ordre, ce qui éviterait bien d'abus (*sic*) et inspirerait plus de confiance aux peuples pour les jugements en dernier ressort;

Art. 5. Que les dignités et bénéfices ecclésiastiques, ainsi que les emplois civils et militaires, soient également conférés au second et au troisieme Ordre, sans qu'ils puissent conférer la noblesse, pour que, d'une part, l'église ne soit pas privée d'un plus grand nombre de bons pasteurs, et que, de l'autre, l'État ne soit pas non plus privé de la fidélité, des talents et de la bravoure de tous les sujets indistinctement.

Art. 6. Comme la prospérité de l'état dépend plus spécialement de l'abondance, il est nécessaire de proscrire, comme un abus contraire à la liberté naturelle, tout ce qui tend à gêner le cultivateur dans ses projets d'amélioration et de culture ; d'abolir conséquemment les droits féodaux en admettant les communes au rachat sur le pied de l'estimation, ceux surtout qui attaquent plus directement les productions comme les droits d'herbages exclusifs.

Les habitants de Ramatuelle sentent plus particulièrement l'inconvénient de ce droit abusif. Possesseurs d'un sol maigre, aride et sablonneux, ils ne peuvent le faire produire, parce qu'ils sont privés des secours de la nature, c'est-à-dire de l'engrais, par le moyen des pâturages ; le seigneur les a acquis par un arrêt du Parlement : il peut à son gré défendre ou permettre, en payant un droit considérable de relarguier, de faire brouter le gros comme le menu bétail, et les habitants ne peuvent faire brouter un brin d'herbe dans leur propre fonds, sans s'exposer à une amende de mille livres et à des frais. De là, le défaut des bêtes suffisantes les empêche de cultiver les terres et de les engraisser.

C'est donc à juste titre que cette communauté réclame la faculté de racheter les droits féodaux et tout au moins celui du droit d'herbages exclusif.

Art. 7. Il existe encore un abus dans le nombre des droits seigneuriaux dérivant de la directe. Une jurisprudence d'arrêts a soumis le propriétaire des bois de pins, que l'on coupe en nature de bois à brûler, à un droit d'indemnité envers le seigneur. Cependant cette espèce de bois n'étant que le fruit du fonds, ne devrait pas être soumis au paiement d'aucun droit d'indemnité, parce que, dans le fait, il ne résulte de pareilles coupes aucune dégradation, le propriétaire étant obligé par l'ordonnance de 1669 de laisser les semenciers et baliveaux qui servent à repeupler et à prévenir toute détérioration.

Il a été d'ailleurs attribué aux seigneurs une ma-

nière de percevoir ce droit fort dure : lorsque, par une
juste spéculation, le propriétaire fait couper lui-
même ces bois pour les vendre au poids, ils ont
la faculté de faire liquider, par un rapport d'experts,
leur droit d'indemnité ; et les frais du rapport et de
l'instance absorbent souvent au delà le produit de la
coupe, sans que le propriétaire puisse se soustraire à
ce désagrément par aucune précaution quelconque.

Pour prévenir ces abus, la communauté, dans le cas
où elle ne sera pas admise au rachat de la directe
féodale, demande avec raison que les habitants et
possédant-biens ne soient plus soumis désormais au
paiement de ce droit d'indemnité pour les coupes de
bois en nature du bois à brûler, et qu'en cas contraire
ce droit soit perçu sur la déclaration du produit de la
vente faite par le propriétaire au seigneur, après
l'avoir appelé, ou son préposé, au poids qui en sera
fait.

Art. 8. S'il doit résulter un abus de donner une
faculté indéfinie aux habitants de chasser, il en est
un bien plus grand et contraire au droit naturel, de
laisser dévorer les champs aux bêtes. Les malheureux
possédant-biens à Ramatuelle, où les lapins se mul-
tiplient à l'infini, sont souvent dans le cas de perdre
jusqu'à la semence, de voir manger les bourgeons de
leurs vignes et peler le pied de leurs oliviers. Pour
concilier ces différents inconvénients et éviter le plus
grand de tous, il serait important de donner au
moins à chaque propriétaire la faculté de chasser dans
son propre fonds pour le défendre. C'est donc avec

justice et avec nécessité, que la communauté réclame cette faculté pour les possédant-biens dans son terroir.

Art. 9. La communauté réclame encore : que les maires de toutes les communes autorisent et président leurs assemblées, puisqu'elles ont acquis la mairie;

Art. 10. Que les dimes ecclésiastiques soient supprimées, en payant par les communes les congrues aux curés et vicaires ;

Art. 11. Que les impositions mises et à mettre soient réparties d'une manière égale sur tous les sujets du royaume;

Art. 12. Que l'Ordre du Tiers ait désormais la faculté d'élire le président aux États de la Province, choisi néanmoins dans les deux premiers Ordres;

Art. 13. Que les communes aient un syndic pour entrer aux États;

Art. 14. Qu'un exemplaire imprimé des comptes de la Province soit envoyé toutes les années à chaque communauté;

Art. 15. Qu'il sera fait et arrêté aux États la répartition des secours accordés au Pays par le Roi, ainsi que l'imposition de 15 livres par feu, affectée à la Haute-Provence;

Art. 16. Que la procure du Pays ne soit plus réunie au consulat de la ville d'Aix;

Telles sont les plaintes, doléances et remontrances de la communauté de Ramatuelle, qui ont été signées par ceux qui ont su, de tous les assistants au conseil, tous français, âgés de plus de 25 ans, et compris dans les rôles des impositions, et qui ont été remises au Sr Tournel, maire, député avec le Sr Martin pour les présenter à l'assemblée qui sera tenue à Draguignan, le 27 de ce mois.

(Signé :) Olivier, lieutenant de juge ; Tournel, maire ; Peironnet, auditeur ; Marquès, estimateur ; Franc ; Gaumon ; Peironet ; Peironet ; Peironet ; Astour ; Bénet; Bénet, avocat (?); Rainoird ; Guérin; Cl. Asquier, greffier ; Martin ; Olivier ; Cauvin ; Bernard.

XLIII

RÉGUSSE

Cahier des doléances

Les sieurs maire et consuls de la communauté de Régusse, pour satisfaire aux ordres de Sa Majesté, se sont occupés du cahier de doléances qui doit être joint à ceux de la Sénéchaussée pour être, le tout, rédigé en un seul et présenté à l'assemblée des États Généraux, et, conformément aux vœux des habitants de cette communauté, il y sera très respectueusement remontré :

1º Que, ne reconnaissant en France pour maitre que le Roi, ce monarque bienfaisant, la justice ne doit être rendue qu'en son nom, et, par ce moyen, les abus qui se glissent dans l'administration de la justice des juridictions subalternes et qui font la désolation du peuple seront arrêtées. On peut exposer, sans craindre de blesser la vérité, qu'on ne trouve dans la plupart des justices seigneuriales qu'injustice, vexations, jugements iniques rendus souvent par des individus ignorants, vendus à la créature du fief, et qu'un négociant, un ménager, tout honnête homme enfin qui ne joue pas auprès du seigneur le vil personnage de courtisan, ne

trouve plus de justice pour ses affaires ; alors l'officier
est suspect, celui qui le remplace est absent, il faut
aborder par force la forteresse pour avoir une subrogation, Monsieur n'est jamais visible. Le négociant se
dégoûte, préfère de perdre sa créance, abandonne son
commerce; sa famille en souffre et l'État, par une suite
nécessaire, diminue ;

2° Que, la juridiction seigneuriale supprimée, les
lods et demi-lods,qui ont été donnés pour subvenir aux
frais de la justice, doivent l'être aussi. Ce droit est accablant pour le Tiers et notamment pour le pauvre,
qui, dans une mauvaise récolte ou lui ayant été enlevée
par le gibier, ne pouvant subvenir au payement des
impôts et à la nourriture de sa famille, est obligé de
vendre son bien pour satisfaire à ses créanciers. N'est-il
pas criant et de la plus grande injustice que, pour se
libérer, il soit forcé de donner au fief la sixième de son
bien (on dit sixième parce que la plupart des seigneurs
ont su par leur puissance, ou par leurs menaces, se
l'adjuger à ce taux)?

3° Que les maux que le gibier cause dans tous les
terroirs des seigneuries de Provence sont inappréciables ; que, non seulement il ravage toutes les productions, dévaste tous les champs, mais encore détruit
toutes les complantations en oliviers et en vignes et nous
ravit les moyens de satisfaire aux charges de la Province. Tous ces maux touchent encore de plus près le
pauvre qui, n'ayant point ou presque point de fonds,est
obligé de porter ses travaux dans des défrichements
aux terres éloignées, et là où il trouvera't sa subsis-

tance et celle de sa famille, à peine trouve-t-il la semence. Le cultivateur se décourage, laisse ses terres incultes et va chercher sa vie dans les pays étrangers. Tous les habitants, pleinement convaincus des visées bienfaisantes de Sa Majesté, attendent avec impatience la réforme d'un abus si criant et universel en donnant aux communautés droit de chasse à tout honnête homme pour se délivrer du fléau le plus accablant, unique ressource pour redonner la vie aux pauvres ;

4º Que les droits de reconnaissance que les seigneurs forcent les communautés d'abonner pour de l'argent, ce qu'ils ne peuvent faire en conscience ni en justice, seront également anéantis, ne voulant reconnaître d'autre maître que notre Souverain ;

5º Que tous les droits seigneuriaux quelconques, qui tiennent les pauvres habitants de la campagne dans l'oppression et dans la servitude et qui les exposent à tant de vexations, seront également abolis ;

6º Que toute banalité quelconque sera supprimée, que les pensions féodales et tasques [seront] rachetables à prix d'argent au denier-vingt.

7º La présente assemblée a arrêté que, quant aux objets qui intéressent la généralité du royaume, les sieurs députés que l'Ordre du Tiers aura élus pour assister et voter aux États Généraux, seront expressément chargés d'y solliciter : la suppression de tous les tribunaux inutiles et onéreux; une attribution à ceux des arrondissements de souveraineté, jusqu'au concur-

rent d'une somme déterminée ; l'abrogation de toute
lettre attentatoire à la liberté du citoyen ; la faculté à
tout individu, de quel Ordre qu'il soit, de concourir à
tous les emplois militaires, bénéfices et charges attributives à la noblesse (il est inouï, que le Tiers-État,
source de lumières, dans lequel la Noblesse et le Clergé
en général puisent les premiers principes de toutes les
connaissances, soit privé de fournir au Roi, à l'Église
et à la magistrature tant de braves gens de mérite
que fournit cet Ordre qui est la Nation) ; d'y réclamer
surtout [contre] la vénalité des offices ; que les charges
quelconques de la magistrature ne seront données qu'à
vie et au mérite, dans une assemblée générale de chaque
Province ; que le Tiers ou la Nation ne pourra être
jugé que par ses pairs pris dans son sein ; d'y réclamer en outre une modération dans le prix du sel,
rendu uniforme dans tout le Royaume, comme aussi
l'abolition de tout droit de circulation dans son intérieur et notamment le reculement des bureaux des
traites sur les frontières. Les députés, au nom de la
communauté, chargeront MM. les députés aux États
Généraux de dénoncer au Roi et à toute la Nation
française les protestations des possédant-fiefs provençaux, soit celle du 21 janvier, prise contre le rapport
fait au Roi par M. le Directeur général (ce brave ministre, ange titulaire de la Nation), et toutes les autres
protestations qui portent directement contre le vœu
du Monarque et celui des communes de France.

Quant aux affaires particulières de la Province, l'assemblée charge par exprès ses représentants en l'as-

semblée convoquée en la ville d'Aix (1), de demander au meilleur des Rois la convocation générale des trois Ordres de la Province pour former la constitution du pays ; de réclamer de sa justice qu'il soit permis aux communes de se nommer un syndic avec entrée aux États ; de s'élever contre la permanence de la présidence et contre la permanence de tout membre inamovible, ayant, en l'état des choses, entrée auxdits États ; de requérir l'exclusion aux mêmes États des magistrats et de tous officiers attachés au fisc, comme aussi la désunion de la procure du Pays, du consulat de la ville d'Aix ; l'admission des gentilshommes non possesseurs de fiefs et du clergé du second ordre, ; l'égalité des voix pour l'Ordre du Tiers contre celles des deux premiers Ordres, tant dans les États que dans la commission intermédiaire, et surtout l'égalité des contributions pour toutes les charges royales et locales, sans exemption aucune et nonobstant toute possession ou privilège quelconque ; l'impression annuelle des comptes de la Province, dont envoi sera fait dans chaque communauté, et que la répartition des secours que le Roi accorde au Pays, ensemble de l'imposition

---

(1) Bien que le lieu de Régusse eût été compris par le commissaire du Roi nommé en 1535, dans le ressort de la Sénéchaussée de Draguignan, il était revendiqué par le Siège général d'Aix, (Voir le conflit de juridiction entre ces deux tribunaux : Archives du Var, série B, 22).

La présence du cahier des doléances de cette communauté parmi ceux de notre Sénéchaussée prouve qu'en réalité elle relevait de sa juridiction.

de quinze livres par feu, affectée à la Haute-Provence,
sera faite dans le sein des États ; que les États provinciaux seront chargés de nommer des commissaires
de l'Ordre du Tiers pour visiter les titres des communautés pauvres et vexées, et de porter au pied du Trône
les oppressions des malheureux, et que les mêmes
États seront chargés de soutenir les procès que les
possélant-fiefs ont la cruauté de leur intenter, après
en avoir fait examiner les motifs, comme aussi d'établir
que les communautés seront obligées de soutenir les
procès que lesdits possélant-fiefs pourront intenter
aux habitants en particulier, après le même examen
que dessus. Déclarant au surplus, l'assemblée, que, quant
à tous autres objets, soit généraux pour le Royaume,
soit particuliers à cette Province, elle s'en réfère absolument au cahier général qui sera dressé d'après le
vœu de la prochaine assemblée, soit encore à celui que
l'Ordre du Tiers déterminera lors de sa réunion pour
l'élection de ses députés aux États Généraux, approuvant dès à présent tout ce qui sera arrêté soit dans
l'assemblée préliminaire, soit dans l'assemblée de l'arrondissement.

Ainsi que dessus il [a] été délibéré, et se sont tous les
chefs de famille, sachant écrire, soussignés. A Régusse,
ce vingt-deux mars mil sept cent quatre-vingt neuf.

(Signé :) Agnelly, consul ; Dauphin, consul ;
Dauphin ; Joseph Jean ; P. Lombard ; Lombard ;
Louis Laurans ; Jean ; J.-P. Jean ; F. Pellegrin ;
J. Pellegrin ; Bérenguier ; Bagarry ; J.-F. Queirety ;

Long ; L. Bérenguier ; Fabre ; Rigordy ; Félix Sape ;
Agnès ; Agnès, fils ; Raynier ; Long ; Antoine Dau-
phin ; Fabre ; Sigaud J.; J.-J. Agnelly ; J.-F. Jean ;
Queirety ; Jean Saint-Martin ; G. Jean ; Jean-B.
Fouque ; Raynier, greffier ; Jean, lieutenant de juge.

XLIV

LE REVEST

Cahier des doléances, plaintes et instructions de ladite communauté, composée de 29 feux.

———

Placés sur un sol aride, comprimés et froissés par les liens de la féodalité, égarés dans le dédale des lois, épuisés par la multiplicité des tribunaux d'appel, nos travaux les plus constants, nos privations les plus cuisantes nous fourniraient à peine le moyen de supporter les charges de l'État et du Pays.

La dîme, jointe à ces liens et à ces charges, forme une masse sous laquelle nous restons écrasés, marchant vers le tombeau, à travers les travaux et les souffrances; nos derniers regards sur nos enfants sont des regards de la douleur (*sic*), à raison de leur sort. Le meilleur des Rois peut nous entendre; il allégera notre sort pour parvenir à ce but.

Les députés qu'aura élus l'ordre du Tiers pour assister et voter aux États Généraux de France seront expressément chargés par nos députés à l'Assemblée qui va être tenue le vingt-sept du courant, à la ville de Draguignan, d'y solliciter ; la réformation du code civil et criminel; l'obligation aux magistrats de prononcer d'après la lettre de la loi, sans variation; la suppression de tout tribunal intermédiaire, de manière que, dans quelque cause que ce soit, il ne puisse intervenir que deux jugements, dont le second soit définitif et sans appel; l'abrogation de tout juge d'attribution, de tout juge de privilège, de toute lettre attentatoire à la liberté du citoyen, de la vénalité des charges, de toute saisie personnelle, autrement qu'en vertu d'un décret précédé d'information, ou à la clameur publique

Sa Majesté sera humblement et instamment suppliée de maintenir ses fidèles sujets provençaux dans le droit qu'ils ont de n'être jugés que par des officiers du Pays, en sorte que, sous quelque prétexte et motif que ce soit, nul provençal ne puisse être distrait de son juge naturel et que nulle cause ne puisse être portée hors la Province pour y être soit instruite, soit jugée.

Ils solliciteront la faculté pour le Tiers, de quelque ordre qu'il soit, de concourir pour tous emplois militaires, bénéfices et charges attributives de noblesse; qu'aucune charge ne pourra dispenser du payement des lods et droits quelconques dus au Roi à raison des mutations des immeubles qui sont de la mouvance de Sa Majesté; la prescription du retrait féodal après les six mois du contrôle et d[e l]'insinuation de l'acte d'achat; que ce droit sera regardé non cessible; que les biens des gens de mainmorte seront remis dans le commerce.

Ils solliciteront encore: le rabais du prix du sel, rendu uniforme dans le royaume, le taux auquel il est actuellement dans cette province étant énorme; la fa-

culté d'ensemencer le tabac dans nos terres; l'abolition
des annates; la séparation de la Procure du Pays du
consulat de la ville d'Aix; l'abolition de la présidence
perpétuelle; la révocation et réformation des États de la
Province; la faculté au Tiers d'avoir des syndics; le
droit au Tiers d'être aux États en nombre égal aux
deux premiers Ordres réunis, de rester dans les mêmes
proportions dans les commissions intermédiaires; l'impression chaque année des comptes de la Province et
leur envoi à chaque communauté; l'impression encore
chaque année des comptes de la viguerie et leur envoi
à chaque communauté; une imposition générale,
frappant indistinctement sur tous les immeubles, tant
réels que fictifs du royaume, à percevoir de la même
manière et en la même forme; l'application de la dîme
à sa véritable destination ; à cet effet qu'il fût pris sur
icelle pour l'entretien honnête et décent des ministres
des autels; le restant divisé en deux portions dont une
sera abandonnée à l'effet de soulager les fidèles sujets
de Sa Majesté, l'autre sera perçue pour être employée
à l'augmentation des hôpitaux militaires et à la récompense de ceux du Tiers qui auront bien mérité de
l'Etat; l'envoi direct des deniers du Roi par la Province
aux coffres de l'État.

Les députés de cette communauté seront expressément chargés de se joindre aux députés de la communauté de Roquebrune à l'effet de prier le plus instamment les députés aux États Généraux de supplier Sa
Majesté de recevoir sous sa protection les fidèles sujets
du lieu du Revest et leur donner des officiers royaux
pour rendre la justice sur le lieu; et là où Sa Majesté

ne recevrait point lesdits habitants dans l'objet de leur supplique, il lui plût ordonner que les seigneurs dudit lieu réuniraient leurs lettres de judicature sur les mêmes officiers pour ne former qu'un seul et même tribunal, et, en cas qu'ils ne puissent ou ne veuillent réunir leurs suffrages dans le délai d'un mois de la vacance du tribunal, le droit de nomination aux offices soit dévolu au tribunal d'appel en cause souveraine dudit lieu, qui nommera les officiers nécessaires, sur la simple demande de la communauté, portant justification de ses diligences préalables près un des seigneurs pour tous.

Fait et arreté au Revest, le vingt-trois mars mil sept cent quatre-vingt-neuf, par les habitants de la dite communauté, et a signé qui a su.

(Signé :) C. Bérenguier; Cauvy; Honoré Aumeran; Aumeran; Antoine (?) Aumeran; Simon Guigonet; H. Laugier, greffier; Daulaus, juge.

XLV

ROQUEBRUNE

L'an mil sept cent quatre-vingt-neuf et le vingt-deuxième jour après-midi du présent mois de mars, en exécution des lettres du Roi, comte de Provence, Forcalquier et Terres Adjacentes, pour la convocation des États Généraux données à Versailles les vingt-quatre janvier dernier et second présent mois de mars, des règlements y annexés, faits et arrêtés par le Roi étant en son Conseil tenu à Versailles, l'un, ledit jour vingt-quatre janvier et l'autre, spécialement pour le pays de Provence, le second de ce mois et de l'ordonnance de monsieur le lieutenant général au Siège de la ville de Draguignan, du quatorze de ce même mois, le tout signifié à la requête de monsieur le procureur du Roi audit Siège, aux sieurs maire, consuls et communautés de ce lieu par exploi du vingt de ce mois, fait par Long, le conseil général de tous chefs de famille, nés Français, âgés de vingt-cinq ans, domiciliés et

compris aux rôles des impositions de ce lieu de Roquebrune, convoqués à son de cloche et de trompe, en la
manière accoutumée et assemblés cejourd'huî, d'abord
dans la salle d'assemblée de la maison de ville et ensuite dans l'église paroissiale de ce lieu, ladite salle
n'ayant pas été suffisante, après publications dûment
faites des susdites lettres, règlements y joints et ordonnances susdites au prône de la messe paroissiale,
au-devant de la porte de l'église, à l'issue de ladite
messe et préliminairement dans la présente assemblée;

Procédant d'abord à la rédaction du cahier des
plaintes, doléances et remontrances qu'il entend faire à
Sa Majesté pour pourvoir et subvenir, autant qu'il est
en lui, aux besoins de l'État, à la prospérité du
royaume, et par conséquent à celle de tous et chacun
les sujets du Roi;

A arrêté, quant aux objets qui intéressent la généralité du royaume, que les sieurs députés qu'aura élus
l'ordre du Tiers pour assister et voter aux États
Généraux de France seront expressément chargés d'y
solliciter; la réformation du code civil et criminel, et
qu'aucun citoyen ne pourra être arrêté ni décreté sans
information préalable, à moins que ce ne fût à la clameur publique; la suppression de tous les tribunaux
inutiles et onéreux, en sorte néanmoins que, dans toutes
les affaires, de quelle espèce que ce soit, il ne puisse
y avoir que deux jugements dont le second et dernier
sera définif; une attribution de souveraineté aux tribunaux des arrondissements, jusques au concurrent
d'une somme fixe et déterminée; la liberté à chaque

citoyen de s'adresser en première instance, tant en
demandant qu'en défendant, aux tribunaux des arrondissements : l'abrogation de toutes lettres attentatoires
à la liberté des citoyens; la faculté à ceux-ci, de quelque
Ordre qu'ils soient de concourir pour tous emplois militaires, bénéfices et charges attributives de noblesse et
d'y réclamer surtout contre la venalité des offices; qu'aucune charge ne pourra dispenser du payement des lods
et droits quelconques dus au Roi, à raison des mutations
des immeubles qui seront de la mouvance de Sa Majesté;
que les droits de lods, une fois payés aux seigneurs
féodataires ou à leurs procureurs, soit généraux, soit
particuliers, le droit de prélation ne pourra plus être
exercé; que la vente des immeubles soit censé être connue
du seigneur direct après l'insinuation et qu'à dater du
jour de l'insinuation, le droit de prélation sera prescrit
par l'an et jour; que le même droit de prélation ne sera
pas cessible; que le seigneur direct, exerçant le droit de
prélation, sera tenu de jurer qu'il reprend pour lui et
non pour autre, et le droit à l'acquéreur expulsé de répéter le retrait, si le seigneur vendait à autre; que les biens
immenses de gens (sic) de mainmorte rentreront dans
le commerce et que les revenus immenses du clergé
seront répartis à suffisance entre ses membres, tant du
premier que du second ordre, suivant leurs rangs et
travaux, au moyen de quoi la dispensation de tous les
sacrements se fera gratis; que l'excédent des mêmes
revenus sera distribué par le Roi en pension viagère
en faveur des militaires du Tiers État qui auront bien
mérité; que les annates des bénéfices et leurs revenus
pendant leur vacances entreront directement dans le

Trésor royal. pour servir à l'amélioration, entretien et augmentation des hôpitaux militaires. Ils demanderont en outre : une modération dans le prix du sel, rendu uniforme pour tout le royaume, comme aussi l'abolition des tous droits de circulation dans son intérieur et notamment le reculement des bureaux des traites dans les frontières; que les droits de contrôle et d'insinuation soient à l'avenir uniformément perçus sur la totalité des sommes stipulées, quelque fortes qu'elles puissent être. Ils demanderont : la nomination d'un nombre suffisant de juges pour juger sans frais tous les procès des communautés, pendants soit au Conseil du Roi, soit aux différents tribunaux du royaume; que les seigneurs seront provisoirement tenus de faire construire dans un bref délai un auditoire de justice, des prisons et un greffe, et à défaut et le délai passé, à la diligence de monsieur le Procureur du Roi au Siège, il en sera dressé devis, exposé aux enchères, la délivrance passée et le seigneur contraint au paiement, en vertu de l'ordonnance qui sera rendue; que les audiences seront réglées à chaque jour de chaque semaine qu'il sera jugé à propos, et les officiers de justice obligés de les tenir, sous certaine amende; que le greffe sera ouvert tous les jours, à certaines heures, et le greffier tenu de faire les expéditions requises, sous une amende déterminée et que les contrevenants seront exécutés, à la diligence des parties intéressées; que les officiers de justice, procédant à la mise des scellés et confection des inventaires des meubles, effets, denrées et bestiaux des pupilles, auront entre tous, pour leurs honoraires, l'un pour cent du produit d'iceux.

Quant aux intérêts relatifs et particuliers à la Province, le conseil charge expressément lesdits sieurs députés de requérir, avec les instances les plus constantes, les plus vives, et avant toute chose: l'égalité des contributions pour toutes charges royales et locales à percevoir sous la même forme et de la même manière sur tous les immeubles, sans exemption aucune et nonobstant toute possession ou privilèges quelconques, et d'opter pour une imposition générale en fruits et que cette imposition remplacera celles connues sous les noms d'affouagement, d'afflorinement et de décimes, sans préjudice des autres impositions, laquelle imposition générale en fruits frappera encore sur les capitalistes, au nombre desquels doivent être classées les dimes, tant laïques qu'ecclésiastiques, si on laisse exister les dernières; qu'il serait utile d'abolir les droits de lods, cens et généralement tous autres droits seigneuriaux; la convocation générale des trois Ordres de la Province pour former ou réformer la constitution du Pays et que le choix des représentants desdits Ordres soit fait par Sénéchaussées et dans la même forme que l'élection des députés aux États Généraux; qu'il soit permis aux communes de se nommer un syndic avec entrée aux États, de s'élever contre la perpétuité de la présidence et contre la permanence de tout membre non amovible, ayant en l'état des choses entrée auxdits États; de requérir que tous magistrats et officiers attachés au fisc seront exclus des mêmes États; la désunion de la Procure du Pays d'avec le consulat de la ville d'Aix; l'admission des gentilshommes non possesseurs de fiefs, du clergé du second ordre et

des roturiers possédant-fief; surtout l'égalité des voix
pour l'ordre du Tiers, contre celles des deux premiers
Ordres, tant dans les États que dans les commissions
intermédiaires; l'uniformité des poids et mesures et
l'abolition des justices seigneuriales pour devenir
royales; et là où Sa Majesté n'octroyerait pas l'abolition
des justices seigneuriales, les sieurs députés aux
États Généraux sont priés de solliciter instamment près
Sa Majesté de contraindre les seigneurs de la justice de
Roquebrune. divisée en une quantité excessive des juridictions (sic), de se réunir pour ne nommer entre eux
qu'un seul et même juge, un lieutenant de juge et procureur juridictionnel et greffier, à l'effet qu'un seul et
même tribunal rendant la justice, l'habitation cesse d'être
fatiguée par les incompétences; l'impression annuelle
des comptes de la Province et aussi des vigueries, dont
envoi sera fait dans chaque communauté; que la répartition des secours que le Roi accorde au Pays, ensemble
de l'imposition de quinze livres par feu affectée à la
Haute-Provence, sera faite dans le sein des États et par
eux arrêtée; que les enchères de tous les ouvrages
publics soient faites dans le chef-lieu de l'arrondissement où ces ouvrages seront situés et que toute personne solvable, donnant valable caution, y soit reçue à faire des offres; que les ingénieurs du département soient obligés de suivre exactement les ouvrages
et que l'ingénieur en chef soit obligé de les visiter
trois ou quatre fois l'année; que la recette de ces ouvrages soit faite par des experts convenus entre la
Province, les vigueries, communautés et particuliers
qui y seront intéressés et, à défaut, nommés d'office,

et que les particuliers puissent y assister ou députer un d'entre eux pour suivre les experts et leur faire toutes les observations nécessaires, et le rapport de recette remis au greffe des communautés et communiqué à tout particulier auquel il sera permis d'en prendre des copies gratis; l'abolition ou l'abonnement des ramages, péages et de tous les autres droits qui mettent des entraves au commerce des bestiaux; que les communautés aient la faculté de dériver les eaux des fleuves et rivières non navigables et torrents pour construire des moulins, fabriques et canaux d'arrosage; que le droit acquis aux provençaux de ne pouvoir être distraits de leur province pour la défense et le soutien de leurs droits leur soit rendu en entier et qu'il soit établi dans la Province un corps des magistrats (sic) pour la vérification de la légalité des jugements définitifs, sans pouvoir, sous quelque prétexte ou motif que ce soit, lesdits provençaux, être distraits de leur juge naturel; enfin lesdits sieurs députés proposeront, remontreront, aviseront et consentiront tout ce qui tiendra au bien général du royaume et de la Province. Et se sont, tous les habitants, chefs de famille, sachant écrire, soussignés.

Fait et arrêté à Roquebrune, dans l'église paroissiale, les susdits jour et an vingt-deux mars mil sept cent quatre-vingt-neuf.

(Signé :) Marenc, maire, député; Daulaus, adjoint; Cauvin, député ; F. Jehan, député; Fauchier, Rey-Roquebrune; J.-B. Aragon ; Lions ; Garcini; Pierre

Mutin ; Alexandre Cauvin ; Paul Guérin ; Guigounet ;
Jean Gardiol ; François Venture ; Inguimbert ; Brunel,
greffier, Gaston de Jaubert, juge.

Extrait des délibérations communales

L'an mil sept cent quatre-vingt-neuf et le vingt-
cinq du mois de mars, le conseil général de la communauté, dame de ce lieu de Roquebrune, s'est assemblé dans la maison de ville, après avoir été convoqué
hier au soir et ce matin, à son de cloche, de trompe et
cris public, par la voix et organe d'Antoine Blancard,
trompette et valet de ville, sous l'autorisation et par
mandement de Mᵉ Jean Gaston de Jaubert, avocat en
la cour, juge en chef de cedit lieu et à la requête du
sieur maire, en absence du sieur Roudier, second consul,
à cause de sa maladie, auquel conseil ont été présents
les ci-après nommés : premièrement, ledit sieur juge ;
sieur Joseph Marenc, maire ; sieur Alexandre Cauvin,
maître tailleur d'habits ; sieur Augustin Fabre, négociant ; François Sauve, maître menuisier ; sieur Pierre-
Joseph Brunel, négociant, Louis-Martin Guigonet, négociant ; Jean Fabre, négociant ; Jean-Baptiste Aragon,
ménager ; sieur Jean-Gaston de Brunel ; Jean Clavel,
ménager ; sieur Paul Cavalier, négociant ; Joseph Abbe,
boulanger ; Joseph Gastinel, ménager ; Barthélemi
Lions, maître maçon ; sieur Antoine Cauvin, notaire
royal ; sieur André Roudier, bourgeois.

Le sieur maire dit qu'il lui a été présenté hier un

comparant interpellatif, signé de cinquante-cinq personnes, sur lequel il requiert qu'il y soit délibéré, après
que lecture en aura été faite.

. . . . Le conseil, à la pluralité des voix, a chargé
messieurs les députés dans l'assemblée du vingt-deux
du courant, et ce par supplément, de solliciter : des
émoluments honnêtes et convenables pour l'éducation
publique des garçons et des filles dans les communautés
de la campagne, parce que, tant que les salaires destinés à ceux qui seraient portés à se dévouer avec fruit à
l'éducation publique seront insuffisants pour leur nourriture et entretien, il ne se trouvera personne en état
de bien remplir des fonctions aussi importantes, qui
veuille s'en charger, n'étant ni juste ni raisonnable
que celui qui emploie son temps dignement à l'instruction publique ne gagne pas suffisamment pour vivre
et s'entretenir, non seulement durant le temps qu'il
travaille à bien instruire, mais encore durant le temps
qu'il ne pourra plus y travailler; déclarant maître Jean
Gaston de Brunel et sieur Alexandre Roudier ne prendre
aucune part à la présente délibération, et la faculté aux
habitants de Roquebrune, qui ne font qu'une seule
et même communauté avec Paleison, de faire dépaître
leurs troupeaux et bestiaux quelconques dans ledit terroir de Paleison pendant toute l'année, nonobstant toute
possession et transaction à ce contraire; faculté aux co-
seigneurs de Roquebrune d'être aux conseils de la
communauté et aux charges municipales,

Et plus n'y ayant été proposé ni délibéré, nous juge

avons de tout ce que dessus concédé acte, pour servir et valoir ainsi que s'appartiendra par raison.

Fait à Roquebrune, dans la salle d'assemblée, le vingt-cinq mars mille sept cent quatre-vingt-neuf.

(Signé :) Gaston de Jaubert, juge; J. Marenc, maire; Brunel, greffier.

———

LA ROQUE-ESCLAPON

Cahier des doléances.

La communauté réclame :

Article 1er.—La réformation du code civil et criminel, l'abrogation du code pénal et la rédaction du nouveau;

Art. 2. — La création des nouveaux tribunaux et leur rapprochement pour la commodité des justiciables; la faculté à ceux-ci de porter en première instance leurs causes par devant la première juridiction, ou aux Sénéchaussées, à leur choix;

Art. 3. — L'abrogation de toutes lettres attentatoires à la liberté des citoyens; la faculté à ceux-ci, de quelque ordre qu'ils soient, de concourir pour tous emplois militaires, bénéfices et charges attributives de noblesse, et d'y réclamer surtout contre la vénalité des offices.

Art. 4. — L'extinction de tous droits et privilèges attribués ou acquis à certains corps, communautés ou particuliers qui gênent la liberté des citoyens et l'agriculture;

Art. 5. — L'établissement de l'impôt territorial, qui soit perçu d'une manière simple et uniforme sur tous les biens du royaume, sans exception aucune; que cet impôt pèse davantage sur les dîmes, les censes ou tasques seigneuriaux (*sic*), attendu que leur perception coûte peu de chose, tandis que les frais des cultures absorbe la moitié des revenus des biens-fonds, et que l'impôt territorial soit porté directement au Trésor royal;

Art. 6. — Que les dîmes soient supprimées, les biens d'église soient mis dans le commerce de la manière la plus avantageuse;

Art. 7. — Que, si la dîme est conservée, elle soit du moins abolie pour la semence qui paye deux fois cette imposition;

Art. 8. — Une modération dans le prix du sel, rendu uniforme dans tout le royaume, comme aussi l'abolition de tous droits de circulation dans son intérieur et notamment le reculement des bureaux des traites dans les frontières;

Art. 9. — La convocation générale des trois Ordres de la province pour former ou réformer la constitution du Pays;

Art. 10. — Qu'il soit permis aux communes de se nommer un syndic avec entrée aux États;

Art. 11. — De s'élever contre la perpétuité de la présidence et contre la permanence de tout membre non amovible ayant entrée auxdits États;

Art. 12. — De requérir l'exclusion des mêmes États, des magistrats et de tous officiers attachés au fisc ;

Art. 13. — La désunion de la Procure du pays, du consulat de la ville d'Aix;

Art. 14. — L'admission des gentilshommes non possédant fiefs et du clergé du second ordre ;

Art. 15. — L'égalité des voix pour l'ordre du Tiers contre celles des deux premiers Ordres, tant dans les États que dans la commission intermédiaire, et surtout l'égalité de contributions pour toutes charges royales et locales, sans exception aucune et nonobstant toute possession ou privilèges quelconques;

Art. 16. — L'impression annuelle [du compte] de la Province, dont envoi sera fait à chaque communauté ;

Art. 17. — Que la répartition des états des secours (sic) que Sa Majesté accorde tous les ans à la Haute Provence, soit faite dans les États, et qu'elle soit appliquée aux communautés, de préférence à celles qui en ont besoin;

Art. 18. — Que les communautés soient chargées dorénavant de la rétribution des pasteurs du second ordre, soit que leur traitement soit augmenté, soit qu'il reste dans l'État.

Art. 19. — Déclarant au surplus que, quant à tous autres objets, soit géneraux pour le royaume, soit particuliers à cette province, elle s'en réfère absolument au cahier général qui sera dressé dans le chef-lieu, d'après le vœu de la prochaine assemblée, soit encore à celui que l'ordre du Tiers déterminera lors de sa réunion, pour l'élection de ses députés aux États Généraux; approuvant dès à présent tout ce qui sera fait et arrêté, soit dans l'assemblée du chef-lieu, soit dans celle des communautés et vigueries.

(Signé :) P. Lions, maire ; L. Porre, consul ; E. Collomp ; J. Coulomp ; M. Rebuffel ; F. Parremond, J. Veyan ; Lions ; Lions ; M. Rebufel ; P. Lions ; P. Pascal, greffier ; P. Astier, lieutenant de juge.

XLVII

SAINT-BLAISE-LÈS-FIGANIÈRES

Cahier des plaintes et doléances.

?

Les députés aux États Généraux seront spécialement chargés de supplier Sa Majesté de leur donner une connaissance exacte de la dette nationale, avant de consentir à aucun impôt.

Ils ne doivent même y consentir que pour un temps limité et sans que, sous aucun prétexte, la durée puisse en être prorogée sans le consentement de la Nation, assemblée en États Généraux.

Tous les Ordres de l'État, sans distinction des personnes et des propriétés (*sic*), doivent contribuer proportionnellement et également au payement des charges publiques, tant royales que municipales, sans exemption quelconque, nonobstant toute possession contraire et tous privilèges accordés.

Les capitalistes, tous ceux qui ont leur fortune ou partie d'icelle dans leur portefeuille, et tous les revenus d'industrie doivent être soumis au payement de l'impôt, et il doit être pris des mesures efficaces afin que rien ne soit soustrait à cette loi générale.

L'impôt doit être accordé suffisant et néanmoins proportionné, non à notre zèle et à notre amour pour le meilleur des Rois, mais aux petits moyens que nous avons de l'acquitter, en observant d'étendre le temps du payement, afin que la Nation ne soit pas affaissée.

Demander qu'il soit fait des règlements salutaires pour qu'à l'avenir la Nation n'éprouve pas de pareils malheurs et que les déprédateurs des finances soient livrés au glaive des lois.

Qu'il soit assigné à chaque département de l'administration des fonds suffisants et qui lui soient particulièrement affectés, dont il sera donné un compte particulier qui sera annexé annuellement au compte général des finances, qui doit être rendu public, en laissant toutefois une somme suffisante pour les dépenses que la Nation ne doit pas connaître, afin qu'elles ne soient pas connues des ennemis de l'État.

Sa Majesté doit être très humblement suppliée de confirmer dans leur intégrité tous les privilèges que nos anciens souverains avaient accordés à cette Province et de lui restituer ceux auxquels il a été porté atteinte par le malheur des temps. En conséquence, les députés aux États Généraux doivent avoir, avant leur départ, un état détaillé de tous nos privilèges et les rescrits ou les statuts sur lesquels ils sont fondés pour justifier les demandes qu'ils feront à cet égard.

L'impôt sur le sel est attentatoire à un de ces privilèges; il doit être aboli en Provence comme destructeur

25

du commerce des bestiaux et de la fertilisation des terres par les engrais.

Demander la suppression des impôts sur les huiles de la Provence qui vont se vendre dans le port franc de Marseille : il est cruel que les huiles étrangères y soient reçues avec franchise et que les huiles de Provence, qui ont déjà payé l'impôt national, par la taille ou les autres impositions qui la représentent, soient encore grevées d'un second impôt pour pouvoir être vendues à Marseille.

Demander : l'abolition des droits de circulation des denrées dans l'intérieur du Royaume ;

De reculer les bureaux des traites sur les frontières ;

De simplifier les moyens de perception des impôts et de la rendre moins dure et moins coûteuse pour le peuple ;

D'établir une commission pour la recherche des faux nobles ;

De réformer le code civil et criminel ;

De supprimer la vénalité des offices, ainsi que tous les tribunaux inutiles et onéreux au peuple ;

D'attribuer aux tribunaux ordinaires la souveraineté jusqu'à une somme déterminée, afin d'éviter au peuple les frais de l'appel pour les causes minimes ;

D'abroger les lettres de cachet comme attentatoires à la liberté des citoyens ;

D'accorder à tout citoyen, de quelque ordre qu'il soit, la faculté de concourir à tous emplois militaires, civils, bénéfices et charges attributives de la noblesse, quand il en sera personnellement digne ;

De veiller à la réformation des mœurs, desquelles dépend essentiellement le maintien du bon ordre que Sa Majesté se propose d'établir; et, à cet effet, Elle sera suppliée d'ordonner la résidence des évêques et des bénéficiers dont les instructions et les exemples concourront à remplir ses vues et de pourvoir par de bons règlements à l'éducation publique trop négligée ;

D'exclure des États Généraux tous ceux qui n'auront pas été députés légalement, pour ne point compromettre la légalité des États Généraux par leur admission ;

Demander que Sa Majesté sera suppliée de prendre en considération l'illégalité des états particuliers de cette Province, dans lesquels aucun des trois Ordres n'est légitimement représenté, de permettre en conséquence la convocation des trois Ordres de la Province pour réformer la constitution ;

D'accorder au Tiers État la permission de se nommer un ou deux syndics avec entrée aux États ;

D'ordonner que le président des États de la Province sera éligible pour un temps déterminé, parmi les membres des deux premiers Ordres et par les trois Ordres réunis et formés dans la même proportion entre eux que celle que Sa Majesté a ordonnée pour la formation des États Généraux ;

D'ordonner que tous les membres desdits États seront amovibles et ne pourront y être prorogés au-delà de deux ans ;

Qu'aucun magistrat de cour supérieure ou subalterne, aucun receveur du fisc ne puisse y entrer personnellement, sauf de se faire représenter par procureur, pour ne point gêner la liberté des suffrages ;

Que la Procuration du Pays ne sera plus désormais réunie au consulat de la ville d'Aix ;

Que les gentilshommes non possédant-fiefs et le clergé du second ordre soient admis à la représentation de leur Ordre ;

Que le Tiers-État soit admis en nombre égal aux deux premiers Ordres réunis, tant dans les États que dans l'assemblée intermédiaire, où ils voteront par tête et non par Ordre;

De supplier encore Sa Majesté d'abolir entièrement la dîme et le casuel, laissant à sa sagesse et à ses actes de justice le soin de pourvoir à l'entretien et subsistance des prêtres qui desservent les paroisses.

(Signé :) Malsan, lieutenant de juge ; Giboin, consul ; Gros ; Blancard ; Fauchier ; Joseph Pons ; Allaman ; Garnier ; Marsan ; Magnaud ; A. Magnaud.

Côté et paraphé le présent cahier de doléances, plaintes et remontrances, *ne varietur*..........

A Saint-Blaise, le vingt-deux mars mil sept cent quatre-vingt neuf.

(Signé :) Malsan, lieutenant de juge.

XLVIII

SAINT-RAPHAEL

Très humbles remontrances

En adhérant à toutes les réclamations justes et légitimes, tant générales que particulières, faites par les villes de Provence, la communauté de Saint-Raphaël charge MM. ses députés ou représentants de solliciter dans la tenue prochaine des États Généraux et de faire insérer dans le cahier de doléances, qui sera dressé à la prochaine assemblée de la Sénéchaussée de Draguignan, les objets qui regardent la généralité du royaume, l'administration de la Province et l'intérêt particulier de cette communauté.

Et, pour qu'ils ne soient pas embarrassés dans le choix desdits objets généraux, particuliers et privés, ils sont expressément chargés de solliciter : la réformation du code civil et criminel, pour supprimer les abus qui se sont glissés;

La suppression des tribunaux inutiles et onéreux;

celle des justices seigneuriales, pour diminuer les
crimes impunis, pour éviter les injustices criantes, et
pour que la justice soit exercée avec plus de célérité;

L'égalité de voix par têtes et non par Ordre dans
toutes les assemblées des trois Ordres;

L'anéantissement des lettres de cachet et de tous
mandements forcés qui privent le citoyen de toute légitime défense ;

L'exécution des jugements définitifs dans tous les tribunaux jusqu'à une certaine somme plus ample qui
sera fixée, pour arrêter les mauvais plaideurs;

Le droit d'aspirer et de concourir, par [pour?] le
troisième Ordre, à tous les emplois destinés à la
noblesse et au clergé;

De s'élever contre la vénalité des charges de magistrature, comme contraire à la confiance et à l'intérêt
public;

De réclamer la convocation des États Généraux à la
fin de chaque lustre, et qu'il soit conservé à la Provence tous les droits de sa constitution ;

Et enfin de s'unir à toutes les réclamations qui
seront faites pour la généralité du royaume, dans lesquelles MM. les députés ou représentants verront un
intérêt évident pour cette dite communauté;

Les chargeant, en outre, de demander : une assemblée
générale des trois Ordres de Provence pour former une
constitution légale, en permettant au Tiers État de se
nommer un syndic, qui aura entrée, séance, et aussi
voix délibérative aux États, en conformité des réclamations faites à ce sujet;

De solliciter contre la perpétuité de la présidence et permanence de tout membre non amovible, ayant entrée aux États, par les dangers qui en résultent, et par les abus dont le Tiers est toujours la victime ;

Que les membres des Cours souveraines et les gens du Roi soient exclus desdits États, comme ne devant pas voter contre ceux qu'ils sont obligés de défendre, par devoir et par État;

Que la Procure du Pays soit disjointe du consulat particulier de la ville d'Aix;

Que les gentilshommes non possédant-fief et le second ordre du clergé soient admis aux États, et que le Tiers y obtienne un nombre de voix égal à ceux des deux Ordres de la noblesse et du clergé réunis ;

Que les deux premiers Ordres contribuent également à toutes les charges et impositions quelconques, générales et particulières, sans prétexter d'aucune exemption ou privilège ;

Que les comptes de la Province soient rendus annuellement publics par l'impression, dont chaque communauté recevra un cahier pour en prendre et avoir connaissance;

Que la répartition des secours accordés par le Roi soit faite et arrêtée dans la séance des États.

Quant aux objets particuliers de cette communauté, sur lesquels MM. les députés sont priés de vouloir bien insister, ils sont encore chargés de faire insérer dans ledit cahier de doléances que la Province ayant acquis, par deux fois, les offices de la mairie et des charges municipales, la communauté de

Saint-Raphaël a payé son contingent par répartition, pour jouir des privilèges desdites charges, et à cet effet ils réclameront ou le remboursement de la somme payée, ou la jouissance des droits attachés auxdites charges.

Comme aussi qu'il est malheureusement trop vrai que l'air insalubre de Saint-Raphaël affaiblit et détruit la population, qui est très petite, qu'il n'y a pas d'espoir qu'elle gagne à l'avenir, puisque annuellement le nombre des morts excède celui des naissances, que le défaut de bras rend l'exploitation des terres et l'agriculture plus coûteuse et plus difficile; en conséquence ils réclameront que cette communauté ne soit pas trop surchargée dans la répartition des impôts qui seront délibérés et diminués dans la dîme du onze, à cause de l'aridité du terroir de ce lieu.

Ils réclameront avec instance que le projet du nouveau Reyran soit fini avec solidité, pour que le terroir de Saint-Raphaël ne soit plus exposé aux ravages affreux qu'il essuya par l'irruption des eaux qui sortirent de l'ancien port de Fréjus, lors de l'inondation du 2 et 3 octobre 1787.

Enfin ils réclameront l'exécution de la délibération de l'assemblée de Provence du mois de janvier 1782, consolidée et homologuée par l'arrêt du Conseil de Sa Majesté du 22 août 1782, pour que les trois cent mille livres accordées par Sa Majesté et le Pays soient employées à la perfection des ouvrages projetés, dans lesquels le port de Saint-Raphaël est compris, ce qui produirait un grand bien pour cette habitation et pour toute la contrée, et ce que l'on doit se promettre, puisque le souverain en a consigné son vœu dans ledit arrêt.

(Signé :) Caïs ; Guiol ; Caïs ; Villy, maire, 1er consul ; François Bernard ; Victor André ; J.-Joseph Perin ; Antoine Castagne ; Simon ; Paras ; Porre ; Destelle ; Honoré Roux ; Barthélemy Fabre ; Doze, l'aîné ; Gibert ; Roubien ; Sieyes ; Jean Joffret ; M. Bléoud ; Peracho ; Augier, l'aîné.

Coté et parahé, *ne varietur*, à Saint-Raphaël, dans l'Hôtel-de-Ville, le vingt-deux mars mil sept cent quatre-vingt-neuf.

(Signé :) Reverdit, fils cadet, juge subrogé autorisant ; Bus, greffier.

XLIX

SAINT-TROPEZ

Cahier des doléances (extrait)

1º Dette de l'État qui doit être consentie par les États Généraux :

Cet objet est le tribut des Français pour leur Roi et pour la prospérité de la Nation.

2º Droit de propriété qui doit être respecté :

Le bien public est toujours que chacun conserve invariablement la propriété réelle que lui donnent les lois, sauf néanmoins le cas où il s'agit de la liberté des citoyens qui ont le pouvoir d'opérer par une indemnité le rachat des droits qui la gênent.

3º Sur la réformation de la procédure en justice, tant civile que criminelle :

L'administration de la justice est obstruée par de formes (*sic*) trop compliquées; le plaideur ne peut obtenir un jugement qu'après un temps très considérable, et il ne lui est, en outre, jamais possible de se rendre

raison des motifs qui ont déterminé l'arrêt pour ou
contre lui, s'il n'est excessivement versé dans la jurisprudence actuelle.

Le code criminel est vicieux, en ce qu'il présume le
crime dans l'accusé, plus que la calomnie dans l'accusateur.

4° Liberté individuelle qui doit être garantie à tous
les citoyens, de manière que nul ne puisse être constitué prisonnier qu'en vertu d'un décret décerné par
le juge :

La liberté individuelle est le premier des droits sacrés de l'homme. Cet objet est trop digne de toute
l'attention du législateur dans la réformation de la justice criminelle pour qu'il soit besoin d'en faire sentir
l'importance.

5° Sur l'élargissement provisoire qui doit être accordé à tout citoyen sous caution, sauf toutefois le cas
où il devrait échoir peine corporelle contre le détenu :

La présomption d'un délit n'étant point une conviction, l'élargissement sous caution doit être considéré
comme l'équivalent de cette présomption.

6° Sur la défense qui doit être faite aux particuliers
d'altérer par de commentaires, ou de gloses (sic) le
texte des ordonnances :

Les commentateurs obscurcissent l'esprit des lois,
loin de les éclaircir ; d'ailleurs l'acte de commenter est
une arrogation du droit souverain, qui doit être l'unique législateur ; il résulte pourtant des commentaires
qu'ils sont, par trait de temps, substitués de fait à la
volonté suprême du Souverain.

7° Sur le droit exclusif du Souverain de rendre à ses peuples dans toute la France la justice qui ne doit émaner immédiatement que de lui seul et s'exercer à son nom :

La majesté du trône, la confiance des peuples à la justice distribuée au nom du Souverain, la liberté individuelle, l'abus résultant de l'influence des seigneurs sur les jugements de leurs juridictions en matière civile, les crimes trop souvent impunis en matière criminelle rendent la restitution de ce droit urgente et nécessaire.

8° Sur la suppression des tribunaux inutiles, de manière qu'il n'y ait plus que deux degrés de juridiction :

La justice doit se rendre dans chaque lieu, au nom du Roi : les magistrats royaux se respectent davantage; ils ont pour l'ordinaire plus de lumières et d'impartialité; les affaires doivent, du tribunal local, être portées à un tribunal supérieur qui juge en dernier ressort ; les tribunaux intermédiaires retardent les affaires, ruinent le pauvre et lui font perdre un temps précieux, avant qu'il ait pu aller à un tribunal digne de sa confiance.

9° Sur l'abrogation de la loi concernant la prohibition de la chasse avec la condamnation des peines qu'elle prononce contre les contrevenants :

Cette loi est un attentat contre le droit sacré de la liberté personnelle, inhérent à celui de propriété; elle est aussi par ses conséquences une imposition négative pour l'utilité du seigneur, mais réelle, onéreuse, excessive pour le cultivateur, forcé à voir, sans mouvement, dévorer ses récoltes par les bêtes fauves; elle pèse, elle aggrave cruellement le sort des peuples; son objet est de donner à un seul du plaisir, au préjudice de tous, et son unique effet est de mettre à la ration du pain même de milliers (*sic*) de cultivateurs, pour donner à un individu le droit exclusif d'avoir un lièvre sur sa table.

10° Sur la réunion des fiefs à la Couronne et le rachat des droits seigneuriaux, la propriété réservée au propriétaire :

Les fiefs n'ayant été donnés par les Rois aux particuliers qu'en récompense de leurs services, il résulte de l'aliénation qui en a été faite par ces particuliers avec tous les droits qui leur étaient propres, que telles personnes jouissent à prix d'argent des privilèges qui, dans le principe, n'étaient que la récompense des services rendus à l'Etat La réunion des fiefs à la Couronne est donc fondée sur le défaut de leur destination primitive; cependant comme les droits honorifiques et les droits utiles qui leur sont relatifs ont été payés par les propriétaires actuels, il est juste d'en opérer le rachat par une indemnité.

11° Sur la répartition égale de l'impôt sur toutes les terres, sans aucune exception. ni distinction, à perpétuité :

Il est juste, il est convenable que chacun, proportionnellement à ses biens, participe aux charges d'une société dont il profite des avantages.

Le privilège de n'être pas imposés n'ayant été concédé aux possédant-fiefs qu'en dédommagement du ban et de l'arrière-ban auquel ils étaient soumis, ce privilège doit être d'autant plus tôt supprimé que, loin d'être tenu à des frais onéreux pour le service de l'État, la noblesse est payée par lui.

12° Sur tous les Ordres de l'État, qui ont un droit égal à toutes les places, sans distinction quelconque:

Il n'y a de vraie, de légitime distinction que celle du mérite : lui seul est digne de la préférence, lui seul a le droit de l'obtenir; la régénération des mœurs dépend de ce principe. Puisse le gouvernement s'organiser de manière que le mérite soit uniquement distingué, de façon que nul ne puisse occuper une place, quelque éminente qu'elle puisse être, qu'il ne soit encore au dessus d'elle par les sentiments et la pratique de la vertu !

Il n'est pas à supposer que, dans les diverses combinaisons d'une constitution monarchique, il ne puisse s'en trouver une telle qui ne soit susceptible d'une constitution meilleure que celle qui n'a pour base qu'un Ordre, isolé par ses intérêts, intermédiaire entre le Roi dont il sollicite exclusivement toutes les grâces et tous les emplois de l'État, sans en supporter également les charges, et le peuple qu'il méprise et qu'il vexe continuellement par ses prétendus droits et par ses privilèges, comme si le véritable droit et le véritable privilège pouvaient être autre chose que l'honneur d'être utile à l'État, privilège qui devrait constituer uniquement l'ambition de la Noblesse, si tant est que son existence soit absolument nécessaire à une constitution monarchique.

13° Sur l'abrogation des règlements des Parlements et de tous autres règlements suivant lesquels on doit faire de preuves (*sic*) de noblesse pour entrer dans leur corps;

La magistrature appartient au peuple : la raison en
est qu'une charge au Parlement annoblit le titulaire,
après une certaine possession.

La condition exigée par ces règlements, jointe à la
propriété d'un fief, est un premier pas vers le retour du
régime féodal sous lequel la France a gémi et gémit
encore depuis tant de siècles.

14° Sur la suppression de la dîme dont les possesseurs des biens doivent être exempts, à la charge par
les communautés de payer les congrues :

La dîme doit son origine aux temps d'ignorance et
de fanatisme ; les prêtres, abusant des fonctions de leur
ministère, outre la spoliation des familles, exigeaient
encore des peuples, sous peine de l'enfer, une taxe sur
tous leurs revenus ; il est résulté de ces diverses spo-
liations et des dîmes que le Clergé, ayant la cinquième
partie des terres en France, jouit du tiers des revenus
de l'État.

La tribu de Lévi avait sur les Israélites le dixième
des productions ; mais, outre que cette tribu ne possédait
aucune terre, c'est qu'elle formait la douzième partie
de toute la Nation, et il s'en faut de bien qu'une pareille
proportion et qu'une telle condition existent en France.
Il serait temps enfin que la raison et la justice repris-
sent leur empire et leurs droits qui sont inaliénables.

15° Sur la confirmation des privilèges de cette ville,
ratifiés jusqu'à Louis XIV, inclusivement, sauf néanmoins la contribution générale aux charges de l'État
dont cette communauté était exempte, tous les citoyens
de la ville étant trop bons serviteurs de Sa Majesté,

pour demander cette dernière exemption dans l'occur-
rence présente :

Le mot privilège, qui rappelle à l'idée celui de despotisme, n'est, par rapport au lieu de Saint-Tropez, que
le droit de n'être pas vexé.

Sa Majesté, en ratifiant nos privilèges, à l'exception
de celui de la contribution aux charges de l'État, auquel
le lieu de Saint-Tropez renonce comme il a toujours
renoncé, ferait le double bien de terminer nos contestations avec le seigneur et de nous faire jouir en paix
de la juste récompense de l'amour de nos aïeux pour
leur souverain dont cette habitation, par son zèle et ses
services, s'est toujours rendue digne.

16º La suppression de la citadelle de cette ville qui
n'est d'aucune utilité au Roi et qui est à charge à la
ville et, subsidiairement, sur les entreprises du major
commandant sur la ville et ses citoyens, ainsi que sur
l'uniformité qui doit régner sur toutes les villes de la
France pour les droits honorifiques des majors commandants, de manière que l'un n'y jouisse pas de plus
d'honneur que l'autre.

Si l'on peut juger de cette forteresse pour l'avenir
par l'expérience du passé, il est prouvé que cette citadelle, loin de protéger les habitants, loin d'être fidèle
au Roi, s'est constamment rangée du parti des rebelles;
le lieu de Saint-Tropez l'a assiégée et l'a prise pendant
deux fois. Sully écrivait, au nom du Roi, aux habitants
de Saint-Tropez en l'année 1603, d'en empêcher la
construction. Elle est sur une presqu'ile très éloignée
de toute communication intérieure; le prince Eugène,

en 1707, l'armée de la Reine de Hongrie, quarante ans
après, ne la jugèrent d'aucune conséquence, quand ils
pénétrèrent en Provence. Sa position n'est susceptible
d'aucun avantage réel et son entretien coûte beaucoup
à l'État. Le superflu et l'inutile sont toujours extrêmement chers.

Les majors commandants de cette citadelle se sont
en outre arrogé des droits sur la ville qui inquiètent
les citoyens.

S'il est de la nature d'une bonne constitution de ne
pas mêler les militaires et leurs prétentions au milieu
d'une cité florissante par le commerce, pour ne pas
inspirer insensiblement aux négociants une ambition
qui les détourne de leur objet (1), combien cet ordre
de choses ne devra-t-il pas nuire à une ville commer-
çante, qui a acquis de ses Rois, pour prix de son éternelle fidélité, le privilège de se garder elle-même, et
combien l'opposition des égards qu'on a pour ses marins
dans l'étranger avec le mépris qu'ils trouvent dans leur
patrie de la part du militaire, ne leur donnera-t-elle
pas du dégoût pour leur métier, si utile à l'État par le
commerce qu'ils font, et à la marine qu'ils entretien-
nent et qu'ils augmentent sans cesse, et combien encore
ne leur inspirera-t-elle pas le désir d'un séjour moins
humiliant où les témoignages méprisants ne soient pas
en raison du degré d'utilité dont ils sont susceptibles!

17° Sur le régime constitutionnel des treize commu-

---

(1) *Administration des finances de la France*, tom. III, p. 147,
petit in-8°, par M. Necker.

nautés des petites Terres Adjacentes, qui ne doit point être détruit par la convocation à la ville de Draguignan et par la nomination des électeurs aux États Généraux; le conseil se référant au surplus à toutes les autres demandes des communautés de cette Province et de la France en général et en particulier..

La communauté de Saint-Tropez ose espérer que la présente convocation ne pourra point nuire et préjudicier aux droits, privilèges, libertés propres au régime constitutionnel des treize petites Terres Adjacentes qui, ne faisant point corps avec la Provence, ne doivent point contribuer aux charges relatives à cette province, leur réunion étant d'autant moins admissible que la Province leur ferait partager les emprunts qu'elle a faits par le passé, sans avoir participé à ses secours. Le lieu de Saint-Tropez est d'ailleurs grevé de soixante mille livres de dettes pour avoir toujours seul fourni, comme il fournit continuellement, à ses besoins particuliers et à l'entretien considérable d'un port, qui est l'unique sur la côte, de Toulon à Antibes, qui présente un asile sûr et commode à tous les navigateurs.

Telles sont les plaintes, doléances et remontrances qui ont été délibérées dans le conseil général de cette communauté, le vingt-deuxième de ce mois. Ainsi le certifions, à Saint-Tropez, le vingt-deuxième mars mil sept cent quatre-vingt neuf.

(Signé :) H. Massel, maire ; Demay, consul ; Bertrand, consul.

L

SAINTE-MAXIME

Cahier des doléances, plaintes et remontrances

Sire,

Nous sortons du fond de la mer, comme Jonas du
sein de la baleine.

Sauvés du naufrage par la seule bienfaisance du
meilleur des Rois, nous accourons à la voix qui nous
appelle, autorisés à vous faire part des maux qui nous
accablent, et nous ont jusqu'ici détenus dans le néant;
la classe de vos sujets opprimés va secouer le joug et
jouir de la liberté.

L'amour paternel que Sa Majesté a toujours eu pour
le moindre de ses sujets ne nous était pas inconnu ;
mais il n'a pas été à notre pouvoir de déchirer le voile
qui nous le cachait.

Cet heureux évènement est enfin arrivé, que votre
Majesté, Sire, veut connaître et écouter les doléances,
plaintes et remontrances de tous ses sujets pour leur
procurer un bien-être, trouver les moyens efficaces de
rétablir le vide de ses finances et pourvoir à l'avenir

aux besoins de l'État. Nous osons donc avec confiance remontrer à notre bon père que le soulagement de la classe oubliée jusqu'ici de vos sujets tend :

1° à la réformation du code civil et criminel ;

2° à la suppression de tous les tribunaux inutiles et onéreux, en accordant une attribution à ceux des arrondissements de souveraineté jusques au concurrent d'une somme déterminée ;

3° à l'abrogation de toutes lettres attentoires à la liberté des citoyens ;

4° à la faculté à ceux-ci, de quelque ordre qu'ils soient, de concourir pour tous les emplois militaires, bénéfices et charges attributives de noblesse, et d'y réclamer surtout contre la vénalité des offices ;

5° à la modération dans le prix du sel, rendu uniforme pour tout le royaume, et que la qualité ne fût pas dénaturée par la boue et le gravier, ainsi que les fermiers l'ont fait jusqu'ici, malgré les représentations;

6° à l'abolissement de tous droits de circulation dans l'intérieur du royaume, et notamment le reculement des bureaux des traites dans les frontières ;

7° Que les trois Ordres de l'État payent également tous les impôts de l'État et de la Province, suivant leurs facultés ;

8° Que l'Ordre du Tiers ait autant de représentants dans les assemblées que le Clergé et la Noblesse ;

9° Que l'Ordre du clergé soit représenté par des députés de tous les Ordres et d'icelui légalement choisis ;

10° Que les délibérations seront prises dans ces assemblées, par tête, et non par Ordre, par scrutin, ou par verbal d'opinions, et non par acclamation, et qu'on y fasse droit à toutes les réquisitions et protestations des députés ;

11º L'abolition des justices seigneuriales, avec établissement des substituts du procureur du Roi, pour le bon ordre et la police locale ; attribution de juger définitivement, surtout en fait de commerce, pour une somme déterminée; que tous les Ordres aient leurs juges de leurs corps, et que nul ne soit admis à la magistrature qu'à l'âge de 35 ans et par la voix du peuple ;

12º Que tout administrateur des deniers publics soit tenu annuellement à donner son compte, qui sera rendu public, et ce, depuis le premier jusqu'au plus petit du royaume ;

13º L'abolition de la dîme, son institution n'étant pas suivie, et, à tout pis, abonnement d'icelle à prix d'argent, sur un taux déterminé, à la charge que le décimateur en appliquera les revenus suivant le droit canon, et qu'il ne pourra s'absenter du diocèse, même du lieu décimable, que par le vœu de la généralité des redevables, pour un temps limité ;

14º Permission à tous les sujets de tuer les gibiers et autres bêtes qui dévastent leurs champs ;

15º Permission à tous les vassaux d'abonner à prix d'argent les droits seigneuriaux, surtout des ecclésiastiques, à un taux déterminé, et liberté encore d'extinguer les rentes foncières en grains ;

16º Obligation à tous les possédants-fiefs ecclésiastiques de concéder ou aliéner à prix d'argent leurs domaines, afin qu'ils ne soient à l'avenir qu'attachés à l'autel et que tout entre au commerce ;

17° Qu'il soit permis à chaque commune ou partilier de faire le desséchement des marais et étangs qui infectent le pays, avec droit de propriété des fonds ainsi gagnés, sans indemnité ni droit d'amortissement par les communes ;

18° Que la communauté de Sainte-Maxime ne soit plus au cas de fournir à la milice garde-côtes, vu qu'elle fournit actuellement près de cent matelots au service des vaisseaux de Sa Majesté, n'ayant plus de travailleurs pour les terres ;

19° Révocation des unions des bénéfices et abbayes aux évêchés surtout d'un diocèse étranger; défense à l'avenir d'en faire, comme contraire à l'institution ;

20° Autoriser l'intérêt du prêt à jour, pour favoriser la circulation des espèces et le commerce ;

21° Résidence de la part des titulaires des bénéfices et abbayes, à l'effet de consumer dans les lieux les revenus et en appliquer les deux tiers à la décoration des églises et autels et au soulagement des pauvres de la paroisse ;

22° Augmentation des curés à simple congrue, et abolition du casuel ;

23° Affranchissement du droit d'amortissement pour les édifices d'utilité publique et pour le culte divin ;

24° Que les évêques soient choisis par le peuple et confirmés par les Rois ;

25° Que les titulaires des bénéfices et abbayes soient obligés à l'augmentation des biens y attachés, avec

obligation d'aliéner à prix d'argent la partie non agré-
gée et non améliorée, à la charge d'employer le produit à
l'amélioration du restant ;

26° Que les curés des paroisses seront nommés par
l'Ordinaire, mais qu'ils seront confirmés par le peuple;

27° Que les bénéfices du diocèse ne puissent être donnés qu'au clergé d'icelui ;

28° Que le tiers des revenus destinés pour les pauvres sur les bénéfices, sera distribué par le bureau,
composé du curé, des consuls et des notables du lieu ;

29° Que la fabrication des églises et l'entretien des
autels soient à la charge des décimateurs et non des
communes, même tout ce qui dépend desdites églises,
si la dîme a lieu ;

30° Que toutes les abbayes collégiales, bénéfices simples, corps séculiers et réguliers, qui ne tiennent ni à
l'enseignement, ni à l'administration des sacrements,
soient abolis, et les biens en provenant destinés à l'extinction des dettes de la Province ;

31° Simplifier les droits perçus sur les actes à la
portée d'un chacun, en les taxant sur la qualité des
parties ou sur leur valeur; obliger les notaires d'être
comptables de ces droits, en les percevant eux-mêmes.
Un seul vérificateur ou receveur ambulant suffirait par
département de trois ou de six mois, pour le recouvrement de ces droits ;

32° Empêcher dès lors que cet état soit avili; choix
des personnes par le peuple, par leurs bonnes mœurs,
notabilité dans le lieu et solvabilité; et finalement qu'il
soit permis à un chacun de faire des engins, fabriques.

et manufactures dans tous les lieux, en payant les emplacements et matériaux sur l'estimation qui en sera faite.

Moyens à prendre pour rétablir avec égalité et justice les finances et pourvoir aux besoins ordinaires et extraordinaires de l'État :

1° Impôt territorial levé par les communes, dès après l'abolition des charges quelconques ;

2° Abolition des fermes et gabelles ;

3° Taxe d'une capitation générale et indistinctement prise sur les facultés et dignités des personnes ;

4° Taxe sur les chiens, excepté ceux nécessaires à la garde des troupeaux ;

5° Taxe sur le luxe, laquais et autres ;

6° Obligation aux communes de verser directement au trésor royal leur contribution ;

7° Renvoi de tous les employés aux Fermes; c'est le moyen de rendre des bras à l'agriculture, devenus si nécessaires, et tirer de l'oisiveté plus de soixante mille personnes ;

8° Assurance, par ces moyens, du tiers en sus des revenus de l'État, en soulageant le peuple.

Le lieu de Sainte-Maxime, nouvellement formé, présente le seul port de mer depuis Toulon jusqu'à Antibes, au centre de la viguerie, de la haute montagne, où l'on puisse parvenir dans toutes les saisons, sans risque pour les voyageurs.

Lors de la guerre de 1744, les habitants se distinguèrent à un point, pour empêcher que l'ennemi ne pénétrât dans le golfe de Grimaud, qu'ils en furent ré-

compensés par une exemption de la taxe de la capitation
pendant plusieurs années. Ils sacrifièrent, après cette
guerre, toutes les fournitures faites pour le service de
Votre Majesté, à la construction de leur port, qui exige
encore de grands travaux en augmentation, quoique
les habitants aient mis en réparation et en augment,
plus de quinze mille livres. Ils ont fait, au surplus,
construire une nouvelle paroisse et maison presbyté-
rale, sans que MM. les seigneurs décimateurs aient
contribué pour rien, s'y étant formellement refusés. Ils
n'ont eu pour subvenir à tous ses travaux immenses,
ni encouragement, ni secours du gouvernement, ni de
la Province, l'application de ceux que Votre Majesté a
accordés, en différents temps, n'ayant jamais été répartie avec cette égalité et impartialité désirables.

En 1763, M. de St-Florentin, un des vos ministres,
Sire, sollicita pour nous les administrateurs d'alors
de la Province à procurer à cette communauté le seul
chemin roulier, qu'elle désire du depuis, pour aller
joindre celui de Province en sus du lieu du Muy, afin
de pouvoir tirer quelques avantages des avances faites,
pour se procurer son port. Toutes les communautés,
assemblées en différents temps en corps de viguerie, en
ont si bien reconnu les avantages qu'il en résulterait
pour l'État et le commerce qu'elles ont délibéré autant de fois de contribuer à la construction de ce
chemin, eu égard à l'intérêt que MM. les administrateurs de la Province pourraient le supposer; mais leurs
vues n'étant pas favorables pour cette communauté, les
fonds qui auraient pu servir à cet ouvrage avantageux,

ont été toujours infructueusement employés pour des
objets particuliers La dépense de ce chemin n'aurait
pas porté à quarante mille livres, tandis qu'on n'en a
sacrifié dix fois plus, pour détourner de quelques cents
cannes un torrent du côté de Fréjus, dont le projet
reste sans succès, que pour contrarier la construction
de ce chemin. La faveur pour la communauté de Roquebrune l'a emporté, en faisant commencer un pont
sur la rivière d'Argens, qui n'aboutit à aucun autre
lieu, et qui ne sera jamais utile, si on parvient à le
finir, qu'aux habitants de Roquebrune pour passer
leurs denrées du terroir inhabité de Palayson, membre
de sa communauté, ce qui les constitue à plus de soixante mille livres, et, pour tout autant, la Province.

Les habitants de Sainte-Maxime, Sire, passent
pour industrieux et laborieux; mais, malgré leur bonne
volonté à se procurer les moyens de subvenir aux
charges seigneuriales, ils se voient bientôt la plus
grande partie, surtout les laboureurs, obligés de prendre la voie du déguerpissement; plusieurs d'entre eux
l'ont déjà fait.

La moitié de leur terroir paye à l'abbaye du Thoronet. comme seigneur et décimateur, de sept un de tous
les grains; l'autre partie, de seize trois, et ce, sans
prélèvement ni de la semence, ni des foulures que les
possédants-biens font faire à leurs dépens.

Les herbages et ramages sont vendus à des étrangers, et, s'ils veulent tenir des chèvres pour se procurer de l'engrais, ils sont obligés de payer au double

que l'étranger (*sic*). Nous n'avons pas même la faculté de faire dépaître le troupeau de la boucherie : les fermiers des seigneurs, de leur consentement, exigent vingt sols par bête, tandis que l'étranger n'en paye pas cinq.

Si nous avons des prairies dont les herbes en été sont à nous, nous payons deux panaux de blé par facherée ou journée, pour le bail en emphytéose. Il nous avait été réservé de[s] défens, avec liberté d'y bûcherer ; tous les bois jusqu'à leurs racines ont été vendus par les seigneurs, et nous sommes par là frustrés de la faculté.

La communauté a abonné le droit de tenir de fours (*sic*) pour la cuite du pain ; outre la pension en argent, les seigneurs exigent de plusieurs particuliers à la campagne, un droit de plusieurs charges de blé, ce qui forme un double emploi pour ces particuliers, contre les accords primitifs. Nous n'avons pu jusqu'ici obtenir des seigneurs décimateurs une cloche suffisante pour annoncer les messes et offices divins au peuple.

Les moulins à farine sont aux seigneurs ; chaque habitant et possédant-biens, suivant l'acte d'inféodation de la terre, était obligé à construire une maison au rivage de la mer ; en voulant faire cette bâtisse, chaque habitant a été obligé de consentir un acte pour en avoir la permission, à payer un cens de cinq jusqu'à dix sols, et la prohibition de pouvoir faire cabaret, ce qui a, par là, rendu au seigneur une auberge exclusive, contraire au droit naturel et au bien du commerce.

Enfin le clergé a surpris en 1783 une déclaration de Votre Majesté, Sire, qui les (*sic*) décharge de toute con-

tribution pour le passé, aux maisons curiales, même
des frais des instances qu'il y avait alors sur ce sujet,
ce qui a mis en perte la communauté vis-à-vis les seigneurs de Sainte-Maxime, de plus de mille livres.

Cette surprise est unique de la part du Clergé, et
leur (*sic*) conscience ne peut les mettre à l'abri de reproches. La communauté se croit fondée à supplier Votre
Majesté de révoquer une pareille loi qui décharge les
décimateurs de ce qu'ils devaient et ne payent que de
la subsistance du peuple.

Quel surcroît des maux (*sic*) pour vos sujets! daignez,
Sire, les soulager de tant de charges onéreuses à votre
État et à la population.

La double dime que [paye ?] la moitié de ce terroir est
encore d'une véritable usurpation nouvellement faite
par le prieur de Grimaud. Aujourd'hui ce prieuré est
passé au séminaire de Fréjus.

Les seigneurs décimateurs s'étant réservé de sept un
de tous les grains dans le terroir, tant pour droit de
dime que pour droit de tasque, les habitants à l'extré-
mité du terroir se voyant trop éloignés de la paroisse
pour y venir à la messe, étaient obligés de payer de
leurs deniers un prêtre toutes les fêtes et dimanches.

La disette des prêtres dans ce temps leur en faisait
souvent manquer; le prieur de Grimaud en avait plus
qu'il lui en fallait pour sa paroisse; il offrit de faire le
service dans la chapelle de Saint-Pierre que les habitants de ce quartier firent construire de leurs deniers,
et ont jusqu'ici entretenue. Quelque temps après, le
prieur de Grimaud représenta qu'il serait plus doux

à ses habitants de lui payer une dîme que de lui donner du comptant, les espèces [étant] rares dans le temps;
les habitants de cette contrée s'assujettirent de la sorte à
cette double dîme qu'ils payent, l'une, aux seigneurs
décimateurs de Sainte-Maxime, et l'autre, au prieur
de Grimaud.

La communauté réclame contre un tel abus : elle
réclame encore contre l'injustice que les héritiers de
feu M. de Castellane, évêque de Grasse [Fréjus (?)],
font aux pauvres décimables tant de Grimaud, que de
ceux de Saint-Pierre de Miremar, terroir de ce lieu, en
détenant les revenus dudit prieuré du temps de son
décès, qui a été légué auxdits pauvres. Le chapitre de
Grasse [Fréjus (?)] et l'évêque de ladite ville, qui en
sont les contribuables, ont été condamnés par une sentence arbitrale au payement de sept à huit cent livres
envers ces pauvres, qu'ils ont éludée jusqu'ici par des
prétextes les plus condamnables; l'indigence des pauvres les a favorisés, et il n'y a que la justice que nous
attendons de Votre Majesté, Sire, qui puisse mettre
fin à tant d'abus.

Vous avez entendu, Sire, les très humbles doléances
de la communauté de Sainte-Maxime, que ses administrateurs portent au pied de votre trône. Nous osons
à genoux demander les soulagements qui nous accablent; le bien de votre service nous animera toujours.
Nous vous donnerons, Sire, dans toutes les occasions
l'exemple de la plus grande soumission; mais c'est sur
les cœurs que doit régner Louis le Bien-Aimé; nous
ne cesserons de confondre tous nos devoirs dans le sein

paternel de cet auguste Maître de qui nous attendons notre seul bonheur.

Ce sont les très respectueuses doléances que présentent à Votre Majesté, Sire, de Votre Majesté, les très humbles, très obéissants et très fidèles serviteurs et sujets, les maire, consuls et habitants de Sainte-Maxime.

(Signé :) Hermieu, maire ; J. Jaume, consul ; L. Alliez, député ; Seiton ; Marenc ; Chabert ; Fabre ; Cauvy, cadet; F (?) Cauvy; Meissonnier; Barlet; C. Bérenguier ; Reboul ; Marenc ; Choriot ; Almeran.

LI

SALERNES

Cahier des doléances, plaintes et remontrances

Le sieur maire a dit :

« Messieurs,

« Notre réunion a deux objets: celui d'élire plusieurs
députés à l'assemblée de la Sénéchaussée, en suite des
ordres de Sa Majesté à nous adressés par monsieur le
lieutenant général de ladite Sénéchaussée, dont lecture
en a été faite (*sic*), et celui de charger les députés dudit
cahier, afin d'y solliciter: la réformation du code civil et
criminel ; la suppression de tous les tribunaux inutiles
et onéreux, une attribution à ceux des arrondissements
de souveraineté jusques au concurrent d'une somme
déterminée ; l'abrogation de toutes lettres attentatoires
à la liberté des citoyens ; la faculté à ceux-ci, de quelque ordre qu'ils soient, de concourir pour tous emplois

militaires, bénéfices et charges attributives de noblesse, et d'y réclamer surtout contre la vénalité des offices. Lesdits sieurs députés réclameront en outre une modération dans le prix du sel, rendu uniforme pour tout le royaume, comme aussi l'abolition de tous droits de circulation dans son intérieur, et notamment le reculement des bureaux des traites dans les frontières. »

Quant aux affaires particulières et relatives à la Province et à cette communauté, le conseil charge par exprès ceux qui sont ses représentants en l'assemblée convoquée en la ville de Draguignan : d'insister à demander au meilleur des Rois, la convocation générale des trois Ordres de la Province pour former ou réformer la constitution du pays, de réclamer de sa justice qu'il soit permis aux communes de se nommer un syndic avec entrée aux États ; de s'élever contre la perpétuité de la présidence et contre la permanence de tout membre non amovible, ayant, en l'état des choses, entrée auxdits États, comme aussi de requérir [l'exclusion[des mêmes États des magistrats et tous officiers attachés au fisc ; la désunion de la Procure du Pays, du consulat de la ville d'Aix ; l'admission des gentilshommes non possesseurs de fiefs et du clergé du second Ordre ; l'égalité des voix pour l'Ordre du Tiers contre celles des deux premiers Ordres, tant dans les États que dans la commission intermédiaire, et surtout l'égalité de contribution pour toutes charges royales et locales, sans exemption aucune, et nonobstant toute possession ou privilèges quelconques; l'impression annuelle des comptes de la Province, dont envoi sera fait dans chaque communauté, et que la répartition des secours que le

Roi accorde au pays, ensemble de l'imposition de quinze livres par feu affectée à la Haute-Provence, sera faite dans le sein des États et par eux arrêtée ;

Et, en outre, la suppression de la dîme, en offrant de payer les sieurs curés et vicaires; à défaut, la révocation de l'édit de Louis XIV du mois d'avril 1695 ; la permission de racheter les droits de lods, pensions féodales et censes ; la suppression de la justice seigneuriale ; la nomination de la présidence alternativement dans les trois Ordres ; la suppression de toutes les charges qui donnent la noblesse personnelle et qu'elle ne sera accordée qu'au vrai mérite ; le remboursement du legs de monsieur de Saint-Vallier ; la réintégration pour les communes des défens que les seigneurs se sont appropriés, ont défrichés et aliénés ;

La suppression du franc salé ; demander le rétablissement des *Missi dominici* ; de supplier monsieur Necker de mettre en vigueur le tarif qu'il a fait pour la réforme du contrôle;

Que le parlement ne doit plus être le législateur, car il n'y a que la Province qui puisse avoir légitimement le droit de faire des règlements et lois particulières que le Roi sanctionnerait; la suppression des collégiales, des corps réguliers et mendiants et des bénéfices qui ne sont pas à charge d'âme ; l'abolition des annates et dispenses, lesquelles enlèvent au royaume des sommes immenses pour les faire passer à la cour de Rome ;

De demander qu'un seul livre terrier renferme tous les biens-fonds des trois Ordres et dans chaque terroir ; que la police, qui n'est qu'une simple inspection et une surveillance d'un père de famille, soit réunie dans les villages aux officiers municipaux; que tous arrêts, qui accordent aux seigneurs des fiefs d'établir par leur lettre exclusive des procureurs, soient révoqués et annulés par la raison qu'ils attentent aux droits de la monarchie et aux droits que les habitants des villages ont d'occuper les uns pour les autres ; qu'il soit inhibé aux seigneurs et possesseurs de fiefs d'arrenter la chasse; que les communes puissent seules établir des garde-terres et bois, après en avoir communiqué et dénommé les personnes aux seigneurs des fiefs; qu'il sera permis à tous propriétaires de chasser;

Que le retrait féodal sera supprimé ; que le droit de compensation sera supprimé ; que les communes puissent également se racheter de tous les droits honorifiques, à prix d'argent ; que nous aurons la faculté et même la préférence, en cas de vente de terres seigneuriales, de les acheter, sans payer aucun droit d'amortissement ; que le droit d'indemnité, dû à l'occasion des acquisitions des terres faites dans les mouvances des seigneurs pour l'usage public, sera éteint et supprimé, en payant par les communes le sol principal des censives auxquels les fonds occupés seront sujets, à raison du denier vingt-cinq ; l'exécution de l'édit du 8 mai de l'année 1788, à l'exception de la cour plénière dont les États Généraux en (sic) tiendront lieu; le droit de pêcher dans les rivières, sans réserve quelconque ; la liberté de la presse; de demander, au surplus, la suppression du ramage que la communauté de Callas exerce dans la viguerie ou Sénéchaussée de Draguignan;

Et finalement, impositions légales, liberté et bonnes lois.

L'assemblée séante, s'est présenté Antoine Penier, pauvre travailleur, qui réclame des secours par le ministère des États Généraux, sur la réclamation de la communauté ; la restitution des peines et amendes que le seigneur lui a fait payer, qui l'ont réduit à la misère et sa famille, pour avoir extrait des truffes dans le défens du Serre, terre gaste de la communauté, dont il faisait l'extraction avec un petit bâton d'un pan.

Sieur Maxime Cola, maître en chirurgie, dénonce également à l'assemblée que le seigneur, marquis de ce lieu, a fait construire un fossé d'arrosage pour sa terre du Plan, qu'il a placé le fossé dans les fonds de différents particuliers, ayant payé tant seulement maître Pons Lambert, avocat, et autres, sur laquelle connaissance, ledit sieur Cola aurait présenté un placet qui est resté sans réponse.

S'est aussi présenté Charles Esquié, travailleur, pour dénoncer également à la présente assemblée, que, possédant une propriété dans le terroir, quartier de la Mude, une partie de ladite propriété lui a été retranchée de valeur d'environ deux cents livres, pour la joindre à la contenance désemparée audit seigneur, par feu Jean-Joseph Escolle, dont le fils, ici présent, a avoué [lad. partie] n'avoir jamais été possédée par son feu père.

Lecture de tout ce que dessus, l'assemblée a été terminée par des acclamations générales et réitérées de : Vive le Roi! avec offre de leurs biens et personnes, actions de grâces, et très humbles remerciments à monsieur le comte de Provence, frère du Roi, à monseigneur Necker, intendant des Finances, et à tous les ministres, en particulier.

Et plus n'a été inséré dans ledit cahier, et a signé qui a voulu et su.

(Signé :) Reverdit, curé; Bourrelly, maire député ; Emphoux, consul et député ; Vassal ; P. Lambert ; Dauphin ; Michel; Dauphin ; André Bonnet; Coulomp; Jean Colle ; Guigou ; Lambert ; B. Escolle ; Honoré Colle; Brémond; Basset; Lambert; Guillon (?); Basset; Nans ; Régis ; J.-B. Féraud ; Rigaud ; Roux, député ; Marcel ; Basset ; Penier ; Basset ; Honoré Colle ; Roudeillat ; Féraud ; Joseph Pizan ; Bernard ; Carraine ; Cléman; François Franc; Dol; J.-J. Lambert; Garcin; H. Bernard; Renoux; Basset; Bremond; Nans; Vache; Carraine ; J. Fourment ; Bourrelly ; Lambert, notaire; Guigou ; Baudon ; Jujardi ; Bourreli ; J. Bernard : Martin; J.-B. Colle ; J.-P. Esperit; Escolle ; Carraine ; Bourrelly ; Ferlandou ; Dolle ; Mingaud ; Esquier ; Agnelly ; Gal ; Joseph Cotte ; Farnet ; J. Pizan ; Bourrelly ; Tricon ; Allemand; Antoine Gariel; André; Paul ; Baudun ; Pastoret ; Agnelly ; Amphoux ; Colla ; Martin ; Jean-Joseph Rambert; Gal ; Mingaud ; Agnel; Jean-Baptiste Verlaque ; Léocard ; J. Nans, député ; Roux ; Pons Agnelly ; Pierre Léocard ; Mingaud ; Abeille ; Ardoin ; Bernard ; Héraud ; Agnel; D'Agnel, fils cadet ; Cotte ; B. Agnel ; Canebier ; Jujardy, cadet ; Renoux ; Caïs, greffier et député ; P. Caïs ; Constantin ; François Ferrut ; Mourihon ; Joseph Rey ; Joseph Emphoux ; Nans ; Jacques-Dominique Escolle; Bernard Sibille ; Lambert ; B. André ; Jujardy, (?); Léocard ; H. Fabre ; Ardoin, doct. médec. ; Joseph

Tricon ; J. Agnelly ; Bernard, fils ; Joseph Michel ;
Jacques Mengaud ; Pizan; Bernard; J.-F. Agnel ;
Degras (?); F. Féraud; Bernard; Joseph Collo; Chan-
doche ; Sivadon : Leyd ; A. Lambert ; A. Marin ;
Basset ; Zacharie Martin ; Rey ; Martin ; Pillicier ;
Guibert; Martin; Renoux; Amphoux; Ardoin; Basset;
Jean-Joseph Escolle ; Dauphin ; Preire ; Pery; Jacques
Gasquet ; J.-B. Issaurat ; Hermelin, prêtre ; Honoré
Lambert, prêtre; A. Escolle; Jean-Pons Marin; Maxime
Fouquis ; (?) Lambert ; Agnelly ; Arnoux ; Honoré
Roux ; Honoré Agnelly ; Verlaque ; Jean-Louis Franc;
Caïs ; J.-B. Tricon ; Colle ; Dhéran, ancien curé ;
l'abbé d'Agnel; J. Pizan; J.-B. Cotte; Honoré Agnelly;
Audibert ; Laugier ; Guillon.

Coté et paraphé *ne varietur*.

(Signé :) Giraud, vig., lieutenant de juge.

LII

SEILLANS

La proposition ouïe, l'assemblée, voyant avec joie la justice et la vertu se montrer sur le trône, l'intégrité et le génie dans le ministère, et voulant profiter de cette époque glorieuse pour la France et essentielle pour le Tiers, pour faire parvenir aux pieds du plus juste des monarques les réclamations de ses plus fidèles sujets, a unanimement délibéré de dresser un cahier de plaintes et doléances et nommer des députés chargés de les présenter à l'assemblée générale des vigueries, convoquée à cet effet à Draguignan pour le 27 du courant, pour être, ledit cahier de remontrances, suffisamment discuté par nos représentants aux États Généraux.

Quant aux objets de nos remontrances, plaintes et doléances, l'assemblée, moins sensible à son intérêt particulier qu'à la vue de cette masse d'intérêt général qui fait aujourd'hui l'objet des réclamations de la France entière, a unanimement déterminé et arrêté :

De demander aux États Généraux le droit de réunir tous les domaines aliénés par la communauté, quand ses facultés pourront le lui permettre ;

Un nouveau code civil et criminel, et une forme judiciaire plus briève et moins coûteuse ;

Qu'il plaise à Sa Majesté à nous accorder la réunion du fief à la Couronne et l'établissement d'une judicature royale qui juge souverainement jusqu'à une certaine somme ;

L'établissement d'un bureau de police qui soit composé des administrateurs municipaux, sous la présidence du premier officier de justice ;

L'abolition des droits odieux d'albergue, ramage et cavalcade, accordés par un Comte de Provence à la communauté de Callas et au prieuré de Grimaud sur les bestiaux qui vont héberger d'une communauté à l'autre, ensemble celle du droit de péage ;

La suppression des gabelles et douanes, en y substituant en corps de Province un revenu proportionné.

Que Sa Majesté soit très humblement suppliée de supprimer : les impôts sur l'exportation des huiles et savons de Provence ;

Toutes les abbayes d'hommes et de filles, et leurs revenus réunis à la Couronne ;

Les collégiales.

Qu'il soit défendu à tout ecclésiastique de posséder plusieurs bénéfices, avec permission de dissoluter les contrevenants ;

Ne consentir l'impôt que pour un temps limité et demander le retour périodique des États Généraux ;

Que la procuration du Pays ne soit plus attachée au Consulat d'Aix, mais élue tous les ans dans l'assemblée des Etats, à la pluralité des suffrages, le Tiers toujours appellé à égal nombre de la Noblesse et du Clergé ;

Que la présidence ne soit plus affectée à un seul individu, mais également nommée à la pluralité des suffrages ;

Que les administrateurs, tant de la Province que de la viguerie, soient tenus de rendre public par la voie de l'impression, le compte de leur gestion qui sera mandé tous les ans à chaque communauté ;

Que la répartition des secours que le Roi daignera accorder à la Province soit faite et arrêtée par les États d'icelle assemblés ;

Qu'il soit fait un nouveau tarif des droits du contrôle, plus brief et à portée de tout le monde ;

Que l'exportation et l'importation des denrées soient libres dans et hors le Royaume pour la facilité du commerce.

Demander au Seigneur Roi : la continuation de ses bontés et sa confiance pour monsieur de Sens, comme l'ami et le protecteur de ses peuples ;

L'uniformité de la dime dans toute la Province ;

Le rétablissement d'une fabrique d'amidon, établie en 1767, qui a été suspendue et interdite, au préjudice de l'édit du Roi de 1771, art. 3, par les compositions arbitraires des commis de la Régie qui ont ruiné un fort-honnête citoyen ;

La faculté à chaque citoyen, de quelque ordre qu'il soit, de concourir aux emplois militaires et charges attributives de noblesse ;

L'impôt territorial sur tous les fonds en général, sans distinction des biens nobles et du Clergé, comme le plus juste.

Et quant à tous autres objets, soit généraux pour le Royaume, soit particuliers à cette Province, l'assemblée s'en réfère absolument au cahier général qui sera dressé dans l'assemblée générale de l'arrondissement de la Sénéchaussée de Draguignan qui se tiendra le sept avril prochain, approuvant dès à présent tout ce qui sera fait et arrêté ; donnant à cet effet à nos députés tous les pouvoirs requis et nécessaires pour agir avec zèle et prudence, et se concilier avec les différents députés du Tiers pour tout ce qui pourra intéresser la gloire de notre monarque, le bonheur de ses peuples et assurer à la France un état fixe et immuable.

Demander qu'il soit permis aux évêques de dispenser en fait de mariage du second ou troisième degré, gratis.

Que l'usage des lettres closes ou de cachet, cet instrument du despotisme ministériel, [soit] aboli.

Supplier très humblement le Seigneur Roi d'ordonner à tous les notaires de faire lire à haute voix tous les actes qu'ils reçoivent, avant de les avoir fait signer à un des témoins, en présence des parties contractantes ;

Qu'il soit nommé une commission composée des membres des trois Ordres, en observant l'égalité des voix pour le Tiers, pour examiner et vérifier les comptes des ministres des finances, lors de la tenue des États Généraux, suppliant très humblement Sa Majesté de nous accorder cette assemblée tous les cinq ans, ainsi que d'ordonner la publication desdits comptes et qu'il en soit envoyé un exemplaire à toutes les communautés de chaque province et qu'il soit permis à icelles de dénoncer un ministre infidèle, prévaricateur, et permis de lui faire son procès.

(Signé :) Fouque, maire ; Christine, consul ; Esclapon, maire ancien ; Pellicot-Seillans ; Giraud-Seillans ; Porre-Seillans ; Bérenger, père ; Bérenger-Seillans ; Pellicot ; Milet; Bain ; Esclapon; H. Laugier ; Pellicot; Berton ; Rebouillon ; Jordany ; Turrier; Pellicot; Pastoret; Charles Viollier; Pastoret; Gal; Dalmas; Pellicot; Honoré Trigance ; Jean Giraud ; Joseph Cauvière ; Joseph Laugier;(signature illisible); Mourgué; Rosselly; Mure [Mireur] (?); Giraud; Joseph Dalmas ; Léger Dalmas; P. Gal; G. Astier; Jean François; Laugier; Dominique Arnaud; Joseph Lambert; Pellicot; Stalenq ; Suzanne; P. Vaille, lieutenant de juge; Pellicot, greffier.

LIII

TARADEAU

Cahier des remontrances, plaintes et doléances des ha-
bitants de la communauté de ce lieu inhabité de
Taradel.

L'assemblée, pénétrée de respect, d'amour et de reconnaissance pour le meilleur et le plus juste des Rois,
qui, préférant la gloire de régner sur un peuple libre au
cruel avantage de commander à des esclaves, rend à la
Nation ses antiques droits et daigne s'entourer de ses
fidèles sujets pour les consulter, écouter leurs plaintes
et doléances, recevoir leurs avis et remontrances, et
obtenir de leur zèle et fidélité les subsides nécessaires
aux besoins de l'État, de manière que, par une et mu-
tuelle confiance et par un amour réciproque entre le
souverain et ses sujets, il soit apporté le plus prompte-
ment possible un remède efficace aux maux de l'État, et
que les abus de tout genre soient réformés et prévenus
par des bons et solides moyens (*sic*) qui assurent la fé-

licite publique ; et désirant de lui donner une preuve
éclatante des sentiments qui l'animent, en concourant
de tout son pouvoir à ses vues bienfaisantes, a arrêté
de procéder à la dresse et rédaction de son cahier de
remontrances, plaintes et doléances, moyens et avis,
dans cet esprit de paix, de justice et d'impartialité qui
peut seul conduire au bien général.

Elle a d'abord reconnu que la discussion des grands
objets de législation et de constitution est au-dessus de
sa portée, et elle était disposée à s'en abstenir et à s'en
reposer avec confiance sur la sagesse de l'assemblée de
la Sénéchaussée et des États Généraux et plus encore
sur la justice et la bonté paternelle du Souverain; mais,
réfléchissant que Sa Majesté l'a invitée à manifester son
vœu sur tous les objets qui intéressent le bonheur public et la prospérité du Royaume, et que la qualité de
citoyen français, dont tous ses membres se glorifient,
leur fait un devoir de donner dans une occasion si
importante au Roi et à la Nation des preuves de leur
zèle, elle a jugé ne pouvoir se dispenser de les prendre
en considération.

A cet effet, considérant que la formation et organisation des États Généraux est le premier objet dont elle
doit s'occuper, elle déclare désirer que les députés qui
porteront le vœu de la Sénéchaussée de Draguignan
soient chargés de remontrer :

1º Qu'ils ne peuvent user de leurs pouvoirs que dans
des États Généraux constitués légalement, c'est-à-dire
conformément au vœu le plus général déclaré et sanctionné par le Roi, dont tous les membres soient libre-

ment et légalement élus, et dans lesquels les représentants de l'ordre du Tiers État égaleront au moins en
nombre ceux des autres Ordres pris ensemble, cette
proportion étant de toute justice et indispensable tant
qu'on laissera subsister la monstrueuse distinction des
Ordres ;

2º Que lesdits députés soient chargés de remontrer
que les États Généraux ne pouvant agir que par délibération, la forme de sa première délibération, dans
laquelle il pourra être question de déterminer la manière de voter auxdits États et tous les autres objets
de police intérieure, soit réglée conformément au vœu
général sanctionné par le Roi, et que, dans cette première délibération, ils fassent tous leurs efforts pour
obtenir que les opinions soient recueillies par tête et
non par Ordre, seul et unique moyen de parvenir à régénérer la constitution.

Considérant que le gouvernement monarchique est
le seul qui convienne à l'étendue, à la richesse et à la
population de la France et au génie de ses habitants
qui ont toujours été passionnés pour leur Roi, au point
d'être prêts à lui sacrifier volontairement leurs biens
et leurs personnes ; que l'hérédité de la couronne, sa-
gement reconnue par nos pères, est un moyen salutaire
pour prévenir les troubles qui ne sont que trop ordinaires à chaque mutation dans les gouvernements élec-
tifs, et qu'en conséquence la Nation n'a que des remer-
ciements à faire au ciel de ce qu'il lui a donné un tel
gouvernement, et des vœux à lui adresser pour la conservation d'un Roi, seul capable de lui faire chérir le gou-

vernement monarchique, l'assemblée déclare désirer
quelesditssieurs députés de la Sénéchaussée de Draguignan aux États Généraux soient chargés de remontrer auxdits États que le premier soin dont ils ont à
s'occuper est de rechercher, reconnaître et constater
d'une manière authentique les droits de l'homme et de
citoyen vivant sous un tel gouvernement, tels que
ceux :

De ne pouvoir être soumis qu'à des lois qu'il a consenties ;

De ne pouvoir être obligé de payer de subsides que
ceux qu'il a consentis ;

De n'être soumis qu'aux lois ;

De ne pouvoir être puni que pour les cas qu'elles ont
prévus, et dans les formes qu'elles ont prescrites ;

De jouir d'une liberté individuelle inviolable, et dont
il ne peut être privé que dans les mêmes cas et les
mêmes formes, d'où l'on fera dériver la liberté de la
presse ;

De jouir et de ne pouvoir être dépouillé de sa propriété que de la même manière ;

D'avoir à la protection du gouvernement, aux honneurs, charges, services et dignités de l'État, un droit
égal à celui de tous les autres sujets, ne pouvant exister de préférences dues aux talents, au mérite, et aux
services rendus à la patrie ;

Et tous autres qui dérivent du droit naturel, modifiés suivant les principes et l'essence du gouvernement
monarchique ;

De tous lesquels droits ils solliciteront une déclaration qui sera affichée, lue et publiée dans toutes les villes et lieux du Royaume aux formes de droit ;

De remontrer encore que toutes les lois, coutumes et usages, contraires aux dispositions et à l'esprit de cette déclaration, doivent être abrogés ;

Que toutes les lois qui seront consenties dans les États Généraux doivent être conformes à l'esprit et aux dispositions de ladite déclaration ;

Qu'en conséquence toutes les lois qui seront faites pour la répartition des impositions du Roi, du Pays, des vigueries et communautés, doivent porter l'égalité proportionnelle sur tous les sujets de Sa Majesté, sans distinction de rang ni d'ordre, et que toutes les propriétés du royaume, de quelque nature qu'elles soient, et à quelque personne qu'elles appartiennent, doivent être soumises au payement desdites impositions en la même forme et au même receveur.

Considérant qu'un État ne peut subsister sans l'administration de la justice, et que c'est de la manière dont elle est administrée que dépendent la paix, la sûreté et la propriété des citoyens, l'assemblée désire que lesdits sieurs députés remontrent auxdits États Généraux qu'ils doivent s'occuper de ce grand objet et qu'ils doivent demander :

Que la vénalité des charges soit abolie ;

Que le code criminel soit réformé et qu'il soit nommé sur-le-champ à cet effet une commission chargée de cet important objet ;

Que la procédure par les jurés soit incessamment établie ;

Que la condition malheureuse des accusés soit prise en considération, que les accusés absous soient indemnisés, et les accusateurs injustes punis, que les prisonniers seront traités avec le ménagement qu'exige l'humanité ;

Que les lois civiles soient aussi réformées et qu'il soit aussi nommé incessamment une commission qui s'occupe de cet important objet ;

Que le juge soit tenu de juger, suivant le texte précis de la loi, sans pouvoir s'en écarter, sous prétexte d'interprétation ;

Qu'il soit défendu aux avocats, procureurs et parties de citer ou opposer des arrêts particuliers, et aux juges d'y avoir égard, le texte de la loi devant être l'unique règle de leur décision ;

Que les arrêts de règlement ayant force de loi ne puissent être faits que par le Roi, et consentis par la Nation, assemblée en États Généraux ;

Qu'il n'y ait que deux espèces de tribunaux, dont un de première instance et l'autre de dernier ressort, et qu'il ne puisse y avoir qu'une appellation du premier juge au juge souverain ;

Que tous les tribunaux d'attribution soient supprimés et que toutes les matières soient attribuées aux juges ordinaires ;

Que le tribunal de première instance puisse juger en dernier ressort jusques à une certaine somme fixée par la loi ;

Que tout jugement instructoire, préparatoire et interlocutoire des premiers juges et tous ceux rendus sur des matières sommaires et qui requièrent célérité soient exécutoires nonobstant appel ;

Qu'indépendamment des tribunaux ordinaires de première instance et de dernier ressort, il soit établi dans chaque ville et communauté, un tribunal municipal, composé de magistrats municipaux, élus annuellement dans les assemblées municipales, auquel tribunal seront attribuées certaines matières, telles que les matières de police, les matières consulaires, les assemblées de parents, la nomination des recteurs et curateurs, la reddition des comptes des tutelles et séquestration, les enchères de l'arrentement et vente des biens des corps et communautés, des pupilles, mineurs, prodigues et insensés, la présidence et autorisation des assemblées des villes et communautés et autres matières semblables qui seront fixées par la loi ;

Que toute évocation hors des tribunaux de la Province et tous *Commitimus*, pour quelque sujet et en faveur de quelque personne que ce soit, soient révoqués;

Que les épices soient supprimées et les frais de justice réduits à de justes bornes et réglés par la loi ;

Que les charges de magistrature n'exigent ni ne donnent la Noblesse, ni d'autres privilèges ; qu'elles ne soient exercées que pour un temps fixé par la loi ; que le juge soit de la condition et de l'état des justiciables ; que, dans les procès entre les membres du Clergé ou de la Noblesse et ceux du Tiers-État, les juges soient mipartis de chaque Ordre ;

Que l'administration de la justice étant une dette de la souveraineté, le souverain doit avoir seul le droit de la faire exercer; qu'en conséquence toutes les justices seigneuriales doivent être supprimées, étant contre tous les principes qu'un citoyen puisse donner de juges (*sic*) à d'autres citoyens et qu'il puisse influer sur leurs jugements, même sur ceux qui l'intéressent, par le pouvoir que lui donne sur eux le droit de le nommer, ou de le destituer;

Que les juges soient tenus d'insérer les motifs de leurs décisions dans leurs jugements.

Considérant qu'un grand état ne peut être bien gouverné, s'il n'y existe des administrations particulières dans les provinces, l'assemblée déclare désirer que lesdits sieurs députés soient chargés de remontrer aux États Généraux qu'il conviendrait de demander l'établissement d'États provinciaux dans toutes les provinces du Royaume, et que, les assemblées nationales étant une représentation en petit des États Généraux, elles devraient être constituées sur le même plan et suivant les mêmes principes ;

Et, attendu que la constitution des États Généraux de cette Province est vicieuse et illégale, et s'écarte du plan et des principes à adopter pour la formation des États provinciaux, la Nation provençale soit autorisée à s'assembler en corps des Trois Ordres, dans la proportion fixée pour les États Généraux, pour réformer ladite constitution, à moins que lesdits Etats Généraux ne fussent autorisés à s'occuper de ladite réformation, et que tous les députés ne fussent munis des pouvoirs suffisants, auquel cas l'assemblée désire qu'il soit donné de pareils pouvoirs aux sieurs députés de la Sénéchaussée de Draguignan ;

Considérant les maux infinis que le régime féodal a causés à la France, et ceux que les restes de ce régime destructeur lui causent encore, et ne pouvant assez s'étonner que, dans un siècle de lumière et de philosophie comme celui où nous vivons, on n'ait pas encore songé à détruire ces restes funestes qui gênent l'agriculture et le commerce, étouffent tout germe d'industrie, oppriment la liberté et empiètent sur la propriété des habitants des fiefs, qui forment la plus grande partie de la classe utile et intéressante des agriculteurs, l'assemblée déclare désirer que lesdits sieurs députés aux États Généraux soient chargés de remontrer auxdits États, avec toute la force et l'énergie dont ils seront capables, qu'il est de leur sagesse de prendre incessamment les voies les plus efficaces pour abolir et détruire tous les restes du régime féodal et en effacer, s'il est possible, jusques à la mémoire ;

Et qu'à cet effet ils demandent la suppression des droits de banalité, de directe, de prélation, d'hommage, de servitude personnelle, de corvée, de chasse, de pêche, de régale, des rivières, sources et ruisseaux, de pâturage sur les propriétés des particuliers, de justice, et de tant d'autres chaînes féodales qui oppriment les pauvres habitants de la campagne, en soumettant les vassaux au rachat des droits utiles tant seulement, suivant la fixation qui en sera faite par experts, espérant de la Noblesse et de la générosité des sentiments de MM. les possédant-fiefs que, bien loin de s'opposer à une réforme si juste et si nécessaire, ils seront les premiers à la solliciter;

Considérant que la religion sainte que nous professons, et dans laquelle nous protestons vouloir vivre et mourir, prescrit à tous les fidèles et principalement à ses ministres, l'humilité, le mépris des richesses, l'amour des souffrances et de la pauvreté, et la perfection de toutes les vertus ; qu'elle n'autorise à vivre de l'autel que ceux qui travaillent à l'autel, qu'on ne doit regarder comme ministres véritablement nécessaires, que ceux dont les travaux sont utiles, et qu'il n'y a que ceux-là auxquels l'État doive une dotation convenable, l'assemblée déclare désirer que les sieurs députés aux États Généraux soient chargés de remontrer que la hiérarchie ecclésiastique pour le culte et la discipline extérieure devrait n'être composée dans chaque diocèse que de l'évêque, de son chapitre de la cathédrale pour lui tenir lieu de conseil et l'aider dans les cérémonies, de curés et de vicaires ; que tous autres chapitres, abbayes, commanderies, corps et communautés religieuses, régulières ou séculières des deux sexes, prieurés et autres bénéfices, doivent être supprimés au décès des titulaires actuels ;

Que la dîme devrait être aussi supprimée et que les biens de l'église généralement quelconque devraient être rendus à l'État, au décès de chaque titulaire, vendus à son profit, et le prix destiné à l'amortissement de ses dettes ;

Et qu'en ce cas, toutes les communautés de chaque diocèse contribueraient proportionnellement à la dotation de leur évêque et de son chapitre, qui serait fixée par les États Généraux ;

Que chaque communauté serait chargée de la dépense de construction et entretien des églises, presbytères, sacristies, cimetières, ornements, petit service et autres ;

Qu'elle serait en outre chargée du soin de leurs pauvres ;

Qu'il serait expressément prohibé à tous évèques, curés et vicaires d'exiger ni recevoir aucune rétribution ni oblation pour l'administration des sacrements, et autres fonctions de leur ministère ;

Que les officialités seraient supprimées, et leur compétence attribuée aux juges ordinaires ;

Que le Roi, comme chef de l'église gallicane, aurait la nomination de tous les évèques ; qu'en cas de décès d'aucun des chanoines, ou autres membres du chapitre, ledit chapitre choisirait celui qui devrait le remplacer, et la nomination des curés serait déférée à l'évèque, sur la présentation du peuple de la paroisse ;

Que les annates et autres droits et redevances attribuées à la Cour de Rome, seraient supprimées; que les bulles et autres expéditions nécessaires pour les bénéfices seraient données par un légat du pape résidant en France, et auquel les États Généraux assigneraient un revenu convenable.

Considérant que la finance est le nerf des États, que sans elle la meilleure constitution est insuffisante, puisque la puissance publique ne peut rien faire exécuter, et voulant donner au Roi une preuve de son amour, en lui procurant les moyens d'exécuter les sages projets qu'il a conçus pour sa gloire, pour le bonheur de ses sujets et la prospérité du Royaume, l'assemblée déclare désirer que les sieurs députés aux États Généraux soient autorisés à voter tous impôts et subsides nécessaires pour le service de l'État, le payement des intérêts, et pour amortir successivement la dette nationale.

A cet effet, les États Généraux se feront représenter les comptes et états des finances et le tableau des dettes de l'État; qu'ils assigneront à chaque département au payement des intérêts et à l'amortissement successif des dettes de l'État, des fonds nécessaires établis sur des impôts particuliers à chaque département, sans que les ministres puissent détourner lesdits fonds d'un département à l'autre ;

Qu'ils demandent que, dans lesdits États Généraux, il soit statué par une loi précise qu'à l'avenir les ministres du Roi seront comptables à la Nation, représentée par les États Généraux, de toutes les dépenses et emplois des impôts, subsides et emprunts de quelque nature qu'ils soient ;

Que les comptes rendus aux États Généraux seront imprimés, que les ministres du Roi, les administrateurs quelconques et les magistrats souverains soient déclarés responsables de leur conduite, poursuivis et jugés dans l'assemblée nationale, selon les règles qui seront sur ce déterminées ;

Qu'ils demandent encore que, pour donner la stabilité à tout ce qui aura été fait, pour veiller à ce qu'il n'y soit porté aucune atteinte et pour pouvoir opérer encore des plus grands biens pour la Nation, il y soit statué

par une loi précise et irrévocable ; que lesdits États Généraux seront périodiquement assemblés de deux ou de
trois ans au plus tard, à compter du jour de la première séance, et qu'il soit pris des moyens efficaces
pour empêcher que cette loi soit négligée, sauf de les
assembler extraordinairement dans les cas fixés par
ladite loi ;

Que chaque Province du Royaume soit autorisée à
répartir et lever la partie de l'impôt qui lui compètera,
ainsi et de la manière qu'elle avisera, et à la verser directement dans les coffres du Roi ;

Considérant que l'impôt est accordé pour le service
de l'État, et que l'État ne peut agir que lorsqu'il est
formé et constitué, l'assemblée désire qu'il soit prohibé
auxdits sieurs députés d'user du pouvoir qui leur aura
été donné de voter l'impôt avant que la Constitution
soit formée et que la périodicité des États Généraux
soit établie ;

Que les sieurs députés soient chargés de demander
que tous les impôts qui gênent l'agriculture et le commerce et qui pèsent sur la personne des citoyens, tels
que les droits imposés sur les denrées, leur circulation,
la capitation et autres de cette nature, soient supprimés et remplacés par d'autres moins onéreux, et que
les douanes et barrières soient reculées aux extrémités
du Royaume.

Telles sont les doléances que l'assemblée a cru pouvoir se permettre, non dans l'idée de fournir des lumières, mais pour obéir aux ordres du Roi, et payer en
ce point sa dette à la Nation. Elle déclare n'avoir eu en

vue que le bien général, la gloire du Roi et la prospérité de la monarchie ; que si, contre son intention, il s'y était glissé quelque vœu, quelque phrase, ou seulement quelque mot qui pusse offenser quelque personne ou quelque Ordre, elle en serait fâchée, et réclamerait l'indulgence qui est due à des habitants de la campagne; et, pour ne pas croiser ni retarder les opérations des États Généraux, elle déclare sur tous les articles dont il n'est pas parlé dans le présent cahier, s'en reporter au zèle et à la prudence de Messieurs les députés ; et, leur donner tout pouvoir de remontrer, proposer, aviser et consentir.

(Signé :) Pascalis, maire ; Regnier ; Bonhomme ; Cauvin ; Blanc ; Giraud ; Villeneuve; Sabin ; Clapier, lieutenant de juge.

LIV

TAVERNES

Cahier des plaintes et doléances

1º Les pauvres habitants de cette communauté sont soumis à une multiplicité des droits seigneuriaux (*sic*), consistant en censes, tasques, et autres redevances qui absorbent la grande partie du produit de leurs biens.

2º Ils payent à un prieur, non résidant, une forte dîme de leurs grains, fruits et bétail, sans que le service de l'église et de la paroisse qui en est l'objet, soit rempli de la manière nécessaire et convenable.

3º Leurs biens sont soumis à une taille excessive et disproportionnée, par une opération arbitraire et injuste, qui a mis ce petit terroir à un degré d'affouagement supérieur à celui dans lequel plusieurs autres terroirs de la viguerie, quatre fois plus grands, plus riches et moins asservis au fief et au clergé, ont été placés par faveur et protection, au préjudice de celui-ci.

4º Ils contribuent toujours aux impositions particu-

lières de la Province et de la viguerie, sans avoir jamais aucune part à l'emploi desdites impositions, nonobstant leurs représentations sur le mauvais état des
chemins de leurs terroirs qui sont absolument impraticables, quoique la réparation et l'entretien desdits
chemins intéressent par leur situation le commerce
intérieur de la Province et le bien de l'État, pour le
transport des productions de la Haute-Provence et le
passage des troupes de Sa Majesté qui vont aux garni-
sons de Toulon, de Briançon et de Montdauphin.

Dans tous les temps, les habitants de cette communauté, de père en fils, n'ont cessé de se plaindre et de
représenter ces objets principaux de leurs doléances,
desquelles le manque de protection et de faveur a toujours éloigné le remède; ils ont aussi traîné jusqu'aujourd'hui le fardeau insupportable de leurs peines et
de leurs misères héréditaires, dont ils espèrent enfin
d'être soulagés par la bonté infinie du Roi.

La dette des habitants envers Son Altesse Sérénissime
Monseigneur le Duc de Bourbon, prince de Condé, à
qui ils ont l'honneur d'appartenir, est juste, parce qu'elle
dérive de son droit de propriété. Ils ne s'en plaignent
pas, surtout à l'égard d'un seigneur qui n'a jamais fait
que du bien à ses vassaux, qui voudraient, en reconnaissance, pouvoir lui exprimer leur respect, leur soumission, leur amour et leur attachement. Mais cette dette,
pour être juste, ne leur est pas moins assez onéreuse
pour leur faire sentir plus fortement le poids insupportable de toutes leurs autres charges et leur faire ardemment désirer d'en être soulagés pour la réforme
des abus.

Une dîme des grains, fruits et bétail, rigoureusement arrachée du travail et de la sueur des pauvres habitants de cette communauté par le prévôt du chapitre de Barjols, décimateur, qui ne fait ici aucun bien spirituel ni temporel, est un abus intolérable qui doit être réformé de droit divin, suivant lequel celui qui ne travaille pas à l'autel ne doit pas vivre de l'autel.

Outre la dîme, plusieurs biens-fonds considérables dans ce terroir, dont les revenus sont affectés aux riches chanoines prébendés du chapitre de Barjols, sont exempts de la taille, tandis que les biens des pauvres habitants en sont écrasés, ce qui est un autre abus d'autant plus grand que ces chanoines, au grand scandale de tout le public, prennent avidement les revenus de ces biens sans acquitter les fondations pour lesquelles ils ont été laissés.

Cette pauvre communauté, absolument dépourvue de toute protection et faveur, par l'éloignement de son seigneur et par la difficulté d'y avoir recours, est imposée, ainsi qu'on l'a dit ci-devant et qu'on ne saurait trop le répéter, au-dessus de plusieurs autres dont les terroirs sont quatre fois plus grands, plus riches et moins asservis au fief et au clergé. C'est encore un abus révoltant, que la disproportion et l'inégalité d'un affouagement partiel a [ont] produit depuis longtemps, pour la ruine et les malheurs de cette communauté.

Aussi les habitants frappés de toute part ne peuvent plus se relever, ni payer leurs charges : il est dû par cette communauté trois années d'arrérages des tailles, les orages fréquents et terribles des années dernières;

ont dévasté le terroir les vignes et les oliviers ont péri il y a deux ans, et ceux qui avaient échappé à ce malheur viennent de succomber à la rigueur excessive de cet hiver ; des secours et des soulagements ont été répandus dans divers temps par la protection et la faveur sur divers pays de cette province, beaucoup moins affligés que celui-ci, qui semble, par l'oubli et l'abandon où il est, ne figurer que pour les charges onéreuses.

L'habitant, découragé par toutes ces calamités, abandonne la culture des terres et ne met plus son espérance et sa ressource que dans l'industrie du moment présent, toujours prête à lui échapper, situation malheureuse d'un citoyen qui ne peut qu'être à charge à l'État et dégénérer en brigandage.

En présentant à l'assemblée ce cahier des plaintes et doléances des habitants, les députés de cette communauté auront attention de remontrer particulièrement l'article principal du suraffouagement excessif de cette communauté, pour faire réformer à l'avenir cet abus qui peut se rencontrer dans le général, comme dans le particulier, et pourvoir dans les nouveaux arrangements à la répartition égale et proportionnelle des charges, par les moyens qu'on jugera à propos de prendre sur cet objet, qui est très essentiel à la bonne administration et au bien de l'État, dont la marche et les ressorts ne peuvent aller si le plus faible est condamné à porter la charge du plus fort.

Fait à Tavernes, le vingt-deux mars mil sept cent quatre-vingt neuf.

(Signé : J. André Rougiés ; L. Jean ; Gayon ; Aubert ; Gayon ; Aubert ; J. Aubert ; Aubert ; Sibon ; Sibon ; Daniel ; J.-F. Bourge ; Pierre Fabre ; Aubert ; J. Aubert ; Gaze ; Barnabé Dauphin ; J.-H. Rougier ; J.-J. Rouvier ; Joseph Rouvier ; H. Fabre ; Gras ; Dauphin ; J. Marini ; Antoine Roussenq; J. Nicolas ; H. Peiron ; J.-F. Mariny; J. Blanc, lieutenant de juge; J. Fabre, maire.

LV

TOURRETTES

Cahier des doléances, plaintes et remontrances

La communauté de Tourrettes et ses habitants déposent respectueusement aux pieds de Sa Majesté :

Qu'elle est soumise annuellement à une pension féodale envers son seigneur de... ;

Que son terroir est d'une petite étendue et que la partie la plus précieuse appartient à son seigneur, qui jouit d'environ la moitié, avec franchise de tailles et impôts ;

Que la partie possédée par les habitants est d'une qualité stérile, sèche, pierreuse et fort ingrate ;

Que la communauté ne possède ni forêts de haute futaie, ni bois taillis, ni défens, ni pâturages servant à nourrir et élever des gros et menus bestiaux pour fournir à l'engrais des terres, ce qui met les habitants dans l'impossibilité de les rendre fertiles ;

Qu'on ramasse à peine dans les biens des habitants

la sixième partie des grains nécessaires à leur subsistance ; qu'ils sont obligés la plupart de s'expatrier et d'aller travailler une partie de l'année, à Fréjus, à Saint-Tropez et autres lieux pour gagner de quoi se substanter ; et que, par surcroît de malheur, le froid rigoureux du mois de janvier dernier leur a brûlé la moitié des oliviers, ce qui plonge la plupart des habitants dans une affreuse misère, jointe à la cherté des blés qui l'aggrave encore davantage.

Dans cette triste et malheureuse situation, la communauté implore instamment et très respectueusement la clémence, la bonté et la charité de l'âme sensible, bienfaisante et magnanime de Sa Majesté en faveur de ses membres les plus nécessiteux.

De plus, la communauté et ses habitants déposent plus respectueusement aux pieds de Sa Majesté leur vœu unanime :

Pour la réformation du code civil et criminel ;

Pour la suppression de tous les tribunaux inutiles et onéreux, une attribution à ceux des arrondissements de souveraineté, jusque au concurrent d'une somme déterminée ;

Pour l'abrogation de toutes lettres attentatoires à la liberté des citoyens ;

Pour que nul ne puisse être constitué prisonnier qu'en vertu d'un décret décerné par les juges ordinaires, et que, dans le cas où les États Généraux du Royaume jugeraient que l'emprisonnement provisoire peut être quelquefois nécessaire, il soit ordonné que toute personne ainsi arrêtée soit remise dans les vingt-quatre heures entre les mains de ses juges naturels et que ceux-ci soient tenus de statuer sur ledit emprisonnement dans le plus bref délai :

Que, de plus, l'élargissement provisoire soit toujours accordé en fournissant caution, excepté dans le cas où le détenu serait prévenu d'un délit qui entraînerait une peine corporelle ;

Pour la liberté de publier ses opinions faisant partie de la liberté individuelle, puisque nul ne peut être censé libre lorsque sa pensée est esclave ;

Pour la liberté de la presse en général, sauf les réserves qui pourront être faites aux États Généraux ;

Pour le respect le plus absolu pour toute lettre confiée à la poste, sous de grièves peines pour ceux qui auront l'audace de le violer ;

Pour la conservation du droit de propriété, dont nul individu [ne] puisse être privé, même à raison de l'intérêt public, qu'il n'en soit dédommagé au plus haut prix et sans délai ;

Pour que nul impôt ne soit censé légal et ne puisse être perçu, qu'autant qu'il aura été consenti par la Nation, dans l'assemblée des États Généraux, en sorte que, cette prochaine tenue venant à ne pas avoir lieu, tout impôt cesserait ;

Pour que le retour périodique des États Généraux soit fixé à un terme court, et, dans le cas d'un changement de règne (ce qu'à Dieu ne plaise), ou celui d'une régence, ils seront assemblés extraordinairement dans un délai de six semaines ou deux mois ;

Pour que la dette de l'État soit consolidée et Sa Majesté suppliée d'en faire remettre un état fidèle et circonstancié jusqu'au moindre emprunt aux États Généraux, afin que tous et chacun les sieurs députés puissent en prendre une parfaite connaissance et voter les impôts nécessaires pour parvenir à une entière solution, dans une période de temps déterminée et [ledit état] rendu public ;

Pour que les députés aux États Généraux ne puissent prendre aucune délibération sur les affaires du royaume, qu'après que la liberté individuelle aura été établie et ne consentir l'impôt qu'après que les lois constitutives du royaume auront été fixées ;

Pour que les citoyens de chaque Ordre puissent concourir aux emplois militaires, bénéfices et charges attributives de noblesse ;

Pour que le verbal de la tenue des États Généraux soit rendu public et mandé aux Sénéchaussées ou Bailliages pour y être enregistré ;

Pour réclamer contre la vénalité des offices ;

Pour la plus grande modération sur le prix du sel, rendu uniforme pour tout le royaume ;

Pour la suppression de la capitation et sols pour livre ;

Pour celle du dixième, vingtièmes royaux et sols pour livre, ainsi que pour le taillon, fouage, subside et autres ;

Pour obtenir la plus grande modération sur le contrôle et insinuation ;

Pour la suppression du centième denier, droits de latte et d'inquant, et tous autres droits bursaux et impôts pécuniaires qui gênent le commerce et l'agriculture, remplacés par une imposition en fruits, générale sur tous les biens-fonds du royaume quelconques, de quelque nature qu'ils soient, et de quelque condition que puissent être leurs propriétaires tenanciers et sur le taux qu'il sera avisé par le concours des sieurs députés aux États Généraux, proportionnellement aux besoins de l'Etat et à la subsistance des peuples, et par une taxe particulière sur l'industrie et le commerce, afin que toutes les classes concourent à payer avec la plus juste égalité les charges royales et locales sans aucune exemption ;

Pour l'abolition de tous droits de circulation, de péages, douanes, de toutes taxes et barrières préjudiciables au commerce et à l'industrie ;

Pour le reculement des bureaux de traites tant dans l'intérieur que sur les frontières ;

Pour l'abolition de la milice, charge devenue trop onéreuse pour les communautés ;

Pour la suppression de l'impôt sur la marque des cuirs et de toutes les peaux qui sortent des manufactures et tanneries ;

Pour la réunion des villes de Marseille, Arles, Forcalquier et terres adjacentes avec le corps municipal de la Province, pour y être affouagées à l'instar des autres villes et bourgs, nonobstant leurs prétendus privilèges ;

Pour l'exclusion de tous les membres des États Généraux, qui ne seront pas députés légalement et en conformité du règlement de Sa Majesté du 24 janvier dernier, pour assister auxdits États Généraux ;

Pour l'abolition de la dîme en fruits, remplacée par
une somme pécuniaire, que la communauté payerait à
M. le curé et à MM. les vicaires ;

Pour la faculté aux communes de se nommer des
syndics et orateurs avec entrée aux États Provinciaux,
au moins en nombre égal aux deux autres Ordres ;

Pour l'amovibilité de la présidence aux États de la
Province et la faculté aux communes de concourir annuellement, avec les deux premiers Ordres, au choix du
président, par la voie de scrutin, avant toute autre
opération ;

Pour la régénération des États inconstitutionnels de
Provence et la meilleure organisation, sans blesser les
droits d'aucun des trois Ordres ;

Pour la désunion de la Procure du Pays du consulat
d'Aix ;

Pour l'impression annuelle des comptes de la Province, dont l'envoi sera fait dans chaque communauté,
et que la répartition des secours que le Roi accorde au
Pays, ensemble de l'imposition de quinze livres par feu
affectée à la Haute-Provence, sera faite dans le sein
des États et par eux arrêtée ;

Pour obtenir la faculté de vendre les biens d'é-
glise, des chapelles et petits bénéfices, érigés par la
piété des fondateurs et dont la bonne intention n'est
plus suivie depuis longtemps, les services abandonnés,
les rentes perçues et consumées par l'avidité des bénéficiers et recteurs, au grand détriment de l'œuvre pie,
et souvent au grand scandale de la religion, et d'employer le produit de la vente à payer la rétribution de
M. le curé et de MM. les secondaires ;

Pour que le droit de prélation, acquis aux seigneurs directs, soit incessible, comme tortionnaire à l'industrie, au commerce et à la population ;

Pour que tout le corps de la Nation soit annobli, sauf et sans préjudice de la subordination attachée aux grades, charges, rangs et emplois honorables dévolus à la vertu et au mérite ;

Pour que les procès et contestations des membres de l'ordre du Tiers soient instruits et jugés dans un tribunal, composé uniquement des membres du Tiers.

Fait et arrêté à Tourrettes, à la chapelle des Frères Pénitents Blancs, ce vingt-deux mars mil sept cent quatre-vingt neuf.

(Signé :) Simon maire ; Aubin ; Maure ; Fabre ; Mongue ; Joseph Fabre ; Mireur ; Pelenq ; Ferrier ; Bravet ; Jean Coutel ; Coutel ; Joseph Porre ; Joseph Bonasse ; Roux ; Castelle ; Roux ; Lambert. P. Rugia.

Coté et paraphé à Tourrettes, ce vingt-deux mars 1789.

(Signé :) Gardiol, lieutenant de juge.

LVI

TOURTOUR

Très humbles et très respectueuses remontrances
et doléances au Roi

Le Tiers État gémit depuis longtemps sous l'oppression; il lui est enfin permis de faire parvenir ses doléances à Votre Majesté. Vos fidèles sujets de la communauté de Tourtour, profitant de la permission qui leur a été accordée, se borneront à quelques demandes qui leur ont paru les plus intéressantes pour le bien général du Royaume. Ils ont cru nécessaire de jeter d'abord un regard rapide sur les différentes révolutions de l'État depuis son existence, pour tâcher de découvrir les principes des abus, dont la connaissance doit faciliter les moyens de les corriger et d'y substituer des règles qui, en assurant les droits de Votre Majesté, feront le bonheur de tous les sujets.

Dans les premiers temps de la monarchie, tous les biens étaient communs, il n'y avait point de différence d'état, la Nation ne composait qu'une même famille ; si les uns gardaient la maison, les autres cultivaient les terres et veillaient à l'intérieur de la famille.

Ce fut sous la seconde race de nos Rois que le partage des terres fut fait ; il en fut laissé au prince une portion considérable qui suffisait pour soutenir sa dignité, et fournir aux besoins de l'État ; si les propriétaires des fonds étaient réduits à des revenus plus ou moins considérables, ils n'étaient soumis à aucune charge envers l'État. Mais, bientôt après, les gouverneurs et officiers se révoltèrent et s'emparèrent non seulement de la propriété des terres de leur commandement et dépendances, mais encore des droits royaux ; ils prirent alors la qualité de noble qui divisa les citoyens en deux classes, et c'est dans l'ordre du Tiers seulement que les souverains ont trouvé, dans la suite, des ressources ; il n'était pas encore question du Clergé qui, s'élevant au-dessus de ces deux Ordres, en forme aujourd'hui un troisième. Ses ministres, aussi humbles que les disciples de Jésus Christ qu'ils représentaient, n'avaient d'autre possession que les dotations qui leur étaient accordées par les fidèles, sur lesquelles ils ne prenaient que ce qui était nécessaire à leur vie frugale ; ils payaient les tributs aux princes séculiers, et employaient le surplus au soutien des pauvres.

Les domaines qui restaient à la Couronne ayant été

augmentés par les successions et les conquêtes, cette classe de citoyens, qui avait pris la qualité de noble, exigeait des souverains les dons des terres dont leur domaine avait été augmenté ; ils s'obligeaient cependant à défendre l'État, à leurs frais, et à venir au secours de l'État dans tous ses besoins, lorsque le Souverain les convoquerait par ban et arrière ban : les seigneurs rendaient la justice gratuitement à tous les sujets de leurs terres et seigneuries.

Les souverains, privés des biens de la Couronne qui auraient suffi pour soutenir leur dignité et fournir aux besoins de l'État, recevaient du Tiers Ordre des secours extraordinaires, à titre de don gratuit. Le noble n'y contribuait pas, et le service gratuit et dispendieux auquel il était soumis le porta à ne plus rendre la justice personnellement. Les seigneurs nommèrent, comme ils nomment encore, des officiers de justice que le peuple est soumis à payer ; les juges ne résident pas sur le lieu, les autres officiers sont les vassaux chéris du seigneur, sans connaissances des lois ni des formes de procéder ; les plaideurs n'ont point de défenseurs, ils sont obligés de faire, dans le cours des procès, des voyages très dispendieux pour trouver un conseil, sans espoir de remboursement.

Le service des nobles lors de la convocation n'a plus été d'aucun secours à l'État, et nos souverains ont été obligés de fournir à tous les frais de la guerre.

Alors la Noblesse a obtenu les premiers emplois militaires, des appointements considérables, des pensions et des marques distinctives d'honneur ; ce n'est que pendant la guerre que le roturier est reçu au grade d'officier; mais, à la paix, la Noblesse obtient du Souverain des règlements pour les exclure.

Le Tiers a toujours fourni à toutes les dépenses ; la Noblesse; qui en a tout l'honneur et le profit, a toujours refusé d'y contribuer.

D'autre part, le manse des paroisses ayant augmenté, les curés ont cédé le soin des âmes à des prêtres auxquels ils ont laissé une faible portion des revenus, et, du surplus, qui appartenait aux pauvres, ils en ont formé des bénéfices qui peuvent être possédés par de simples ecclésiastiques tonsurés ; ils ont multiplié ces bénéfices en obtenant des fondations des souverains et des fidèles qui croyaient ne pouvoir mieux remplir leurs devoirs de chrétien qu'en donnant leurs biens à l'église ; ils ont encore obtenu la sécularisation ou suppression des corps religieux les plus riches, pour en former des bénéfices séculiers ; et, lorsqu'ils ont grossi le patrimoine du Clergé et qu'ils en ont formé des bénéfices les plus considérables, la Noblesse a trouvé le moyen de ne les laisser remplir que par des ecclésiastiques nobles et qui ne sont, la plupart, soumis qu'à réciter l'office en secret ou à le chanter ; et ils n'ont laissé à l'état roturier que les curés à congrue et quelques petits bénéfices, tels que ceux des petits chapitres, dont ils sollicitent la suppression sans doute pour joindre les revenus à ceux qu'ils ont déjà.

Le Clergé, élevé au-dessus de son premier état, après s'être soulagé du pénible soin des âmes et conservé les revenus les plus liquides, a refusé de contribuer aux charges de l'État, non seulement pour les biens qui

avaient servi à la dotation des paroisses, mais encore
pour ceux qu'il avait obtenus des libéralités des souverains et des fidèles.

S'il a accordé des dons gratuits au Souverain, il les
a pris sur la portion congrue des curés qui ne suffisait
pas à leur entretien ; véritablement qu'il ne faisait pas
contribuer les vicaires qui partagent avec les curés le
pénible soin des âmes. Mais le Roi ayant accordé une
augmentation de congrue depuis quelques années aux
curés et vicaires, le Clergé a tout de suite augmenté
les décimes des curés et les a établis sur la portion
des vicaires, pour rendre inutile l'augmentation.

Le Clergé avait encore soumis les curés au petit service, qui était à la charge des prieurs, et ceux-ci ne leur
payent qu'une modique rétribution. Il y a aussi des
évêques qui prétextant [prétextent (?)] d'un changement
qu'ils ont ordonné des bréviaires, pour [faire (?)] payer
depuis longtemps une contribution aux curés.

Lorsque le haut Clergé accorde à Votre Majesté des
gratifications, il en obtient en même temps la permission de faire des emprunts pour les sommes qu'il accorde ; et, par ce moyen, en détournant à son avantage
les revenus immenses de l'église, il hypothèque à des
créanciers les biens de l'Église, qui appartiennent aux
fidèles et dont le Clergé n'est que le dépositaire et le
gardien.

Les curés et vicaires, privés des revenus de leurs
églises, réduits à une petite portion congrue, sont
réduits à exiger du peuple des rétributions journaliè-
res que l'on appelle casuel ; ces droits sont onéreux au

public et humiliants pour des pasteurs dont les églises avaient été suffisamment dotées, lors de leurs établissements, et auxquelles il avait été assigné un manse suffisant pour l'entretien des curés, pour celui de l'église et pour soulager les pauvres desquels ils sont réduits à présent de recevoir des secours.

Les communautés sont encore soumises à l'entretien et construction des églises et presbytères ; le Clergé n'y contribue que pour peu de chose, la Noblesse n'en paye rien et les seigneurs exigent des droits d'indemnité pour les presbytères.

Le Clergé et la Noblesse augmentent journellement leurs droits par l'autorité qu'ils ont usurpée sur le Tiers État, non seulement par leur crédit, mais encore par leur fortune ; et, dès qu'ils ont eu le courage de dépouiller le Souverain des biens de la Couronne et les églises des fonds de leur dotation, l'on ne sera pas surpris qu'ils aient subjugé un peuple ignorant et qu'ils avaient réduit à l'esclavage ; la loi *sacrata* fut faite l'an 261 de la fondation de Rome pour réprimer de pareils abus et pour mettre le peuple sous la garde des lois.

Le Tiers État ne peut plus défendre ses droits en justice ; le faible est toujours sacrifié au plus fort, à cause de la grande augmentation des frais occasionnés par la multiplicité des procédures qui sont prescrites par les règlements, ou que la chicane a inventées, comme encore par les honoraires exorbitants accordés à tous les officiers de justice et aux défenseurs ; par les impôts sur le parchemin et papier timbrés et sur toutes les procédures à faire, enfin par les longueurs occasionnées par les délais qui sont accordés par les règlements, ceux de grâce ou de faveur, et la multiplicité des tribunaux qu'il faut parcourir avant que de pouvoir obtenir un jugement définitif.

La multiplicité des nobles est encore une surcharge pour le Tiers État.

Les souverains ont cru encourager leurs sujets en accordant la noblesse à ceux qui se feraient pourvoir de certains offices, en accordant des lettres de noblesse gratuitement ou à prix d'argent ; mais l'on a lieu de craindre que ces grâces, accordées par anticipation à la faveur ou à prix d'argent, n'aient été préjudiciables à l'État.

Il paraît que ce n'est plus le talent qui est récompensé ; la faveur est assurée à l'homme riche, tandis que celui qui n'a pas une fortune considérable ne peut plus prétendre aux grâces que nos souverains ont toujours regardées comme la récompense du mérite. L'on pourrait soutenir que ce n'est qu'après le service rendu que l'on peut accorder la récompense avec connaissance de cause et que, si elle l'est par anticipation, l'on n'est pas assuré que celui qui l'obtient s'en rende digne.

Plusieurs souverains et notamment Louis XIV et Louis XV avaient tellement reconnu qu'une pareille noblesse ne devait pas être perpétuée, qu'ils l'ont révoquée à différentes occasions et renvoyée à la roture. Ces nobles et quelquefois les besoins de l'État les [ont] portés à confirmer la noblesse, moyennant finance.

Parmi ces offices qui donnent la noblesse, il y en a

qui ne la donnent qu'au second degré, de manière qu'il faut que l'enfant du titulaire soit encore pourvu de la charge ; cependant tous les enfants du premier pourvu usurpent la qualité de noble, bien qu'il n'y en ait qu'un qui se fasse pourvoir après le père.

Enfin, plusieurs avaient abusé de ce que l'on croyait anciennement que les fiefs donneraient la noblesse, ou de ce que personne ne les surveillait, pour les empêcher de prendre la qualité de chevalier, d'écuyer, ou même de noble, et ils ont, dans la suite, soutenu cette qualité par la possession qu'ils avaient usurpée.

Louis XIV avait différentes fois établi des commissions pour la recherche des faux nobles ; cette recherche a été continuée jusqu'en 1718. Bien qu'elle ait été imparfaite, il avait été rendu des jugements exécutés, qui avaient condamné à des amendes les usurpateurs de la noblesse ; d'autres, voulant prévenir des jugements, s'étaient empressés de déclarer aux commissaires délégués que c'était par équivoque que la qualité de noble leur avait été donnée dans les actes et qu'ils y renonçaient. Cependant ils ont continué, après, de prendre la qualité de noble ; ils ont joui et jouissent encore des privilèges dont la noblesse s'est emparée ; et, lorsque l'on a procédé à la vérification des preuves pour les assemblées générales, tous ces prétendus nobles, en laissant de côté les jugements qui avaient été rendus contre eux, ont présenté les actes antérieurs dans lesquels leurs ancêtres avaient usurpé la qualité de noble, et l'on a lieu de croire que c'est la Noblesse qui est encore dans l'enfance, qui s'élève le plus contre le Tiers État, et que la haute Noblesse, celle qui est la plus ancienne, qui a rendu et continue d'être utile à l'État, serait volontiers la protectrice du Tiers État et se déciderait plutôt à la contribution des charges, surtout si ces seigneurs donnaient moins de confiance à des hommes d'affaires qui le plus souvent cherchent à faire leur fortune et à servir leur passion, en abusant de la confiance que le seigneur leur accorde.

Pour fournir aux besoins de l'État, les souverains ont établi des impositions de différents genres ; elles sont si multipliées et les droits tellement augmentés que le public est dans l'impossibilité de supporter de nouvelles charges, et les fermiers, régisseurs et administrateurs, de même que les employés subalternes, vexent le peuple ; ils ne se conforment plus aux règlements pour la perception des droits; ils les ont remplacés par des décisions et des arrêts, ou autres jugements qui ne doivent le jour qu'à la surprise ; d'autre part, les tarifs surchargent le Tiers État, plus l'homme est pauvre, plus les droits sont forts. Il serait impossible dans ce moment de présenter toutes les observations que cette partie d'administration exigerait, mais il y a lieu d'espérer que les États Généraux s'occuperont d'un objet aussi essentiel.

Le Tiers État se flatte que Votre Majesté, Sire, connaissant sa triste situation, voudra bien lui accorder et ordonner :

1º Qu'il sera procédé incessamment à la recherche et réunion des biens de la Couronne par des commissaires qui seront présentés par les États de chaque Province, composés seulement de roturiers ;

2° Que tous les immeubles, sans distinction des nobles ni de ceux possédés par le clergé, tant séculier que régulier, seront soumis au payement de toutes les charges de l'État, des provinces, des vigueries et communautés ;

3° Qu'il sera procédé incessamment à de nouveaux règlements pour l'instruction et jugement des procès ;

4° Que les lois seront simplifiées, mises par ordre, de manière que le juge ne soit pas obligé de passer toute sa vie à distinguer celles qui sont en vigueur, de celles qui ont été abrogées ou modifiées ;

5° Qu'il sera défendu à tout jurisconsulte ou praticien et autres de faire imprimer leurs opinions ou interprétations des lois, s'ils n'y sont expressément autorisés par Sa Majesté, sur les demandes qui lui en seront faites par les États Généraux et de l'avis des tribunaux supérieurs ;

6° Qu'il n'y aura plus que deux degrés de juridiction et qu'à cet effet, les seigneurs ne seront plus autorisés à nommer des juges pour rendre la justice ; et, si ce pouvoir leur était continué, qu'ils seront obligés de la faire rendre dans le lieu du Bailliage de l'arrondissement et de commettre, à cet effet, des avocats y postulant depuis dix ans pour juge et lieutenant de juge, et des procureurs pour procureurs fiscaux et greffiers ; que les causes seront plaidées et défendues par les procureurs des Bailliages pour les affaires excédant vingt-cinq livres, et, en propre, pour celles en dessous; et l'appel de leurs jugements portés directement au Parlement pour les causes excédant trois mille livres, et au Bailliage, qui jugera en dernier ressort, pour celles qui seront au-dessous ; que les affaires au grand criminel seront portées directement au Parlement, et celles au petit criminel seront jugées en dernier ressort aux Bailliages ;

7° Que nul ne pourra être juge s'il ne prouve pas qu'il a fait ses études à l'Université pendant trois ans ; qu'il a suivi exactement le barreau comme aspirant et assisté avec tous les juges aux jugements ; qu'il sera reçu au concours et non par ancienneté, sans pouvoir être pourvu avant l'âge de vingt-cinq ans ;

8° Que les juges seront obligés d'être au palais aux heures qu'il plaira à Sa Majesté d'assigner, sous telles peines qu'elle voudra bien imposer ;

9° Qu'il ne sera plus accordé la noblesse perpétuelle et qu'elle ne le sera que pour un temps limité, sauf de la renouveler aux successeurs qui soutiendront les services de leurs ancêtres ;

10° Que la noblesse attachée à des charges ou offices sera révoquée, sauf de la confirmer en faveur des pourvus qui justifieront de leurs services importants ;

11° Que les évêques résideront dans leurs diocèses et les pourvus de bénéfices dans le lieu du titre du bénéfice ;

12° Qu'à la mort des pourvus des bénéfices qui ne seront pas à charge d'âme, ces bénéfices seront donnés aux plus anciens curés du diocèse où se trouve le bénéfice, auquel cas la cure sera donnée au plus ancien vicaire ;

13° Que les congrues des curés seront fixées dans les

grandes villes, à deux mille livres, celles des vicaires
à la moitié, et les congrues des autres curés et vicaires,
aux deux tiers ; moyennant quoi, il ne sera plus payé
aucune rétribution pour les baptêmes, mariages, sépultures, etc. ; que les congrues seront exemptes de toutes
charges ;

14° Que les archevêques et évêques ne pourront prendre sur leurs revenus que la somme qui sera déterminée par Votre Majesté; que le surplus sera employé au
payement des charges de l'État et au soulagement des
pauvres ;

15° Comme les biens de l'Église sont destinés pour
les véritables ministres de la religion , que Jésus
Christ les avait choisis dans la classe la plus obscure,
sans distinction de nobles, il paraît que Sa Majesté
donnera le même droit à tous les prêtres, sans distinction de naissance, pour posséder tous les bénéfices ; de
manière que les biens de l'Église soient employés au
soutien de la religion et à l'entretien de ceux qui en
seront les plus dignes. N'est-il pas étonnant que, lorsque nous avons vu des roturiers élevés sur le Saint
Siège, lorsque nous voyons que les nobles les plus
distingués se soumettent à accepter les derniers rangs
au service et à être subordonnés à leurs inférieurs qui
ont un grade plus élevé, les nobles ecclésiastiques, qui
doivent avoir tout quitté pour Dieu, s'élèvent au-dessus des ministres plus anciens, qui deviennent au moins
leurs égaux, au moment que le noble embrasse l'état
ecclésiastique ?

16° Il n'y a à présent de nobles que par la raison
qu'il y a eu des roturiers ; c'est le mérite de ceux-ci qui

a fait les nobles ; pourquoi les priver des places qui les mettront à même d'être utiles à l'Etat et de mériter la faveur que tant d'autres ont obtenue ? Sa Majesté est suppliée d'admettre les roturiers à toutes les places des charges de l'État ;

17° Que les nobles et les ecclésiastiques ne pourront jouir d'aucuns droits ni privilèges sur leurs vassaux ni sur les corps des communautés, s'ils ne sont établis sur des titres et acquis à titre onéreux ;

18° Sa Majesté est suppliée de donner une loi conforme à la loi *sacrata*, qui fut faite à la demande du peuple romain l'an 261 de la fondation de Rome.

19° Que tous les tarifs pour la perception des droits des domaines, droits réunis et ceux des cinq grosses fermes seront changés d'après les observations que les États de chaque Province adresseront à Sa Majesté et que toutes les lois portant établissement des différents droits seront recueillies par ordre, avec défense aux fermiers, régisseurs, administrateurs et leurs commis de fonder aucune perception sur des décisions particulières ou arrêts ;

20° Attendu que la Provence est continuellement dans la crainte de ne (*sic*) manquer du blé, comme elle en manque à présent, Sa Majesté est suppliée de se faire rendre compte des motifs de l'établissement de la compagnie d'Afrique et des privilèges qui leur sont accordés, de l'avantage que l'État en retire, du préjudice qu'il en souffre et des moyens à prendre pour que les intéressés à cette compagnie ne se procurent pas des avantages trop considérables sur les sujets français.

Fait et arrêté à Tourtour, dans l'hôtel-de-ville, ce vingt-quatre mars mil sept cent quatre-vingt neuf et à l'assemblée générale tenue, en exécution des ordres de Sa Majesté des 24 janvier et 2 mars dernier et de l'ordonnance de M. le lieutenant général en la Sénéchaussée de Draguignan du quatorze du même mois.

(Signé :) J.-B. Martin ; Louis Cresp ; J. Escarelle ; Pierre Fabre ; J. Verdaine ; Jacques Giraud ; M. Denans; F. Bernard; Jean Pellassi; J. Fouque; Fe (?) Sisteron ; Denis Giraud ; S. Groulier ; Antoine Abeille ; Pierre Sabatié ; Lati; Fr. Roux; Meiffret, Jean-François Meiffret ; Bertrand ; L. Denans ; F. Mandin ; Aulezi ; A. Troin ; J.-C. Ferrier ; Paul Florimond ; J.-J. Pascal ; F. Fouque ; Laurent Crès; Bon, le cadet; Paul-Tourtour ; Ferrier ; J. Paul ; Soullier ; Guis ; V. Bernard, mère (*sic*); Paul; Simian, greffier de la communauté.

Nous, lieutenant de juge, en l'absence de M. le juge-chef, avons coté et paraphé le présent cahier.

A Tourtour, dans l'hôtel-de-ville, le vingt-quatre mars mil sept cent quatre-vingt-neuf.

(Signé :) Leyd, lieutenant de juge.

LVII

TRANS

Doléances, plaintes et remontrances

————

1º Les habitants désirent que Sa Majesté soit suppliée de vouloir assurer et protéger la liberté individuelle des personnes et des biens de tous les citoyens par l'abolition des lettres de cachet et autres attentatoires à ces droits naturels et légitimes.

2º Qu'elle veuille pourvoir, suivant sa sagesse, à l'abolition de la vénalité des charges et des offices de justice, qui seront accordés par Sa Majesté aux sujets avoués par la Nation et choisis entre ceux que les États Généraux ou ceux des provinces lui présenteront comme dignes de sa confiance.

3º De vouloir supprimer les tribunaux inutiles et onéreux à la Nation.

4º Accorder à ses peuples la réformation du code criminel, la modération et une proportion plus graduée dans l'ordre des peines.

5° D'accorder: dans les matières civiles aux tribunaux royaux des arrondissements un droit de dernier ressort jusqu'à une somme compétente et proportionnée aux fortunes locales et une attribution plus étendue dans les provisoires, nonobstant et sans préjudice de l'appel et cela pour l'abréviation des procès et le soulagement des peuples;

6° La modération des droits du sel, contrôle, insinuation et autres droits royaux ; que les tarifs en soient simplifiés et la perception uniforme dans tout le royaume, de manière que les peuples ne soient point exposés aux abus des exactions et à des perceptions arbitraires et ruineuses;

7° L'abolition de tout droit de circulation dans l'intérieur du Royaume et le reculement des bureaux des traites et douanes dans les frontières;

8° Le concours des citoyens de tous les ordres, à tous emplois militaires, bénéfices et charges attributives de noblesse;

9° Que tous les impôts soient sanctionnés par la Nation assemblée et pour un temps limité, et les retours des États Généraux, périodiques, fixés à des époques certaines;

10° L'abolition des dîmes qui surchargent l'agriculture, pour être converties en des prestations pécuniaires suffisantes et convenables pour le clergé.

11° Lesdits habitants réclament encore : l'égalité des contributions des trois Ordres de l'État, à tous impôts et charges royales et locales sans exception, nonobstant tous privilèges contraires, ainsi que l'égalité dans la forme des perceptions et de l'administration ;

12º La formation de la constitution du Pays avec égalité des voix pour l'ordre du Tiers-État, contre celles des deux premiers Ordres réunis, ainsi que dans la commission intermédiaire, et que tous les membres en soient éligibles de même que le président, avec la faculté aux communes de se choisir des syndics ayant entrée aux États, avec les mêmes droits que ceux des autres Ordres.

13º Lesdits habitants réclament : la suppression des banalités.

14º Celle de la capitation.

15º Lesdits habitants se plaignent encore de ce que leur communauté est privée de l'exercice de l'office de la mairie, dont elle a payé la finance et acquis la réunion de Sa Majesté, et dont les officiers seigneuriaux exercent provisoirement les fonctions, en vertu des arrêts de la cour de Parlement, ce qui a occasionné à la Province une réclamation au Conseil de Sa Majesté et un procès qui s'y trouve pendant et qui n'a jamais été jugé ; et cependant ladite communauté est soumise très souvent à des frais de subrogation d'un lieutenant de juge pour autoriser ses conseils, tandis que ce droit est attaché à l'office de la mairie.

16º Les habitants se plaignent encore que le seigneur de ce lieu leur défend de prendre du sable au bord de la rivière, ce qui les empêche de bâtir et ce qui est contraire aux intérêts de Sa Majesté et de ses fidèles sujets de ce lieu.

17º Ils se plaignent encore que le seigneur de ce dit lieu a commencé de vendre les anciens chemins qui se trouvent dans le terroir de cette communauté qui paye les nouveaux.

18° De plus, ils supplient que la liberté de chasser leur soit accordée au moins dans leur possession, pour empêcher les dégâts et les dommages que le gibier cause à ses (sic) récoltes et repousser les bêtes féroces qui dévorent les hommes dans cette contrée, le tout sous telles précautions que la sagesse du gouvernement déterminera.

19° Ils réclament enfin l'abolition du droit de prélation féodale dans les terres seigneuriales.

20° De plus, ils demandent d'être maintenus dans la propriété des alluvions et accroissements de la rivière, sans que le seigneur puisse troubler les propriétaires riverains.

(Signé :) Muraire, maire consul; Bellour; Guiol, consul; Boyer, consul; Rainaud; Guillon–Pontevès, commissaire; Blanc, consul; Ricaud; Sauteron; Garcin; P. Bourrely; Bernard; Blanc; Goiran; Lambert; Bertrand; Jerffroy; Clavel; Giraud; Pellerud; François Roux; André Blanc; Joseph Blanc; Jacques Coulomp; Étienne Cartier; Béranger; J. Miollin; Bernard; Pernet; Guiol; Audemar; Pouverel; Peraimond; Boyer; Joffroy; (signature illisible); Garcin; Sabin; B. Blanc; Bourrely; Boyer Giraud; Pellerud; Jean Parian; Boyer; D. Maoty; Charles Giraud; Boyer; Audemar Blanc; Teissier.

LVIII

TRIGANCE

L'an mil sept cent quatre-vingt neuf et le vingt-deux du mois de mars, après midi, au lieu de Trigance et dans la maison de ville, le conseil général de tous chefs de famille du présent lieu a été assemblé, à son de cloche, cri public et à la manière ordinaire, en suite des ordres de Sa Majesté, auquel Conseil général, autorisé par Mr Joseph Rouvier, lieutenant de juge; ont été présents : Me Antoine Aicard, notaire royal de ce lieu, maire et premier consul ; Jacques Cartier, maçon, second consul et Jean Cartier, ménager, troisième consul ; Barthélemy Rouvier, ménager, auditeur des comptes ; Joseph Paulet, Joseph Cartier et Joseph Aicard, trois estimateurs ; Pierre Rouvier, tailleur d'habits ; André ; Aubert César, deux des conseillers, leurs collègues absents ; Pierre Doussoulin, ménager ; Pierre Troin, à feu Antoine ; Pons Cartier, fils de Jacques ; Joseph Giraud ; Jean Cartier-Roumegon ; Antoine Rouvier, à feu Honoré, tisseur à

toile ; Jean Auteville ; Jean Giraud ; Ambroise Ingi-
gnac ; Henri Rouvier, fils du sieur Pierre; Joseph Mau-
rel ; Henri Cartier-Duprat ; Honoré Cartier, maçon ;
Pierre Abo ; Antoine Carbonnel; Roch Imbert; Jacques
Antelme, tailleur d'habits ; Antoine Rouvier, à feu
Pierre ; Antoine Lyons-Garnier ; Sr François Rouvier,
chirurgien ; Jean Rouvier, dit Dauglis (?) ; Barthélemy
David ; Jean Rouvier, de Michelli ; Jacques Dole ;
Jean-Paul Aicard ; Sr Jacques Alphand, marchand ;
Joseph Preire, cardeur à laine ; Honoré Cartier Du-
prat ; Jean Trotebas, maçon; Marc Dole; Jacques Hon-
norat, à feu Jacques ; Joseph Chauvin ; Pierre Preire,
à feu Louis ; Antoine Ricaud ; Jean Lambert, tisseur
à toile ; Joseph Antelme, tailleur d'habits ; Jean-Baptiste Lambert, à feu Joseph ; Thomas Preire ; Roch
André, négociant ; Henri Aicard, à feu Antoine : Bar-
thélemy-Honorat Mourre ; Benoît Lambert ; Jean-
Baptiste Trotebas, tisseur à toile ; Honoré Honorat,
dit Susanne ; Augustin Aicard, ménager ; Pierre Aubert, maréchal à forge ; Pierre Rouvier, muletier ; tous
nés français ou naturalisés, âgés de vingt-cinq ans,
compris dans le rôle des impositions, habitants de cette
communauté composée de deux feus et quart, en présence desquels ledit Me Aicard, maire, a dit qu'en
suite des lettres de convocation pour les États Généraux du Royaume et des règlements y annexés et de
l'ordonnance du quatorze du courant rendue par M. le
lieutenant général de la ville de Draguignan et à la
requête de M. le Procureur du Roi au même Siège, le
sieur maire et consuls et communauté de ce lieu auraient
été assignés, par exploit du vingt du présent mois fait par

Espitalier, de comparoir par devant M. le lieutenant
général au Siège de Draguignan, le vingt-sept du courant, à l'assemblée des trois Ordres de la Sénéchaussée,
pour y élire des députés et porter leur cahier de doléances, remontrances et plaintes, le tout à la forme
desdits règlements, desquels, ainsi que des lettres de
convocation de l'ordonnance de M. le lieutenant
et du susdit exploit, la publication en a été faite au
prône de la messe de paroisse par M. le curé cejour-
jourd'hui, et de celle qui a été faite à l'issue de ladite
messe, au devant de la porte principale de l'église, ledit sieur maire requiert qu'il en soit fait lecture et a requis d'y délibérer.

Et tout de suite, il a été fait lecture des ordonnances
de Sa Majesté et des susdits règlements, des lettres de
convocation de la susdite ordonnance, du susdit exploit
d'assignation et de la lettre de M. le lieutenant général de Draguignan du dix-neuf du courant.

Sur le premier chef de la proposition, le conseil a
député, à la pluralité des voix, Me Antoine Aicard, notaire royal, maire et premier consul, et sieur Jacques
Cartier, maçon, second consul, pour se rendre à l'assemblée générale des trois Ordres de la Sénéchaussée,
indiquée le vingt-sept du courant dans la ville de Draguignan, à l'effet par eux d'y concourir à la nomination
d'un ou plusieurs représentants à l'assemblée générale
des communautés ou Tiers État de la Province dans
laquelle, suivant la constitution du Pays, doit se faire
la députation aux États Généraux du Royaume.

Sur le second, le conseil a arrêté que, quant aux objets qui intéressent la généralité du Royaume, les sieurs députés qu'aura élus l'ordre du Tiers pour assister et voter aux États Généraux de France, seront expressément chargés d'y solliciter la réformation du code civil et criminel ; la suppression de tous les tribunaux inutiles et onéreux, une attribution à ceux des arrondissements de souveraineté jusqu'au concurrent d'une somme déterminée ; l'abrogation de toutes lettres attentatoires à la liberté des citoyens ; la faculté à ceux-ci, de quelque Ordre qu'ils soient, d'y concourir à tous emplois militaires, bénéfices et charges attributives de noblesse et d'y réclamer surtout contre la vénalité des offices. Lesdits députés réclameront en outre une modération dans le prix du sel, rendu uniforme dans tout le royaume, comme aussi l'abolition de tous droits de circulation dans son intérieur et notamment le reculement des bureaux des traites dans les frontières ; la suppression du haut clergé et de la dîme ; l'impôt territorial pris en nature.

Quant aux affaires relatives et particulières à la Province, le conseil charge par exprès ceux qui sont les représentants de l'assemblée en la ville de Draguignan : d'insister à demander au meilleur des Rois la convocation générale des trois Ordres de la Province, pour former et réformer la constitution du Pays ; d'y réclamer de sa justice qu'il soit permis aux communes de se nommer un syndic avec entrée aux États ; de s'élever contre la perpétuité de la présidence et contre la permanence de tout membre non amovible, ayant, en l'état des choses, entrée auxdits États ; comme aussi de requérir l'exclusion des mêmes États des magistrats et de tous officiers attachés au fisc ; déclarant en outre, le conseil, que, quant à tous autres objets, soit généraux pour le Royaume, soit particuliers à cette Province, il s'en réfère absolument au cahier général qui sera dressé dans le chef-lieu d'après les vues de la prochaine assemblée, soit encore à celui que l'ordre du Tiers déterminera lors de sa réunion pour l'élection de ses députés aux États Généraux, approuvant dès à présent tout ce qui sera fait et arrêté soit dans l'assemblée du chef-lieu, soit dans celle des communautés et vigueries.

Ainsi que dessus a été délibéré, et se sont tous les chefs de famille, sachant écrire, soussignés.

(Signé :) Rouvier, lieutenant de juge ; Aycard, maire ; B. Rouvier ; J. Cartier, consul ; Rouvier ; P. Aubert ; Ingignac ; Thomas Preire ; Auteville ; Joseph Preire ; Giraud ; P. Rouvier ; H. Cartier ; Trotebas ; J. Lambert ; J. Antelme ; R. André, et nous, Alphand, greffier.

Collationné par nous (Signé :) J. Alphand, greffier.

VÉRIGNON

Cahier des doléances

1° Cette communauté se trouve au pied des Alpes et n'a d'autre ressource que l'agriculture ; mais, depuis l'augmentation du sel, cette ressource a été étrangement diminuée. Tous les agriculteurs connaissent la nécessité des bestiaux pour fertiliser la terre et la nécessité du sel pour en conserver l'espèce ; les habitants de Vérignon, dont la pauvreté est généralement reconnue, ne pouvant se procurer la même quantité du sel *(sic)* pour en donner à ses bestiaux *(sic)*, attendu la grande augmentation ; dès lors ils ont été forcés de réduire le nombre de leurs bêtes de charge, de celles de labour et enfin de leurs troupeaux. Ils ont eu encore la douleur d'essuyer chaque année de mortalités *(sic)*; leurs terres n'étant plus engraissées, le produit a nécessairement tombé et devenu moindre, et, par une suite inévitable, le sort de ces habitants ne peut être que malheureux et

digne de compassion, et, à cet effet ils supplient humblement les Trois États, qui doivent être convoqués à
Draguignan le 27 du présent mois, de prendre leur
plainte comme étant des plus intéressantes pour le bien
public et celui de l'État, par toutes ces considérations
de vouloir bien en faire un article particulier de doléances dans le cahier général qui sera rédigé en ladite
assemblée ;

2º Que le taux de la perception de la dîme soit généralement égal dans tout le Royaume, sous la déduction
des semences ;

3º Que les impositions générales sur tous les biens
du Royaume tant du Clergé, de la Noblesse que du
Tiers État, seront payées par une imposition égale.
Déclarant au surplus, pour tous les autres objets, s'en
rapporter à la prudence, à la sagesse et au zèle de la
dite assemblée.

(Signé :) Jean-Baptiste Roux ; Chabert, député ;
J. Rolan ; Jean-François Abeille ; P. Dubois ; François Peire ; J. Simian ; J. Durand ; Archier ; Michel
Constant ; Carbonel ; J. Bourjac ; J. Probassy ; Blacas,
juge.

Déclarant que André Isnard, Jean Terrasson, ménagers, premier et second consuls, ont déclaré ne savoir
signer, ainsi que les dénommés ci-après :

François Peire , Pancrace Archier , Joseph Roland,
Jacques Aubert , Claude Martin , Honoré Jaubert ,
Honoré Beuf, Pierre Archier , André Bernard , Jac-
ques Féraud, Pierre Ravay , Antoine Donat , Étienne

Chauvin , Jean-Baptiste Clapier , Vincent Roux, Joseph Carbonnel , Joseph Piston , Louis Petit , Jean Saint-Martin , Louis Fenouil , Jean Coulomp, Honoré Bagarry , Jean-Pierre Dauphin , Pierre Dauphin , Jacques Dauphin, Joseph Simian, Mathieu Simian, ménagers , Joseph Maurel , Pancrace Gontard, André Bounic, Etienne Bounic, Antoine Borme, Claude Béraud , Joseph Béraud , Honoré Lions , Antoine Verdurenq, Jean Payan , Honoré Archier , Antoine Mourgues , Joseph Philip , André Bernard , André Borme , Joseph Rabel , François Prolassi , André Rigaud, Jean Reynard, Pons Terrasson, Louis Blanc , Jean Bagarry, Joseph Cougourdan, agriculteurs.

Paraphé *ne varietur* ; Blanc, juge.

VIDAUBAN

Cahier des plaintes, doléances, remontrances et très humbles supplications.

———

Les députés qui seront élus par l'ordre du Tiers pour voter aux États Généraux déclareront d'abord à Sa Majesté que les habitants de Vidauban sont prêts à lui sacrifier leur vie et leur fortune ; qu'ils ne cesseront jamais d'être pleins d'amour, de respect, de fidélité et d'obéissance pour sa personne sacrée ; que tel doit être l'apanage de tout bon sujet français ; qu'ils [ne] reconnaissent en France qu'une monarchie et un Roi qui a seul le droit avec la nation assemblée aux États Généraux de faire des lois, de les modifier, de les interpréter et de les restreindre, ainsi que le droit de mettre des impôts pour un temps limité et jusques à la prochaine tenue des États Généraux, le retour périodique de laquelle doit être fixé à un terme court.

En second lieu, ils supplieront très humblement Sa Majesté et en solliciteront :

1º La réformation du code civil et criminel qui sera rendu d'une manière intelligible, que nulle cour ou magistrat ne pourra interpréter et s'en écarter sous le fondement des funestes arrêts de règlement et sous peine d'en répondre en leur propre ;

2º La suppression de tous les tribunaux inutiles et onéreux ;

3º Une attribution à ceux des arrondissements de souveraineté jusques au concurrent d'une somme déterminée ;

4º L'abrogation de toutes lettres attentatoires à la liberté des citoyens, comme aussi l'abrogation de la loi qui défend le port des armes ;

5º La faculté à tous les citoyens, de quelque ordre qu'ils soient, de concourir pour tous emplois militaires, bénéfices et charges attributives de noblesse, et d'y réclamer surtout contre la vénalité des offices ;

6º La comptabilité des ministres aux États Généraux de l'emploi des fonds qui leur seront confiés, et responsabilité auxdits États de leur conduite, en tout ce qui sera relatif aux lois du royaume ;

Lesdits sieurs députés réclameront en outre une modération dans le prix du sel, rendu uniforme pour tout le royaume, comme aussi l'abolition de tous droits de circulation dans son intérieur et notamment le reculement des bureaux des traites dans les frontières.

Ils supplieront encore Sa Majesté de rendre une loi qui supprime la dîme en soumettant les communautés

de fournir (sic) tout ce qui sera nécessaire pour le service
divin, ainsi que de faire un sort plus honorable aux
curés et aux prêtres proportionnellement, sans que
ceux-ci puissent prétendre aucun casuel, qui sera aussi
supprimé; qui déclare tous les droits et propriétés féodales sujettes à la prescription ; qui supprime tous les
droits seigneuriaux comme pêche, chasse, péage, censes, tasques, lods, directes et banalités, de quelle espèce que ce soit, comme étant des entraves à la liberté publique, au commerce, aux arts et à l'agriculture, en soumettant les communautés au remboursement des droits qui seront légitimement dus ; qui
accorde aux communautés le droit de prélation sur
toutes les ventes des juridictions et seigneuries qui
pourront avoir lieu dans la suite ; qui permet[te] aux
communautés de tenir leur conseil sans autorisation
des juges locaux, et sous la seule inspection des consuls ; qui accorde à ceux-ci la connaissance de la police ; qui laisse la faculté aux habitants des villages et
des campagnes de se pourvoir en première instance
ou par devant les juges seigneuriaux, ou par devant
les tribunaux d'arrondissement, tant en demandant
qu'en défendant ; qui leur attribue, s'ils n'usent pas de
ce privilège, le choix des procureurs dans la juridiction
seigneuriale, sans pouvoir être forcé de recourir au
ministère de ceux que les seigneurs voudraient établir et qui, en cas de suspection des juges seigneuriaux,
autorise les plus anciens gradués et à défaut, les notaires et, à défaut de ceux-ci, les praticiens à connaître des
matières litigieuses, et le tout par rang d'ancienneté.

Ils supplieront enfin Sa Majesté d'accorder en Provence la convocation générale des trois Ordres de la
Province, pour former et réformer la constitution vicieuse et abusive du Pays ; de réclamer de sa justice
qu'il soit permis aux communes de se nommer un
syndic avec entrée aux États, de s'élever contre la perpétuité de la présidence et contre la permanence de tout
membre non amovible ayant, en l'état des choses,
entrée auxdits États, comme aussi de requérir l'exclusion des mêmes États des magistrats et de tous officiers
attachés au fisc ; la désunion de la procure du Pays
du consulat de la ville d'Aix ; l'admission des gentilshommes non possesseurs de fief et du clergé du second
Ordre; l'égalité des voix pour l'ordre du Tiers contre
celles des deux premiers Ordres réunis, tant dans les
États que dans la commission intermédiaire, etsurtout
l'égalité de contribution pour toutes charges royales
et locales sans exception aucune et nonobstant toute
possession ou privilèges quelconques ; l'impression
annuelle des comptes de la Province, dont envoi sera
fait dans chaque communauté, et que la répartition
des secours que le Roi accorde au Pays, ensemble de
l'imposition de quinze livres par feu affectée à la Haute
Provence, sera faite dans le sein des États et par eux
arrêtée ; déclarant au surplus, les habitants de Vidauban, que quant à tous autres objets soit généraux pour
le royaume, soit particuliers à cette Province, ils s'en
réfèrent absolument au cahier général qui sera dressé
dans l'assemblée générale des trois Ordres de la Sénéchaussée de Draguignan, d'après le vœu de ladite
assemblée, soit encore à celui que l'ordre du Tiers dé-

terminera lors de sa réunion pour l'élection de ses députés aux États Généraux, approuvant dès à présent
tout ce qui sera fait et arrêté tant dans ladite assemblée
que dans celles des communautés et vigueries.

Telles sont les plaintes, doléances, remontrances et
très humbles supplications qu'osent adresser à Sa
Majesté les habitants de là paroisse et communauté de
Vidauban, par les représentants de l'ordre du Tiers aux
États Généraux.

Le présent cahier, fait à double original, ayant été
signé par Monsieur le viguier, lieutenant de juge, qui
l'a côté par première et dernière page et l'a paraphé *ne*
varietur, et par tous les habitants présents qui ont su
signer et dont un double sera remis aux sieurs députés,
et l'autre restera déposé aux archives de la communauté.

(Signé :) Camail, maire, député ; Sermet, député ;
P.-P. Baliste ; Laurent Reynier ; Condroyer ; L. Lio-
tard ; Tournel ; Liotard ; Thomas Lavagne ; Boyer ;
Joseph Doussoulin ; Fed ; Herie ; J. Truc ; Passerin ;
Fenouil, J.-L. ; Joseph Gros; Benet ; Serret ; J. Rey-
nier : Savornin ; Pascal ; Thomas ; Liotard ; Icard ;
Simon ; Liotard, déclarant abstenir pour empêchement
de se trouver pas (*sic*) en santé à la députation; Maurel;
François Marcel ; Lavagne, greffier.

Ils nous ont représenté ledit cahier, qui a été signé
par ceux desdits habitants qui savent signer et par
nous, après l'avoir coté par première et dernière page
et paraphé *ne varietur* audit lieu, jour et an que
dessus.

(Signé :) Garnier, viguier, lieutenant de juge.

LIX

VILLECROZE

Très humbles et très respectueuses remontrances,
doléances et plaintes au Roi.

Sire,

Le Tiers État, toujours prêt à sacrifier son sang et
sa fortune pour la gloire de Votre Majesté et le bonheur de ses sujets, voudrait dans ce moment pouvoir
remplir cet objet sans recourir aux droits qu'i[l]peutré-
clamer contre la Noblesse et le Clergé ; mais ces deux
Ordres, après s'être emparés des biens de la Couronne
qui étaient destinés à soutenir la dignité du Souverain
et à fournir à tous les besoins de l'État, ont non-seulement refusé de contribuer aux charges publiques, mais
ils sont encore parvenus à s'approprier les places
de l'État les plus honorables et lucratives, tandis que le
Tiers État a fait les plus grands efforts jusques aujour-
d'hui pour fournir à toutes les dépenses. Malgré cela,

l'État se trouve engagé de manière que le Tiers n'a plus de moyens pour soutenir les dépenses et acquitter les dettes, ce n'est donc plus que sur les biens de la Noblesse et du Clergé que les impositions générales peuvent porter ; et, pour diminuer les dépenses, d'une part, et mettre le Tiers État à même de contribuer à ce qui est nécessaire pour le soutien de l'État, ils espèrent avec confiance que Votre Majesté voudra bien ordonner :

1º Que les communautés seront autorisées à rembourser aux seigneurs le principal des pensions féodales qui auront été établies légitimement et que le remboursement sera fait dans l'espace de dix années et en dix payes égales et que celles qui [ne] seront pas fondées sur un titre légitime seront supprimées ;

2º Que les seigneurs ne seront plus reçus à user du droit de prélation, en cas de vente du bien de leurs vassaux, n'y de céder le droit à d'autres, parce que, jusqu'à présent, ils n'ont usé de ce droit que pour vexer ceux de leurs vassaux dont ils ne pouvaient pas disposer à leur gré et qu'il y en a même qui abusent de ce droit pour le vendre ou forcer l'acquéreur à lui payer un droit plus fort que le droit de lods, et ledit droit de lods sera supprimé en totalité ;

3º Comme les seigneurs, qui ne sont que les capitaines gardes-chasse de Votre Majesté, abusent de ce titre pour vendre le droit de chasse et inonder le terroir de chasseurs et de chiens qui foulent et ravagent toutes les terres et portent le préjudice le plus notable aux propriétaires des fonds, Votre Majesté est suppliée de donner au seigneur défense de faire chasser sur les terres du Tiers État ;

4° Comme les charges qui accordent la noblesse ne sont pas toujours occupées par le mérite, puisqu'ils n'y a que ceux qui jouissent d'une fortune qui puissent y prétendre, tandis que la noblesse ne doit être accordée qu'au mérite, Votre Majesté est suppliée de ne plus attacher la noblesse aux charges, et, à l'exemple des lois faites par Louis XIV, de révoquer les noblesses accordées jusqu'à ce jour et qui ne seraient pas accordées pour des services essentiels ;

5° Ordonner que les seigneurs indemniseront les communautés des dégradations qu'ils ont fait (sic) aux défens publics, au grand préjudice des habitants ;

6° De supprimer tous les francs-salés qui ont été accordés et notamment les droits extraordinaires qui ont été accordés à certains propriétaires des salins ;

7° Que les règlements qui existent pour la recherche des biens usurpés à la Couronne seront renouvelés, et l'exécution confiée aux États de chaque province ;

8° Que tous les biens sans distinction seront soumis au payement des charges de l'État, des provinces, vigueries et communautés ;

9° Que toutes les charges de judicature seront remboursées par les provinces dans l'espace de vingt ans et en payes égales ;

10° Qu'il sera établi de nouveaux juges sans finance, qui rendront la justice gratuitement et auxquels il sera payé de gages (sic) par les États des provinces et que personne ne sera admis à ces charges qu'après avoir le temps et l'étude nécessaire et assister aux jugements comme aspirants pendant trois ans, après qu'ils auront été présentés à Votre Majesté par les États particuliers de chaque province; que les sujets seront indifféremment pris dans les deux États séculiers, sauf d'accorder la noblesse après un service de trente ans à ceux qui, par leur travail et leur assiduité, auront mérité cette faveur qui ne sera jamais accordée que sur la demande des États Généraux ;

11° Qu'il sera fait des nouveaux règlements pour l'instruction des affaires, et les lois recueillies à un seul code, avec défense à toutes personnes de les interpréter en quelque manière que ce soit, s'il n'y est (*sic*) expressément autorisée par Votre Majesté et sur la demande des États Généraux ;

12° Que la présidence aux États de la Province sera accordée alternativement et toutes les années aux trois Ordres ;

13° Que les procureurs du Pays comme chefs de la Province, ne seront plus consuls de la ville d'Aix; qu'il en sera pris un dans le Clergé, un de la Noblesse et deux du Tiers État ; qu'ils auront tous le même pouvoir, la préséance seulement accordée aux deux premiers Ordres; qu'il sera aussi nommé deux procureurs joints du premier Ordre, deux du second et quatre du Tiers État ;

14° Que tous les tarifs des droits royaux perçus sur le public seront renouvelés et qu'à cet effet, il sera enjoint à toutes les Sénéchaussées de présenter les moyens qui doivent y servir, lesquels seront vérifiés aux États de chaque province et leur résumé adressé à Votre Majesté ;

15° Que la justice ne sera rendue que par des juges nommés par Votre Majesté et dans les villes principales, sans que les seigneurs puissent la faire rendre par leurs juges ;

16° Il n'y aura dans chaque province qu'un évêque, dont les droits seront fixés par Votre Majesté ; les curés seront amovibles et leur congrue fixée par les habitants relativement à l'importance des lieux, de même que celle des vicaires ; que les évêques seront payés par la Province, les curés et vicaires par les communautés, moyennant quoi toutes les dîmes seront supprimées, et, avant que de bien statuer sur les biens que possède le Clergé tant séculier que régulier, ordonner qu'à la mort de chaque titulaire, les revenus seront versés dans la caisse d'amortissement des dettes de l'État, puisque les biens sont destinés pour les pauvres et que c'est en faire son véritable emploi que d'en acquitter des dettes qui ne pourraient être payées qu'en réduisant les pauvres à la mendicité ou en forçant l'État à ne pas payer les dettes qu'il a contractées légitimement ou dont la plus grande partie a tourné à l'avantage du Clergé ;

17° Que toutes les pensions qui ont été accordées seront vérifiées pour être supprimées, si elles n'ont pas été accordées pour des services importants ou réduites relativement à l'importance du service et à la situation des finances de l'État ;

18° Que, pour mettre le Tiers État à couvert des violences des deux premiers Ordres, il sera fait une loi conforme à la loi *sacrata*, qui fut réclamée par le peuple romain en l'an 261 de la fondation de la ville de Rome ;

19° Que, dans les matières criminelles où il y aura des accusateurs ou des accusés des différents Ordres, la procédure sera prise et instruite conjointement par deux juges dont l'un de chaque Ordre et la procédure jugée par les pairs de l'accusé, sur le rapport des deux qui auront informé, c'est-à-dire que celui du même Ordre de l'accusateur fera le rapport et celui de l'accusé sera l'évangéliste ;

20° Qu'il soit permis à toutes les communautés de faire deux fois l'an des battues pour détruire les bêtes fauves qui nuisent à leurs moissons et à leurs troupeaux ;

21° Que les communautés soient autorisées à demander, sans l'intervention de leurs seigneurs qui sont d'ordinaire opposants, la permission de tenir des troupeaux de chèvres, commerce avantageux à cette communauté en particulier, qu'elle a souvent demandé et qu'elle n'a jamais obtenu, à cause de l'opposition du seigneur ;

22° Que tous les privilèges des communautés pour la non contribution aux charges publiques, tels que ceux d'Entrevaux et de Saint-Tropez et autres, soient abolis;

23° Que le retrait féodal que les seigneurs de Provence exercent pendant trente ans, quand ils n'ont pas eux-mêmes personnellement perçu leurs lods qu'ils font toujours retirer par procureurs, soit réduit et assimilé au retrait lignager que les parents n'ont droit d'exercer que dans le mois, quand ils sont domiciliés dans le lieu où le fonds à retraire est assis, et dans l'an pour ceux qui sont domiciliés ailleurs ;

24° Que les procès dans un lieu seigneurial ne soient pas jugés par un lieutenant de juge, communément illettré, et que les informations criminelles ne puissent être prises que par un juge gradué; qu'il serait même très utile que les causes tant au civil qu'au criminel fussent portées en première instance par devant le juge royal le plus prochain et auquel on supplie Sa Majesté de donner un arrondissement ;

25° Que les tarifs des droits de contrôle et autres droits royaux soient abrogés et que Sa Majesté daigne en donner un nouveau qui fixe clairement la perception et que les communautés et les particuliers ne soient plus exposés à des contestations et des prétentions qu'ils sont obligés d'essuyer fort souvent et qu'au surplus ils ne soient plus obligés de sortir de la Province pour défendre contre les fermiers ou commis des domaines ;

26° Que les États Généraux soient fixés et aient dorénavant un retour périodique de cinq en cinq ans ;

27° Que toute imposition particulière et par tête sur le Tiers État soit abolie, telle que la capitation et remplacée par telle imposition qu'il plaira à Sa Majesté ou aux États Généraux, et le public ne sera plus soumis à l'arbitraire de la taxe et à la perception rigide des trésoriers ;

28° Qu'il soit établi dans tout le Royaume une mesure et un poids uniforme;

29° Que, dans les jugements des procès, les juges soient tenus de donner leurs motifs à la suite de leur pronon-

ciation et qu'ils soient tenus à nous (*sic*) de prononcer et
sur la forme et sur le fond; de manière que les particuliers qui auront manqué à la forme ne puissent pas
perdre au fond, si réellement la demande est juste ;

30° Que le Roi et les États Généraux nous donnent
un code civil et criminel qui simplifie les procédures et
diminue par là les frais qui ruinent les peuples en général ;

31° Que, dans les États Généraux prochains, les suffrages ne puissent être comptés que par tête et non par
Ordre ;

32° Que la répartitiou des impôts [ait lieu] sur tous
les Ordres également et en proportion de leurs revenus
et de leurs propriétés respectives ;

33° Que, dans toutes les villes et lieux du Royaume,
le Clergé et la Noblesse contribuent à l'égal du Tiers
État à toutes les charges des villes et lieux où ils résideront, soit qu'ils en soient seigneurs ou non ;

34° Que les impositions ne puissent être etablies que
dans les États Généraux et ne puisseut durer que
jusques à la tenue d'iceux ;

35° Favoriser l'agriculture comme la source de tous
les biens, ainsi que le commerce, en les délivrant l'un
et l'autre de toutes les entraves qui les gènent dans son
étendue et sa circulation ;

36° Que les impositions, de quelle nature qu'elles
soient, soient payées dans chaque ville et lieux de la
Province au trésorier général à Aix, qui sera chargé de
les faire compter directement au trésor royal ;

37° Que les États Généraux doivent s'occuper partiticulièrement pour le bien général des peuples du Royaume, de la suppression de la vénalité des charges, qui ne seront données dans la suite qu'au mérite personnel, sans distinction de rang ni d'état ;

38º Qu'aucun sujet du Roi n'ait dans la suite, dans ses procès, que deux degrés de juridiction à essuyer, tant en demandant qu'en défendant, et que toutes lettres de *committimus* soient entièrement abolies ;

39º Qu'il résulterait pour tout le Royaume le plus grand bien si chaque individu était jugé par ses pairs, dûment autorisés par les juges royaux qui auraient pris les informations ;

40º Que les États Généraux doivent prescrire à MM. les évêques de résider dans leurs diocèses et y faire les ordinations régulières, et, par là, les pauvres ecclésiastiques, ou soit leurs parents, ne seraient plus exposés aux voyages coûteux qu'ils sont communément obligés de faire pour prendre des ordres dans un autre diocèse; qu'il résulterait aussi le plus grand bien que messieurs les abbés commendataires et les riches bénéficiers fussent tenus de faire leur résidence dans le principal manoir de leurs bénéfices ;

41º Que le Roi et les États Généraux soient très humblement priés d'admettre sans distinction d'état les nobles et les roturiers à servir dans les troupes de Sa Majesté et dans sa marine royale ;

42º Que, si l'on touche aux articles de la dîme aux États Généraux, elle soit réglée sur un taux uniforme, en sorte qu'une communauté ne paye pas plus que celle du terroir voisin; malheureuse expérience que

fait la communauté de Villecroze, qui paye une dîme générale surtout et plus forte qu'aucun terroir voisin, et,
de plus, qu'il soit prélevé, avant de payer ladite dîme, le
sixième de tous grains et légumes pour servir à ensemencer de nouveau les terres.

(Signé :) Gassin, maire ; Raspail, consul ; Suou le
cadet ; J. Dolle ; J.-A. Liautaud ; J. Imbert ; Miollis,
greffier de la communauté ; Romain Miollis ; J.-P.
Serrailler; Veyan, estimateur; J.-J. François Rambert;
J. Philip; J.-J. Fabre, estimateur; Paul Doudon; Félix
Bernard ; R. Suou ; Pierre Garcin ; Mossy ; Mossy ;
Suou ; D. Suou ; Rodeillat ; J. Escolle ; F. Mossy ;
Mossy ; Fabre ; J. Vassail ; Miollis, greffier de la juri-
diction ; Bernard Peillon ; J. Miollis ; J.-B. Miollis ;
Louis Toche ; M.-L. Hugues ; Vachier ; J. Malbec ;
P. Escolle, auditeur; Mossy, not.; Simon ; Cerbullier ;
Julliany, not. et aud. ; Genis, curé ; Escolle ; Henry
Imbert ; J. Freza ; Rodeillat ; P. Denans ; J.-B.
Suou ; Rouvier : Julliany, prêtre ; Hippolyte Escolle ;
Daumas, vicaire ; Issaurat ; Julien, maire ; Suou le
cadet, pour son père, absent ; Maunier ; J. Doudon ;
Jean Rodeillat ; P. Miollis ; Vassail; L. Martin ; Félix
Mossy ; Suou l'aîné ; G. Gassin ; Escolle ; F. Escolle ;
Vassail ; Miollis, lieutenant de juge.

   Paraphé *ne varietur.*

Fait audit lieu, lesdits jour et an, le 24 mars
mille sept cent huitante neuf.

   (Signé :) Miollis, lieutenant de juge.

ANNEXES

VOEUX

DU CLERGÉ ET DE LA NOBLESSE

DÉCLARATION DE L'ORDRE DU CLERGÉ (¹)

L'ordre du clergé de la Sénéchaussée de Draguignan déclare renoncer à tous privilèges et exemptions pécuniaires, de quelque part, titre et possession

(1) Une première déclaration du Clergé portait simplement que l'Ordre consentait « à ce que les biens ecclésiastiques et revenus *fussent* imposés dans la Province et soumis à toutes les mêmes impositions que ceux des deux autres Ordres et dans la même forme et proportion. »

Les Députés du Tiers (réunis avec les deux autres Ordres pour la rédaction des cahiers et la nomination des électeurs), auxquels ce vœu avait été porté, ayant exprimé le désir qu'il « fût consigné dans un acte solennel, émané de l'assemblée [du Clergé], l'évêque répondit « que le Tiers État, cette portion nombreuse de la nation, d'ailleurs si chère à l'Assemblée, trouvera toujours dans le Clergé les dispositions les plus favorables à se prêter à toutes ses demandes pour faire connaître son dévouement empressé pour le bien public, et qu'il allait y être délibéré. »

« Les députés du Tiers État s'étant retirés, ajoute le procès-verbal de l'assemblée du Clergé, ont été accompagnés par les mêmes personnes qui étaient allées au-devant d'eux.

« Les députés du Clergé étant rentrés, l'Assemblée a délibéré sur la demande qui avait été faite et a considéré que le Clergé n'a qu'un seul privilège, que c'est celui de tous les Ordres, de tous les citoyens, de ne pouvoir être soumis qu'à des impôts consentis ;

« Que ces immunités, jadis communes à toutes les classes de la

32

qu'ils dérivent, et consentir à ce que les biens ecclésiastiques, fruits et revenus quelconques soient et
demeurent soumis à jamais et à perpétuité aux impositions royales, provinciales, municipales, locales,
générales et particulières, quelles qu'elles soient,
sans déduction ni prélèvement d'aucune charge
quelconque, et sous quelque prétexte que ce puisse
être, tendant à diminuer la contribution ; et ce, à
l'instar et à l'égal, dans la même forme et quotité que
les biens du Tiers État ; déclarant, de plus, vouloir
contribuer encore dans l'égalité proportionnelle aux
impositions délibérées aux États provinciaux de
1787 et 1789, auxquelles le Tiers État n'a consenti
qu'avec protestation ; faisant cette déclaration de notre
pur gré et par un mouvement de justice et désirant,
pour qu'elle soit à jamais stable, immuable et irrévocable, qu'elle soit consignée dans le procès-verbal de

société, n'ont commencé à paraître des exceptions que lorsqu'on en a
dépouillé les autres Ordres, et l'on a voulu depuis regarder, comme
des privilégiés onéreux, les fidèles dépositaires de leurs antiques
droits ;

« Que le clergé, souvent sollicité d'en faire le sacrifice, a toujours
répondu que la seule manière de détruire ses privilèges était de les
rendre communs aux autres Ordres qui n'y avaient jamais renoncé;

« Que cet évènement va enfin s'opérer ; qu'un prince, ami de son
peuple, va rétablir la nation dans ses premiers droits ;

« Que le Clergé votera, avec les autres Ordres de l'État, les subsides nécessaires aux besoins de l'État et qu'ayant tous les mêmes
droits, nul ne pourra réclamer une exception ;

« Qu'en conséquence le Clergé déclare renoncer à..... (Voir la
déclaration ci-dessus)».

l'Assemblée et signée par chaque membre de l'Ordre. Délibéré à Draguignan, le 28 mars 1789.

(Signé :) Em. Fr., évêque de Fréjus; Cavalier, prévôt ; Coulomb, chanoine théologal ; Montgrand, prévôt d'Aups ; Gaston, curé ; Peyre, prêtre de l'Oratoire ; Ardisson, prêtre ; Chabriel, prieur-curé ; Revel, chanoine, sacristain-curé ; Escalon, prêtre ; Audibert, prieur de St-Vincens ; Mingaud ; Maifredi, prieur de St-Louïs ; Pellicot-Seillans, prieur-curé de Seillans ; Thadei, chanoine, député du chapitre d'Aups; Antelmy, curé de Châteaudouble ; Gassier, prieur de Flassans ; Lombard, chanoine de Draguignan ; Allaman, prieur-curé de Trans ; J. Rimbaud, recteur de la communauté des Doctrinaires de Draguignan ; Borrély, bénéficier ; F. Maréchal, député de l'abbaye du Thoronet ; Garcin, prieur-curé de St-Tropez ; Bouret, curé de Trigance ; Antoine Chautard ; Maurel, prieur ; Fruchier, prêtre bénéficier ; Chautard, capiscol ; Myttre, curé de Comps ; Raybaud, curé ; Reverdit, curé de Salernes ; Moriès, curé du Cannet ; Latil, prieur ; Savornin, bénéficier et député ; Pascalis, curé de Bagnols ; Matti-Latour; Poulle, prêtre et député ; Jacques-Christophe Meissel ; Stable, député des Doctrinaires de Seillans ; Jean, prêtre bénéficier, député de son corps ; Taxil, curé de Tourtour ; Moutton, curé ; Martin, curé de Claviers ; Fr. Joseph Basset, supérieur des Minimes , Laugier, curé de Bargème ; Gaytte, curé de Callian ; Nouvel, prêtre ; Chautard ; Bruno Broquier, curé de Gassin ; Gardiol, curé de Callian ; Rouvier, aumônier de l'hôpital ; Chiris, curé de Tourrettes ; Chiris, curé du Pugel ; Génis, curé de

Villecroze; Gros, curé de Figanières ; Malespine, prêtre
bénéficier ; Fr. Blanc, dominicain, député du couvent
de Fréjus ; Joseph Cavalier, curé d'Esclans ; Fr. François Germain, député des Cordeliers de Carcès ; Fr.
Antoine Segondy, prêtre, député des Augustins ; Fr.
François Troin, syndic des Cordeliers ; Fabre, député
des Mathurins ; Tournel, curé de Moissac ; Fr. Jauffret,
député des Augustins réformés d'Aups ; Fr. Abram,
dominicain ; Caille, curé de Callas ; Camail, curé de
Vidauban ; Héraud, curé de Fréjus ; Régis, curé de
Bargemon ; Gras, curé de La Roque ; Renom, recteur
de Notre-Dame de Montferrat ; Barbarié, curé du
Cannet ; Guignon, curé de Fayence ; Maurel ; Savornin,
curé de St-Raphaël ; Raynaud, curé d'Aups, et Guignon,
curé du Muy.

DÉCLARATION DE L'ORDRE DE LA NOBLESSE (^{1})

Nous, nobles soussignés, représentant l'ordre de la noblesse de la Sénéchaussée de cette ville de Draguignan, convoquée et assignée, les présents délibérant

(1) Il ne serait pas impossible — et le détail ne manquerait pas de piquant — que cette page fût sortie de la plume du futur conventionnel Isnard.

Voici en effet dans quelles circonstance elle fut rédigée.

La Noblesse avait fait une première déclaration ainsi conçue : « Les nobles, soussignés, déclarons que nous renonçons à toute exemption pécuniaire, que nous désirons payer tous les impôts royaux et locaux de la même manière que nos concitoyens et que notre vœu le plus sincère est le soulagement du peuple. Nous serons tous agréables à notre Souverain, si nous concourons à ses vues bienfaisantes par notre sagesse et nous affligerons le ministre chéri de la nation, M. Necker, si nous ne profitons pas de ses conseils : il nous exhorte à la tranquillité et à la modération. »

Les termes de cette déclaration ne satisfirent pas pleinement le Tiers État. La Noblesse en ayant été instruite, députa auprès de lui quatre de ses membres, MM. le marquis de Villeneuve-Trans, Perrot du Bourguet, de Colomp-Seillans et de Giraud d'Agay à l'effet de « reitérer *son* vœu ». « Sur ces nouvelles expressions, l'ordre du Tiers a témoigné, dit le procès-verbal, la plus grande satisfaction par des applaudissements réitérés. » « Nous reçûmes peu de temps après, ajoute le même document, une députation pour les absents en tant que nous pouvons, déclarons renoncer à tous privilèges et exemptions de quelque part, titre et possession qu'ils dérivent, et consentir à ce que les biens nobles ou autrement privilégiés, pensions et revenus féodaux, sous quelque dénomination qu'ils puissent être, soient et demeurent soumis à jamais et à perpétuité aux impositions royales, provinciales, municipales, locales, générales et particulières, quelles qu'elles soient, et ce, à l'instar et à l'égal, dans la même forme et quotité que les biens du Tiers État, déclarant, de plus, vouloir contribuer encore dans l'égalité proportionnelle aux impositions délibérées dans les Etats provinciaux de 1787 et 1789, auxquelles le Tiers Etat n'a consenti qu'avec protestation, faisant cette déclaration de notre pur gré, par un mouvement de justice, et désirant, pour qu'elle soit à jamais stable, immuable et irrévocable, qu'elle soit consignée dans le procès-verbal de l'assemblée et signée par chaque membre de l'Ordre.

A Draguignan, le 28 mars 1789.

(Signé :) de Perrache, chevalier d'Ampus, président de l'Ordre ; Villeneuve-Vauclause-Bargemon ; Le

---

nombreuse du Tiers État, M. Isnard, négociant de cette ville, portant la parole, lequel, en nous témoignant beaucoup de satisfaction de la part du Tiers sur notre déclaration, nous a néanmoins présenté un modèle d'une nouvelle déclaration, rédigée par eux, qu'ils étaient bien aises de recevoir dans les mêmes termes et sans y rien changer, au risque d'encourir le mécontentement de l'ordre du Tiers ». Ce modèle est celui qui fut adopté.

marquis de Villeneuve-Trans ; Giraud d'Agay et pour
M. d'Agay mon frère ; Collomb-Seillans, chef
d'escadre ; Raimondis; ancien capitaine d'infanterie ;
Raimondis, capitaine des vaisseaux, et, pour M. de
Jouffrey ; d'Hert, ancien capitaine au régiment de la
Reine ; d'Audibert-Caille du Bourguet, et pour
M. de Court d'Esclapon ; de Leclerc-Lassigny ;
Pontevès-Bargème et pour M. le marquis de Ville-
neuve-Flayosc ; Perrot du Bourguet, capitaine des
vaisseaux ; Raimondis ; Sassy ; Raimondis-Canaux ;
Verrion d'Esclans, commissaire des guerres ; Périer-
la Garde et pour M. le chevalier de Villeneuve-
Flayosc ; Le vicomte de Rafélis-Brovès, tant pour moi
qu'en qualité de procureur fondé du comte de Rafélis-Brovès, mon fils, major des vaisseaux du Roi ;
Baudrier-Châteaudouble ; Rey-Taradeau, père ; de
Brun de Favas, capitaine des vaisseaux ; Rey-St-Sau-
veur ; Blanc de Salètes ; Rafélis, seigneur de
Tourtour ; Perrache d'Ampus ; Le chevalier d'Ampus,
pour M. de Ravel d'Esclapon ; Héraud, ancien lieutenant de vaisseaux, secrétaire, et pour Mᵐᵉ Maurel,
veuve de M. Louis Reboul de Taradeau.

GLOSSAIRE

Afflorinement. — Évaluation des biens nobles en florins, valeur de convention qui correspondait à un certain chiffre de revenu.

L'afforinement était le cadastre des biens nobles, contribuables à certaines charges, et l'affouagement (V. ce mot), le cadastre des biens roturiers.

Affouagement. — Évaluation des biens roturiers par commune et par feu. Le feu, qu'il ne faut pas confondre avec la famille ou ménage, était une valeur de convention, en fonds de terre, ayant varié de 50,000 à 55,000 l.,.

Le territoire d'une commune affouagée sur le pied d'un feu était donc censé valoir 50,000, ou 55,000 l., selon les époques.

Albergue. — A l'origine, droit du Souverain et des seigneurs d'être hébergés, eux et leur suite, par leurs vassaux, dans certains cas et pour un temps déterminés. En 1789, ce droit avait été converti depuis longtemps, aussi bien dans les villes royales que dans la généralité des communes féodales, en une prestation annuelle en argent.

En 1338, il s'élevait, pour Draguignan, à 36 l. 6 s. 8 d. par an.

Amortissement. — Droit perçu sur les biens de mainmorte, en échange de l'autorisation donnée par le Roi aux églises, corps et communautés, de posséder des héritages, malgré la prohibition des ordonnances C'était un dédommagement des profits que le Souverain aurait retirés des mutations, si les biens avaient été dans le commerce.

L'amortissement n'empêchait pas la perception du demi-lods (V. ce mot), au profit des seigneurs.

Banalité. — Obligation imposée au vassal de se servir, en cas de besoin, des fours, moulins et pressoirs seigneuriaux.

Cabestrage. — Service en argent perçu par le seigneur, en échange de la location de ses chevaux, pour la foulaison des grains.

Capitation. — Taxe personnelle sur chaque chef de famille, ses domestiques, valets, etc., répartie par les conseils de communauté et dont le contingent annuel était fixé par l'intendant, de concert avec les procureurs du Pays.

Etablie par le Roi, en 1695, pour subvenir aux frais de guerre, la capitation fut supprimée en 1698, et rétablie définitivement trois ans après.

Les indigents ou petits propriétaires payant deux livres d'imposition et au-dessous en étaient exempts.

Cens. — Redevance annuelle et seigneuriale, foncière et perpétuelle, qui grevait un héritage mouvant de la directe royale ou seigneuriale.

Censive. — Etendue de la seigneurie du seigneur censier. Un héritage tenu en censive, ou à titre de cens, était celui qui était chargé de cens et par conséquent roturier.

Cavalcade. — Prestation du service militaire consistant en un nombre de fantassins ou cavaliers, déterminé pour chaque communauté.

Le service de la chevauchée avait été limité par les statuts du Bailliage de Fréjus, promulgués à Draguignan, en octobre 1235 (1), à 40 jours, sauf certaines exceptions.

Au XIVe siècle, il était déjà converti en une redevance.

Cette redevance s'élevait en 1323, 1324, pour sept villes du ressort, à 18 l., 10 s.

Chasse. — « En France, les seigneurs hauts justiciers se sont attribué le droit de la chasse, dans

_____

(1) Ces statuts ont été publiés notamment par Charles Giraud, *Essai sur l'hist. du droit français*, t. II, p. 4, et par M. Octave Teissier, *Hist. de la com. de Cotignac*, Marseille, A Gueidon, 1859; petit in-8°, p. 285.

l'étendue de leurs terres, comme un droit fiscal et domanial appartenant à la haute justice......... ......

....

« Par les anciennes et par les nouvelles ordonnances, la chasse est défendue aux roturiers qui n'ont point de haute justice. » (Ferrière, *dictionnaire de droit et de pratique*, 4e édition, *verbo* chasse).

Le privilège de la chasse était donc attribué non à la qualité de noble, mais à la possession d'un fief auquel étaient attachés certains droits.

Quelques seigneurs s'étaient réservé la petite chasse et avaient abandonné à leurs vassaux, moyennant une part du gibier, la chasse à l'arbalète (Cf. notamment les actes d'habitation concédés au commencement du XVIe siècle à Vidauban et à Ollières, *Invent. som. des archives antérieures à 1790*, Série AA) (communes de Vidauban et d'Ollières).

Centième denier. — Droit fiscal de la centième partie du prix des immeubles, établi en 1703, sur toutes les acquisitions, sauf celles par voie de succession, legs ou donation.

Committimus. — Privilège accordé par le Souverain à des établissements ecclésiastiques ou civils, même à des particuliers, d'être soustraits à la juridiction ordinaire.

Compensation. — Droit du seigneur feudataire, d'affranchir des tailles autant de biens roturiers à lui appartenant, qu'il avait aliéné de biens nobles sans juridiction et dès lors taillables.

L'exercice de cette prérogative fut une source de nombreux procès entre les seigneurs et les communautés de Provence.

Corvée. — Droit du seigneur d'exiger de ses vassaux un certain nombre de journées de travail à son profit.

Directe. — Seigneurie de laquelle relèvent immédiatement les biens qui en avaient été démembrés à titre de fief, ou à titre d'héritage possédé en roture et sujet dès lors, en cas de mutation, au droit de lods.

Dixième. — Impôt royal que les nécessités de la guerre firent établir en 1710 et qui fut réduit en 1749 au vingtième (V. ce mot).

Florinage. — Redevance en nature imposée aux emphytéotes de fonds seigneuriaux, et basée sur l'évaluation cadastrale en florins ou afforinement (V. ce mot).

Forain. — Propriétaire ne résidant pas ; n'était pas contribuable à une partie des tailles, dites négociales (V. ce mot).

Fouage ou *taille royale*. — A l'origine, imposition que le Comte de Provence demandait aux États, en cas de nécessité et surtout de guerre, et qui devint par la suite permanente et annuelle. En 1786 elle était, pour toute la Province, de 25,073 l., 3 s. 11 d. (V. *Subside*).

Franc-fief (droit de). — Perçu sur les roturiers possesseurs d'héritages nobles, et consistant en une année de revenu desdits héritages tous les vingt ans.

Gache. — V. la définition de ce droit p. 133.

Inquant. — Droit dû pour la permission donnée par le Souverain à un créancier, de faire dans les villes royales des criées et *inquant* des biens saisis, à la poursuite de ce dernier, sur son débiteur.

Latte. — Droit imposé à tout débiteur qui ne se libérait pas dans les délais stipulés par acte public.

Lignerage. — Faculté de prendre dans les forêts seigneuriales du bois à brûler, moyennant une redevance annuelle.

Lods ou *trezain.* — Droit du 13ᵉ au profit du seigneur; perçu en cas de mutation d'un héritage roturier relevant de sa directe.

Ce droit aurait été porté au 6ᵉ dans certaines communes (V. notamment le *Cahier* de Moissac, p. 309).

Lods (demi-). — Droit d'indemnité perçu tous les dix ans sur les biens de mainmorte relevant d'une directe seigneuriale.

On supposait que ces biens, dans le commerce, auraient été aliénés au moins une fois dans une période de 20 ans et auraient donné lieu à la perception d'un droit de lods.

Le demi-lods représentait, comme le mot l'indique, la moitié de ce droit.

Procure du Pays. — Sous l'ancienne constitution provençale, l'exécution des délibérations des États ou des Assemblées des communautés était confiée à un corps d'administrateurs spéciaux, dits *procureurs du Pays*, assistés d'un *assesseur*. Les consuls de la ville d'Aix étaient *procureurs nés du Pays*, de même que l'assesseur était toujours pris parmi les anciens avocats du Parlement.

Ces administrateurs en permanence recevaient, pour remplir l'importante mission dont ils étaient chargés, un traitement variant entre 3,800 2,500 l., plus diverses indemnités.

Prélation (droit de). — V. *Retrait*.

Quinze livres par feu affectées à la Haute-Provence. — Cette imposition spéciale était affectée à des ouvrages d'utilité publique.

Régales. — Le sol des rues, places publiques, remparts, fossés, la dérivation des rivières ou des sources, tout ce qui n'était pas propriété particulière appartenait au Roi, dans les villes royales et leur territoire, et au seigneur justicier dans les limites du fief.

Subside. — Cette imposition ordinaire n'avait été établie à l'origine que pour le rachat d'un droit temporaire sur les vins ; elle fut abonnée par la Province avec les taillon et fouage (V. ces mots), moyennant la somme totale de 105,073 l., 3 l. 11 s., répartie par le Pays.

Ramage. — Faculté de ramasser le bois mort et redevance perçue pour l'exercice de cette faculté.

Reconnaissance. — Obligation imposée au vassal et censitaire de reconnaître, dans certains cas, que son héritage relevait de la directe du seigneur et d'acquitter un droit au profit de ce dernier.

Relarguier. — Droit dû au seigneur pour la permission de conduire les bestiaux dans ses pâturages et ses bois.

Retrait féodal. — Faculté réservée au seigneur de retirer, des mains de l'acquéreur, un héritage soumis à la directe seigneuriale, moyennant remboursement du prix et loyaux coûts (Voir, sur l'exercice de ce droit, p. 241).

Retrait lignager. — « Droit en vertu duquel un parent du côté et ligne dont est venu au vendeur un héritage vendu, peut le retirer des mains de l'acquéreur, en intentant l'action en retrait dans le temps prescrit, à l'effet de le conserver dans la famille » (Ferrière, *dictionnaire*, t. 11, *verbo Retrait lignager*).

St-Vallier (Fondation de). — De 1735 à 1737 Melchior Cachet de St-Vallier, comte de Brioude, président du Parlement de Paris, etc., donna à la Provence une somme de 350,000 l. dont les intérêts devaient servir annuellement à marier, à doter pour le couvent et à faire élever des demoiselles appartenant à des familles nobles du pays. A sa mort, la fondation fut attaquée par les héritiers et réduite, d'un commun accord, d'un cinquième. On résolut alors d'en suspendre l'exécution pendant un certain nombre d'années jusqu'à ce que, par l'accumulation des arrérages, le capital primitif eût été reconstitué de façon à produire une rente annuelle de 15,000 l. dont l'emploi fut réglé de la manière suivante : 10,000 l. pour une dot ; 4,000 l. pour une dotation spirituelle et 1,000 l. pour bourses dans des maisons d'éducation religieuse (1).

Les sommes si généreusement données ayant été appliquées à l'extinction de partie de la dette du Pays, il fut pourvu au service de la fondation au moyen d'une imposition annuelle produisant 15,000 l. (De Coriolis, *Traité de l'administration du comté de Prov.*, Aix. Veuve Augustin Adibert, 1786, 3 vol. in-4° ; t. II, p. 449).

Tasque. — Droit du 20° des fruits perçu en nature par le seigneur sur les terres mouvant de sa directe.

Sols par livre. — Droit additionnel ajouté à la taxe de la capitation, au vingtième, etc.

Taillon. — Imposé, en 1549, pour l'entretien de la gendarmerie ; fixé, sur la réclamation des États, au maximum de 70,000 l. (V. *Subside*).

---

(1) En 1789 la Province ne dépensait plus de ce chef que 14,200 l. (*Cahier* de la Garde-Freinet, p. 246).

Tailles négociales. — On distinguait entre les tailles destinées aux deniers du Roi ou du Pays et celles établies au profit des communautés et pour les dépenses d'intérêt local. Celles-ci, appelées *tailles négociales*, se subdivisaient encore selon qu'elles avaient pour objet l'utilité des fonds, ou la simple commodité des habitants.

Les seigneurs pour leurs biens roturiers étaient exempts de cette dernière, de même que les forains (V. ce mot) ; mais ils contribuaient de ce chef à la première. Seuls, leurs domaines féodaux, comme les biens d'église, étaient francs de toutes tailles.

Terres adjacentes. — En dehors des vigueries (V. ce mot), un certain nombre de villes et communautés formaient, dans la Province, un groupe distinct, désigné sous le nom de *Terres adjacentes*.

Elles ne participaient ni à l'administration ni aux charges du Pays et étaient placés sous l'autorité immédiate de l'Intendant. St-Tropez est la seule terre adjacente comprise dans les limites du département du Var.

Traite ou *traite et foraine*. — Droits de douane perçus sur les marchandises à la sortie du royaume, ou transportées des provinces ayant des bureaux de perception dans celles qui n'en avaient pas.

Placée dans l'alternative de souffrir la perception de la Foraine ou sur les marchandises exportées à l'étranger, ou sur celles importées d'une autre province du royaume, la Provence avait préféré souscrire à l'établissement des bureaux à la frontière, afin de recevoir en franchise toutes les marchandises qu'elle tirait du Languedoc, Lyon, etc.

Néanmoins, malgré la confirmation plusieurs fois renouvelée de cette exemption, et d'incessante réclamations des autorités du Pays, les commis des fermes continuèrent à percevoir les droits à l'entrée du côté du Languedoc.

Viguerie. — Circonscription administrative de l'ancienne Provence. En 1790, on en comptait en tout 22, dont 10 furent comprises dans les limites du département du Var, savoir : Grasse, Hyères, Draguignan, Toulon, St-Paul, St-Maximin, Brignoles, Barjols, Aups et Lorgues (V. *Terres adjacentes*).

Vingtième. — Impôt royal établi, en 1749, sur tous les revenus quelconques et abonné en 1777 par la Province à 500,000 l., réparties à quotité de feux entre les vigueries pour le contingent qui leur était assigné.

Le nombre de vingtièmes, successivement augmenté, était de trois en 1789, abonnés, savoir : les deux premiers, à 560,000 l. chacun, plus un droit additionnel de 4 s. pour livre, évalué à 112,000 l., et le troisième à 350,000 l.

TABLE ALPHABÉTIQUE

DES MATIÈRES

ARTICLES OMIS

ERRATA

Lisez :

Page 126, § 2, ligne 7,
ONÉRÉ *les ressources*, au lieu de : ÉNERVÉ *les ressources*.

Page 476, ligne 7,
ROUVIER, *dit* D'ANGLES, au lieu de : ROUVIER, *dit* D'AUGLIS.

---

www.ingramcontent.com/pod-product-compliance
Lightning Source LLC
Chambersburg PA
CBHW070621270326
41926CB00011B/1771